21세기 기독교교육의 과제와 전망

모든 인간은 하나님의 형상을 닮은 존엄한 존재입니다. 전 세계의 모든 사람들은 인종, 민족, 피부색, 문화, 언어에 관계없이 존귀합니다. 예영커뮤니케이션은 이러한 정신에 근거해 모든 인간이 존귀한 삶을 사는 데 필요한 지식과 문화를 예수 그리스도의 사랑으로 보급시킴으로써 우리가 속한 사회에 기여하고자 합니다.

21세기 기독교교육의 과제와 전망

엮은이 · 박상진, 홍정근
초판 1쇄 찍은날 · 2002년 11월 16일
초판 1쇄 펴낸날 · 2002년 11월 25일
펴낸이 · 김승태
편집장 · 최창숙
편집 · 엄지연, 조현철
표지디자인 · 황수진
등록번호 · 제2-1349호(1992. 3. 31)
펴낸곳 · 예영커뮤니케이션
　　　　110-616 서울 광화문 우체국 사서함 1661
　　　　출판유통사업부 T. (02)766-7912 F. (02)766-8934
　　　　　　　　　　E-mail: jeyoungsales@chollian.net
　　　　출판사업부 T. (02)766-8931 F. (02)766-8934
　　　　　　　　　　E-mail: jeyoungedit@chollian.net

ISBN 89-8350-251-7　03230

copyright ⓒ 고태형 권택조 김광률 김기숙 김도일 김화선 김홍연
　　　　　박봉수 박상진 박화경 이규민 이원일 이현숙 송남순 장신근

값 18,000원

■ 이 책의 내용을 무단으로 복제 또는 전재할 수 없습니다.
■ 잘못 만들어진 책은 언제든지 교환해 드립니다.

21세기 기독교교육의 과제와 전망

고용수 총장 화갑 기념 논문집 편찬위원회 편

예영커뮤니케이션

서 문

　이 책은 장로회신학대학교 고용수 총장님의 회갑을 기념하여 그의 제자들이 쓴 논문 모음집입니다. 지금까지 그로부터 배운 제자들은 수도 없이 많지만, 그 중 박사학위를 받고 기독교교육학을 전공하는 제자들을 중심으로 필진을 이루어 글을 쓰게 되었습니다. 고용수 총장님은 기독교교육의 불모지와 같았던 이 땅에 기독교교육의 씨를 뿌리고 거름을 주고 꽃을 피우는 일에 헌신하셨습니다. 이 책은 그 열매 중 하나와 같습니다. 마치 과일의 종류가 다양하듯 이 책에 수록된 글의 주제와 영역은 다양하지만 모두 은사님의 땀과 눈물, 헌신의 수고를 통해서 무르익게 된 것입니다.
　고용수 총장님의 지금까지의 삶은 '기독교교육의 여정'이라고 표현할 수 있을 것입니다. 그는 '교육'에 남다른 열정을 지니셨고 이를 실천하셨습니다. 대학에서 교육학을 전공하신 이후로 계속해서 신학과 기독교교육을 공부하신 후 한국 기독교교육의 발전을 위해 온 생애를 헌신하셨습니다. 그의 기독교교육 여정은 몇 가지 점에서 독특한 면을 지니고 있습니다.
　첫째는 기독교교육학 연구에 있어서 깊은 학문적인 탐구를 추구함과 더불어 한국 교회의 교육현장에 대한 각별한 관심을 가지시고,

학문과 실천의 연계를 위해 수고를 아끼지 않으셨다는 점입니다. 이 점은 그의 저술과 논문들이 '기독교교육사상'에 머물지 않고 '기독교교육과정'과 '교회교육현장 혁신'으로 연결되고 있는 데서도 발견되어집니다. 특히 최근에는 교단의 새로운 교육과정을 개발하는 일을 주도하시어 교단 산하 교회들이 '하나님의 나라: 부르심과 응답'이라는 교육과정을 사용할 수 있게끔 공헌하셨습니다.

둘째는 종래 기독교교육을 교회교육, 그것도 교회학교 교육과 동일시해 왔던 한계를 넘어서서 기독교교육의 지평을 넓히셨다는 점입니다. '교육목회'에 대한 강조로 교회의 전 생활과 교인의 전 생애가 기독교교육의 관심 영역임을 깨우치셨고, '기독교학교교육'에 대한 강조로 기독교학교가 기독교교육의 한 중심 영역임을 확인시켜 주셨습니다. 또한 '가정교육'에 대해 각별한 관심을 갖고 연구하실 뿐 아니라 사모님과 더불어 직접 교육하심으로 기독교교육의 관심 영역을 확장하셨습니다.

셋째는 기독교교육의 한 실천으로서 신학교육을 위해 헌신하신 여정이었다는 점입니다. 1974년 처음으로 장로회신학대학교의 교단에 서신 이후 현재 총장으로서의 사명을 감당하기까지 신학교육의 발전을 위해 수고하셨습니다. 최근 발표된 '장로회신학대학교 신학교육성명'은 신학교육의 교육이념, 교육목적, 교육목표를 담고 있는데, 이는 그의 신학교육에 대한 기독교교육적 관심과 열정을 보여 주고 있습니다. 또한 현재는 전국신학대학협의회 회장으로서 한국의 신학교육 전반에 대한 개선을 위해서도 노력하고 계십니다.

이 책은 이러한 고용수 총장님의 다양한 관심과 확장된 기독교교육 분야를 거의 포괄하는 내용들을 담고 있습니다. 박화경 교수, 김도일 교수, 박봉수 박사, 장신근 박사의 글은 기독교교육의 의미를 보다 깊이 탐구하고 있으며, 박상진 교수, 이원일 교수, 김화선 박사의 글은 고 총장님의 전공분야이기도 한 기독교교육과정에 관해 초점을 맞추고 있습니다. 이규민 교수와 이현숙 박사의 글은 기독교교육과 심리의 관계를 다룬 것으로 가정교육과도 관련을 맺고 있으며, 권택조 교수, 김광률 교수, 김기숙 교수의 글은 기독교학교 교육을 다루고 있습니다. 그리고 김홍연 교수의 글은 독일교회의 기독교교육에 대해서, 고태형 박사의 글은 미국 이민교회 교육에 대해서 쓴 논문이고, 마지막으로 현재 캐나다에서 가르치시는 송남순 교수의 글은 영문 논문으로 이 세 논문을 '해외기독교교육'으로 분류하였습니다.

  각 논문들을 집필한 필진들은 고용수 총장님의 제자들로서 활발히 연구활동을 하고 있는 '비교적' 젊은 학자들입니다. 고 총장님의 글들 가운데 상당수의 글들이 '21세기의 기독교교육의 방향'과 관련되어 있음을 보게 되는데, 열다섯 분의 필자들이 21세기의 기독교교육의 발전을 위해 공헌하게 되리라 기대해 봅니다. 이런 점에서 이 책의 제목을 '21세기 기독교교육의 과제와 전망'으로 정하였습니다. 이 필진들 외에도 고 총장님의 모든 후학들이 학문과 실천의 영역에서 21세기 기독교교육의 새로운 장을 열어가게 되기를 바랍니다.

  끝으로 바쁜 시간 속에서도 귀한 원고를 써 주신 필진들과 이 책이 나오기까지 수고하신 모든 분들께 감사드리며, 고 총장님의 한 제자로서 기꺼이 출판을 위해 수고를 아끼지 않으신 예영커뮤니케이션의 김승태 사장께도 감사를 드립니다.

2002년 11월 25일
고용수 총장 화갑기념 논문집 편찬위원회

차 례

서문 · 4

I 기독교교육의 탐구 · 11

1. 신앙교육의 유형들과 바른 신앙교육 · 13
   - 박화경 | 장로회신학대학교(Th.D.) | 한일장신대학교 교수
2. 토마스 그룸의 저술에 대한 인식론적 비평 · 46
   - 김도일 | 미국 PSCE(Ed.D.) | 장로회신학대학교 교수
3. 기독교교육의 교육사회학적 접근에 관한 고찰 · 78
   - 박봉수 | 장로회신학대학교(Th.D.) | 상도중앙교회 담임
4. 근대 실천신학의 신학백과사전 패러다임에 관한 역사적, 비판적 고찰 · 119
   - 장신근 | 미국 Princeton 신학교(Ph.D.)

II 기독교교육의 과정 · 155

5. 기독교교육과정 이론의 체계적 분류에 관한 연구 · 157
   - 박상진 | 미국 Union-PSCE(Ed.D.) | 장로회신학대학교 교수
6. 해석학적 상상력과 신학교육과정 · 183
   - 이원일 | 연세대학교(Ph.D.) | 영남신학대학교 교수
7. 교회교육 평가를 위한 기초적 탐색 · 210
   - 김화선 | 서울여자대학교(Ph.D.) | 장로회신학대학교 강사

III 기독교교육과 심리 · 241

8. 청소년기 회심과 자아정체성 형성에 관한 연구 · 243
   - 이규민 | 미국 Princeton 신학교(Ph.D.) | 호남신학대학교 교수
9. 교회교육으로서의 인지행동적 부부 의사소통 프로그램 · 284
   - 이현숙 | 서울여자대학교(Ph.D.) | 숭실대학교 겸임교수

IV 기독교학교 교육 · 315

10. 포스트모던 시대의 학교 발전을 위한 새 학습 모델 · 317
    - 권택조 | 미국 Biola University(Ph.D.) | 아세아연합신학대학교 교수
11. 한국 기독교대학의 정체성 확립을 위한 과제와 정책 · 346
    - 김광률 | 계명대학교(Ph.D.) | 한남대학교 교수
12. 기독교대학의 통전적 교육을 위한 교육사상적 기초 · 376
    - 김기숙 | 총신대학교(Ph.D.) | 서울여자대학교 교수

V 해외 기독교교육 · 415

13. 독일 교회의 세례와 기독교교육 · 417
    - 김홍연 | 독일 Heidelberg(Dr.Theol.) | 장로회신학대학교 초빙교수
14. 미국 이민교회의 성인교육에 관한 연구 · 457
    - 고태형 | 미국 Union-PSCE(Ed.D.) | 리치몬드중앙장로교회 담임
15. Did Jesus Have An Educational Goal? · 482
    - 송남순 | 미국 PSCE(Ed.D.) | 캐나다 Knox College 교수

▶ 참고문헌 · 503
▶ 연보 · 521

I 기독교교육의 탐구

1. 신앙교육의 유형들과 바른 신앙교육
    - 박화경 | 장로회신학대학교(Th.D.) | 한일장신대학교 교수

2. 토마스 그룸의 저술에 대한 인식론적 비평
    - 김도일 | 미국 PSCE(Ed.D.) | 장로회신학대학교 교수

3. 기독교교육의 교육사회학적 접근에 관한 고찰
    - 박봉수 | 장로회신학대학교(Th.D.) | 상도중앙교회 담임

4. 근대 실천신학의 신학백과사전 패러다임에 관한 역사적, 비판적 고찰
    - 장신근 | 미국 Princeton 신학교(Ph.D.)

1 신앙교육의 유형들과 바른 신앙교육

박화경 교수
한일장신대학교

I. 서언
II. 20세기의 대표적인 신앙교육 유형
   1. 보수적 정통주의 신학의 신앙교육 유형
   2. 부흥운동이나 오순절주의 신학의 신앙교육 유형
   3. 자유주의 신학에 근거한 종교교육 유형
   4. 신정통주의 신학에 근거한 기독교교육 유형
III. 신앙교육이 갖추어야 할 차원
   1. 지적인 차원
   2. 정적인 차원
   3. 행동의 차원
   4. 초월적, 신비적 차원
IV. 신앙교육이 포함해야 할 내용
   1. 삼위일체 하나님
   2. 개인과 자아
   3. 교회
   4. 인간과 문화
   5. 사회와 역사
   6. 창조 세계
V. 결언

I. 서언

어떻게 성숙한 신앙을 갖게 할 것인가의 문제는 비단 기독교교육 학자들의 관심일 뿐만 아니라 목회자나 교회교육을 담당하는 교사들의 고민거리이기도 하다. 토마스 그룹(T. Groome), 엘리스 넬슨 (E. Nelson), 리처드 오스머(R. Osmer)를 비롯하여 많은 현대 기독교교육자들은 교회교육의 주된 목적이 성숙한 신앙이라는 점에서 동의하고 있다. 그러나 과연 성숙한 신앙이 무엇인가에 대해서는 학자에 따라 차이가 나며, 성숙한 신앙의 모습을 어떻게 보는가에 따라 그들이 강조하는 신앙교육의 모습도 달라진다.

본 논문은 성숙한 신앙을 가지도록 하는 바른 신앙교육은 어떠해야 하는가에 대해서 고찰하고자 한다. 이것을 논의하기 위해서 기독교교육사에서 신앙을 어떻게 이해하고, 어떻게 신앙교육을 실시해 왔는가에 대해서 알아보고자 한다. 20세기 신앙교육은 신학의 발전과 흐름에 따라 다양하게 발전해 왔으며 성숙한 신앙을 어떻게 이해하는가에 따라 신앙교육의 형태나 방법은 많은 차이를 보이고 있다. 이제 20세기의 대표적인 기독교교육 유형에서의 신앙 이해와 신앙교육의 특징과 장단점에 대해서 고찰하고 난 뒤에 바른 신앙교육을 실시하기 위해 반드시 갖추어야 하는 차원과 신앙교육의 내용들을 제시하고자 한다.

II. 20세기의 대표적인 신앙교육 유형

20세기의 대표적인 신앙교육을 대체로 네 가지 유형으로 나눌 수 있다. 보수적 정통주의 신학의 신앙교육, 부흥운동과 오순절주의 신학의 신앙교육, 자유주의 신학에 근거한 종교교육학파의 신앙교육 그리고 신정통신학에 근거한 기독교교육학파의 신앙교육이다.[1] 네 가지의 신앙교육의 유형들의 신앙교육의 특징과 장단점에 대해서 살펴보면 다음과 같다.

1. 보수적 정통주의 신학의 신앙교육 유형

보수적 정통주의 신학이란 구 정통주의 신학에 기초하고 있지만 20세기에 나타난 근본주의가 그 중심이 되며, 최근에는 보수적 복음주의로 칭해지는 신학적 흐름을 포함한다. 한국에서는 미국 선교사들의 신앙에서 시작되었고, 박형룡에 의해 꽃피워 온 신학이라고 할 수 있다. 이 신학에 의하면, 신앙의 핵심은 개인적으로 예수를 구주로 받아들이고 그에 입각한 신앙생활과 경건한 생활을 하는 것이다. 신앙을 갖기 위해서는 성경을 많이 아는 것이 중요하다고 생각한다. 성경은 하나님의 영감을 받아 기록된 하나님의 말씀 그 자체이기 때문에 무오하고 신적인 권위가 있기 때문에 성경 지식을 많이 가지게 되면, 성경말씀을 통하여 성령이 역사하여서 좋은 신앙을 갖게 된다

---

1) 20세기 기독교교육의 흐름을 유형별로 분석한 대표적 학자는 메리 보이스(M. Boys)와 헤롤드 버제스(H. Burgess)이다. 이들은 각각 20세기 기독교교육의 대표적 유형을 4가지로 분류한다. 보이스는 복음전도 유형, 종교교육 유형, 기독교교육 유형 그리고 가톨릭교육 유형으로 분류했다. 버제스는 복음적/케리그마 종교교육 모델, 자유주의 종교교육 모델, 신정통주의 신학에 근거한 20세기 중반의 주도적 종교교육 모델 그리고 제임스 마이클 리(J. M. Lee)로 대표되는 사회과학적 교육모델로 분류했다. 필자가 분류한 자유주의 신학에 근거한 종교교육 유형은 보이스의 종교교육 유형과 버제스의 자유주의 종교교육 모델과 정확하게 일치한다. 신정통신학에 근거한 기독교교육 유형도 보이스의 기독교교육 유형과 버제스의 20세기 중반의 주도적 종교교육 모델과 정확하게 일치한다. 보수적 정통주의 유형은 버제스의 복음적/케리그마 종교교육 모델과 완전히 일치하지는 않지만 상당 부분 일치한다. 그리고 부흥 운동과 오순절주의 유형은 보이스의 복음전도 유형과 상당히 일치하며 다만 오순절주의를 포함하고 있다. 그러나 필자는 버제스의 사회과학적교육 모델이 20세기 대표적 모델이라고 보기에 무리가 있기 때문에 포함시키지 않는다. 또한 보이스의 가톨릭 모델은 위에 제시한 4가지 유형으로 포함될 수 있기 때문에 역시 생략하고자 한다. 이것은 버제스도 같은 생각이었다. 그는 가톨릭 종교교육학자들을 자신이 분류한 4가지 유형으로 나누어 제시하고 있다. Mary C. Boys, *Educating in Faith : Maps and Visions*(NY: Harper & Harper, 1989), Harold W. Burgess, *Models of Religious Education*(Wheaton, ILL: A BridgePoint Book, 1996).

는 것이다. 따라서 신앙교육의 중심은 성경의 내용을 가르치는 것이며 학습자는 가능한 한 성경 지식을 많이 갖고, 성경을 문자대로 인용하고 문자대로 적용하는 것이 신앙교육에서 중요하다.[2]

이 유형은 신앙이 성경 지식과 밀접히 관계가 있다고 보기 때문에 신앙교육은 지식 전달을 위해서 주로 언어를 통해 이루어진다. 교사는 성경의 지식을 강의하거나 설교하고 학생은 그 내용을 배우고 암기한다. 성경에 대한 지식을 넓히기 위해서 성경암송대회나 성경퀴즈대회를 하고 성경시험을 치러서 성경 지식이 많은 사람을 시상한다. 가르치는 사람은 하나님을 대신해서 말씀을 가르치고 훈련하는 사람이기 때문에 상당히 엄격하고 권위적인 모습이 되고 학습자는 수동적으로 말씀을 듣고 받아들이는 위치에 서게 된다.

또한 이 유형은 성숙한 신앙이 경건과 도덕과 관련이 깊다고 생각한다. 율법을 준수하고 도덕심을 강화하여 경건을 훈련하는 것도 교육의 중요한 목표가 된다. 경건이 중요하기에 신앙교육에서 감정적인 것을 상당히 배격한다. 예배 시간에 아멘이라고 말하거나 박수를 치는 것이나 피아노나 오르간 외의 악기를 사용하는 것은 경건하지 못하다고 생각한다.

이 유형의 신앙교육의 장점은 성경을 열심히 배우고 기독교교리를 수호하려는 점이다. 기도생활이나 경건훈련에 힘쓰며, 교회에 대한 충성심도 있고 선교를 중요시한다.[3] 그러나 이 신앙교육은 개인이 구원받고 천국에 가는 것에 주로 관심이 집중되어 있다. 세상 속에서 경건한 삶을 살기를 촉구하지만 경건한 삶은 주로 개인의 신앙생활에 한정된다. 예배드리고, 성경읽고, 교회에서 봉사하고, 나아

---

2) Harold W. Burgess, op. cit., p. 168.
3) James Barr, *Fundamentalism*(London: SCM Press, 1977), pp.29~32.

가 구제하는 개인적 신앙생활에 집중되는 것이다. 사회나 역사에서의 책임에 대해서는 많은 관심을 가지지 않는다. 왜냐하면 이들은 개인이 구원을 받으면 세상은 선해질 수 있다고 믿기 때문이다. 이와 함께 이들은 역사가 대재난을 향한다고 생각한다. 하나님의 뜻이 세상에 이루어지는 것은 서서한 발전을 통해서가 아니라 예수 그리스도의 재림에 의해서 이루어지는 것이라 본다. 그 때까지 세상은 점점 발전하기보다는 오히려 사태가 악화되리라고 생각한다. 그래서 전쟁이나, 악한 세대의 모습들이 말세의 징조라고 말하기를 좋아한다.[4] 역사에 대한 이런 견해로 인해 이들은 교회나 그리스도인들이 사회적 제도를 변혁해야 한다고 생각하지 않는다. 그리고 정치, 사회적 입장에 대해서도 관여하지 않고자 한다. 정치, 사회적 문제는 복음에 비해서 덜 본질적인 문제라고 보고 복음을 전하는 것이 더 우선되어야 한다고 생각한다. 그래서 이들은 복음전파는 힘쓰지만 학습자가 사회에서 바른 삶을 살아가거나, 사회가 선하고 바르게 변화시키는 일에는 관심이 많지 않다. 이 유형의 신앙교육은 신앙의 지적인 측면에 대해서 강조하지만 사회, 역사에 대한 행동의 차원은 간과하고 있다고 볼 수 있다.

2. 부흥운동이나 오순절주의 신학의 신앙교육 유형

부흥운동은 미국의 제1, 2, 3차에 이르는 부흥운동에서 시작되었고, 우리 나라에서도 부흥회를 통하여 발전된 흐름이다. 또 부흥운동의 정신을 뒤따르면서 성령 체험을 강조하는 오순절 운동도 부흥운동의 지류라고 할 수 있다.[5] 부흥운동이나 오순절주의의 신앙교육에

---

4) Ibid., pp. 99~115.

서 공통적으로 가장 중요하게 생각하는 것은 개인적이고 감정적인 회심 체험이다. 보다 극적으로 회심을 경험하도록 이끄는 것이 신앙교육의 중심이 된다. 회심을 촉구하기 위해서 지옥의 공포를 강조하거나 세상에 대한 하나님의 무서운 심판을 극적으로 묘사하여 공포심을 자극하거나 하나님의 자비에 호소할 것을 촉구한다.

이들은 신앙에서 감정적인 체험을 중요시한다. 논리적이고 체계적인 교육보다는 회개하고 기도하고 말씀을 듣고 초자연적인 성령의 은사를 체험하면서 신앙이 자란다고 본다. 따라서 감정적인 회심을 촉구하기 위한 방법이나 환경의 조성에 많은 관심을 가졌다. 보수적 정통주의가 예배의 경건성을 지키기 위해서 악기의 사용을 절제하였던 것에 반해 이들은 사람들의 감정을 고조시키기 위해서 오랫동안 찬송을 부르게하고, 울거나 소리지르는 것과 같이 감정을 드러내어 놓고 표현하여 감정에 젖어들도록 유도한다.

이런 신앙교육의 장점은 뜨거운 열정과 경험적이고 정서적인 차원에 대한 강조라고 할 수 있다. 이들은 대체로 뜨겁게 기도하고 찬양하며 열심히 전도한다. 신앙이 형식화되지 않게 했고, 학습자가 수동적인 존재가 아니라 신앙교육에서 적극적인 참여자가 되게 했다. 또한 신앙의 초월적인 차원을 강조함으로 신앙이 지나치게 합리적으로 흐르는 것을 막게 하였다.

그러나 이 신앙교육은 초자연적인 경험이나 은사를 지나치게 강조하는 경향이 있다. 그래서 자칫하면 미신적이고 신비적인 경향을 나타내기 쉽다. 세상 안에서 성숙한 그리스도인으로 성장하기를 돕기보다는 극적이고 초월적인 체험을 강조함으로 세상에서 분리된

---

5) Frederick Dale Bruner, *A Theology of the Holy Spirit*, 김명용 역, 『성령신학』 (서울: 도서출판 나눔사, 1989), pp. 32~42.

삶을 살라고 권유하는 교육이 될 위험이 있다. 조지 코우(G. A. Coe)의 지적처럼 신앙교육이 이런 비일상적이고 극적인 변형을 강조하게 되면 결국 정상적인 방법의 영혼의 돌봄을 포기하게 되는 것이다. 또한 지성적인 것이나 합리적인 사고나 과학적 방법들을 신앙교육에서 배제하는 반지성적인 경향도 있다. 회심을 지나치게 강조하다 보니 신앙의 대상은 회심이 가능한 청소년 이상의 어른들이 중심이 된다. 어린이들을 신앙으로 체계적으로 양육하는 면이 약화된다고 할 수 있다. 신앙의 정적이고 초월적인 차원은 강조하였으나 이 유형 역시 신앙교육의 사회, 역사에 대한 행동의 차원은 외면하고 있다.

3. 자유주의 신학에 근거한 종교교육 유형

20세기 미국에서 일어난 종교교육운동(religious education movement)은 부흥운동과 주일학교운동이 감정적 회심과 영적 각성에 대한 지나친 강조로 인해 기독교적 양육이나 교육을 외면하는 것에 대한 각성으로 발생했다. 1903년 종교교육협회의 조직으로 시작된 종교교육운동은 1940년대 초 신정통주의 신학에 근거한 기독교교육운동이 일어나기까지 미국의 기독교교육을 주도했다. 이들은 교육을 통한 인격 발달과 이상화된 사회 질서인 하나님의 민주주의의 건설이 종교교육의 목적이라고 생각했다.[6]

이들에 의하면, 인간의 본성은 잠재적으로 선하지만 성장하면서 환경에 의해 선하게 발전할 수도 있고 악하게 될 수도 있는데, 교육을 통해서 인간의 선한 본성은 개발되고 실현될 수 있다고 보았다.

---

6) Harold. W. Burgess, op. cit., p. 90.

대표적 학자인 조지 코우는 '교육에 의한 구원(salvation by education)'이라고 말하는데, 이것은 교육을 통해 인간의 이성을 개발하면 인간은 무한히 선한 존재로 발달할 수 있다는 믿음을 반영하고 있다.[7]

또한 이들은 성숙한 인격을 만들기 위해서는 가정이나 사회가 뒷받침을 해야 한다고 생각한다. 때문에 가정교육과 사회교육을 중요하게 생각했다. 사회를 개조하고 사회악을 제거하는 것에도 관심을 기울였다. 교육을 통해서 성숙한 인격으로 만들고, 교육을 통해 이 세상을 이상 사회로 건설하는 것이 신앙교육의 핵심이었다.[8]

이들은 도덕적 인격이 성경 읽기나 예배 참석과 같은 종교적 실천을 통해 형성된다고 보지 않았다. 학습은 사회적 과정이며 지식은 사회적 산물이라고 본다. 도덕적 인격은 인간과 사회와의 관계에서 형성되는 것이며 구체적인 사회적 상황에 근거한 교육에 의해 증진되는 것이라고 생각했다.[9] 따라서 신앙교육은 성경, 전통, 교리를 전달하기보다는 학습자의 삶과 생각과 경험의 변화를 추구하는 것이 중심이 되었다. 학습자가 기독교적 가치에 입각해서 자신의 삶을 평가하고 해석하며, 삶의 태도를 바꾸도록 하는 삶 중심의 교육을 시행했다. 그리고 이러한 교육의 달성 여부는 학습자가 받은 교육의 결과로서 실제로 지금 여기에서 변화된 삶을 사느냐의 여부로 검증될 수 있다고 보았다.[10] 이들은 합리적이고 과학적인 사고를 중요하게 생각했고 신앙교육도 검증되고 과학적으로 연구되어야 한다고 생각했

---

7) George A. Coe, *Education in Religious and Morals*(NY: Fleming H. Revell Co., 1907), p. 406.
8) Harold. W. Burgess, op. cit., p. 90.
9) Ibid., p.97.
10) Ibid., p.100.

다. 그래서 사회과학적인 방법들을 기독교교육에 접목시켜 철저하게 과학적으로 검정하고 합리적인 교육을 시도하고자 했다.

기독교교육에서 이들의 공헌은 막대했다. 과학적, 합리적 방법들을 개발하여 낙후된 주일학교가 전문화하는 데 많은 기여를 하였다. 교사보다는 학습자가 교육의 중심이 되어야 한다고 생각하고 공과를 발달단계별로 나누어 계단공과를 만들었다. 내용 전달보다 학습자의 삶의 변화가 중요하다고 보았고, 이를 위한 다양한 교육방법들을 개발했다. 또한 신앙의 사회적 책임성을 일깨워 줌으로 기독교 신앙이 개인의 문제에 국한된 것이 아니라는 것을 인식시켰다.

그러나 이들은 인간의 이성이나 과학적 합리적 사고를 지나치게 신봉했다. 그 결과 이성에 맞지 않는 초월적인 메시지를 제거해 버렸다. 기적이나 부활 같은 사건은 신화로서 취급하고 제거함으로써 기독교 신앙의 초월적인 차원을 상실하게 됨으로 도덕이나 인격과 차이가 없게 되어 버리는 문제점을 낳았다. 신앙의 행동의 차원이나 사회, 역사적 책임의 중요성은 회복했지만 기독교 신앙의 초월적 차원은 상실하게 되었다.

4. 신정통주의 신학에 근거한 기독교교육 유형

기독교교육 운동은 종교교육 운동이 하나님의 초월성을 상실하고 성경이 하나님의 말씀이라는 것을 망각했다는 점을 반대하고 일어났다. 이들은 신앙교육의 목적이 도덕이나 인격 발달이 되어서는 안 된다고 주장했다. 이보다는 초월하시는 하나님을 만나는 것이 중요하다고 보았다. 만남은 선행하는 하나님의 은혜에 의해 이루어지지만 학습자들은 신앙으로 응답하는 결단이 요구되기 때문에, 신앙교육의 핵심은 학습자들이 초월하시는 하나님과의 만남이 일어나도록 도와주는 것이다. 이들은 만남이 교회라는 공동체의 교제 속에서 가장 잘 이루어진다고 보았으며 성경이 하나님을 만날 수 있는 좋은 통로로 생각했다.

이들은 보수적 정통주의 유형과 같이 성경이 신앙교육의 가장 중요한 원천이라고 보았다. 그러나 성경내용을 전달하는 것으로 신앙이 자란다고 보지는 않았다. 그보다는 학습자가 성경 연구를 통하여 하나님의 음성을 듣고 학습자의 현실 삶의 경험과 관련시켜서 학습자의 삶이 변화되도록 해야 한다고 믿었다. 이들은 또한 가장 훌륭한 교사는 성령이라고 생각했다. 학생들이 성령 안에서 하나님께 자신의 무능함을 고백하면서 자신을 하나님께 맡기면, 성령 안에서 하나님과 만나게 되고, 이런 만남을 통해 성령께서는 학습자의 마음에 역사하시고 신앙은 자라간다는 것이다. 인간 교사는 성령의 보조자라고 생각했다.

이 유형은 자유주의 유형에 반대하면서도 장점들을 받아들였다. 자유주의 유형이 상실했던 성경의 중요성과 신앙의 초월적 차원을 회복하면서도 신앙교육의 합리성을 중요시했고, 사회역사적 책임성에 대한 중요성을 인식했다. 성경을 중심으로 가르치되 학습자의 행동과 삶도 중요하게 생각하고 성경과 학습자의 삶을 연결시켜서 학습자의 삶을 성경에 입각하여 변화하게 하는 일에 많은 관심을 가졌다. 초월적 차원을 중요시하였기 때문에 예배, 성만찬, 기도를 중요한 교육 방법으로 생각하고 이러한 방법을 통하여 학습자를 하나님과의 계속적인 만남으로 이끌고자 했다.

이런 장점 때문에 이 신앙교육 유형은 20세기 중엽까지 미국을 지배했다. 그러나 이 유형의 신앙교육은 하나님과 개인의 실존적인 만남과 교회의 중요성을 지나치게 강조했고, 그 결과 교회와 개인신앙생활에는 열심이지만 실존주의의 문제점이 나타났다.[11] 그리하여

1960년대 이후 현대사회에 발생하는 엄청난 사회, 역사적 문제에 대해 신정통주의 신학의 한계를 드러내었다. 또한 이들은 하나님의 계시적 말씀에 대한 강조로 인하여 하나님의 능력의 행위를 선포하거나 이야기하는 것이 다시 중요한 교육 방법이 되었다. 신앙교육에서 행동의 차원을 강조하던 종교교육학파의 신앙교육은 계시에 대한 지식의 차원을 강조하면서 방법도 언어적 전달식 형태로 바뀌게 되었다.[12]

지금까지 살펴본 20세기의 대표적인 신앙교육 유형들은 각각 특별히 강조하는 차원이 있었으며, 간과하는 차원도 있었다. 신앙교육에서 한 차원만을 지나치게 강조하거나, 어떤 차원이 상실되면 학습자들이 온전하고 성숙한 기독교 신앙을 소유하지 못하는 결과가 나타났다. 그리고 이런 문제를 해결하기 위해 새로운 유형의 신앙교육이 동터 오르게 된다. 그러나 새로운 유형의 신앙교육은 상실한 차원들을 회복하는 것에 집중한 결과 신앙교육의 또 다른 차원을 상실하게 되고, 이 상실된 차원으로 인하여 또다시 성숙한 신앙을 갖지 못하게 되었음을 알 수 있다.
 이러한 현상을 통해 신앙에는 다양한 측면이 있으며, 신앙의 어느 한 측면만을 지나치게 강조하거나, 신앙의 어느 한 측면이 약화되면

---

11) 메리 보이스는, 신정통신학에 근거한 기독교교육 유형은 하나님과의 개인적인 관계와 기독교 공동체에서의 교제에 중점을 두었기 때문에 사회를 거룩하게 변화시키는 문제에 대해서는 상대적으로 약화되었다고 평가하고 있다(M. Boys, op. cit., pp. 75~76). 그러나 신정통신학의 사회, 역사의 문제에 관해서는 평가가 복잡하다. 칼 바르트(K. Barth)나 라인홀드 니버(R. Niebuhr) 같은 신학자는 사회, 역사적 문제에 대한 관심이 깊었다. 그러나 불트만의 경우에는 사회, 역사적 문제에 무관심했다.
12) Mary C. Boys, op. cit., p. 233.

신앙이 건전한 형태로 자라지 못함을 알 수 있다. 마치 우리 몸이 건강하기 위해서는 탄수화물, 단백질, 지방, 비타민 등이 모두가 필요하듯이 성숙한 신앙을 가지기 위해서는 신앙의 다양한 차원들이 골고루 갖추어져야 하는 것과 같다. 따라서 신앙교육은 성숙한 신앙에서 갖추어야 할 필수적인 차원들을 골고루 성장시킬 수 있어야 하며, 바른 신앙교육이란 이런 차원들을 균형 있게 포함하는 교육이 되어야 한다고 할 수 있다. 그렇다면 성숙한 신앙을 갖기 위해 신앙교육은 어떤 차원을 포함해야 하는가?

III. 신앙교육이 갖추어야 할 차원

리처드 니버(H. Richard Niebuhr)의 표현대로 신앙이 입방체처럼 여러 가지 측면을 가지고 있다는 점에서 많은 현대 기독교교육학자들은 동의하고 있다. 제임스 파울러(J. Fowler)는 그의 스승이었던 리처드 니버의 영향하에서 신앙의 측면(aspect)을 논리의 형태(form of logic), 관점 채택(perspective), 도덕적 판단의 형태(form of moral judgment), 사회 의식의 테두리(bounds of social awareness), 권위의 장소(locus of authority), 세계관의 형태(form of World coherence) 그리고 상징적 기능(symbolic function)으로 보고 있다.[13] 토마스 그룹(T. Groom)은 기독교신앙은 본질적이고 구성적인 세 차원(three demensions)을 지니고 있으며, 그것은 신앙의 지적인 차원(faith as believing), 신앙의 정적 신뢰의 차원

---

13) J. Fowler, "Faith and the Structuring of Meaning", ed. by Craig Dykstra and Sharon Parks, *Faith Development and Fowler*(Birmingham: Religious Education Press, 1986), pp. 31~37.

(faith as trusting) 그리고 신앙의 행동적 차원(faith as doing)이라고 주장한다.14) 그리고 리처드 오스머(R. Osmer)는 지적인 측면(belief), 관계의 측면(relationship), 헌신의 측면(commitment) 그리고 신비의 측면(mystery)으로 나누고 있다. 오스머는 자신이 제시하는 신앙의 네 가지 측면은 신앙의 많은 측면 중에서 일부분만을 다루고 있다고 언급하면서, 이 네 가지 측면 외에도 순종, 하나님의 사랑, 하나님 나라를 위한 봉사와 같은 측면이 있다고 덧붙이고 있다.15)

이상과 같이 학자에 따라 신앙의 차원(dimension)이라고 말하기도 하며, 신앙의 측면(aspect)이라고 명하기도 하지만, 신앙은 다양한 차원들이 있으며 신앙교육은 이런 다양한 차원들을 포함해야 한다고 생각하고 있다. 또한 이들이 제시하는 신앙의 차원들은 명칭이 일치하지 않더라도 내용에 있어서는 상당 부분 일치하기도 한다. 이제 이상과 같은 학자들의 주장을 기초로 하여 성숙한 신앙이 갖추어야 할 요소와 이를 위한 신앙교육의 차원을 제시하면 다음과 같다.

1. 지적인 차원

신앙에는 논리적으로 이해하고 깨닫는 지적인 요소가 있다. 성경과 기독교에 대한 지식과 교회의 신조, 교리 같은 논리와 이해의 측면이다. 하나님이 어떤 분이시며, 예수 그리스도가 누구인지에 대한 지식이 없으면서 하나님에 대한 신앙을 가진다는 것은 불가능하다.

---

14) T. Groome, *Christian Religious Education: Sharing our Story and Vision*(New York: HarperCollins Publishers, 1980), pp. 57~66.
15) Richard R. Osmer, *Teaching for Faith*, 사미자 옮김, 『신앙교육을 위한 교수방법』(서울: 한국장로교출판사, 1995), pp. 24~28.

지적인 차원은 신앙의 기초적 작업이며, 신앙의 지적인 차원은 신앙의 뼈대와 같다. 신앙의 지적인 차원이 약하면 건전하고 튼튼한 신앙을 가질 수 없다. 지적 차원이 부족하면 신앙이 주관적 감정에 치우쳐 아전인수격으로 하나님이나 성경을 이해하거나 미신에 치우치기도 한다. 그럼에도 불구하고 기독교교육에서 체계적인 지식 교육을 소홀히 하는 경우가 많다. 이러한 경향은 신앙공동체 이론과 같은 사회화를 중요시하는 최근의 기독교교육 이론들이 성경적 지식이나 교리적 지식을 전달하는 일의 중요성을 경시해 왔기 때문이다. 그러나 이것은 일방적으로 교리나 성경 지식을 주입하도록 강요하는 교육 방법에 대한 반발로 나타난 현상이라고 할 수 있다. 이런 경향으로 인하여 리처드 오스머(Richard R. Osmer)의 지적과 같이 "성경적, 신학적 문맹들이 교회에 널리 퍼져 있으며, 성경과 교회의 핵심적인 기초 지식을 전혀 알지 못한 채 성장하고 있다."16)

성숙한 신앙을 소유하기 위해서는 반드시 지적인 도움이 필요하다. 켄터베리 안셀름의 '지식을 추구하는 신앙(fides quarens intellextum)'이라는 말은 신앙에는 반드시 이해나 지식의 도움이 필요하다는 의미를 갖는다. 이런 입장에서 장로교 신학자인 존 레이스(John Leith)는 신앙은 반드시 지성적으로 말해져야 한다고 하였다. 그는 "비판적으로 생각될 수 없고, 이성적으로 명확히 표현될 수 없는 것은 인간 전 존재의 충성을 요구할 수 없다."라고 말하였다.17) 신앙의 지적인 차원을 바탕으로 학습자는 그의 삶을 해석하기도 하고 가치관이나 세계관을 형성하게 되고 따라서 신앙의 행위도 가능해진다.

---

16) Ibid., p. 47.
17) John Leith, *Creeds of the Churches* (Garden City, New York: Doubleday & Company, Inc., 1963), p.1.

신앙의 지적인 차원을 교육하기 위해서 리처드 오스머는 가장 효과적인 방법이 강의라고 한다. 강의는 주로 설교나 교사의 가르침에서 나타난다. 그동안 교육 현장에서 가장 많이 사용되면서도 또한 교육 전문가들에 의해서 부정적으로 평가되는 방법이 강의라고 할 수 있다. 강의는 강의하는 사람이 강의의 내용을 정확하게 숙지하지 못하고 강의할 경우에는 강의 내용이 제대로 전달되지 않을 뿐만 아니라 학습자의 신념이나 삶의 자세에 아무런 영향도 주지 못하게 된다. 그러나 강의가 잘 준비되면, 강의만큼 주제에 대한 흥미를 자극하면서 동시에 학습자에게 빠른 시간 내에 많은 정보를 전달할 수 있는 교육 방법은 없다.[18] 강의 외에도 지식적 차원을 위한 교육의 구체적 방법으로는 사례 연구와 발표, 성경이나 교리의 암송, 질의 응답, 토의 등의 방법이 있으며, 시청각 교재는 비록 지나치게 단순화되는 문제점이 있다고 하더라도 흥미를 유발하면서도 많은 지식들을 전달할 수 있다. 그러므로 지식의 전달이 주목적이 될 때라도 하나의 방법만 사용하기보다는 다른 교육 방법과 결합하는 것이 바람직하다.[19] 지식을 보다 입체적으로 갖게 하기 위해서 주제에 다각적인 차원으로 접근하면 효과가 상승되기 때문이다.[20]

2. 정적인 차원

신앙의 정적인 차원이란 사랑, 충성, 애착과 같은 하나님에 대한

---

18) Ibid., p. 52.
19) Ibid., pp. 73~74.
20) 예를 들면, 루터(M. Luther)는 청소년들에게 교리교육을 하기 위해서 먼저 설교를 하고 난 뒤에 설교를 자세히 설명해 주고 질문도 하는 교리문답식 설교를 고안하여 교육적 효과를 크게 하였다. (양금희, "마틴 루터의 교육사상", 『기독교교육논총』I (서울: 한국장로교출판사, 1996), p. 146.

감정적인 관계를 갖게 되는 것이다. 이런 신앙의 정적인 차원은 우리를 향한 하나님의 은혜에 대하여 신뢰, 경외, 경이, 존경, 찬양, 감사, 간구 등의 자세를 갖도록 인도하는 것이다.[21] 신앙교육에서 정적인 차원이 중요시되어야 하는 것은 인간의 이성과 감성은 긴밀히 연결되어 있으며, 사고와 감각은 가르침에서 분리될 수 없기 때문이다. 존 윌슨(John Wilson)은 신앙의 가르침에서 감성은 중요한 차원이며, 모든 종교는 반드시 감성을 다루고 고려해야 한다고 주장한다. 그에 의하면 감성을 위한 교육은 이성을 위한 교육과 상치되는 것이 아니라, 학습자들이 자기가 이성적으로 믿는 것에 근거한 감성을 갖게 됨으로 상호보완적인 것이라고 한다.[22]

감성적인 차원을 위한 교육 방법으로는 예술적 방법이 가장 대표적이다. "교회는 매우 초기에서부터 그리스도의 메시지를 전달하고 그것을 사람들의 정신과 마음에 자리잡도록 하기 위해 예술을 이용해 왔다."[23] 사라 리틀(Sara Little)은 인간이란 합리성, 구조 혹은 훈련 이상의 것을 포함하는 존재로서 상상력, 직관 및 감정 등의 뇌의 우반구적인 자질에 대한 중요성을 주장하면서 예술적 방법은 이런 측면에서 도움을 받을 수 있는 방법이라고 한다.[24] 청년들이 찬양집회를 하면서 감성적으로 깊이 빠져드는 것은 음악이 인간의 감성에 호소하는 힘 때문이라고 할 수 있다. 신앙의 정적인 차원을 강조하는 부흥운동이나 오순절주의교회에서 음악을 중요한 신앙교육 방법으

---

21) T. Groome, op. cit., pp. 61~62.
22) John Wilson, *Education in Religion and the Emotions*(London: Heinemann Educational Books Ltd., 1971), pp. 14~16.
23) *Sharing the Light of Faith*(United States Catholic Conference, Department of Education, 1973), p. 249, S. Little, *to Set One's Heart*(Atlanta: John Knox Press, 1983), p. 63에서 재인용.
24) Sara Little, op. cit., p. 60.

로 사용하는 것은 예술적 방법이 감성에 많은 영향을 미치기 때문이다.

예술적 방법으로서는 음악 외에도 글쓰기, 그리기와 만들기, 사진, 영화, 연극 등이 있다. 모든 예술적 방법은 학습자의 연령이나 사고나 문화의 차이를 넘어서 감성과 정서에 깊이 호소하는 장점이 있다. 영화나 모의 실험(simulation) 또는 역할극을 포함한 연극(drama)은 등장하는 인물과 사건에 공감을 불러일으키고 깊이 감정이입을 하게 함으로 제시하고자 하는 주제를 깊이 각인되게 한다. 또한 예술적 방법은 예술적 활동에 참여하는 사람들의 창의력과 상상력을 불러일으키며 이런 작업을 통하여 주제에 대한 강한 이미지를 형성한다. 신앙의 이미지는 학습자가 어떤 행동과 삶의 방식을 선택하는 데 많은 영향력을 행사할 수 있다. 그것은 파울러의 표현처럼 '이미지가 관념보다 앞서기 때문'이다.[25] 지금까지 교회교육 현장에서 예술적 방법들은 주로 어린이 교육에만 사용되는 경향이 있었지만, 방법을 잘 선택하면 모든 연령의 학습자에게 훌륭한 교육 방법이 될 수 있다.

3. 행동의 차원

신앙은 지적이고 정적인 차원과 함께 행동의 차원이 있다. 예수 그리스도를 통해 나타난 하나님의 은혜를 알게 되고, 그와 신뢰의 관계를 경험하는 신앙은 행동으로 나타나게 된다. 예수께서는 주여, 주여 고백하는 자가 아니라 하나님 아버지의 뜻대로 행하는 자가 하나님의 나라에 들어갈 것이라고 말씀하신다(마 7:21) 하나님에 대한

---

25) Ibid., p. 109.

지식은 행함이 없을 때 죽은 지식이며, 하나님에 대한 신뢰도 행함이 따르지 않으면 책임 회피가 되어 버린다. 신앙의 행동의 차원은 하나님의 선행하는 사랑에 대한 응답이라고 할 수 있으며 이것은 하나님에 대한 사랑과 이웃에 대한 사랑의 행위로 표현된다. 하나님을 사랑함으로 그에게 예배드리고 감사하며 그를 위해 봉사하는 헌신의 행동을 하게 되고, 이러한 하나님에 대한 사랑은 하나님께서 사랑하신 이 세상에서도 하나님의 뜻이 이루어지도록 사회, 역사적 책임을 다하는 행동이 나타난다. 이처럼 바른 기독교 신앙은 하나님에 대한 지식과 신뢰를 바탕으로 하나님과 상응하고 예수 그리스도와 상응하는 삶을 살아가며, 자신이 속한 사회의 에토스에 따라 사는 것이 아니라 예수 그리스도를 뒤따라 하나님 나라의 법과 가치에 따라 사는 삶을 포함한다. 따라서 행함으로 나타나지 않는 신앙은 바른 기독교 신앙이라고 할 수 없으며, 바른 신앙교육은 행동의 차원이 포함되어야 한다.

그런데 이런 행동의 차원은 기독교에 대한 지식을 많이 가지고 있다거나 뜨거운 감정과 반드시 일치되는 것은 아니다. 어떻게 하나님에 대한 지식이나 신뢰나 사랑이 행동으로 나타날 수 있을까? 리처드 오스머는 인간의 헌신적인 행동이 종종 인간의 의지에 의해서라고 생각하는 경향이 있는데 이러한 생각은 옳지 않다고 주장한다. 그것은 인간의 마음은 의지를 포함하여, 모든 부분이 죄로 인해 왜곡되어 있기 때문이다.[26] 의지의 능력은 남아 있으나 그것은 심하게 왜곡되어서 인간은 대부분 이기심이나 하나님 아닌 다른 것으로 선택을 하곤 한다. 따라서 학습자들이 하나님께 헌신적이 되기 위하여 그들의 의지력을 사용하도록 격려하는 것은 별로 효과가 없다는 것이다.

---

26) Richard R. Osmer,『신앙교육을 위한 교수방법』, p. 40.

왜냐하면 인간의 의지는 보다 깊은 어떤 것에 근거하기 때문이다. 그것은 사람들의 삶에 의미를 부여해 주는 밑에 깔린 이야기이며, 이러한 이야기를 오스머는 '개인 정체성의 이야기'라고 한다.[27] "정체성이란 시간이 지나도 지속되는 한 개인이 지니고 있는 특성으로서 그것은 삶의 각 단계에서 연속성을 제공해 주는 것이다."[28] 개인 정체성이란 내가 보는 나 자신이며, 이 정체성은 내가 가진 이야기들로 구성되어 있다. 우리의 삶에서 중요한 사건과 인물들이 시간이 지나면서 의미 있는 줄거리를 만들게 되고, 우리의 자기 이해는 자연스럽게 이야기의 형식을 취하게 된다.

   오스머는 학습자들이 하나님께 헌신하게 되는 것은 예수 그리스도를 통한 하나님의 은혜를 경험하게 됨으로써 새로운 시각으로 자신의 삶의 이야기를 해석하고, 그에 입각하여 새로운 삶의 정체성을 갖게 될 때라고 한다.[29] 즉, 그리스도 안에서 나타난 하나님의 사랑을 인식할 때 새로운 시각으로 자신의 삶을 해석하게 되고, 자신의 구원을 위해서 아무것도 할 수 없이 무능하지만 하나님께서 사랑으로 인하여 주신 은혜임을 깨닫고 그것을 자신의 이야기로 받아들이게 될 때, 하나님 앞에서 헌신하는 삶을 살아갈 수 있게 된다는 것이다.[30]

   이처럼 인간이 하나님께 헌신하게 되는 것은 헌신하겠다는 의지의 힘이 아니라 학습자들이 자신의 정체성 형성에 근거가 되는 삶의 이야기를 성경의 이야기를 통해서 재해석할 수 있는 기회를 통해서라고 할 수 있다.[31] 헌신의 차원을 교육하기 위해서 학습자들이 자신

---

27) Ibid., p. 117.
28) Ibid., p. 119.
29) Ibid., p. 122.
30) Ibid., p. 41.

의 삶의 이야기를 기억하고 솔직하게 이야기함으로 자신의 삶을 비평적으로 인식하게 하고 난 뒤에, 기독교 이야기를 들려 준다. 이 때 교사의 과제는 성경이야기와 학습자들의 삶의 이야기를 의미 있는 방향으로 묶어 주는 일을 담당하는 것이다.[32] 특히 예수 그리스도의 이야기로부터 학습자들이 그들 자신의 이야기를 해석하는 열쇠를 찾도록 도와주는 것이다. 예수 그리스도에게 나타난 이야기와 학습자의 삶의 이야기가 역동적으로 대화함으로 학습자의 삶의 이야기들이 예수 그리스도라는 해석의 열쇠를 통하여 재해석되도록 해야 하는 것이다.[33] 이런 과정을 통하여 지적으로 알고, 정적으로 신뢰하던 하나님에 대한 헌신적 행동이 자발적으로 일어나게 되는 것이다.

이야기와 함께 신앙의 행동의 차원을 교육하기 위해서 참여와 연대는 반드시 필요하다. 교회 공동체의 삶에 참여하고 연대하며, 교회를 넘어 삶의 현장에서 발생하는 문제들에 대해 참여하고 연대함으로 행동으로 연결될 수 있다. 가난한 사람들, 역사 속에서 고난받는 사람들, 희망을 잃은 군중들, 그리고 신음하는 창조세계와 연대하여 그들을 살리는 일에 참여하면서 기독교 신앙의 참된 의미를 깨닫게 된다. 따라서 신앙교육은 교회라는 울타리 안에서만 이루어질 수 없으며, 가정이나 학교는 물론 일터나 시장 같은 삶의 자리와 창조세계에서 고난받는 사람들과 신음하는 창조세계와 연대하고 참여함으로

---

31) Ibid., p. 122.
32) Ibid., pp. 122~123.
33) 이야기와 해석을 통한 방법론을 기독교교육 방법에 사용하는 학자들이 많이 있다. 그 대표적인 학자가 토마스 그룸(T. Groome)이며 도날드 밀러(D. Miller), 엘리자베스 무어(E. Moore)도 이야기를 교육방법으로 제시하고 있다. 이에 대해서는 다음을 참고하라. T. Groome, *Christian Religious Education: Sharing our Story and Vision*; Donald Miller, *Story and Context: An Introduction to Christian Education*, E. Moore, *Teaching from the Heart: Theology and Educational Method*.

이루어진다. 기독교 신앙은 세상 속에서 학습자의 삶에서 구현되고, 그들의 삶을 통해 행동화될 때 참된 의미에서 신앙교육이 이루어지고 있다고 볼 수 있다.

4. 초월적, 신비적 차원

기독교 신앙에는 초월적이고 신비적인 차원이 있다. 논리나 경험을 넘어선 초월적인 영역들이 기독교 신앙에 존재하기 때문에, 초월적 차원이 소홀히 취급되어서는 바른 신앙 교육이 될 수 없다. 신비나 초월에 대한 교육이란 부흥운동이나 오순절에서 나타났던 망아의 경지에서 체험하는 탈 역사적이고 개인적인 하나님 체험이 아니다. 신비(mystery)란 말은 희랍어의 어원에서 보면, '숨겨져 있음' '다 알려지지 않음' '인간이 완전히 이해할 수 없는 부분'을 나타낸다.[34] 신비를 가르치는 신앙 교육이란 우리가 하나님에 대해서 부분적으로는 알 수 있으나 결코 완전히 알 수 없다는 것을 인정하도록 하는 것이다. 이 세상에는 우리가 알 수 없는 수많은 일들이 존재하지만, 그 일은 하나님의 선한 섭리 속에서 이루어지고 있다는 것을 인식시키는 행위가 신비교육이다.

따라서 신앙의 초월적, 신비적 차원을 교육한다는 것은 학습자가 인식하고 있는 가치나 세계관이 절대적 진리가 아니라는 인식을 갖게 하는 것이다. 인간의 판단과 인식은 언제나 불완전하며 오류를 가질 수 있기 때문에 언제나 수정되어야 한다는 의식을 갖게 하는 것이다. 나아가 인간이 아무리 계획을 세우고 노력해도 하나님의 도우심

---

34) Maria Harris, *Teaching and Religious Imagination*(New York: HarperCollins Publishers, 1987), pp. 13~14.

과 역사 없이 아무것도 할 수 없다는 것을 인정하고 기도하게 하는 것이다. 그리하여 신앙교육에서 성령의 자리를 만드는 것이다. 성령의 역사를 인정할 때 신앙 교육은 결코 보이는 결과에만 집착하지 않게 된다. 열심히 씨를 뿌려도 그 결과가 나타나지 않는다고 해도 실망하지 않고, 언젠가 성령께서 결실을 맺게 하실 것이라고 믿으며 기다리게 된다. 또한 노력한 것에 어떤 결과가 나타났을 때도 그것이 내가 잘 해서 이루어진 결과라고 자만하는 것이 아니라 겸손하게 성령의 역사인 것을 인정하고 감사하게 된다.

신비와 초월성에 대한 인식을 위해 리처드 오스머는 역설을 통한 교육 방법을 제시한다. 이것은 신비의 역할에 대한 개념적 지식을 전하는 것이 아니라 학습자들이 하나님과의 관계에서 존재하는 신비의 영역을 인정할 수 있는 기회를 제공하기 위한 목적으로 사용된다. 학습자들이 역설을 통하여 인간의 한계를 직면하도록 이끌어 줌으로써 하나님의 초월성을 인식하도록 하는 방법이다.[35] 또한 마리아 해리스는 신비적인 종교적 교육을 위해서는 상상력을 사용하는 교육 방법들의 중요성을 강조한다. 제임스 파울러도 초월적인 진리를 깨닫게 하는 데 상상력이 핵심적인 역할을 담당한다며 다음과 같이 주장한다. "상상력은 우리가 배운 것을 보다 더 튼튼하게 하는 중심적인 인간의 기관으로서, 상상력이야말로 초월적 진리에 눈뜨게 하고, 그것에 반응하는 가장 중심적인 인간 기관이다."[36] 나아가 파울

---

35) Richard R. Osmer, op. cit., pp. 153~194.
36) James Fowler, "Future Christians and Church Education" in *Hope for the Church*, pp. 103~104. 그는 상상력의 역할과 중요성을 세 단계로 나누어 설명한다. 첫째, 상상력이 어떤 새로운 사건이나 새로운 것의 출현에 의해 일깨워지면, "상상력은 그 이미지를 보존하기 위하여 이전의 이미지를 녹여 버리거나 분해시킨다." 즉 계시적 사건에 접하게 되었을 때 상상력의 최초의 반응은 이제까지 친숙해져 왔고, 강력하고 당연시되어 왔던 것들을 멀리 떼어 놓아 낯설게 만들어 버리는

러는 상상력은 영성이나 묵상의 기도의 영역에서 주로 사용되어 왔지만 여기에 한정할 것이 아니라 곤경과 억압과 권리 말살에 대항해 싸우는 도덕적 책임성을 위한 교육에도 활용되어야 한다고 보고 있다.37)

지금까지 기독교 신앙은 네 차원이 있으며, 신앙교육은 네 가지 차원을 모두 포함해야 한다는 것에 대해 알아보았다. 그러나 20세기의 신앙교육 유형들은 한 차원으로 치우치거나 어느 한 차원을 간과함으로 학습자들이 성숙한 신앙을 갖지 못하는 결과가 나타나곤 했다. 즉 보수적 정통주의 신학의 신앙 교육에서는 지적인 차원을 중요시했으나 사회역사적 책임에 대한 행동의 측면이 약화됨으로 신앙과 삶의 분리현상이 나타났다. 부흥운동과 오순절주의의 신앙교육은 감정적인 측면과 초월적인 측면을 강조했다. 그러나 이 유형 역시

것이다. 예를 들면 예수의 가르침과 행적은 그 당대의 사람들에게, 그들이 가지고 있으면서 삶의 기준으로 삼고 있었고 한 번도 검토 해 보지 않았던 그런 이미지들을 낯설며 의심스럽게 만들어 주고 깨우쳐 자신을 열게 하는 사건들이었다. 안식일에 병 고치는 것과 밀 이삭을 잘라 먹는 것, 우물가에서 사마리아 여인과 동등한 위치에서 대화를 나누는 것, 금식과 정결례를 지키지 않는 것, 세리 및 죄인들과 함께 식사를 하는 것, 그 밖에도 많은 일들이 오랫동안 지켜 왔던 의에 대한 이미지들을 부수어 버리는 데 영향을 미쳤다. 둘째, 상상력의 움직임은 하나님과 이웃과 자기 자신을 이해하는 데 새로운 이미지들을 갖게 하는 것이다. 예수의 사역과 비유적인 의사 전달에는 새로운 이미지들을 창조하는 많은 이야기들과 극적인 행동들로 가득 차 있다. 예수의 말씀을 듣고 그 행적을 본 사람들은 누구나 새로운 이미지가 생겨나는 체험들을 많이 가지고 있었다. 예수는 상상력이 메말라 버린 사람들의 마음에 활력이 넘치는 새로운 이미지들을 공급하였다. 특별히 하나님을 '아바 아버지'라고 부름으로써 새롭게 이미지를 형성하여 하나님과 하나님의 부름에 응답하는 사람들 사이의 혁명적인 관계에 대한 이미지를 수립하였다. 셋째, 새로운 이미지들에 의해 활성화된 몸과 영혼이 새롭게 형성된 삶과 현실에 대한 포괄적인 지도적 이미지(master image)에 따라 나아가기 시작한다는 것이다. 상상력의 강력한 종합 작용, 바꾸어 말하면 모든 것을 하나로 통일시키는 상상력의 작용은 새로운 진리를 실행하고, 새로운 세계상(world image)에 발맞추어 행동할 것을 요구한다. 그리하여 전적으로 새로운 비전에 맞추어 자신의 인생을 전부 바쳐 일하는 모험이

행동의 측면이나 사회, 역사적 책임성에 대해 문제점이 있었고 신앙이 신비적이고 기복적이 되는 문제가 발생했다. 종교교육운동에서는 그 동안 신앙 교육에서 상실했던 행동의 차원을 강조하였으나 초월적인 차원이 결여됨으로 기독교 신앙이 도덕이나 인격으로 전락하고 말았다. 그리고 기독교교육운동의 신앙교육은 초월적 차원을 회복하였으나 실존주의의 한계로 인하여 행동의 차원은 약화되고 지적인 차원이 강화되는 경향을 낳았다.

IV. 신앙교육이 포함해야 할 내용

신앙교육에는 지적인 차원, 정적인 차원, 행동의 차원, 초월, 신비의 차원이 모두 포함되어야 하며, 네 가지의 차원 중에서 어느 한 차원이 지나치게 강조되거나 어느 한 차원이라도 소홀하게 다루어질 때 바른 신앙 교육이 이루어질 수 없다. 그런데 네 가지의 차원에서 신앙교육을 실시하고자 할 때, 무엇을 다루어야 하는가의 문제가 남게 된다. 이것은 바른 신앙 교육을 시행하기 위해서 반드시 포함되어야 할 내용의 문제이다. 신앙 교육에서 필수적으로 다루어져야 하는 네 차원이 있는 것처럼, 바른 신앙교육이 되기 위해서는 반드시 포함되어야 하는 내용이 있다. 차원과 마찬가지로 내용 역시 어느 한 부

있을 때에만 상상력은 앎을 완전히 이룩할 수 있다. 상상력은 계시적인 사건의 영향력 아래서 옛것을 청산하고 새로운 이미지와 행동 방식을 새로운 연합체로 이루어, 완전히 바뀐 세계 체험을 제공하고 또 그 세계 내에서 새로운 반응과 새로운 선도력을 일으킨다. 이러한 극적인 변화를 일으키면서 사람들은 복음의 힘에 반응한다. 이런 의미에서 파울러는 "복음은 진정으로 상상력을 위한 선물이다."고 한다.
37) Ibid., p. 110.

분에 치중하거나 어느 한 부분이 상실된다면 성숙한 신앙인을 양산할 수 없다. 이것은 마치 씨줄과 날줄로 천이 짜여지는 것과 같이 신앙교육도 다루어야 할 차원과 포함해야 하는 내용이 엮어져 짜여진다. 그리고 바른 신앙 교육은 어느 한 부분도 소홀함이 없이 균형을 이루며 짜여진 상태라고 할 수 있다. 이제 바른 신앙 교육에서 반드시 포함해야 하는 신앙 교육의 내용은 어떠한가에 대해서 알아보자.

1. 삼위일체 하나님

신앙이란 하나님의 구원 의지로부터 비롯되는 은혜와 사랑에 대한 인간의 응답이라고 할 수 있다. 따라서 신앙의 첫걸음은 무엇보다도 하나님이 누구라는 것을 분명히 아는 데서 시작한다.[38] 따라서 신앙 교육은 삼위일체 하나님이 어떤 분이시며, 그분이 하시는 일을 아는 일에서 시작되어야 한다. 세상을 창조하시고 사랑하시며, 예수 그리스도를 통하여 세상을 구원하시는 하나님과 이 세상을 구원하시기 위해 인간으로 오시고 십자가에 돌아가심으로 구원을 이루신 예수 그리스도와 모든 피조물 안에서 계시며 유지시키고 살리시고, 우리로 하여금 하나님과 그의 사역을 깨닫고 동참하도록 하시는 성령의 능력과 사역을 알고 이해하도록 해야 한다. 그리고 하나님에 대한 지식이 삼위일체 하나님과 정적인 차원으로 바른 관계를 맺도록 이끌어주어야 한다. 하나님을 신뢰하고 경외하며 찬양하고 감사하는 자세를 갖도록 하고 매사에 그를 의지하고 맡기는 태도로 연결되도록 해야 한다. 그러나 하나님과 맺은 신뢰의 관계가 인간의 책임을

---

38) 강성열, "구약성경과 신앙", 호남신학대학교편, 『신앙이란 무엇인가?』(서울: 한국장로교출판사, 2001), p. 23.

축소시키는 것이 되어서는 안된다. 하나님에 대한 지식과 신뢰를 바탕으로 그에 입각한 헌신이 나타나도록 해야 한다. 나아가 인간의 이성을 초월하시는 하나님을 매사에 인정하고 경배하며 그의 나라의 도래를 기다리고 그의 나라를 위해서 봉사하도록 이끌어 주는 일을 신앙교육은 포함해야 한다.

2. 개인과 자아

신앙 교육은 개인과 자아에 대한 내용을 포함해야 한다. 신앙이란 주관적 참여가 필수적이며, 궁극적으로 각 개인 안에서 구현되는 것이다. 때문에 신앙 교육에서 개인과 자아의 문제는 중요한 내용이며, 개인의 발달이나 개인의 변화는 종종 신앙교육의 목적이 되어 왔다. 마리아 헤리스(M. Harris)와 가브리엘 모란(G. Moran)은 '개인(a person)이란 내적인 음성을 들으며 외적인 행동으로 반응하는 사람'으로 정의하는데, 이것은 한 개인이 하나님과의 개인적인 관계와 다른 존재들과의 관계에 있음을 말한다. 즉 개인은 각자의 내부성(interiority)과 내향성(inwardness, 내적인 삶으로 불리기도 한다)을 소유하고 있으며, 개인들은 필연적으로 다른 존재들과 연관되어 있다는 것이다.[39] 따라서 신앙 교육은 하나님과의 관계 안에서 자신의 내적인 독특성을 발견하고 가능성을 개발하는 내적인 삶의 훈련을 담당해야 한다. 모든 사람은 하나님의 형상이라는 정체성을 가지고, 하나님의 형상의 의미가 하나님의 대리자로서의 책임과 사명이 주어진 존재라는 것을 깨닫고, 참된 하나님의 형상인 예수 그리스도

---

39) Maria Harris and Gabriel Moran, "Educating Persons", ed. Jack L. Seymour, *Mapping Christian Education*(Nashville: Abingdon Press, 1997), p. 61.

를 본받아 그의 제자로서의 삶을 살아가도록 이끌어 주어야 한다. 그리고 각 개인이 속해 있고 상호연관된 외적인 관계들과 바른 관계를 맺고 그 관계들에 기여할 수 있는 기회들을 제공해야 한다. 애정과 정체감을 나누는 소수의 공동체에서 시작하여 보다 넓은 사회와 창조 세계에 이르기까지 그가 속한 세계를 알고, 관계하며, 나름대로 기여할 수 있는 삶을 살아갈 수 있도록 해야 한다.

3. 교회

신앙 교육에서 포함되어야 하는 세 번째 내용은 교회이다. 기독교 신앙은 개인의 완성에서 끝나서는 안되며 공동체를 향해 나아가야 한다. 그런데 신앙에서 가장 우선적인 공동체가 교회라고 할 수 있다. 신앙 교육은 가장 먼저 교회의 본질과 교회의 역사와 교회의 과제와 사명을 이해하도록 해야 한다. 교회는 하나님의 백성들의 모임으로서 하나님의 뜻을 세상 속에 이루기 위해 부름받은 존재이다. 따라서 교회는 교회 자신을 위해서가 아니라 예수 그리스도를 뒤따라 하나님의 나라를 위해 존재해야 하는 존재가 되어야 한다는 것을 깨닫고 하나님 나라를 위한 교회의 사명과 역할을 알도록 해야 한다. 또한 하나님의 백성으로서 교회에 소속감을 느끼고 그리스도의 몸된 교회의 지체가 되어 사랑과 섬김의 사귐을 통하여 다른 지체들과 한 몸으로서의 관계를 경험하도록 해야 한다. 이런 관계는 교회에 대한 지식을 갖는 것을 통해서만 이루어지지 않는다. 신앙공동체 안에서 예배드리고, 사람들과 친교하고, 함께 기도하고 전도하면서, 그리고 교회 안팎에서 봉사하면서 신앙공동체의 일원됨을 체득하게 된다. 심지어 교회의 환경이나 교회 안에서 친구들과 잡담을 하거나 농구나 탁구를 치거나 놀이를 하면서도 자라간다. 남녀나 세대를 넘어서는 친교를 통하여 형제자매애를 경험하게 되고, 이런 친교 속에서 교회의 일원됨은 자연스럽게 습득되어 간다. 나아가 신앙 교육은 교회를 향한 하나님의 뜻과 성령의 역사에 동참하여 교회의 과제와 사역에 참여할 수 있도록 이끌어 주어야 한다. 교회의 과제는 영적 과제와 세상을 위한 과제를 포함한다. 영적 과제는 하나님의 말씀 선포와 전도, 성경과 기독교 교리교육, 예배와 성례전, 기도와 성도의 교제를 들 수 있다. 세상을 위한 과제로는 정의와 평화의 수립, 창조 세계의 보전, 그리고 기독교 문화의 형성 등을 들 수 있다. 신앙 교육은 학습자가 이러한 교회의 과제를 이해하고 참여할 수 있도록 동기를 유발하고 실천하고 참여할 수 있도록 이끌어 주는 일을 포함해야 한다.

4. 인간과 문화

기독교 신앙은 교회를 넘어 이 세상 속에 바른 문화를 만들어 가야 할 사명을 가지고 있다. 기존하는 문화에 기독교 문화가 존재할 수 있다. 그러나 현존하는 기독교 문화가 반드시 바른 기독교 문화와 일치한다고 볼 수는 없다. 신앙 교육은 학습자들이 바른 기독교 문화가 무엇인가 이해하고 문화를 만들어 가는 일을 담당하도록 해야 한다.

문화에 대한 20세기 신앙 교육의 유형들에 대해 메리 보이스는 리처드 니버(R. Niebuhr)의 분류에 따라 다음과 같이 평가한다. 보수적 정통주의 유형이나 부흥운동과 오순절 유형은 문화에 대해 적대적인 위치에서 저항했다고 할 수 있으며, 자유주의의 종교교육 유형은 세상의 문화에 속해 있었으며, 신정통 유형에서는 이분법적 역설관계에 있다고 할 수 있다.[40] 니버의 견해에 따르면 바른 기독교 신앙은 문화를 변혁시키는 유형이며, 이런 맥락에서 바른 신앙 교육은 현존하는 문화를 참된 기독교 문화로 바꾸고 변혁시키는 일을 담당해야 한다. 이를 위해 신앙 교육은 먼저 바른 기독교 문화가 무엇인가를 가르쳐야 한다. 김명용에 의하면, 바른 기독교 문화는 하나님 중심의 문화이며 인간의 존엄성과 자유에 바탕을 둔 문화이며 생명을 존중하는 문화요, 진리와 진실, 정직이 지배하는 문화이며, 삶에 기쁨과 의미를 주는 문화이며, 사랑과 코이노니아 중심의 문화요, 하나님 나라에 궁극적 소망을 두는 문화이다.[41] 나아가 바른 기독교 문화를 아는 지식에 입각하여 세상의 문화를 변혁해 가는 일을 담당하도록 이끌어 주어야 한다. 가정에서 시작하여 학교, 일터 등의 모든 삶의 영역과 매스미디어나 인터넷을 포함한 가상 공간에까지 바른 기독교 문화로 바꾸어 갈 수 있는 교육이 되어야 한다.

5. 사회와 역사

기독교 신앙은 문화의 차원과 함께 사회, 역사의 문제에 대한 책임을 가지고 있으며, 이를 위한 책임과 사명을 담당해야 한다. 신앙 교육은 기독교 신앙에 입각하여 사회와 역사에 대해 바른 견해와 가치관을 갖게 하고 이 세상 속에서 사회, 역사적 책임을 담당하도록 만드는 일을 담당해야 한다. 이것은 참된 기독교 신앙은 부흥운동이나 오순절주의 신앙 교육 유형에서 나타났던 것과 같이 차안의 세계를 버리고 피안의 세계로 도피하는 것이 아니라, 세상 속에서 하나님의 뜻을 이루기 위해 세상을 변혁해 가는 신앙임을 아는 것에서 시작

---

40) Mary Boys의 위의 책 2, 3, 4장을 참고하라.
41) 김명용, 『이 시대의 바른 기독교 사상』(서울: 장로회신학대학교출판부, 2001), pp. 118~136.

된다. 신앙교육은 하나님의 뜻이 개인과 교회뿐만 아니라 세상과 역사 속에서도 이루시기를 원하신다는 것을 인식시키고, 하나님의 뜻은 세상 속에 정의와 평화를 만들어 감으로 이루어진다는 것을 알게 해야 한다. 그리고 기독교적인 세계관을 기초로 사회, 역사의 문제를 해결하는 일에 참여시켜야 한다. 교회라는 울타리를 넘어 가정이나 학교는 물론 일터나 시장 같은 삶의 자리에서 가난한 사람들, 역사 속에서 고난받는 사람들, 희망을 잃은 군중들과 연대하여 그들을 살리는 성령의 사역에 동참하도록 해야 한다. 마리아 헤리스(M. Herris)는 교회교육에서 사회, 역사적 책임을 담당할 수 있는 형태로 사회적 돌봄(social care), 사회적 의식(social ritual), 사회적 능력 부여(social empowerment), 그리고 사회적 입법(social legistlation)등을 제시한다.[42] 이러한 형태는 학습자의 은사나 재능에 따라서, 그 사회가 지니고 있는 문제의 성격에 따라서 그리고 교회의 상황에 따라서 적절하게 선택하고 연결하여서 사용될 수 있다.

6. 창조 세계

바른 신앙 교육은 인간뿐만 아니라 창조 세계를 포함해야 한다. "땅과 거기 충만한 것과 세계와 그 중에 거하는 자가 다 여호와의 것이로다" 시편 24장 1절은 이 세계가 하나님의 창조 세계라는 것을 천명하고 있다. 그러나 인간은 오랫동안 땅을 지배하고 착취해 왔고 그 결과 자연은 파괴되었고, 파괴된 자연은 인간을 죽이는 독이 가득하게 되었다. 생태학적 위기는 자연과 인간의 총체적 죽음으로 몰아

---

42) Maria Harris, *Fashion Me A People: Curriculum in the Church*(Lousville: Westminster/ John Knox, 1989), pp. 148~155.

가고 있다. 신앙 교육은 이러한 사실을 깨닫고 창조 세계와 조화로운 삶을 살아 가도록 이끌어 주어야 한다. 인간 중심적인 세계관을 바꾸고 자연의 권리를 인정하면서 자연과 조화로운 삶을 살아 가도록 이끌어 주는 신앙 교육이 되어야 한다. 이를 위해 먼저, 창조 세계의 생태학적 위기가 현대과학 기술 문명의 가치관과 기독교 창조 신앙에서 기인된 것임을 인식시켜야 한다. 창조 세계가 하나님의 것이며 인간은 창조 세계의 주인이 아니라는 것을 인식시켜야 한다. 또한 하나님은 인간뿐만 아니라 창조 세계도 구원하시기를 원하시며 인간과 더불어 전체 피조 세계를 구원해서 새 하늘과 새 땅을 만들기를 원하신다.[43] "그의 십자가의 피로 화평을 이루사 만물 곧 땅에 있는 것들이나 하늘에 있는 것들을 그로 말미암아 자기와 화목케 되기를 기뻐하심이라" 골로새서 1장 20절에서 나타나는 것처럼 그리스도의 화해는 우주적 차원을 가지고 있음을 알게 해야 한다. 그리고 이런 지식을 기초로 학습자들이 창조 세계와의 조화로운 사귐의 관계를 갖도록 해야 한다. 자연의 지배자로서가 아니라 자연과 공생적 유대 관계를 가질 수 있도록 하며, 자연과의 상호교통의 관계가 더 풍부해질수록 삶이 더욱 풍요해짐을 체험하도록 해야 한다. 나아가 창조 세계에 대한 인간의 역할이 청지기임을 깨닫고 청지기로서의 사명을 담당하도록 해야 한다. 청지기로서의 인간은 하나님을 대신하여 하나님의 방식대로 하나님의 동산인 창조 세계를 관리하는 일을 담당하는 것이다. 창조 세계도 인간과 함께 하나님의 종말론적 완성을 향하여 발전해 갈 수 있도록 해야 한다. 그리하여 인간과 사회와 역사를 넘어 창조 세계에 대한 그리스도인의 책임과 의무를 담당할 수 있도록 이끌어 주는 우주적 차원의 신앙 교육이 되어야 한다.

---

43) J. Moltmann, 『창조 안에 계신 하나님』, pp. 383~439.

지금까지 신앙 교육에 반드시 포함해야 하는 내용으로 삼위일체 하나님, 자아, 신앙공동체, 인간과 문화, 사회와 역사 그리고 창조 세계에 대해서 알아보았다. 신앙 교육의 각 내용들은 신앙교육에서 다루어야 할 차원과 마찬가지로 바른 신앙 교육에 필수적으로 포함되어야 한다. 그러나 20세기의 대표적 신앙 교육 유형에서는 어떤 부분에 집중되기도 하고, 어떤 부분은 상실됨으로 성숙한 신앙인을 양산하는 데 장애가 있었다. 즉 보수적 정통주의나 부흥운동과 오순절주의 신앙교육 유형에서는 삼위일체 하나님과 개인의 신앙생활이나 교회는 강조되었지만, 사회와 역사와 문화 변혁과 창조세계의 중요성은 간과되었다. 반면 자유주의 종교교육유형에서는 사회와 역사와 문화의 부분이 강조되었으나 삼위일체 하나님과 교회가 간과되었고, 신정통주의 기독교교육 유형에서는 삼위일체 하나님과 교회가 강조되었으나 개인의 실존적 차원과 교회의 차원이 지나치게 강조되었으며 창조 세계의 문제는 다루어지지 않았다. 물론 20세기 중반부까지는 생태학적 위기가 지금처럼 고조되지 않았기 때문이라고 할 수도 있지만 신정통주의 유형은 사회역사의 문제에 대해서 관심은 있지만 세부적으로 발전되지 못했다는 약점이 있다.

V. 결언

지금까지 바른 신앙교육에서 반드시 포함해야 할 신앙교육의 차원과 신앙교육에 포함되어야 할 내용에 대해서 알아보았다. 삼위일체 하나님, 개인과 자아, 신앙공동체, 인간과 문화, 사회와 역사, 창조세계는 바른 기독교 신앙을 갖기 위해서 반드시 포함되어야 할 내용이다. 이 여섯 가지의 신앙의 내용은 지적인 차원, 정적인 차원, 행동의 차원 그리고 초월, 신비의 차원에서 교육되어야 한다. 이것을 도표로 그려 보면 다음과 같다.

차원＼내용	하나님	개인과 자아	교회	인간과 문화	사회와 역사	창조세계
지적차원						
정적차원						
행동차원						
초월차원						

위에 제시된 영역은 모두 신앙 교육에 포함되어야 한다. 그렇지 못하고 한 차원으로 치우치거나 어느 한 차원을 간과할 때 학습자들이 성숙한 신앙을 갖지 못하는 결과가 나타나는 것을 기독교교육의 역사를 통해 알 수 있었다. 바른 신앙교육이란 이상과 같은 신앙의 차원과 내용들이 골고루 갖추어진 상태를 말한다. 어느 한 차원이 갖추어져 있지 않을 때 균형 있는 신앙인으로 양육될 수 없다. 만일 신앙 교육의 한 부분이 계속해서 다루어지지 않으면 학습자의 인격이나 삶의 모습에 부정적인 영향을 미치게 된다. 바른 신앙교육은 건전하고 균형 있는 신앙을 가질 수 있도록 어느 한 부분도 등한히 다루어져서는 안 되며, 모든 부분을 포함하여야 한다.

2 토마스 그룹의 저술에 대한 인식론적 비평 [1]

김도일 교수
장로회신학대학교

> I. 들어가는 말
> II. 본론
>   1. 아리스토텔레스와 듀이에 대한 그룹의 이해와
>   이에 대한 비판적 분석
>   2. 그룹의 인식론과 철학적 자료들,
>   그리고 철학적 발전 과정 추적
>   3. 그룹의 인식론에 대한 분석
> III. 나오는 말

I. 들어가는 말

아마도 오늘날 기독교교육계에 가장 큰 영향력을 미친 사람들 중에 하나를 대라면 토마스 그룹도 그 중의 하나일 것이다. 적지 않은 기독교교육 학자들이 그룹이야말로 개신교와 가톨릭 학도들의 마음에 신선한 충격을 주었다는 사실에 동의하리라고 본다. 우리가 잘 아는 대로 그가 1980년과 1991년에 발표한 두 책은 그를 가히 기독교교육계에 떠오르는 별로 만든 것이 사실이다.[2] 필자가 1999년 7월에 미국을 방문하였을 때, 워싱턴 D.C.의 유니온 역사에 있는 일반

---

1) 본 논문을 영어로 읽기 원하는 독자는 필자의 전자우편주소(doilkim@pcts.ac.kr)로 연락하시기 바란다.

서점에서 우연히 그의 최근 저서인 『생명을 위한 교육』(Educating for Life)을 발견하고선 어린아이처럼 기뻐하였던 기억이 새롭다.[3] 그의 책이 광범위한 독자층을 확보하고 있다는 증거를 찾는 것은 그리 어려운 일이 아니다. 왜냐하면 그의 책은 미국 전역 어디를 가나 기독교 서점과 일반 서점 모두에서 쉽게 발견할 수 있기 때문이다. 그의 글이 여러 층의 독자를 갖고 있는 이유는 그의 글이 확고한 토대 위에 쓰여졌기 때문이라고 생각한다. 당장에 읽기 쉽고 피부에 와 닿는다고 해도 어떤 글이 만약 빈약한 이론적 근거 위에 쓰여진 것이라면 그 수명은 그리 길지 않을 것이다. 많은 독자들은, 비록 그들이 기독교교육학이라는 전문적인 학문을 체계적으로 공부하지 않았더라도, 자신들만이 소유한 나름대로의 날카롭고도 비판적인 눈으로 저술들을 분석할 수 있음을 우리는 알고 있다. 많은 독자들의 사랑과 존경을 받는 저작들은 분명한 이유와 근거가 있기 때문일 것이다. 그룸의 이전 두 책을 자세히 연구해 본 결과 필자는 그의 책에서 보이는 철학적 자료들의 적절한 조화를 발견하였다. 아래에 인용한 그룸 자신의 말은 필자의 추측이 전혀 근거 없는 것이 아님을 받쳐 주고 있다.

명확하게 표현하자면, 우리 교육자들은 자신들이 어떤 인식론을

---

2) *Christian Religious Education*(San Francisco: Harper, 1980)은 『기독교적 종교교육』(한국장로교출판사)으로 번역 출간되었다. 그리고 그의 두 번째 책은 *Sharing Faith*(San Francisco: 1991)이다.
3) 이 책의 부제는 모든 교사와 부모를 위한 영적 비전("A Spiritual Vision for Every Teacher and Parent")이다. 1998년에 Thomas More(An RCL Company)출판사에서 발간되었다. 그리고 이 책은 필자가 한국장로교출판사에서 본문에 나오는 제목으로 2001년에 번역하여 출판하였다.

채용할 것인지에 일차적인 관심을 쏟아야 한다. 인식론이야말로 어떤 특정한 교육적 시도를 위한 목표를 추진 가능케 해 주는 토대와 같은 것이다.[4]

이런 자신의 생각을 실천한다는 듯이 그룹은 자신의 책 『기독교적 종교교육』(Christian Religious Education)의 7장과 8장을 기독교적 종교교육론의 형성을 위한 인식론적 토대 탐구에 할애하였다.

이러한 생각을 마음에 담고, 본 논문은 필자의 세 가지의 관심을 차례로 다룰 것이다. 첫째, 그룹이 지속적으로 인용한 두 철학자, 즉 아리스토텔레스와 존 듀이에 대한 그의 이해와 비평을 비판적인 분석과 함께 다룰 것이다. 둘째, 그룹 자신의 인식론을 다룰 것이다. 이 작업을 함에 있어 그의 철학적 자료를 살펴볼 것이며 자신의 입장이 어떻게 발전되어 가는지를 알아 볼 것이다. 셋째, 그룹의 인식론을 분석할 것인데, 다음의 두 질문에 답하는 형식으로 그 작업을 수행할 것이다. 1) 자신의 자료들을 얼마나 적절하게 이해하고 적용하였는가? 2) 자신이 얘기한 것처럼 자기의 인식론이 자신이 의도한 교육적 시도를 정당화시켜 주며 세운 목표를 달성케 해 주었는가?

필자가 소망하기는 이 연구를 통하여 우리 대한민국의 기독교육자들이 인식론적 비평이라는 학문적 지평에 좀더 많은 관심을 기울임으로써, 이론과 실제를 잘 균형 잡아 더욱 토대가 탄탄하며 현장의 필요에 적절히 귀기울일 수 있기를 바란다.

---

4) Ibid., p. 140. 원문은 다음과 같다: "Clearly, educators must give primary consideration to adopting a way of knowing that is capable of promoting the purpose for which their particular educational endeavor is intended."

II. 본론

1. 아리스토텔레스와 듀이에 대한 그룹의 이해와 이에 대한 비판적 분석

여기서 필자의 임무는 과연 그룹이 어떻게 아리스토텔레스와 듀이를 이해하고 비판하였으며 그들의 철학을 사용했는지를 분석하는 것이다. 왜 하필이면 많은 철학자 중에 아리스토텔레스와 듀이를 택했는지에 대한 근거는 명확하다. 그룹은 그 두 철학자의 인식론을 자신의 실천을 위한 종교교육이론(Theory of Praxis for Religious Education)의 토대로 끊임없이 사용하고 있다. 그러므로 이제 아리스토텔레스와 듀이를 먼저 다루어 보자.

1) 아리스토텔레스에 대하여

우리가 먼저 던져야 할 질문은 "그룹이 아리스토텔레스를 어떻게 이해했는가?"이다. 그룹에 의하면 아리스토텔레스는 인생의 세 갈래 길 혹은 앎의 세 가지 방법, 즉 테오리아, 프락시스, 포이에시스(theoria, praxis, and poiesis)를 얘기했다.[5] 테오리아는 궁극적인 진리를 깊이 사색하고 관조하는 일종의 추구를 의미하며 이는 이성적인 직관인 누스(nous: rational intuition)를 소유하게 우리를 이끌고, 과학적인 지식인 에피스테메(episteme: scientific knowledge)와 누스와 에피스테메를 포함하는 지혜인 소피아(sophia: wisdom which include nous & episteme)에로 우리를 인도한다.[6] 이 테오

---

5) Groome, Ibid. 여기서 논의된 테오리아와 프락시스와 포이에시스 등의 용어에 대하여 그룹의 책 *Sharing Faith*를 참조하면 더 자세한 설명을 볼 수 있다.

리아는 우리를 소피아로 인도하기 때문에 앎에 있어서 가장 고상한 방법으로 여긴다. 왜냐하면 아리스토텔레스는 하나님이 인간 역사에 대한 구체적인 관심을 가지고 있지 않으며 인간 역사로부터 떨어져 있다고 믿었기 때문이다.7) 프락시스는 이론적인 성찰과 실천적인 참여를 포함하는 앎의 한 방법이다. 프락시스도 역시 이성적이고 목적 지향적인 인간 행위 중의 하나이며, 이는 항상 쌍둥이 순간('twin moments')이라고 일컫는 성찰과 참여를 동반한다.8) 결과적으로 앎은 인간의 내적 숙고(inward speculation) 혹은 관망으로부터 나오는 것이 아니라 자신을 둘러싸고 있는 사회적 현실 가운데서 의도적인 참여(intentional engagement)를 할 때 일어난다는 것이다.9) 그룹이 아리스토텔레스를 해석한 대로 달리 표현해 보면 "프락시스의 목적과 … 프락시스적인 앎은 … 사회 속에서 책임적인 삶을 영위하는 것으로부터 나온다."10) 결국 프락시스는 사려 깊은(성찰적인) 행위이다. 반면에 포이에시스는 숙달된 제조(skilled making)를 의미한다. 아리스토텔레스에게 있어서 포이에시스는 마치 어떤 숙련된 장인이 구체적인 공예품과 같은 생산품을 만들어 내는 것과 같은 '실재와 관련을 맺는 방법'이다.11) 포이에시스는 조각가와 장인과 상인, 그리고 때로는 시인의 작품 속에 표현된 앎으로 볼 수 있다. 그

---

6) Ibid., p. 154.
7) Ibid., p. 157.
8) engagement와 reflection을 참여와 성찰로 표현하였다. *Sharing Faith*, p. 44.
9) 경험에 대하여 아리스토텔레스는 다음과 같이 말했다. "어떤 것들에 대해서 안다는 것에 대해 말하자면, 우리는 그것들을 행함으로써 배운다." 그는 소위 경험주의적인 앎의 형태에 대하여 자신의 의견을 피력하였다(We learn by doing.). *Nicomachean Ethics*, bk II, ch. 1.
10) Ibid., p. 44. "프락시스의 목적과 프락시스적인 앎은 사회 속에서의 책임적인 삶으로부터 나온다."고 말한 아리스토텔레스의 진술을 그룹은 채택하여 분석하였다.
11) Ibid., p. 45.

런 의미에서 볼 때 프락시스의 목적은 지속적인 행동으로 여기는 실행적인 앎이고 포이에시스는 생산적인 앎이며 생산하는 것에 그 목적을 두는 앎의 형태이다. 행함과 만듦의 차이다. 예를 들어 우리는 운동, 사업, 정치를 행하면서, 다른 한편으로는 배, 집 따위를 만든다. 한 걸음 더 나아가서 포이에시스를 일으키는 정신의 조건은 테크네(techne) 즉 공예, 기술, 기교(art)이다. 이 테크네에 의해서 포이에시스적인 앎의 방법이 일어나는데 이는 일종의 지성(rationality)이다. 예컨대 테크니컬한 지성과 같은 것이다.[12] 그러나 아리스토텔레스에게 있어 포이에시스는 앎으로 나아가는 방법 중의 가장 낮은 것으로 보았으며, 결과적으로 가장 덜 신뢰할 만한 것으로 생각했다.[13]

그룹은 거기서 그치지 않고 아리스토텔레스의 인식론을 더 깊이 분석하였다. 즉, 의도적인 교육은 프락시스적인 앎의 방법에 의하여 근거되어져야 한다고 주장하였다는 것이다. 물론 테오리아가 최상의 그리고 최고의 지혜이기는 하지만 말이다. 이런 아리스토텔레스의 성향은 그가 가졌던 신념, 즉 교육은 프락시스의 삶으로서 정치적인 성격을 띤다고 하는 신념을 가지고 있었다. 그러기에 그는 항상 그가 살던 사회에서 교육을 통하여 훌륭한 시민을 만들고 국가의 안녕을 촉진시켜야 한다고 믿었다는 것이다.[14] 진실로 아리스토텔레스는 프락시스가 현재 상황을 변화시키는 데 필요한 올바른 판단력의

---

12) Ibid.
13) Ibid., p. 46.
14) 아리스토텔레스에게 있어 인간의 선한 삶이란 "도덕적인 최상의 삶을 위해 모든 동원 가능한 정신과 육체의 기관을 이용한 적극적인 참여이며, 완벽한 삶을 위한 구체적인 실천이다." *Nicomachean Ethics*, bk. 6, ch. 7. 선함과 도덕과 관련하여 아리스토텔레스는 자신의 책 *Politics*에서 다음과 같이 말했다: "인간을 선하고 도덕적으로 만드는 세 가지는 본성과 습관과 이성이다." *Politics*, bk. VII, ch. 13.

원천이 된다고 믿었던 것이다. 사실 아리스토텔레스에게 교육의 목적은 추상적인 지식을 얻는 것이 아니라 좋은 시민이 되는 도덕적 성품을 얻게 함으로써 한 나라에 속한 시민들의 행복을 촉진시키며 살 만한 나라로 만드는 데 있다는 것이다.[15] 그룹은 바로 프락시스의 이런 실천적인 면을 강조한 아리스토텔레스의 인식론을 채용한 것이다.

둘째, 그러면 그룹은 아리스토텔레스의 인식론을 어떻게 비판하였는가? 그룹은 아리스토텔레스의 세 앎에 대한 수직계층적인 (hierarchical) 이해를 비판하고 거부하였다. 거부의 이유는 그런 수직계층적인 이해는 '존재에 대한 망각'(forgetfulness of being)을 반영하기 때문이라는 것이다.[16] 그룹은 또한 아리스토텔레스가 시도한 테오리아와 프락시스와 포이에시스의 분리를 거부하였다. 자세히 연구해 보면 이는 사실 아리스토텔레스 자신도 은근히 암시했던 것으로 세 가지 앎에는 공통의 토대가 있다는 것이다. 특히 그가 덕 (virtue)에 대한 개념과 도덕적인 삶에 대하여 설명할 때 그런 점을 암시했다.[17] 물론 우리는 아리스토텔레스가 자신의 스승 플라톤이 가졌던 한계, 즉 인간의 삶과 실재를 이중적으로 이해했던 점을 극복할 수 있는 생각의 틀을 제공한 것에 대하여 찬사를 보내야 한다고 본다. 그러나 플라톤 이론이 끼친 근본적인 영향은[18] 아직도 아리스

---

15) *Christian Religious Education*, p. 156 and Aristotle, *Nicomachean Ethics*, bk. 10, ch 8.
16) *Sharing Faith*, p. 46
17) 각주 14번을 보라. 아리스토텔레스의 질문을 상상해 보자. 예컨대 그는 "무엇이 선한 사람의 정의입니까?"라고 이론적인 질문을 던지기보다는, "누가 선한 사람입니까?"라고 묻든지 아니면 "선한 사람의 삶에는 무슨 덕이 있습니까?"라고 물을 것이다. (For example, instead of asking the theoretical question, "What is the good?", Aristotle would ask "Who is the good person?" or "What virtues do the good people have in their lives?").

토텔레스의 이론에 남아 있다고 보아야 한다. 특히 그의 테오리아와 프락시스의 분리에서 그 잔상이 남아 있음을 눈치챌 수 있는 것이다.[19] 아리스토텔레스가 말하는 숙고(contemplation)란 감각적인 세계(matter)로부터 자신을 띄워 놓으며, 영원한 세계 즉 변하지 않는 어떤 것(form)에 깊이 마음을 두는 작업이라고 그룹은 평가했다.[20] 아리스토텔레스에게 있어 하나님은 인간의 역사로부터 멀리 떨어져, 저 밖에 존재하는 분이라는 것이다. 그러므로 아리스토텔레스적인 하나님은 인간 역사에 뛰어드는 법이 없고 참견하는 적이 없다는 것이다. 그러므로 그의 신관은 전적으로 타자(wholly other)인 하나님이다. 물론 그룹은 자신의 종교교육론을 형성함에 있어 위와 같은 이신론적이거나 관조적인 신관을 받아들이지 않는다.[21]

셋째, 그러면 그룹은 아리스토텔레스의 인식론을 어떻게 사용하고 자기 것으로 만들었는가? 간단히 말해서 그룹은 아리스토텔레스의 이론을 선택적으로 사용하였다. 세 가지 앎에 관한 아리스토텔레스의 개념을 유치하는 데 있어 그룹은 무척 신중하였다. 그리고 나서 그룹은 아리스토텔레스의 그것을 자신의 것으로 만들어 자신만의 기독교적인 종교교육론을 개발하는 것을 알 수 있다. 그룹은 자신이 이미 연구했던 하버마스와 가다머, 헤겔과 마르크스의 이론을 비판적으로 활용하여 아리스토텔레스의 세 가지 앎이 가진 내적인 연관성에 대한 통합적인 이해가 필요함을 역설한 것이다. 그룹은 아리스

---

18) 플라톤에게 있어 불변하는 진리(Form)는 순수하고 영원한 것으로서, 우주의 물리적인 성격을 관찰하고 검증하는 것이나 물질을 검사하는 방법으로 얻어질 수 있는 것이 아니다. *Republic* 참조.
19) *Christian Religious Education*, p. 156.
20) Ibid., 157.
21) 그룹은 아리스토텔레스의 신관은 히브리적인 하나님, 즉 인간 역사에 개입하신다고 믿는 히브리적 신관과는 거리가 멀다고 생각한다. Ibid.

토텔레스의 세 가지 앎에 대한 통전적인 이해를 자신의 준거의 틀(frame of reference)로 이용하여 헤겔의 인간이성 활동의 이상적이며 변증법적인 과정 설명을 비판하였다.[22] 그룹은 또한 헤겔로부터 마르크스에 이르는 연결을 시도했는데, 마르크스는 가이스트(Geist)의 광범위한 실재를 부정하는 동시에, 인간 역사를 움직이는 힘은 인간의 자기 건설적인 노동(self-constructive labor)이라고 역설했다.[23] 이 장에서 다루는 문제의 특수한 상황에 충실하기 위하여, 하버마스에 대한 논의는 다음에 다루기로 한다. 이 장을 결론짓기 위해 필자의 주장은 이것이다. 즉, 그의 통전적인 이해로 인해 그룹은 아리스토텔레스의 세 가지 앎에 도달하는 길을 자신의 이론형성의 출발점 내지는 토대로 삼아 인간 지식과 존재의 실재에 관한 통전적인 이론을 형성하기 위한 시도를 한다. 즉, 한 마디로 말해서 그의 이론형성의 초점은 "이론으로부터 실제로 향하여"(from theory to practice)로 요약될 수 있다.

2) 존 듀이에 대하여

여기서 먼저 그룹의 듀이에 대한 이해를 함께 검토해 보자. 그룹은 듀이를 소위 종교교육의 최우선되는 목적을 '행함'(doing)이 되

---

22) Ibid., pp. 162~165. 그룹은 헤겔의 프락시스가 Geist, 즉 정신(영혼)의 프락시스를 말하는 것. Groome interprets that Hegelian praxis is perceived as the praxis of Geist because it realizes itself in history. But Hegel's understanding of praxis becomes too theoretical (knowing is no more than an awareness of the praxis of Geist), so Groome rejects Hegel's theory.
23) Ibid., pp. 165~169. 여기서 우리가 분명히 밝혀 두어야 할 것이다. 비록 마르크스가 추상적인 이론화가 아닌 인간의 노동과 지식과 자기 이해 사이의 연결을 통해 인간 프락시스에 대한 우리의 이해를 증진시켰다고 해도, 그룹은 마르크스의 이론을 받아들이지 않았다. 왜냐하면 그룹의 생각에 마르크스는 엄청난 문제를 야기할 수 있는 초월적인 실재를 자신의 이론 형성 과정에서 추방시켰기 때문이다.

어야 한다고 주장하는 교육철학자들의 선상에 있는 학자로 보았다. 사실 그룸은 듀이야말로 경험지향적인 교육(experience-oriented education) 주창자 중의 가장 중요한 학자라고 생각하는 것을 알 수 있다.[24] 듀이에게 지식은 실험적인 논리를 세워 주는 탐구 내지는 검증 과정을 통하여 확인되어야 한다. 이런 과정을 거친 지식은 우리가 보통 겪는 경험에다가 의미를 더해 주는 것으로 경험의 재구성을 보장해 주는 것이다.[25] 듀이의 지식관을 받아들이는 그룸은 한 걸음 더 나아가서 듀이의 어린이들을 위한 교육과정 이론으로부터 어린이의 본성(nature)에 대한 낭만적인 이해를 다음과 같이 지적한다. "어린이는 자신의 본능과 능력으로 교육과정의 핵심을 소화할 수 있으며 바로 이 점이 모든 교육의 출발점이 된다."[26] 그룸은 경험이라는 측면에서 듀이의 이론을 자기 것으로 만들었으며 모든 교육은 경험을 '재구성' 해 나가면서 적절히 안내해야 한다고 주장하였다.[27] 그룸은 주장하기를 듀이에게 있어 지식이란 그 어떤 것보다 경험의 재구성(reconstruction)으로부터 발생하는 것이며 바로 그 경험을 재구성하는 과정 가운데서 경험자는 상상력을 발동하게 되며 그가 취할 수 있는 행동을 취사 선택하게 된다는 말이다.[28] 아리스토텔레스의 앎에 대한 세 갈래 길을 해석한 것과는 달리, 듀이의 이론에 대해서 그룸은 종합적인 해석을 하지 않는다. 그러나 그룸의 저술을 깊이 읽어 본 사람은 누구나 알 수 있듯이 그룸의 글에는 듀이의 체취가 그의 글 전체에서 묻어 나오는 것을 부인하지 않을 것이다.[29]

---

24) Ibid., p. 145.
25) Ibid., p. 146.
26) Dewey, "Creed," p. 20. Groome, *Christian Religious Education*, p. 146.
27) Ibid.
28) *Sharing Faith*, p. 79.

이런 맥락에서 필자는 필자가 연구한 듀이의 교육사상을 여기에 간략하게 요약할 것이다. 먼저 듀이의 실재(reality)에 관한 개념은 무엇인가? 듀이에게 실재 혹은 세계는 끊임없는 변화의 과정 속에 있는 것으로 이해된다. 마치 항상 흘러가는 강물과도 같이 말이다. 이렇게 항상 흘러가는 강물과도 같은 세상이라는 실재에서 한 사람 한 사람은 강물의 일부로서 함께 흘러간다.[30] 듀이에게 교육이란 '지속적인 경험의 재조직과 재구성'이다.[31] 그러므로 교육은 철저하게 경험에 기초를 둔 것이라야 한다.[32] 이런 관점에서 볼 때 교사의 역할은 학습자의 경험에 방향을 잡아 주고 정돈하여 주며 학습자의 경험을 촉진시켜 줄 수 있는 학습 활동을 계획하는 것이다.[33] 무엇보다도 중요한 것은 교육의 목표가 종국적으로 사회적 효율성(social efficiency)을 야기할 수 있어야 하며 '각 학습자가 성장하는 가운데 상호 연결'[34] 되어야 하는 것에 있다.[35]

그룹이 만약에 필자와 같이 이 글을 읽고 대화를 한다면 아마 자신도 듀이가 지속적으로 사용하고 강조한 두 단어 '민주주의'와 '사

---

29) 사실상 어떤 독자라도 그룹의 책 *Sharing Faith*의 색인에서 지속적으로 발견되는 듀이의 사상을 인용한 것을 쉽게 발견할 수 있다. 5면에서 232면까지 줄기차게 듀이의 용어가 나온다.
30) Butler, *Four Philosophies*, p. 418. 이와 유사한 생각이 호레이스 부쉬넬에게서도 발견된다. 그는 그의 유명한 "We all flow together."라는 말을 남겼으며, 이 개념이 결국 코우(George A. Coe)에게 넘어와서 소위 종교교육사회론의 기초가 되는 사회화(Socialization) 이론으로 발전되었으며, 이것이 나중에 신앙공동체 이론의 뼈대가 된다고 볼 수 있다.
31) Dewey, *Democracy and Education*, p. 76. Education is "constant reorganization or reconstructing of experience."
32) Dewey, *Experience and Education*, p. 113.
33) Ibid., pp. 60, 61, 65.
34) Ibid., p. 90.
35) Dewey, *Democracy and Education*, ch. 10.

회'의 중요성을 자신도 인정할 것으로 사료된다.[36] 왜냐하면 그룹도 역시 교육은 학습자의 참여와 실험 정신이 격려받고 존중되는, 그야말로 민주적인 분위기 가운데서 이루어져야 한다고 믿을 것이기 때문이다. 민주 정신을 고취함으로써 사회는 각기 다른 여러 사람들이 모여 살기에 좀더 적합한 곳이 될 것이기 때문이다. 만약에 사회의 전체적인 분위기가 억압적인 분위기에 물들어 있다면 그 속에서 살고 있는 사람들은 원하든지 그렇지 않든지 간에 비민주적 또는 비인간적인 분위기로 인해 사회화 될 것이다. 듀이에게 있어 단순한 사회화는 인간의 창조성을 말살하고 어떤 인간이든지 자유롭게 생각하고 선택하며 사회와 인류를 위하여 공헌할 수 있는 기회를 잃어버리게 되는 것이다.

듀이의 여러 저술에서 나타나듯이 듀이가 가진 하나님에 대한 개념은 '이상과 현실간의 역동적인 관계'로 설명될 수 있다.[37] 필자가 판단하건대 듀이의 신관은 아리스토텔레스 혹은 루소가 가졌던 이신론의 그것과 흡사하다. 우리가 아는 대로 이신론의 하나님은 마치 시계를 만든 시계공과 같아서 일단 만들어 놓은 다음에는 인간사에 별반 관심을 두지 않고 인간들이 자율적으로 활동하여 역사를 만들어 가도록 허용하는 것이다. 요약하자면 듀이의 신관은 전적인 타자(wholly other)로서 인간사를 전적으로 인간에게 맡긴다는 것이다. 물론 그룹이 듀이의 이런 신관을 나이브하게 받아들인다고는 말할 수 없다. 가톨릭 신자인 그룹은 자신의 신관을 어느 곳에도 분명하게

---

36) 사실 그룹 자신의 책 여러 곳에서 교육은 정치적인 활동(political activity)라고 드러나게 주장하였다. 특히 *Christian Religious Education*, p. 140 참조. 필자가 이해하기로는 그룹이 교육을 정치적인 활동이라고 주장한 내용의 핵심은 결국 교육을 통해 지금, 여기서(here and now) 하나님의 나라를 이루어지게 하는 것이라고 본다.

37) Dewey, *Common Faith*, p. 51.

밝히고 있지는 않지만 그의 신학은 분명히 그의 책에 깔려 있다. 그가 듀이와 아리스토텔레스의 이신론을 믿는 사람인가? 아니다. 그러나 듀이가 갖고 있던 인간의 자율성(autonomy)과 민주적 교육에 대한 강조점을 그룸도 갖고 있다고 보는 것은 하자가 없을 듯하다.

둘째, 그룸은 듀이를 어떻게 평가 내지 비판하는가? 듀이의 실용주의적 강조를 그룸은 별반 반대 없이 받아들일 것이다. 실용주의적 강조는 실용성 있는 교육을 추구해야 한다는 신념에서 나온 것이다. 그리고 그룸은 항상 실용적인 강조를 하는 지혜 교육이 인류 역사에 결과적으로 공헌한 점을 높이 평가한다.[38] 그룸은 또한 듀이가 자주 강조하는 긴 과정을 거친 후에는 반드시 결과물을 창출해야 한다는 'getting it done'의 정신을 응용하여 역시 기독교 신앙생활도 과정과 '결과'를 중요시해야 한다는 듀이의 정신을 존중하리라 본다.[39]

그러나 그룸은 듀이의 실용주의에 대하여 적지 않은 경계심을 보여 주기도 했다. 그 이유는 때로 '실용주의는 상대주의'로 귀결되기도 한다는 것이다.[40] 듀이의 철학은 진리의 실용성을 지나치게 강조하기 때문에 진리는 '세상에서 무언가를 창출하는 데에 통하는'('what works') 것이 되어야 한다고 강조하기 때문에 때로 실용주의는 옳고 그름을 분별하려는 우리의 눈을 가릴 수도 있다는 것이다. 바로 이런 점이 그룸으로 하여금 실용주의에 대하여 경계를 갖게 만든 것이었다. 앞서 잠깐 언급한 것처럼 그룸은 듀이의 신관에는 절대 동의하지 않으리라고 본다.

---

38) *Sharing Faith*, p. 79.
39) Ibid. 그룸은 마태복음 7:20을 인용하며 자신의 입장을 세우려고 시도하였다. 즉 예수께서도 말씀하신 것처럼 열매를 보아 제자됨을 알리라고 하셨다는 것이다. 제자들의 아이디어가 아닌 열매로 말이다.
40) Ibid. 그는 다음과 같이 말했다. "Pragmatism can lead to relativism."

마지막으로 그룸은 그러면 어떻게 듀이의 이론을 사용하는가? 우리가 그룸의 저술에서 볼 수 있듯이 그룸은 듀이의 경험에 대한 이론을 적극적으로 이용하고 있다. 특히 프락시스 이론을 세워 나가는 데 있어서 듀이의 경험중심론을 활용하고 있는 것을 알 수 있다. 그룸에게 듀이의 경험에 대한 관심을 빌려 오는 것은 아주 중요한 것이었다. 왜냐하면 그의 이론의 핵심인 프락시스는 끊임없는 인간 경험으로 이루어진 것이기 때문이다. 경험은 결코 추상적인 지식이나 아이디어가 아니다. 경험은 오히려 아리스토텔레스가 피력한 프락시스적인 '행함(doing)'이다.

그룸은 또한 듀이의 민주주의적 교육의 개념을 적극적으로 활용한다. 본래 그룸의 교육적 장(context)의 성격이 다분히 사회적이고 경제적이며 정치적이기 때문에 그룸은 듀이의 민주주의와 연관된 교육의 개념을 환영한다. 그리고 그의 민주주의에 대한 이해를 오히려 자신의 것으로 만들었다. 듀이가 자주 사용하는 상호 협력과 인간의 잠재력에 대한 존중과 모든 인간은 동등한 기회를 가져야 한다는 신념 등은 민주주의적 교육 이론을 세워 나가는 데는 필수적인 요소이므로 그룸도 역시 채용한 개념들이며, 그룸 자신의 기독교적 종교교육 이론의 목적을 세우는 데 있어서 꼭 필요한 것이므로 적극 활용하였다. 그러므로 결과적으로 평가할 때 그룸의 듀이론 사용은 한편으로는 변증법적이고 다른 한편으로는 선별적이다.

어떤 의미에서 그러한가? 그룸은 듀이의 경험과 민주주의 개념은 채용하면서도 듀이의 신관은 단호하게 거절한다. 또한 한편으로는 듀이 철학의 실용성을 찬양하면서도 듀이 실용주의의 위험을 경계하며 정반합을 조심스럽게 계산하며 진리를 분별하는 차원에서 자칫 공리주의의 덫에 빠질 수도 있음을 신중하게 고려하는 것이다.

2. 그룹의 인식론과 철학적 자료들, 그리고 철학적 발전과정 추적 [41]

이제 그룹의 인식론과 그의 철학적 자료들, 그리고 그가 어떤 자신의 철학적 입장을 갖게 되었는지를 알아보자. 여기서 더 진행하기 전에 독자를 위하여 과연 인식론(epistemology)이라는 것이 무엇인지를 먼저 규명하자. 버틀러라는 교육철학자에 의하면 인식론이란 지식의 본질에 관한 이해를 정리한 이론들을 의미한다. 그리고 일반적인 인식론에 관한 정의는 인식의 원천과 구조 및 본질, 타당성, 한계 따위를 탐구하는 철학의 한 부문이다. 이 정의를 질문의 형태로 표현해 보면 다음과 같이 된다. 즉, "우리의 지식의 본질은 무엇이며 범위는 어디까지인가?" 혹은 "과연 우리의 지식이 믿을 만한 것인가?"로 표현된다.[42] 이와 같은 질문을 마음에 두고 그룹이 가진 인식론적 흔적들을 찾아가 보자. 그룹의 인식론은 그가 사용한 철학적 자료들을 살펴봄으로써, 그리고 그의 사상의 발전을 함께 살펴봄으로써 규명될 것이다.

그룹의 인식론을 발견하기 위하여, 우리는 그가 어떻게 여러 철학적 사조와 철학자들을 배웠는지를 알아 봐야 할 것이다. 필자의 확신은 이렇다. 그의 인식론은 언제 어디서 갑자기 생긴 것이 아니라, 여러 철학적 전통들을 읽고 연구하던 중 점차적으로 발전하고 진화해 나갔다는 사실이다. 이는 우리 모두의 생각이 변천의 과정을 겪는 것

---

[41] 이 섹션에서는 필자의 관심 때문에 그룹의 저술에 대한 분석이 많이 나온다. 필연적으로 그룹의 책이 자주 인용되는 것을 이해하시기 바란다. 분석을 받쳐 주기 위하여 때로 일차 자료를 사용하게 된다.

[42] Butler, *Four Philosophies*, p. 51. 그리고 그룹 역시 자신의 책에서 이와 유사한 주제에 대하여 다루고 있다. *Christian Religious Education*, p. 139.

과 마찬가지이다. 우리가 이미 전 섹션에서 토론한 것처럼, 아리스토텔레스는 그룹에게 처음으로 이론과 실제와의 관계를 깊게 생각할 수 있도록 도와준 철학자이다. 앞에서 아리스토텔레스에 대해 비교적 많은 지면을 할애하여 다루었으므로 여기서는 생략하기로 한다.

그룹은 그의 책에서 초대 교회가 어떻게 사람들을 지도했는가를 다루면서 『디다케』(Didache)[43)]의 역할에 대해 역설했다. 실제로 클레멘트와 오리겐과 같은 사람은 헬라 철학을 활용하여 초대 교회 교인들을 가르쳤던 기록이 있다.[44)] 그리고 그룹은 어거스틴과 같은 교부가 "사람들을 가르치기 위하여 교훈적이고 설교적인 이야기를 사용했다."는 사실을 지적한다.[45)] 그룹은 또한 지적하기를 어거스틴은 그의 책 『교사론』(The Teacher)[46)]이라는 글에서 교회 안의 식자들을 교육하기 위하여 특별히 신학이 필요하다고 역설한 점을 들었다. 이러한 어거스틴의 주장은 훗날 교회 지도자들에게 이성적 접근은 많이 배운 사람들에게만 필요하다는 인상을 남겨 준 것이 사실이다. 이 점에 대해서 그룹은 반발하면서 어거스틴의 신학의 용도에 대한 아이디어는 마치 보통 사람들은 교회 지도자들이 제정해 준 '이론으로부터 요리한 실천(theory from authority to practice)'에 근거한 가르침을 수동적으로 받아들이기만 하면 된다는 인상을 주기 때문에 받아들일 수 없다고 하였다.[47)] 이런 맥락에서 그룹은 자신의 인식

---

43) Ancient Christian Writers. 디다케는 100년경에 쓰여진 사도들의 가르침을 적어 놓은 책인데, 후일 '디다케'라 함은 사역의 여러 형태 즉, '케리그마(kerygma 말씀 선포)', '디다케(didache, 교육)', '코이노니아(koinonia, 친교)', '디아코니아(diakonia, 봉사)' 중의 하나로 분류하게 되었다.
44) *Christian Religious Education*, p. 158.
45) Ibid., p. 159.
46) Augustine, *The Teacher*, Tr. by R. Russell, 1968.
47) *Sharing Faith*, p. 55.

론을 형성함에 있어서 어거스틴의 교육 철학을 수용하지 않았다. 그 룹은 어거스틴의 교육 철학을 신앙과 자선에 대한 생각이 적절히 어우러진 것이라고만 분석하였다. 왜냐하면 신앙은 사고와 반추를 동반하는 것이요, 자선은 행함과 실천을 동반하는 것이기 때문이다.[48] 그리고 나서 그룹은 마르틴 루터의 소요리문답에서도 교훈적인 교수 철학을 찾아볼 수 있다고 주장하였다.[49] 또한 그룹은 자신의 책에서 베이컨과 로크와 칸트의 철학을 묘사하면서 어떻게 이성적인 경험주의가 태동되었는지를 분석 연구하였다. 그리고는 눈에 띌 만큼 많은 양의 지면을 헤겔의 철학을 분석하는 데 할애하였다. 이는 그룹이 아리스토텔레스를 다룬 양과 견줄 수 있을 정도이다. 그룹은 결국 아리스토텔레스와 헤겔을 자신의 인식론적 뿌리로 생각하는 듯하다. 그의 인식론, 즉 앎의 방법을 추구하며 결국 프락시스를 향하여 나아가는 학문의 여정 중 아리스토텔레스와 헤겔은 그에게 결정적인 영향을 준 두 학자라고 보아도 큰 무리가 없을 것으로 생각한다.[50]

우리의 추측을 증명해 주기라도 하듯 그룹은 아리스토텔레스 이후 헤겔이야말로 '프락시스'라는 용어를 다시 사용하기 시작한 학자라고 주장한다. 헤겔은 프락시스라는 개념에 비판적인 이성을 세운 학자라는 것이다. 소위 이성적인 순간(rational moment)이 프락시스 안에 깊게 자리잡을 수 있도록 공헌했다는 것이다. 헤겔은 또한 우리가 잘 알고 있는 바와 같이 더 큰 그림 즉, 인류의 역사에 변증법적인 과정이 존재해 왔음을 보여 주었다. 이런 맥락에서 헤겔의 프락

---

48) *Christian Religious Education*, p. 160.
49) Ibid., p. 161.
50) Ibid., p. 162

시스는 가이스트, 즉 역사 속에서 실현되어지는 능동적인 이성의 원리 - 한 마디로 인류의 정신이라고 보면 될 것이다. - 의 프락시스로서 이해하면 될 것이다.[51]

그러나 헤겔이 얘기하는 프락시스의 개념은 너무 이론적인 것이어서 프락시스를 통하여 실제의 삶에서 변화를 창출할 수 있는 것은 아니었다. 그러므로 그룹은 헤겔의 이론 분석에 많은 지면을 할애하면서도 한 걸음 뒤로 물러서서 그의 이론을 조망하고 있는 것을 알 수 있다. 한마디로 헤겔의 이론은 그룹이 기독교적 종교교육론을 펼쳐 나가는 데는 부족하다고 결론을 내렸다고 본다. 그럼에도 불구하고 헤겔의 인식론은 그룹에게는 중요한 것이었다. 왜냐하면 이론과 실제가 연합될 수 있도록 도와주는 앎의 진정한 프락시스를 연구하게 해 주는 학문적 동기를 새롭게 해 주었기 때문이다.[52]

만약에 헤겔의 인식론이 프락시스 이론을 재형성했다면, 칼 마르크스는 Geist, 즉 추상적이며 초월적인 지혜가 아닌 역사 속에서 스스로 활력화 하는 활동적인 동인을 적절히 규명하였다.[53] 그룹이 헤겔 이후 마르크스를 선택한 이유는 무엇인가? 마르크스야말로 헤겔의 관념론과 절대적인 Geist라는 그의 관념은 하나의 이데올로기, 즉 현실을 받아들이게 하고 합법화시키려는 거짓된 의식에 불과한 것으로 보게 되었다. 고로 마르크스는 헤겔의 사상 속에 있는 신비화로서의 Geist를 거절하였다. 결국 마르크스는 그룹에게 인간 프락시스의 중요성을 다시 일깨워 준 사람이 되었다. 마르크스는 세상을 물질 세계(material world)로 보았고, 인류가 세상을 살 만한 곳으로

---

51) Ibid., p. 163.
52) Ibid., pp. 162~165.
53) Ibid., p. 165.

만들기 위해서는 오직 노동으로서만 가능하다고 보았다. 그러므로 마르크스에 있어서 포괄적인 실재는 헤겔이 주장하였듯이 Geist가 아니라 역사 안에서 실재하는 인류이며, 인류의 노동이다. 그러므로 노동을 통하여 세상에 공헌할 뿐만 아니라, 삶을 이해하며 진정한 앎에 도달할 수 있다고 마르크스는 믿었던 것이다.[54] 한마디로 마르크스에게 있어서 지식은 Geist의 의식의 반영이 아니라 '역사적 유물론'의 반영이라는 것이다. 마르크스의 인식론은 프락시스 속에 인간 노동의 역할을 강조한 것으로 분명 도움이 되지만, 그는 초월적인 실재를 인정하지 않았다. 그러므로 그룹은 마르크스의 이론을 거부하게 된다. 마르크스는 인류를 인류 자신의 노동의 생산품들에 제한시킴으로써 우리로부터 모든 초월성, 그리고 그 초월성의 원천인 하나님까지 강탈해 버리는 우를 범하고 말았기 때문이다. 마르크스의 이론이 그룹의 프락시스 이론을 세우는 데 공헌을 한 것은 사실이다. 그러나 기독교적 종교교육 이론을 세우기에는 그 신학적 가정이 적절치 않았다. 그러므로 과정은 인정하면서도 그 토대와 결론을 온전히 받아들일 수가 없었던 것이다. 인류를 프락시스의 전면에 내세운 마르크스의 공헌을 인정하면서도 그룹은 신중하게 마르크스를 비판하였다. 그러므로 그룹은 마르크스를 헤겔 다음으로 중요한 프락시스 이론을 정립하게 해 준 조력자로 생각하는 듯하다. 이렇듯 프락시스 이론의 정립은 멀고도 고달픈 인식론적 여행을 거쳐서 창출된 것이다.

여기서 우리는 또 다른 학자를 눈여겨볼 필요가 있다. 그는 다름 아닌 위르겐 하버마스이다. 물론 그의 이론은 한스 가다머의 해석학과 함께 나온 것이다. 하버마스의 이론은 신학 전반에 지대한 영향을

---

54) Ibid., p. 167. Groome은 Habermas의 *Interests*, p. 28에서 인용하였다.

미쳤으며, 특히 실천신학에 많은 영향을 미쳤다. 하버마스는 프랑크푸르트 재단을 중심으로 형성된 비평이론 학파에 속한 학자로서 현대의 주도적 학자로 인정받고 있다. 하버마스에게 있어서 모든 앎은 지식 구성적인 관심, 즉 알고자 하는 주체의 알려진 것의 결과에 형태를 부여하려는 기본적인 성향을 갖고 있다. 우리 인류가 앎의 과정에 대하여 품게 되는 흥미가 이론과 실천을 연합시킨다는 것이다. 하버마스는 테오리아와 프락시스간의 변증법적 긴장 내지는 합병을 유지해야 한다고 주장한다. 앞서 언급한 것처럼 하버마스는 인지적인 관심 내지는 흥미가 이론과 실천을 연합시키는 동력이 된다고 주장한다. 여기서 그룹은 하버마스는 비판적인 자기 성찰과 비판적인 대화의 노력이 해방에로까지 사람을 이끈다고 보았다는 것이다. 상대방과의 성실하면서도 비판적인 대화와 철저한 자기성찰을 통하게 되면 인간이 홀로 갖는 자기성찰로만 자신을 기만하게 되는 함정에 빠지지 않을 수 있다는 것이다.[55] 그러나 그룸은 하버마스의 이론에 반기를 든다. 왜냐하면 하버마스는 인간의 이성을 지나치게 의존한다고 판단했기 때문이다. 그룸의 생각에는 하버마스처럼 너무 지나치게 이성을 의존하게 되면 전통의 가치를 부정하게 되는 우를 범할 수 있다는 것이다. 그룸에게 전통이란 사람들의 이야기가 집약된 것이므로 전통의 가치를 무시하는 것을 받아들일 수가 없는 것이다.[56]

여기까지 우리는 그룸이 자신의 인식론을 형성하기까지의 과정을 추적하기 위해 그룸이 사용하고 평가한 학자들의 인식론을 살펴보았다. 함께 살펴본 것처럼 그룸은 아리스토텔레스나 헤겔이나 마르크스나 하버마스의 인식론을 결코 모방하려 시도하지 않았다. 오히

---

[55] Habermas, *Theory and Practice*, p. 28. 그리고 그룸의 *Christian Religious Education*, p. 173 참조.
[56] *Christian Religious Education*, p. 174.

려 그는 각 철학자들이 자신의 입장을 고수하기 위해 발전시킨 여러 개념들 중 자신의 이론 형성에 유익한 것들을 선별적으로 그리고 변증법적으로 채용한 것을 알 수 있다. 따라서 그룹은 각 철학자들의 통찰 중 출중한 것들을 선택, 발전시킨 것이다. 이는 사실 어떤 학자라도 시도하고자 노력하는 것이다. 전체적으로 보면 그룹은 다양한 학자들의 입장을 검토하고 비판하면서 프락시스의 전통적인 이해를 재진술하였으며, 프락시스를 자신의 종교적 전통과 기독교교육학자로서의 교육적 입장에 맞추어 이론화하는 작업을 하였다고 본다. 그는 프락시스라는 개념을 잘 활용하면 교육과 관계된 많은 진리들의 내면을 들춰낼 수 있다고 믿었던 것이다.

이제 여기서 그룹이 사용한 또 다른 학자의 이론을 함께 살펴보자. 그룹은 상기한 이론들을 마음에 두고 20세기의 가장 훌륭한 기독교교육학자 중의 하나인 파울로 프레이리(Paulo Freire)의 종교교육학적 프락시스에 접근하는 것이다. 그룹이 프레이리의 저작을 읽었을 때는 1972년이었다. 그 당시 프레이리는 세계기독교교회협의회(W.C.C.)에서 교육 특별고문으로 윌리엄 빈 케네디와 함께 일하고 있었다. 그는 주로 신생 아프리카 국가였던 기니아-비소(Guinew-Bissau)에서 활동하며 문맹퇴치운동을 벌이고 있었다. 그의 브라질에서의 활동은 많은 이들에게 의식-각성 실천적 접근으로 짧은 시일 내에 문맹을 퇴치하고 의식을 깨우쳐 주었다.

그룹에게 프레이리의 『억눌린 자를 위한 교육』(Pedagogy of the Oppressed)은 그룹의 마음속에 비판적 의식을 일깨워 주는 접근을 가르쳐 주었다.[57] 기독교교육학자인 존 엘리아스가 묘사한 대로 프레이리는 기독교 인본주의 철학자이며 교육자이다. 왜 그럴까? 왜냐하면 프레이리는 모든 인간 삶 - 교육도 포함하여 - 의 목적이 인간

세계의 변혁이라고 믿었기 때문이다. 그가 말하는 변혁의 동의어는 해방이라고도 볼 수 있다.58) 프레이리는 인간화(humanization)야말로 모든 인류의 공통 소명이라고 보았던 것이다.59)

그룹의 판단에 프레이리는 인간 존재에 대하여 높은 견해(high view)를 갖고 있었으며, 그러기에 프레이리는 인간이 노력만 하면 세상을 바꾸어 놓을 수도 있다고 믿었다.60) 그러므로 교회는 사람들을 교육하는 일에 최선을 다해야 하며 현 상태(status quo)만을 유지하기 위해 노동자들을 박해하고 억압하는 모든 세력에 맞서서 싸워야 한다고 믿었다.61) 프레이리에게 있어 하나님은 아리스토텔레스가 믿었던 '움직이지 않는 동인(unmoved mover)'도 아니고 듀이의 '이상과 현실 사이의 관계자(relation between ideal and actual)' 도 아니다. 그에게 하나님은 한때 히브리 민족의 하나님이었던 능동적이며 다이내믹한 하나님, 역사 속에서 활동하시는 하나님이다. 그러므로 프레이리에게 교육이란 이미 발표된 지식을 축적시키는 은행식 교육(banking education)이 아니다. 은행식 교육은 이미 만들어진 일종의 공식을 학습자들의 머리 속에 집어넣는 행위와 같은 주입식 교육이기 때문에 짧은 시간에 교사의 목적을 달성할 수는 있어도 학습자의 형편과 필요는 온전히 무시할 수밖에 없는 교육의 형태이다. 그러므로 프레이리는 학습자들의 의식을 일깨워 주는 교육의

---

57) Ibid., p. 175. 그룹은 후일 고백하기를 하버마스나 아리스토텔레스와 같은 학자들의 글보다는 오히려 프레이리와의 대화를 통해 더 큰 영향을 받았다고 했다.
58) Elias, "Paulo Freire: Religious Educator", p. 41.
59) Freire, *Pedagogy of the Oppressed*, p. 28.
60) *Christian Religious Education*, p. 176.
61) 프레이리의 견해는 『해방신학』(*A Theology of Liberation*)의 저자 구티에레즈(Gutierrez)의 그것과 유사하다. Robert McAfee Brown의 *Unexpected News: Reading the Bible with Third World Eyes*도 삶을 의식화된 자세로 살아가게 하는 좋은 책이라고 본다.

형태를 선호한다. 이것이 바로 의식화(conscientization) 교육이다.[62] 의식화 교육을 통해 교사는 학습자들의 마음에 현실을 바로 볼 수 있도록 비판적-성찰적 태도를 갖게 도와주는 것이다.

프레이리의 인간 존재에 대한 비전은 자신을 돌아볼 수 있으며 온전히 자유로운 존재라는 믿음에서 출발한다. 그러므로 아무도 어떤 사람 위에 서 있지도 않으며 아무도 타인을 무시해서도 안 된다. 그러면 어떻게 교육이 가능할까? 교육은 대화와 비판적인 성찰을 통해서 이루어져야 한다. 이 과정을 통해 세상의 변혁이 촉진되고 실제로 그러한 변혁은 이루어질 수 있다. 그의 브라질 사역은 실상 전 세계의 교육자들과 정치인들을 놀라게 했으며 그는 남미인으로 한때 하버드 대학에서도 강의를 할 정도로 존경과 인정을 한몸에 받았던 교육 실천가였다.[63] 이런 모든 실천을 가능케 했던 배후에는 프레이리의 신관이 그만큼 능동적이고 실제적이었기 때문이다. 그는 하나님의 역사를 철저하게 믿고 고백하였다. 그 하나님의 역사는 또한 철저하게 '지금, 여기서(here and now)' 역사하시는 하나님이시다. 프레이리의 교육 철학은 또한 인간 본성에 대한 낭만적이며 적극적인 신뢰를 하는 것이다. 학습자들은 누구나 능동적이며 창조적일 수 있다는 것이다. 물론 각 개인의 차이는 있지만 말이다. 그것은 개성과 능력의 차이일 뿐 인간 본연의 능력에 의심을 할 근거는 되지 못한다는 말이다. 인간은 자신이 살고 있는 세상의 변혁을 비판적으로 검토할 수 있으며 서로 삶을 나누며 발전과 성숙을 도모할 수 있는 내재적인 능력을 부여받고 태어났다고 믿는 것이다.[64]

---

62) *Pedagogy of the Oppressed*, pp. 58~74. 프레이리에게 있어서 교육은 자유로운 분위기 가운데서 이루어져야 하는 것이다. p. 57 이후 참조.
63) Ibid., p. 68.
64) Pazmino, *Foundational Issues in Christian Education*, p. 69.

그룹의 인식론적 입장을 한마디로 말하기는 어렵다. 왜냐하면 그의 인식론은 하나로 고정되어 있다기보다는 계속적으로 진화해 나간다는 느낌이 강하기 때문이다.65) 그러나 이 섹션에서 필자의 임무는 일단 그룹의 인식론적 입장을 밝히는 것이다. 그룹이 가장 큰 영향을 받은 한 가지 인식론을 선택하라면 그것은 아리스토텔레스의 세 갈래 앎, 즉 테오리아, 포이에시스, 프락시스이다. 아리스토텔레스의 인식론 위에 헤겔의 Geist의 프락시스를 사용했고, 마르크스의 성찰적이고 의도적인 인간 행위를 요구하는 비판적 프락시스를 응용했다고 볼 수 있다. 거기에 하버마스의 해방을 희구하는 자기 성찰적 이론을 더한 것이다. 마지막으로 그룹은 프레이리의 의식화 프락시스를 가져와서 자기의 것으로 만들어 냈다. 결국 그룹은 아리스토텔레스로 시작하여 프레이리에 이르기까지의 다양한 인식론적 이론을 이용하여 자기만의 고유한 인식론적 체계를 수립하기에 이른 것이다. 마지막으로 우리가 잊지 말아야 할 것은 그룹이 자신의 글 전체에 사용한 듀이의 자료 내지는 인식론이다. 듀이의 학습자 중심 교육과 지속적인 성장을 위한 경험의 역할, 그리고 듀이의 사회 재구성 및 재조직을 향한 끊임없는 열망은 그룹의 인식론 형성에 지대한 영향을 미쳤다고 보아서 무리가 없을 것이다. 모든 학습자가 존중을 받고 경험을 중시하며 민주주의적 교육을 지향하는 자세는 그룹의 인식론의 중요한 뼈대가 되었다.

---

65) 필자는 이런 진리의 특성을 영국 버밍햄대학교의 존 헐 교수로부터 배웠다. 그는 수년 전 PSCE에서 열린 국제세미나에서 신앙의 특성을 역설하면서 자아와 함께 진화하는 신앙을 역설하였다. 이러한 생각은 특히 어떤 사람의 인식론적 발전 과정을 이해하는 데에 필수적이라고 본다. John Hull이 지은 다음의 책을 참조하라. *What Prevents Christian Adults from Learning?* (특히 chapter 4에는 어떤 책에서도 볼 수 없는 출중한 발달 심리학에 대한 해설이 나온다.

3. 그룹의 인식론에 대한 분석

이 섹션에서 필자의 임무를 두 가지로 규정하고자 한다. 첫째, 그룹이 어떻게 자신이 언급하는 자료들을 이해하고 적용하였는지를 살펴볼 것이다. 둘째, 과연 그가 채용한 인식론이 자신이 의도한 교육적 목적을 달성할 수 있게 했는지를 분석해 볼 것이다.

1) 그룹이 사용하고 해석한 자료들의 정당성 분석

위에서 밝힌 것과 같이 필자는 이미 그룹의 인식론이 아리스토텔레스의 그것에 기초를 두고 있다고 했으므로 여기서는 그룹의 아리스토텔레스에 대한 해석 내지는 사용이 과연 본래 아리스토텔레스의 글과 어떻게 비교되는지를 간략히 살펴볼 것이다.[66] 연구를 하다 보면 자주 발견하는 것처럼, 원 저자의 의도와는 상관없이 해석하는 사람이 원 저자의 의도를 곡해하거나 무시하는 경우가 비일비재하기 때문이다. 이미 필자는 그룹의 인식론이 아리스토텔레스의 세 갈래 앎의 형태에 근거했음을 밝혔다. 그러나 사실 아리스토텔레스 자신이 그룹이 이해한 대로 그런 용어를 이해하고 사용했는지를 확인해 보기 위해서는 아리스토텔레스 자신의 글을 연구해야만 한다. 우리가 먼저 기억해야 할 점은 그룹 자신도 아리스토텔레스의 글을 원문으로 보지 않았으며 그린과 로브코비치(Green and Lobkowicz)의 번역서를 읽었다는 것이다.[67] 그 자신이 사용한 아리스토텔레스

---

[66] 비록 필자는 헤겔이나 마르크스나 하버마스와 같은 저자의 원저술들을 살펴볼 수도 있으나 여기서는 아리스토텔레스의 저술만을 다루게 된다.
[67] 이 점은 그룹 자신이 자신의 책 *Christian Religious Education*, p. 153에서 이미 인정한 사실이다. 그룹은 아리스토텔레스 저서의 번역물을 읽고 거기서 자신이 느낀 가정된 입장을 나름대로 해석한 것이다.

의 책은[68] 쉽게 발견할 수 없었다. 그러나 다행히도 그가 사용했던 세 갈래 앎에 대한 용어가 아리스토텔레스의 윤리학(Ethics)에 등장하는데 이 책도 역시 그룹이 사용했다.[69] 그러므로 이 책을 상세히 연구해도 그룹의 세 갈래 앎에 대한 연구가 적절한 것인지 아닌지에 대한 힌트를 얻을 수 있을 것이다.

…행복과 같은 인간이 추구할 수 있는 최고의 선은 세 가지의 삶의 양태로부터 나온다.…가장 흔하며 낮은 단계는 쾌락을 추구(선택)하는 삶인데 이 단계는 감각적인 즐거움에 만족하는 삶이다.…둘째 단계는 사회에서 어우러져 사는 삶에서 기쁨을 느끼는 것이다.[70]…[마지막으로] 셋째 단계는 깊이 명상하며 (자기 성찰을 하며) 사는 삶이다.[71]

위에서 인용한 책에서 필자가 발견한 것은 세 가지 삶의 양식인데, 그룹은 이로부터 세 가지 앎의 형태를 도출해 내었다. 그렇다면 어떤 상황에서 아리스토텔레스가 세 가지 삶의 양식을 논하고 있었을까? 타임머신을 타고 과거로 돌아갈 수는 없지만, 책의 처음부터 아리스토텔레스는 인간 행동과 선택에 관하여 얘기한다.[72] 행동과 도덕에 관하여 논하면서 아리스토텔레스는 '인간사에 얽힌 철학'에 깊은 관심을 갖는다.[73] 필자의 느낌에 그룹이 세 가지 삶의 양식을

---

68) Aristotle, *The Works of Aristotle,* Translated into English, edited by Ross.
69) Aristotle, Ethics, bk. 1, ch. 5.
70) 다른 번역에서는 이 세 번째의 단계를 정치적인 삶으로 표현하였다. *Nicomachean Ethics,* Tr. H. G. Apostle, bk. A, ch. 3참조.
71) Ibid.
72) Ibid., ch. 1.
73) Ibid., J. A. Smith의 서문을 보라. vii.

말한 아리스토텔레스의 생각으로부터 세 가지 앎의 양식으로 해석한 것은 해석학적 점프라고 본다. 그러므로 그룸의 아리스토텔레스에 대한 해석은 우리가 선택(choice)하는 어떤 삶의 양태를 선택하는 것과 우리가 선택하는 앎에 도달하는 방식 사이에 긴밀한 관계가 있을 때만 정당화될 수 있는 것이다. 여기서 필자가 선택이라는 단어를 사용하는 이유는 위의 인용구에서 나오는 아리스토텔레스가 얘기한 가장 낮은 단계의 삶에 대해 설명하는 글에서 감각적인 즐거움에 만족하는 삶을 선택하는 것으로 나오기 때문이다. 실상 쾌락 위주의 삶을 추구하는 사람은 그 나름대로 그러한 감각적인 만족을 선택하는 것이다. 그리고 두 번째와 세 번째 단계의 삶의 양식 단계를 해석하는 데도 같은 원리를 적용할 수 있다. 한 개인이 선택을 할 때는 그의 삶 혹은 진리에 대한 이해가 필연적으로 함께 가는 법이다. 사실 의식적이든지 아니면 무의식적이든지 간에, 그 개인의 삶에 관련된 진리에 대한 앎은 선택의 결정을 내리는 토대가 된다. 물론 이러한 추론이 그룸 자신이 따랐던 생각의 패턴과 일치하는지는 확인할 길이 없다. 그럼에도 불구하고 필자는 그룸의 해석학적 점프에서 일련의 논리적 근거를 확인할 수 있었다. 그룸의 용감한 해석학적 점프는 삶의 양식을 선택하는 것이 결국 삶의 양식을 선택하는 것과 깊은 관련이 있다는 것으로 정당화할 수 있다는 것이다.

아리스토텔레스의 인식론을 사용함에 있어서 그룸은 세 가지 앎의 양식, 즉 테오리아, 프락시스, 그리고 포이에시스를 차례로 논한다. 테오리아는 가장 먼저, 그리고 프락시스는 그 다음의 것으로, 마지막으로 포이에시스는 가장 나중에 논한다. 그의 세 가지 앎의 양식에 관한 적용과 해석은 필자의 아리스토텔레스 연구와 그룸과의 비교 분석 연구로 이미 확인되었다. 아리스토텔레스가 말하기를 "행복은 명상과 같은 이론적으로 생각하기에 가장 높은 차원의 덕을 추구하는 행위이다. … 지성은 우리 안에 거하는 최상의 보물이다."[74] 이 진술은 아리스토텔레스가 얼마나 행위(action)의 중요성을 강조했는지를 명확하게 보여 준다. 그러나 우리의 행위를 안내해 주는 것은 무엇일까? 아리스토텔레스에 의하면 그것은 우리의 지성, 즉 intellect이다. 지성은 우리의 마음을 조정하는 힘이다. 그러므로 그룹이 사용한 자료에 대한 분석을 총체적으로 평가해 볼 때 그룹의 아리스토텔레스에 대한 이해와 적용은 대체적으로 적절하다고 본다.

2) 그룹이 세운 교육적 목적과 인식론 사이의 일관성 연구

이제 그룹의 인식론이 과연 자신이 설정한 교육적 목적을 달성하기에 합당한 것인지에 대한 탐구를 시작할 것이다. 이 연구를 실행하기 위하여 먼저 그룹 자신의 기독교적 종교교육에 대한 정의를 살펴보자.[75] 그룹의 정의는 다음과 같다.

> 기독교적 종교교육은 시간 속에 존재하는 순례자들에게 우리의 현재 속에 있는 하나님의 활동과 기독교 신앙공동체의 이야기와 하나님 나라의 비전과 이미 우리 가운데 있는 그 자손들에 대해 의도적이고도 계획적으로 관심을 쏟게 하는 시간 안의 순례자들과 더불어 행하는 정치적 활동이다.[76]

---

74) *The Nicomachean Ethics*, bk K, ch 7.
75) 필자는 그룹의 언어 분석을 위하여 비트겐슈타인의 인식론적 연구를 빌려온 것이다. Wittgenstein's *Philosophical Investigations*.
76) *Christian Religious Education*, p. 25. 그의 정의를 원문으로 보면 다음과 같다. "Christian religious education is a political activity with pilgrims in time that deliberately and intentionally attends with them to the activity of God in our present, to the Story of the Christian faith community, and to the Vision of God's Kingdom, the seeds of which are already among us."

위의 정의를 분석하고 그룹의 인식론과 일관성(coherency)이 있는지를 판단하기 위하여 위의 정의를 몇 조각으로 나누어 생각해 볼 것이다. 첫째, 그룹은 기독교적 종교교육을 '시간 속에 존재하는 순례자들의 정치적 활동'으로 표현했다. 이 그룹의 주장은 사회 속에 민주주의를 실현하려는 듀이의 입장과 '지금, 여기서' 사람들과 함께 일하며 살아가는 것을 강조한 프레이리의 입장을 적절히 표현한 것으로 보인다. 더욱이 이 진술은 자신의 교육관과 일관성이 있어 보인다. 그의 교육에 대한 정의는 다음과 같다. '교육은 반역사적인 환상이 아니라 인간의 활동이다.'[77] 그리고 위의 기독교적 종교교육의 정의 중에 나오는 두 번째 절, '이미 우리 가운데 있는 그 자손들에 대해 의도적이고도 계획적으로 관심을 쏟게 하는'이라는 표현은 사회화 혹은 문화화에 의존하여 우리의 자손들을 방치해 두는 것의 위험성을 걱정하는 것으로 보인다. 그룹은 교육이란 절대적으로 결과를 기대하는 의도를 수반해야 됨을 믿고 있는 것이다. 그러므로 단순한 사회화는 그가 강력하게 주장하는 프락시스 중심의 인식론과 연관된 그의 교육관과는 거리가 먼 것이다. 더 나아가서 앞서 언급한 절은 그가 가진 신관, 즉 인간의 역사 가운데서 일하시고 간섭하시는 하나님에 대한 자신의 이해가 적극적으로 표현된 것이다. 그룹의 신관은 프레이리의 신학과 일맥상통한다. 위의 정의에 나오는 마지막 다루고자 하는 부분은 '우리의 현재 속에 있는 하나님의 활동과 기독교 신앙공동체의 이야기와 하나님 나라의 비전과 이미 우리 가운데 있는 그 자손들에 대해'는 그룹의 교육의 내용에 대한 철학을 극명하게 일깨워 준다. 그것은 바로 '어떻게 학습자들에게 우리의 이야기를 전달해 줄 것인가'에 대한 것이다. 그룹의 생각엔 독백과 닫

---

77) Ibid., p. 3.

힌 교수를 통하기보다는 대화와 열린 토론을 통하여 이야기의 전수가 이루어져야 한다는 것이다.[78] 다른 말로 표현하자면, 대화를 통한 전달이야말로 신앙의 내용을 물려주는 데에 열쇠가 된다는 것이다. 그러나 무엇보다도 그의 기독교 종교교육의 정의의 백미(白米)는 신앙 전통(faith tradition)에 대한 강조와 역사의 주체가 인간이라는 점을 강조한 것이라고 본다. 이 두 강조점은 그가 이미 보여 준 학습자와 학습자들의 경험을 강조한 그의 교육철학과도 맥을 같이하는 것이다. 왜냐하면 전통이라는 것도 역시 신앙공동체 안에 사는 사람들 간의 끊임없는 상호관계를 통하여 오랜 세월을 두고 형성되는 것이기 때문이다.

여기까지 우리는 그의 인식론이 그가 실제로 만든 기독교 종교교육의 정의와 부합하는 것을 확인하면서, 필자는 그룸의 인식론을 지지하고자(endorse) 한다. 물론 약간의 주저를 하면서 말이다. 그의 인식론의 핵심은 이것이다. 앎이란 교육을 실천하는 방법으로서 변증법적 해석학과 비판적인 자기 성찰을 통하여 창출된다. 그의 프락시스 모델을 통하여 그가 의도한 교육의 효과는 증진될 것이다.

그러나 필자가 그의 생각에 제동을 걸고 싶은 부분도 있다. 그것은 바로 그의 공동의 프락시스(shared praxis)관에 대하여 약간의 비판을 가하고 싶다. 한 신앙공동체를 바로잡고 지속적으로 변혁하게 하여 그리스도의 비전을 성취하는 데까지 이르기 위해 그의 프락시스 중심의 이론에 결정적으로 부족해 보이는 점은 무엇일까? 필자의 견해에 오랜 전통과 고정된 패턴에 의해 유지되는 공동체의 경직성을 부수고 보수하며 개혁하기 위해서 그룸의 공동의 프락시스론만으로 과연 진정한 변혁이 일어날까? 그의 이론은 여러 면으로 깊

---

78) Ibid., pp. 214~217.

이 연구되고 소화되었으며, 이론과 실제의 조화가 두드러진 것이지만 인간의 해방과 공동체의 변혁은 단순한 인간적 노력만 갖고 되는 것은 아니라고 믿는다. 그의 공동의 프락시스론은 오직 인간과 공동체의 전통을 새롭게 하시고 능력을 부여하시는 성령의 도움이 있을 때만 성립될 수 있을 것이다. 혹자는 학문적 토론을 하는 자리에서 웬 신앙적인 접근이냐고 반문할지 모르지만, 우리가 함께 논의하는 것은 '기독교교육'이라는 사실을 잊지 말아야 한다. 우리가 실행하는 기독교교육의 모든 국면에서 성령의 역할은 기대되어져야 하며 교육의 이론과 실제를 계획하고 실행하는 과정에서 성령을 배제하거나 무의식적으로 성령의 사역을 가정해서도 안 된다.

그룹의 여러 저서를 자세히 읽어보면 때때로 성령에 대하여 언급하고는 있으나 그의 이론에 충분히 고려된 것 같지는 않다. 아무리 그룹의 이론이 독창적이고 종합적이라고 해도 사람의 이론이 기독교교육의 장에서 교수와 학습의 활동을 온전히 어거할 수는 없다. 이런 맥락에서 필자는 마이클 폴라니의 내재(indwelling)의 개념을 도입하는 것이 적절하다고 본다. '내재'라는 개념을 도입하여 실제로 활용함으로써 그리스도의 비전[79]이요 우리 모든 믿는 이들의 비전에 대한 헌신(commitment)을 이끌어 낼 수 있을 뿐만 아니라 하나님의 계시된 진리의 말씀을 인격적으로 알 수 있게끔(personal knowing) 격려할 수 있다.

---

79) Michael Polanyi, *The Tacit Dimension*, '내재(indwelling)'라는 의미는 개인적인 참여와 헌신을 통하여 전체를 이해하려는 노력을 시도하는 내면적 행위라고 볼 수 있다.

Ⅲ. 나오는 말

토마스 그룹의 인식론을 여러 각도에서 조명해 보았다. 비록 부족한 점이 많은 연구였지만, 몇 가지 점에서 우리의 목표에 도달했다고 본다. 우리는 그룹이 어떻게 아리스토텔레스와 듀이를 이해하고 비판하였으며 자기의 목적을 관철시키기 위해 그들의 이론을 활용했는지를 살펴보았다. 그리고 우리는 그룹의 인식론과 그의 교육철학적 입장을 그가 사용했던 교육철학 자료들을 살펴봄으로써 과연 그의 해석과 적용이 정당한 것이었는지를 증명해 보았다.

필자가 소망하기는 이 글이 기독교교육학을 조금 더 발전시키는 데 일조하기를 바란다. 한편으로는 그룹의 학문적 노력에 감사한 마음을 표하면서, 또 다른 한편으로는 우리 대한민국의 기독교교육학계에도 더 많은 수의 성실한 학자들이 많이 배출되기를 바라는 마음 간절하다. 그렇게 되기 위해서는 우리는 양질의 학문 연구를 가능케 하는 학문적 토양을 만들어야 한다. 일차 자료들을 성실히 판독하여 자신의 것으로 만들어 가는 과정을 중요시하는 연구가 성행되어야 훗날 우리의 글을 다른 나라의 후학들이 연구하게 될 것이라는 확신을 갖고 그러한 토양 배양에 일조할 것을 다짐하며 이 글을 닫는다.

3 기독교교육의 교육사회학적 접근에 관한 고찰

박봉수 박사
상도중앙교회 담임목사

> I. 들어가는 말
> II. 기독교교육의 사회학적 문제
>   1. 기독교교육과 사회와의 연관성
>   2. 기독교교육과 사회화
>   3. 기독교교육과 사회 변동
> III. 기독교교육의 제사회학적 접근 방법론
>   1. 용어 정의
>   2. 기독교교육의 사회학적 접근
> IV. 결론적 논의 – 비판과 전망
>   1. 비판
>   2. 전망

I. 들어가는 말

　기독교는 세계의 한복판에 존재한다. 특히 하나님의 전 창조 세계 중 인간사회 한복판에 서 있다. 그러나 기독교는 흔히 사회 한복판에 서 있다는 사실을 외면하고자 하는 유혹을 받아 왔다. 그것은 기독교는 거룩한 반면에 사회는 타락했고 부패했다고 보기 때문이다. 다시 말해서 타락한 사회는 기독교의 거룩성을 유지하는 데 방해가 될 뿐이라는 생각 때문이다. 그래서 기독교는 사회와 일정한 거리를 두고자 하고, 때로는 사회에 대해 무관심한 태도를 보이고 더 나아가 사회를 적대시하거나 거부하기도 해 왔다. 물론 일부 기독교 내의 신학적 입장에서는 적극적으로 사회와의 관계를 모색해 보고자 하는 시도도 있어 왔다. 그러나 한국 교회 전반적인 상황에 비추어볼 때 이것은 일부에 국한되어 왔고, 오히려 21세기에 들어오면서 점차 한국 사회 내에서 게토(ghetto)화되어 가는 모습을 보이기까지 하는 것이 사실이다.

이런 기독교의 사회에 대한 인식은 기독교교육에서도 그대로 이어져 왔다. 지금까지의 기독교교육은 주로 기독교의 고유한 전통, 성경의 순수한 내용을 전수하고 가르쳐 왔다. 기독교교육이 해야 할 일은 기독교의 고유한 전통을 계승하고, 교리를 전수하여 기독교의 거룩성을 유지하는 것이라고 보았기 때문이었다. 이런 기독교교육의 주 관심사는 구원의 방주인 교회 내에 들어온 사람들을 기독교의 거룩성 안에서 살도록 가르치되 주로 그 거룩성의 내용을 가르치고 전해 주는 것이었다. 이와 같은 기독교교육의 전개는 사회의 한복판에서 살아가는 사람들에게 신앙과 삶이라는 깊은 괴리의 골을 심화시킬 뿐이었다. 그래서 거룩한 교회와 악마적 요소로 가득 찬 사회에 양다리를 걸치고 살아야 하는 사람들에게 이와 같은 기독교교육적 접근은 갈등과 고통을 더해 줄 뿐이었다.

이와 같은 기독교교육의 문제는 기독교교육이 학문적으로 시도되기 시작한 1900년대 초부터 극복되어야 할 것으로 여겨졌다.[1] 이런 흐름이 신정통주의 신학에 근거한 기독교교육론에 의해 주춤했다가, 1960년대로 접어들면서 다시 다양한 관점에서 이어지고 있다. 다시 말해 기독교교육이 교리 및 전통을 전수하는 데 머물러 있어 왔

---

[1] 1903년 A. Coe 주도하에 활동했던 진보적 종교교육운동은 기독교교육이 개인의 회심 위주로 흐르는 것에 반대하여, 사회 문화적 방법론으로 사회에의 책임성을 강조하고 나섰다.

다는 반성과 함께 새로운 대안 모색이 다양한 관점에서 전개되어 왔다는 것이다. 이런 관점들을 살펴보면, 우선 웨스터호프(John Westerhoff III)와 넬슨(C. E. Nelson)을 중심으로 전개되어진 신앙 공동체 중심의 사회화 교육론에서는 기독교교육의 이런 문제들이 바로 학교식-수업 패러다임(Schooling - Instructional Paradigm)에 의해 유발된다고 보았다.[2] 그래서 이를 극복하기 위해서는 패러다임 자체를 바꾸어야 한다고 보았다.[3] 또한 프레이리(Paulo Freire)는 기존의 교육은 저축 교육(banking education)으로, 주체로서의 학생의 권리와 위치를 무시한 채 교사만이 주체가 되어 학생을 지식의 빈 창고로 취급해 왔다고 위의 문제를 분석한다.[4] 그리고 1970년대부터 논의되어 오다가 1980년대에 들어서 활발히 거론되어 온 소위 해석학적 접근이라고 분류되어지는 기독교교육방법론은 성경 내용 전달의 한계를 삶의 문제와의 해석학적 상관 관계를 형성함으로 해서 극복해 보고자 했다.[5] 그러나 이런 시도들은 방법론적 한 관점하에서 수행된 것이지, 기독교교육의 전체적인 측면에서 고려되었다고 보기에는 한계가 있다. 다시 말해 기독교교육 내의 한 방법론으로 수용할 수는 있어도 이런 시도로서 기독교교육의 전체 구조를 형성하기에는 한계가 있다는 말이다.

21세기에 접어든 오늘의 현실 상황은 기독교교육의 대사회와의

---

2) J. Westerhoff III, *A Colloquy on Christian Education*(Philadelphia: United Church Press, 1972), p. 82.
3) 웨스터호프는 소위 신앙문화화 공동체 범례(Community of Faith-Enculturation Paradigm)를 그의 책 *Will Our Children Have Faith*에서 소개하고 있다.
4) 프레이리(Paulo Freire)는 *Pedagogy of the Oppressed*에서 교육을 저축 교육과 해방교육 혹은 문제 노출의 교육으로 구분하고, 기존의 교육의 문제를 바로 이 저축 교육에서 찾는다.
5) J. L. Seymour & D. E. Miller, ed., *Contemporary Approaches Christian Education* (Nashville: Abingdon,1982), p. 123.

관계의 틀 형성의 필요성을 더욱 심각하게 요청하고 있다. 그것은 다음의 두 가지 이유 때문이라 할 수 있다. 첫째는 현재 당면하고 있는 사회 전체의 문제가 너무도 심각하기 때문이다. 특히 종교다원주의가 중대한 문제로 대두되어, 종교간의 관계가 새로운 시각에서 정립되는 추세이다. 그리고 로마클럽이 예견하는 대로 핵무기의 위협, 인구폭발, 환경오염과 그로 인한 기후의 변화, 에너지의 문제, 각 국가의 독립, 대중 빈곤, 빈부격차, 최신 과학기술의 가능성과 그 위협과 같은 문제들이 인류의 생존 그 자체를 심각히 위협하고 있는 상황이다.[6] 이런 문제들은 기독교가 과거의 전통 전수, 구원의 방주로서의 교리교육 등의 접근으로는 더 이상 게토 집단화를 면할 수 없게 되었음을 보여 주고 있는 것이다.

둘째는 현대 사회의 급속한 변동 추세이다. 1980년대부터 사회과학자들 중심으로 한 사회 분석 및 예측을 위한 학문적 흐름으로 등장한 미래학은, 현대사회의 변동이 과거에 인류가 전혀 경험해 보지 못한 급격한 속도로 일어나고 있어서 과거의 사회과학적 방법론으로는 이를 규명, 분석, 예측할 수 없기에 새롭게 시도되게 된 학문적 경향이다. 특히 미래학을 대표하는 학자 가운데 한 사람인 토플러는 이를 정리함에 있어서 '물결(wave)'이라는 말을 사용하고 있다. 그것은 현대의 변화가 너무도 빠르게 밀려와 이런 미친 듯이 변화하는 현상의 배후를 꿰뚫어보는 데 물결이라는 개념이 도움이 되기 때문이라는 것이다.[7] 이와 같은 급한 사회변동은 기존의 기독교교육의 방법론적 틀로는 더이상 대사회적 영향력 행사를 불가능하게 함은 물론이고, 기독교의 심각한 게토화 현상을 유발할 뿐만 아니라, 교리

---

6) 《민족지성》 89년 1월호, "알렉산더 킹 로마클럽 회장의 내한 연설".
7) A. Toffler, *The Third Wave*(New york: William Morrow & Company, 1980), 서문.

전수 그 자체에도 한계를 드러낼 수밖에 없도록 만들고 있다.

본고는 이런 문제들을 생각하면서, 기독교교육이 급변하는 시대적 상황 속에 의미 있게 드러나기 위해 그 방법론적인 면에서 어떻게 재고되어야 할까를 고찰해 보고자 한다. 특히 대사회적인 문제에 주목하면서 교육사회학적 관심하에서 이런 문제들을 고찰해 보고자 한다. 이를 위해 기독교 교육사회학적 문제를 생각해 보고, 기존의 대사회적 기독교교육의 방법론적 시도들을 돌아보고 그리고 앞으로의 전망을 생각해 보고자 한다.

Ⅱ. 기독교교육의 사회학적 문제

기독교교육은 사회와의 관계에 있어서 일반교육의 그것과 근본적인 차이를 가진다. 일반교육은 인간이 살아가는 일반 사회와 관계를 맺는다면, 기독교교육은 신앙공동체라는 특수한 사회와, 이 신앙공동체가 선교(mission)의 대상으로 삼고 있는 일반적 사회와 이중적 관계를 맺는다. 여기서 신앙공동체와 일반 사회가 긴장 관계를 가지고 있기 때문에 기독교교육이 다루는 사회와의 관계는 복잡한 이중 구조를 가진다.

우리는 이와 같은 기독교교육이 가지는 사회적 성격을 먼저 이해함으로써 기독교교육의 대사회적 방법론적 시도들을 고찰할 준거 틀을 가질 수 있다. 이를 보다 자세히 고찰하기 위해 우리는 일반교육의 교육과 사회와의 관계와 기독교교육을 비교해 봄으로써 기독교교육과 사회와의 관계를 보다 잘 이해할 수 있을 것이다.

1. 기독교교육과 사회와의 연관성

일반교육에서 교육과 사회의 연관성은 인간이 사회적 동물이라는 인간 이해로부터 출발한다. 여기서 사회적 동물이란 집단을 구성하고, 조직과 규율 및 규범, 생활 양식, 사회적 질서, 문화 등 다양한 사회적 현상 속에서 살아가는 동물이라는 것을 의미한다. 인간은 이런 사회적 현상 안에 태어난다. 그러므로 인간이 이런 사회적 현상 속에서 생존하기 위해서는 이 사회적 현상에 적응해 가야만 한다. 바로 이 적응은 교육을 통하지 않고는 수행될 수 없는 것이다. 이런 의미에서 "인간은 교육을 필요로 하는 유일한 창조물이며, 인간의 장래는 교육에 의해서만 유망하다."고 칸트가 교육의 필요성을 역설하고 있는 것이다.[8] 여기에 교육과 사회와의 긴밀한 연관성이 있는 것이다.

일반교육은 이와 같은 교육과 사회와의 연관성을 '교육사회학' 이라는 교육학의 하위 학문 영역을 통해 연구하고 있다. 이 교육사회학은 플라톤, 콩트, 워어드, 나토르프 등의 규범 과학적 입장에서의 교육과 사회와의 관계 규정에서 이미 시도되었다.[9] 이 규범 과학적 입장에서의 교육과 사회와의 관계란 단적으로 말해서, 교육이란 사회 진보를 위해서 행동하는 인간을 형성하는 것으로 사회 안에서, 사회를 통해서, 그리고 사회를 위해서 진행되는 것으로 이해된다. 이는 '교육은 무엇을 해야만 한다' 는 당위적 진술로 표현되어진다.

교육사회학의 본격적 시도라 할 수 있는 경험 과학적 입장의 연구

---

8) 유형진. 김대연 공저, 『교육원리신강』(서울: 형설출판사, 1976), p. 212에서 재인용.
9) 이규환, 『교육사회학』(서울: 배영사, 1987), p. 13.

는 뒤르껭과 웨버를 중심으로 시작되었다. 이들의 교육사회학적 관심은 교육을 본질적으로 사회적 사실이라고 보는 데에 있다. 즉 교육은 아동들에게 그들이 사회적 존재가 되는 데 본질적인 조건이 되는 것을 확보해 주는 수단이라는 것이다.[10] 다시 말해 교육을 사회화의 한 과정으로 이해하고 있는 것이다. 이는 '교육은 무엇을 할 수 있는가' 또는 사정에 따라서 '무엇을 의도할 수 있는가'를 말하는 것이다.

이렇게 볼 때 일반교육에서의 교육과 사회와의 연관성은 다음의 두 가지로 정리될 수 있다. 첫째는 교육이 기존 사회가 가지는 가치, 규범 등을 사회화라는 교육의 과정을 통해서 차세대에게 전수한다는 점과, 둘째는 교육이 기존의 사회를 진보시키는 수단으로 사용된다는 점이다. 이것이 교육사회학이 교육과 사회와의 관계를 규정짓는 준거 틀인 셈이다.

기독교교육도 사회와의 연관성을 가진다. 그러나 아직 독자적으로 기독교교육사회학이란 기독교교육학의 하위 연구 분야를 설정해서 연구하고 있지는 못하다. 단지 기독교교육학 내의 기초론적 측면에서 사회학적 기초로 다루고 있는 정도이다. 이는 일반교육학 개론에서 사회학적 기초로 다루고 있는 수준에 머무르고 있는 정도이다. 따라서 기독교교육의 사회와의 연관성을 이해하고자 할 때 부족하기 때문에, 아직 본격적인 기독교 교육사회학적 연구는 아닐지라도 보다 심화된 기독교교육과 사회와의 연관성의 검토가 필요하다. 우린 이를 위해 일반교육의 교육사회학의 관점으로부터 도움을 받을 수 있다. 그러나 기독교교육은 일반교육과 다른 독특한 사회와의 연관을 가지고 있기 때문에 기독교교육 나름대로의 사회와의 연관성

---

10) E. Durkheim, *Education and Sociology*(Illinois: The Free, 1956), p. 71.

이 고려될 필요도 있는 것이다.

기독교교육은 일반교육의 사회와의 관계와는 차이를 보인다. 우선 기독교교육은 일반교육처럼 일관되게 사회와의 관계를 규정할 수 없다. 그것은 사회가 기독교화되었는가, 되었다하더라도 어느 정도 되었는가에 따라 달라지게 되기 때문이다. 기독교가 국교인 경우 기독교교육은 '교회'라는 제한된 영역을 넘어서 직접 사회교육과 연관성을 맺을 수 있다. 그러나 이것도 종교다원주의가 확산되면서 직접적 연관성이 많이 약화되어 가는 추세에 있다. 더더욱 피선교지로서 신자율이 아직 미미한 수준의 상황에서는, 기독교교육은 교회라는 제한된 영역에서만 실시되기 때문에 사회와의 연관성이 간접적일 수밖에 없다.

기독교교육의 사회와의 연관성이 이처럼 상황에 따라 다양하다 할지라도, 기독교교육은 기존 사회의 가치, 규범, 생활 양식을 그대로 전수하지는 않는다. 물론 일반교육도 기존의 사회 규범, 가치, 생활 양식 등의 부정적인 부분은 개선하고 긍정적인 부분을 중심으로 사회화해 가기는 한다. 그런데 기독교교육은 그것이 긍정적이 됐든 부정적인 것이 됐든, 일단 기독교적 시각으로 해석하는 과정을 거친다. 다시 말해 기존 사회가 가지는 전통, 가치, 규범 등을 그대로 사회화하지 않고, 이를 기독교의 메시지에 근거해서 변형을 시키고 받아들이게 된다. 그것은 일반사회가 타락한 상태, 부패한 상태에 있기 때문이다. 여기에 기독교교육과 일반교육과의 차이가 있다. 즉 일반교육이 사회와의 연속성을 가지는 반면 기독교교육은 사회와의 불연속성을 가진다는 점이다.

기독교교육은 일반교육이 사회의 진보를 추구하는 것과도 차이를 보이게 된다. 일반교육이 사회의 진보, 사회의 개혁, 사회의 발전을 도모하는 중요한 수단으로 생각되는 반면, 기독교교육은 사회의 변형을 꾀한다. 기독교교육은 기존 사회의 부분적인 개혁, 수정 그리고 연속적인 발전을 인정할 수 없다. 그것은 기존의 사회가 가지는 사회철학 그 자체에 문제가 있다고 보기 때문이다. 다시 말해 사회 구성원 하나 하나가 변형되어야 할 과제를 안고 있는 사람들이며, 그들이 모여 구성된 사회 역시 변형되어야 하겠기 때문이다. 그래서 기독교교육은 사회의 문제 해결, 형식적인 개혁보다도 구성원 하나 하나의 가치관, 의식 개혁에 더 관심을 기울인다.

이런 기독교교육이 가지는 사회와의 관계의 독특한 점에도 불구하고 여전히 기독교교육 역시 일반교육이 가지는 교육사회학적 틀을 가지고 있다. 즉 기독교교육 내에도 사회화라는 틀과 사회변동과의 연관성의 틀을 함께 가지고 있는 것이다. 그러면 이와 같은 사회화와 사회변동이라는 연결 고리를 중심으로 기독교교육과 사회와의 관계를 보다 더 세밀히 고찰해 보기로 하자.

2. 기독교교육과 사회화

'사회화'란 말은 일반적으로 사회과학의 여러 분야에서 사용되고 있다. 그리고 이는 사용되는 관점에 따라 그 의미가 약간씩 차이를 보이고 있다. 예를 들어 사회심리학에서는 "개인이 다른 사람과의 접촉을 통해 사회적으로 적절한 행동 및 경험의 특유한 형이 그에 있어 발달해 가는 과정이다."라고 정의된다.[11] 즉 개인의 발달, 외부의 자극에 대한 개인의 반응, 그리고 개인의 행동적 적응 등을 사회적 상황에 관련시켜 논의하고 있는 것이다. 인류학에서는 "가치, 신앙,

---

11) E. Ziegler, et., al., "Socialization", *The Handbook of Social Psychology*(Mass: Addison Wesley,1969), p. 474.

태도, 그리고 다른 사회 문화적 요소 또는 생활의 제형식을 학습하는 과정이다."라고 설명한다.[12] 즉 사회화를 문화의 학습을 통한 문화 유산의 전달이라는 관점에서 정의하고 있는 것이다. 사회학에서는 "인간들이 일정한 사회 안에서 유능한 제사회집단의 성원이 될 수 있도록 하는 지식, 기능 그리고 성질을 획득하는 과정이다."라고 말한다.[13] 즉 유능한 사회의 성원, 사회적 역할의 수행, 사회적 존재, 그리고 사회적 참여 등과 관련시켜 사회화의 개념을 규정짓고 있는 것이다. 교육학 특히 교육사회학에서는 사회화의 개념이 위에 제 사회과학적 사회화 이해를 기초로 해서 나름대로 이해되고 있다. 즉 교육사회학의 사회화 이해는 단적으로 사회적인 학습 과정이다. 개인이 사회와의 접촉을 위해서 학습하는 것이 바로 사회화 과정이라는 것이다. 다시 말해 사회화란 일정한 사회가 이상적이라고 생각하는 인간상의 형성을 위해서 그 사회에서 지배적인 규범, 가치 그리고 행동 형식 등을 미숙한 세대에서 학습시키고, 그들이 장차 사회 집단 생활에의 참여와 맡게 될 역할의 수행을 적절하게 할 수 있도록 인도하는 과정인 것이다.[14]

　기독교교육에서도 역시 사회화는 매우 중요한 개념이다. 기독교가 전통적으로 유지 보존해 온 소중한 가치, 규범, 생활 양식이 있고, 이것이 미숙한 세대, 새로 신앙을 가지게 된 사람들에게 전수되어야 하기 때문이다. 이를 위해 기독교교육도 사회화를 말하게 된다. 그러나 여기서 말하는 기독교교육의 사회화는 열려진 일반사회 전체 안

---

12) R. A. Levin, "Culture, Personality, and Socialization", *Handbook of Socialization, Theory, and Research*(Chicago: Rand McNally,1969), pp. 505~506.
13) O. G. Brion, *Socialization after Childhood*(New York: John Wiley and Sons, 1966), p. 3.
14) 이규환, op. cit., p. 41.

에서의 사회화가 아니다. 신앙공동체 안에서의 사회화를 의미하는 것이다. 닫혀진 일정한 영역에서의 사회화를 말한다. 사실 기독교인이 된다는 것은 예수를 개인적으로 영접하는 것은 물론이고 또 그리스도의 몸인 이 신앙공동체에 입문하는 것을 의미하는 것이다. 즉 신앙공동체 안에 들어와서 기독교인다운 삶의 양식을 형성해 가게 되는 것을 말한다. 바로 이를 위해 종교 사회화, 또는 기독교 사회화가 요청되는 것이다.

기독교인은 일반사회에서의 사회화와 기독교 공동체 안에서의 사회화를 동시에 경험하게 된다. 이 두 사회화의 내용이 대개는 상호 대립되기 때문에 기독교인 개개인은 갈등을 느끼기도 한다. 때로는 일반사회에서의 사회화가 신앙공동체 내에서의 사회화에 부정적으로 작용해서 신앙공동체 내의 사회화의 내용을 왜곡시키고, 신앙공동체의 전승, 규범, 가치 등을 변질시킬 수도 있다. 이를 사회학에서는 '역사회화'라 부른다. 기독교교육은 이런 역사회화를 방지하고 기독교인들이 신앙공동체 내에서 기독교 사회화를 보다 잘 수행해 가도록 도와야 할 것이다. 그래서 기독교 내의 사회화가 일반사회에서의 사회화를 앞질러, 일반사회에서의 사회화가 역사회화로 흐르도록 이끌어야 할 것이다. 또한 나아가서 일반사회에서의 사회화의 의미를 추적하고 그 문제점을 밝히고 일반사회에서의 사회화를 적극적으로 단절하는 기능도 수행해야 할 것이다.

3. 기독교교육과 사회 변동

기독교가 속해 있는 사회는 정지해 있지 않고 언제나 강물이 흐르듯이 변화하고 있다. 이를 사회학에서는 사회 변동(social change)이라 부른다. 이 사회 변동이 사회학에서 중요한 주제로 다루어지는 것은 사회 변동이 곧 사회의 구조 또는 체제의 변동으로 나타나기 때문이다. 여기서 사회구조의 변동은 문화 변동을 수반한다. 즉 사회 변동은 사회 관계의 유형 변화, 사회 성원들의 역할과 지위의 변화, 집단간의 관계의 변화, 권력 구조, 계급 구조, 제도적 구조의 변화 등을 의미하며, 문화 변동은 규범, 가치, 지식, 신앙의 내용의 변화를 의미한다. 무어(W. E. Moore)에 의하면 "사회 변동은 사회 구조에 발생하는 중대한 변화를 뜻하며 규범, 가치, 문화적 상징 등에 구현되어 있는 사회 구조의 결과와 표상에 일어나는 변화를 포함한다."[15]

이와 같은 사회 변동이 교육과 연관되어짐에 있어서 두 가지 면이 고려되어야 한다. 첫째는 사회 변동의 결과를 수용하도록 돕는 측면이다. 다시 말해 오그번(W. F. Ogburn)이 지적한 문화 지체 현상 곧 문화의 한 면이 변화할 때 문화의 다른 면이 보조를 맞추지 못하고 적응하지 못할 때 생겨나는 현상을 극복하도록 돕는 기능을 말한다.[16] 둘째는 사회 변동을 긍정적인 방향으로 유도하도록 돕는 측면이다. 즉 교육이 사회의 문제들을 고찰하고, 이를 극복할 대안을 찾으며, 구성원들을 훈련함으로 사회의 문제를 극복하고, 보다 나은 사회에로의 진보를 촉진시킬 수 있다는 것을 말한다.

이와 같은 사회 변동을 교육과 연결시켜 논한 대표적인 학자로는 만하임(K. Mannheim)을 들 수 있다. 그는 사람들이 일반적으로 사회적 의식이 부족하고, 사회학적 지도를 받고 있지 않다고 생각했다. 그래서 국가의 지도자와 교사들은 사회 변동의 참된 뜻을 이해할 수 있도록 교육을 받을 필요가 있다고 보았다. 그는 진보적 사회 변동에 대응하는 교육 활동이란, 현존하는 사회의 문화 및 질서에 타협 또는

---

15) 오갑환, 『사회의 구조와 변동』(서울: 박영사, 1976), p. 41에서 재인용.
16) 장진호, 『교육과 사회』(서울: 실학사, 1996), pp. 79~80.

순종하는 인간을 형성하는 교육과, 새로운 문화를 창조하고 사회의 진보에 이바지할 수 있는 인간을 형성하는 교육을 조화 있게 실시하는 것이라 보았다.[17] 그러나 이와 같은 교육적 활동을 효과적으로 수행한다는 것은 매우 힘들다. 이를 수행해 가는 교육과정 조직의 과정의 한 예를 살펴보면 다음과 같다.

1) 상황의 분석
2) 학습목표의 선정 및 조직
3) 학습지도 방법의 선정 및 조직
4) 평가[18]

이와 같은 교육 활동은 그러나 사회 변동에 따라 언제나 보충 개선되어야 할 연속적 과정인 것이다.

기독교교육에서도 이 사회 변동은 매우 중대한 교육 활동의 변수로 작용한다. 우선 사회 변동으로 인해 결과되어지는 문화 지체 현상이 기독교교육 안에도 발생될 수 있다. 그러나 사회 변동이란 기독교교육적 관점에서 볼 때 언제나 부정적인 측면으로 드러나게 된다는 점에서 일반교육의 문화 지체 현상과는 질적인 차이를 보인다. 다시 말해 기독교교육에서는 사회 변동의 결과가 긍정적인 면도 있지만 그 여파로 드러나는 부정적인 면이 더욱 심각하기 때문에 기독교교육은 문화 지체 현상을 메우는 점보다도 그 부작용을 극복해야 한다는 중요한 과제를 안게 되는 것이다. 다음으로 기독교교육이 가지는 사회 진보의 촉진 기능에 있어서는 일반교육과 유사하다 할 수 있다.

---

17) K. Mannheim, *An Introduction to the Sociology on Education*(London: Routledge & Kegan Paul, 1969), p. 111.
18) 이규환, op. cit., p. 199.

기독교교육은 일반사회의 부패와 타락상을 극복할 수 있도록 적극적으로 신자들을 훈련시켜 신자들로 하여금 사회 변동을 주도해 가도록 이끌어 줄 수 있는 것이다.

우리는 이 장에서 기독교교육의 사회학적 문제들을 개괄적으로 살폈다. 여기서 우리는 기독교교육이 사회학적 측면에서 사회화의 문제와 또한 사회 변동의 문제와 긴밀히 연관되어 있음을 발견할 수 있었다. 그러면 이제 이런 기독교교육사회학적 관점하에서 기존의 기독교교육학 방법론에서 드러난 사회학적 접근의 모습을 고찰해 보자.

Ⅲ. 기독교교육의 제사회학적 접근 방법론

'기독교교육의 사회학적 접근' 이라는 말은 기독교교육학계 내에서 보편적으로 사용되고 있는 용어는 아니다. 저마다 기독교교육과 사회학과의 상관관계에 대한 다른 견해를 바탕으로 이 용어를 사용하고 있다. 예를 들어 버제스(H. W. Burgess)는 기독교교육이 한 사회의 사회문화적 개조(reconstruction)와 관계를 가지고 있다는 뜻에서 기독교교육의 사회학적 접근이라는 말을 사용하고 있다.[19] 또한 포스터(C. R. Foster)는 기독교교육 내의 사회학적 현상에 관심을 가지고 공동체의 사회학적 특징을 살피는 입장에서 기독교교육의 사회학적 접근이라는 용어를 사용하고자 한다.[20]

이런 상황하에서 우리가 이 용어를 사용하고자 할 때 그 입장을

---

19) H. W. Burgess, *An Invitation to Religious Education*, 오태용 역 (서울: 정경사, 1984), p. 84.
20) J. L. Seymour & D. E. Miller, op. cit., p. 53.

분명히 할 필요가 있게 되는 것이다. 그래서 우리는 먼저 기독교교육의 사회학적 접근이라는 말을 사용할 때 어떤 의미로 이를 사용하는가를 밝히고자 한다.

1. 용어 정의

용어 정의를 위해 사회학이란 학문적 성격으로부터 시작하고자 한다. 사회학이란 간단히 인간 사회와 인간의 사회적 행위를 연구하는 사회과학의 한 분야라고 정의할 수 있다.[21] 즉 사회학은 인간 사회와 사회적 맥락에서 일어나는 인간의 행위를 연구의 대상으로 삼는 학문이라는 말이다. 특히 사회학이 관심을 가지는 부분은 인간 사회가 어떻게 구조화되었으며 그러한 사회 구조 속에서 개인들이 어떻게 행동하는가 이고 그리고 사회는 왜 또한 어떻게 변화하는가 라는 점이다.

이러한 사회학적 관심은 그 강조점에 따라 이론적 차이를 보인다. 사회학 내에서 대표적으로 구분해 볼 수 있는 이론적 입장들은 기능주의적 입장과 갈등주의적 입장이라 할 수 있다. 전자는 사회 체계에 관심을 두며, 일차적으로 사회 질서, 안정 그리고 유지에 관심의 초점을 둔다. 이에 비해 후자는 사회 내에 존재하고 있는 갈등 요인과 이로 인한 사회 변동에 관심의 초점을 둔다.

이와 같은 사회학 내의 이론적 입장 차이는 교육 현상을 사회학적 시각으로 바라볼 때도 여전히 차이를 나타내게 된다. 즉 기능주의 입장은 교육이 어떻게 사회에 각 기능을 공급해 줄 수 있는가, 그리고 그 사회가 유지되고 지탱되기 위한 기초로서 가치 체계, 세계관들을

---

21) 양춘 외 2인, 『사회학 개론』(서울: 진성사, 1989), p. 13.

어떻게 전승시킬 수 있는가의 문제에 관심의 초점을 두고 있다. 반면에 갈등주의적 입장은 교육이 사회 내에 존재하는 갈등의 문제를 해결할 수 있는가 라는 문제에 관심의 초점을 두고 있다.

위의 교육에 대한 사회학적 접근의 관점 차는 당연히 교육사회학적 연구 대상에도 차이를 보이게 된다. 즉 기능주의적 입장은 교육공동체 내에서 어떻게 가치나 세계관이 다음 세대로 전승되어지는가에 관심을 가진다. 다시 말해 교육공동체 내에서의 교육의 사회학적 성격에 관심을 가진다는 말이다. 이에 비해 갈등주의적 입장은 교육의 결과가 사회에 어떻게 영향을 미치는가에 관심을 가진다. 다시 말해 교육 공동체를 포함하는 사회 변화에 관심을 가진다는 말이다. 이렇게 볼 때 교육사회학적 관점에서 기능주의적 입장은 앞장에서 살펴본 사회화의 문제로 연결되어질 수 있고, 갈등주의적 입장은 사회 변동의 문제로 연결되어질 수 있을 것이다.

기독교교육도 일반교육에 나타난 사회학적 성격을 그대로 가진다. 그것은 기독교교육도 하나의 교육 현상이기 때문이다. 따라서 앞에서 살펴본 사회학적 접근 시각을 그대로 적용할 수 있게 된다. 즉 기독교교육에 대한 기능주의적 관점과 갈등주의적 관점이 다 가능하다는 것이다. 다시 말해 기독교교육 현상을 교육공동체 내의 사회학적 성격을 중심으로 고찰할 수 있고, 기독교교육 현상을 그 교육 결과가 사회 변동에 미치는 영향을 중심으로 고찰할 수 있다는 말이다. 사실 이와 같은 기독교교육의 접근 시도가 있어 왔다. 교육공동체 내의 사회학적 성격을 주요 관심사로 하여 전개해 나간 것을 넬슨이나 웨스터호프를 중심으로 한 공동체적 접근에서 찾아볼 수 있다. 반면에 교육이 사회 변동에 미치는 영향을 중심으로 전개해 나간 것을 프레이리의 해방을 위한 교육과 같은 곳에서 찾아볼 수 있다.

기독교교육 내의 사회학적 현상이 이 두 가지 면에서 다 찾아질 수 있다는 것을 우리는 알 수 있다. 따라서 본고는 기독교교육의 사회학적 접근을 기독교 공동체 내에서의 사회화를 중심 한 기능주의적 성격과 기독교가 가지는 대사회적 관계로서의 사회변동, 사회 개혁적 측면을 모두 포괄하는 것으로 이해하고자 한다. 그러면 이제 이와 같은 사고를 기초로 기독교교육학 방법론 내의 사회학적 접근의 시도를 살펴보자.

2. 기독교교육의 사회학적 접근

기독교교육 안에서 사회학적 접근이 시도된 것은 어제오늘의 일이 아니다. 이미 초대교회의 교육 안에서 활발하게 시도되어졌다. 초대교회란 그 특성상 공동체성을 매우 중요하게 유지하고 있었다. 그것은 초대교회가 당시의 종교적 상황하에서 아주 이질적인 존재였기 때문이었다. 우선 공동체 구성 자체가 이질적이었다. 당시의 유대교 공동체는 신학적인 입장이 같고 신분적인 위치가 같은 사람들이 모여서 공동체를 이루고 있었다. 그러나 초대교회 공동체는 그들이 전혀 이해할 수 없는 예수 그리스도를 머리로 한 신학적 이질 집단이었다. 뿐만 아니라 그 공동체의 구성이 신분적 차이를 배격하고 단지 예수를 주로 믿는 사람들의 모임이라는 파격적인 성격을 띠고 있었다. 바로 이와 같은 차이들이 당시의 기존 공동체들과 타협할 수 없는 간격을 이루어 놓았다. 이것은 강한 박해로 나타났고, 이를 극복하기 위해 초대교회는 모이기에 힘쓰게 되었던 것이다. 모여서 나름대로 독특한 공동체의 문화를 형성해 갔다. 이 독특한 공동체가 가장 힘썼던 일은 교육이었다.[22] 즉 예수 그리스도를 모르던 사람이 전도를 받고 공동체에 들어오게 되면, 그 공동체가 너무도 이질적인 형태였기 때문에 그 공동체의 일원이 되기 위해서는 교육이 필요하였다.

그래서 실시한 교육이 카테쿠메네이트(Catechumenate)였다.[23] 이때 새로 공동체에 들어와 교육을 받게 된 사람을 가리켜 카테쿠메노이(Catechumenoi)라 하였고, 교육 내용을 카테키시스(Catechesis)라 하였다. 카테쿠메노이들은 이 공동체에 들어와 공동체의 삶에 참여하면서 독특한 공동체의 삶에 적응하여 갔다. 이런 적응 과정이 곧 중요한 교육 과정이 된 것이다. 이런 숨겨진 교육 과정 이외에 카테키시스라는 형식적 교육 과정을 함께 거치면서 당당한 공동체의 일원으로 성장해 갔다.

그러나 이와 같은 카테쿠메네이트는 형식적인 교육이 강조되면서 사라지게 되었고 이때부터 교회 안에서의 공동체 중심의 교육은 더 이상 찾아볼 수 없게 되었다. 이제 교육은 교사와 학습자 개인의 관계로 좁아졌고, 하나님과 개인과의 관계 안으로 축소되었다. 신자들 사이의 관계와 공동체 삶에 참여함으로 이루어지는 교육의 중요성이 그 자리를 잃어버리게 되었다.

정말 오랜 기간 잃어버렸던 교육의 사회학적 성격을 다시금 강조하기 시작한 사람이 바로 부쉬넬(H. Bushnell)이었다. 그의 역작인 『기독교적 양육』(Christian Nurture1861)은 기독교교육의 학문적 첫 시도라는 점과 기독교적 양육을 위한 사회학적 접근의 첫 시도라는 점에서 중요하게 평가되고 있다.[24] 그 당시 기독교교육적 상황은 대각성운동의 여파로 회심 일변도로 치닫고 있었다. 기독교교육은 직접적인 종교 경험과 즉각적인 회심을 위할 때만 존재 의미를 가지고 있었다. 이런 상황은 아직 개인적인 결단을 통해 구원의 확신을

---

22) L. J. Sherrill, *The Rise of Christian Education*(New York: Mcmillan, 1944), p. 18.
23) Ibid., p. 151.
24) Groome, op. cit., p. 116.

가질 수 없는 어린이들에 대한 관심을 배제해 버렸다. 기독교 가정 내의 어린이들은 여전히 구원받아야 할 불신자들과 다름없이 취급되어 버렸다. 부쉬넬의 눈에는 이것은 대단히 잘못된 것이었다. 그의 문제 의식은 바로 여기서 싹트고 있었다. 그의 눈에는 기독교 가정 안에서 자라나는 어린이는 더 이상 구원받아야 할 존재가 아니었다. 이미 구원에 참여한 약속의 백성이었다. 그가 이런 확신을 가지게 된 것은 바로 그가 칼빈의 언약 공동체로서의 교회 개념을 신학적으로 굳게 잡게 되면서부터였다. 그는 교회는 언약 공동체로서 하나님과 성도 사이에 맺은 언약으로 세워진 하나님의 집이라 믿었다. 이 안에서는 세례를 통해 어린이들도 하나님의 언약에 초대되고, 또 참여되게 된다고 믿었다. 그래서 이 언약 공동체는 회개와 즉각적인 회심의 경험을 가진 어른들만의 독점물이 될 수 없으며 오히려 남녀노소가 함께 언약에 참여함으로써 이루어지는 공동체라고 믿었다. 그래서 그는 "어린이는 그리스도인으로 자라고 있는 존재다. 그리스도인과 무관한 그 어떤 존재가 아니다."라고 하였다.[25]

그는 언약 공동체를 특히 가정으로 보면서 부모의 믿음은 바로 어린이에게 삶의 장에서 전달되기 때문에 기독교적 양육의 원천은 가정에서 비롯된다고 주장하였다. 바로 이것이 신앙이 공동체 내에서 전달될 수 있다고 하는 사회학적 통찰인 것이다. 이는 과거 신앙이란 개인이 하나님 앞에서 결단하는 단독자적인 개념이 지배해 왔던 것과는 달리, 신앙의 공동체 내에서 특별한 회심의 과정 없이도 전달되고 성장될 수 있다는 사회학적 견해인 것이다. 이것은 당시 회심 없이 신앙이 자연적 발달 단계에 따라 성장할 수 있다고 보았다 하여 자연주의라는 심한 비난을 받게되었다. 그러나 그의 시각은 새로운

---

25) H. Bushnell, *Christian Nurture*(New Haven: Yale Univ., 1960), p. 4.

충격으로 받아들여지기도 하였다. 이로써 그는 기독교교육의 사회학적 접근의 시발점이라는 위치를 차지하게 되었다.

부쉬넬에게서 처음 나타난 사회학적 통찰은 이후에 기독교교육의 여러 방법론적 시도 안에서 나타나게 되었다. 이런 여러 시도들을 우리는 앞에서 교육사회학적 관심을 통해 사회 변동, 사회 개혁을 중심한 방법론과 사회화를 중심한 방법론을 중심으로 구분해 볼 수 있을 것이다. 그러면 이제 이런 구분을 중심으로 방법론을 정리해 보자.

1) 사회 변동을 중심으로 사회 개혁을 추구하는 방법론적 시도

이 부류에 속하는 기독교교육의 방법론적 시도들은 저마다 교육의 목적을 사회 변동, 사회 개혁에 둔다. 시대적 상황에 따라 그리고 컨텍스트에 따라 개혁해야 할 내용이 다르고, 방법이 과격하거나 그렇지 않거나의 차이를 보이기는 하지만 이 부류의 방법론적 시도들은 교육이 사회 개혁 또는 사회 변동을 수행하는 중요한 도구라고 보는 점에서는 동일하다고 할 수 있다. 그래서 이들의 주장은 보다 나은 사람들을 위한 보다 나은 세상(a better world for better persons)을 만드는 것이다.[26] 이런 시도들은 사회 변동을 유발하는 구체적인 방법으로 공동체 내에서의 인간간의 상호작용을 들고 있다. 그렇기 때문에 우리는 이 시도들을 사회학적 방법이라는 범주 안에서 살펴볼 수 있다.

(1) 코우(G. A. Coe)

이 방법론적 시도의 선구자는 코우이다. 그는 『종교교육의 사회

---

[26] A. Moore, *Religious Education as Social Transformation*(Birmingham: R. E. P., 1989), p. 2.

적 이론』(A Social Theory of Religious Education)에서 그의 이론을 펼치고 있다. 그는 이 책에서 기독교교육의 목적은 전통적인 개인 구원에서 사회 개조(social reconstruction)로 대치되어야 한다고 주장하였다. 그래서 기독교교육은 교리라든지 기독교의 전통을 전달하는 것이 아니라, 기독교 그 자체를 재창조하는 것이라 하였다. 여기서 그는 기독교의 재창조 그 자체를, 하나님의 민주주의(democracy of God)이라 개념화하였다.27) 이런 하나님의 민주주의를 실현하기 위한 수단으로 교육이 사용되어진다. 다시 말해 교육은 그 자체로 변화를 수행하는 것이다. 그래서 그는 "종교는 그것을 가르치는 행위 안에서 변화한다"고 하였다.28)

코우에게 있어서 이와 같은 하나님의 민주주의는 사회화라는 구체적인 교육과정에서 이루어진다. 그는 이런 교육의 장에 관한 통찰을 듀이(J. Dewey)에게서 영향을 받았다. 듀이는 진화하는 세계 과정 속에 인간이 참여한다는 기본 구조 안에 교육사상의 근거를 두고 있다. 이 참여를 통해 얻은 인간의 경험은 세계와 인간 사이의 상호 교환 작용에서 온 경험이며, 이를 '경험적 연속'이라 하였다. 이 경험적 연속을 매개로 인간과 세계는 서로 성장하며 발전하고 진보하며 또한 진화한다는 것이다. 이것이 모든 교육 행위의 구조적 근거가 된다. 이렇게 참여를 통해 성장하는 세계와 인간 양자 사이의 관계를 '상호 의존'이라 불렀고, '상호작용(interaction)'이라 불렀다. 이와 같은 듀이의 방법적 근거는 코우에게서 그대로 나타나고 있다. 코우는 "교육적 과정의 중심적인 사실은 학생들의 사회적 상호작용

---

27) G. A. Coe, *A Social Theory of Christian Education*(New York: Scriber, 1917), pp. 13~37.
28) Coe, *What is Christian Education*(New York: American Book, 1961), p. 23.

(social interplay)을 통해서 기독교적 경험이 성장한다"고 믿었다.[29] 그래서 사회적 상호작용이 기독교교육의 과정뿐만 아니라 그 내용의 핵심이 되었다. 커리큘럼의 기본적인 내용을 사람들의 현재의 관계와 상호작용 속에서 찾았다.

결국 그는 자아와 사회 사이의 상호작용은 하나님의 민주주의를 실현하게 한다고 보았고, 이 하나님의 민주주의는 사회화라는 구체적인 교육 과정을 통해서 이루어진다고 본 것이다.

(2) 엘리엇(H. Elliott)

위의 코우의 입장은 그의 충실한 제자인 엘리엇에게 이어져 갔다. 물론 엘리엇이 처한 상황은 코우의 시대적 상황과는 많은 차이를 보였다. 세계 대전과 경제 대공황 등의 외적 영향과 신정통주의라는 신학적 혁명의 위세에 눌려 진보적 종교교육은 그 설 자리를 잃어 가고 있었다. 그러나 엘리엇은 이를 포기하지 않고 밀고 나갔다.

그가 추구하는 교육 목적은 크게 두 가지로 요약할 수 있다.[30] 첫째는 사회화이다. 그는 개개인의 지혜와 능력이 사회적 목적 실현이라는 공동적 과제에 사용되어질 때 삶의 궁극적 가능성이 새로운 꽃을 피우게 된다는 것이다. 사회적 목적 실현이란 하나님의 나라에 대한 인간이 가질 수 있는 최선의 측정이기 때문이라는 것이다. 그는 이를 '사회적 전략(social strategy)'이라 불렀다. 이렇듯이 교육 목적 자체가 사회적이기 때문에 개인은 개인 전략으로 머무르지 않고 공동적으로 협동적인 노력으로 전환되는 것을 말한다.

---

29) Ibid., p. 80.
30) H. Elliot, *Can Religious Education be Christian*(New York: Mcmillan, 1940), p. 211.

둘째 목적은 그리스도와 같은 성격 형성에 있다. 그러면서 그는 '그리스도와 같은 것'에 대해서는 신학적 해석을 내리고 있지 않다. 그의 관심은 어떻게 이런 성격을 형성할 수 있을까에 있다. 그러면서 그는 그리스도와 같은 성격이란 바로 사회적 자아라고 표현하였다.[31] '사회적 자아'란 개인주의적으로도 또는 개인의 생의 변화를 즉각적으로 가져온다는 회심의 경험으로도 이루어지지 않는다고 보았다. 다만 개인은 국가나 공동체의 이념 실현을 위하여 협동적 과제에 참여하는 행위를 통해서 비로소 그리스도와 같은 성격으로 형성된다고 보았다. 엘리엇은 코우에서 볼 수 없는 윤리적인 성격을 강하게 보여 주고 있다. 그러나 사회적 성격은 여전히 코우에게서와 마찬가지로 강하게 나타내고 있다.

(3) 해방 교육

이 부류에 있어서 가장 과격한 교육 방법론이 바로 해방 교육이다. 이 해방 교육은 프레이리에게서 대표적으로 찾아볼 수 있다. 그에게 있어서 교육이란 넓은 의미에서 역사적 행위이고 정치적 행위인 것이다. 이 같은 교육은 지식의 전달로 그 목적을 삼는 교육 그 이상의 것이며, 통치와 압제의 수단으로서 사용되는 학교교육 그 이상의 것이다. 오히려 교육은 인간의 전 삶의 영역에서 일어나며 그 영역 속에서도 인간의 주역화(해방)와 세계 속에서의 인간의 역사화를 가능케 하는 의식화 과정이다.[32] 그러므로 교육은 개인을 의식화시켜 그 의식화된 대로 삶을 실현함으로 해서 사회의 변동을 유발하는 정치적 행동이라 할 수 있다.

---

31) Ibid., 11장.
32) P. Freire, *Pedagogy of the Oppressed*(New York: Herder, 1971), p. 11.

그렇기 때문에 교육의 목적은 우선 새로운 인간의 출현에 있다.[33] 여기서 새인간이란 역사 현실을 예리하고 비판적으로 볼 수 있는 사람을 말하며, 압제의 현실을 폭로하고 그것을 변혁하고자 헌신한 사람을 말한다. 프레이리는 이런 새인간은 기존의 교육의 장에서 만들어질 수 없음을 강조한다. 그것은 길들임의 과정이고 압제의 합리화의 과정이기 때문이다. 따라서 진정한 교육의 장은 프락시스(praxis)이다. 그는 프락시스란 비판적인 분석을 위해 편찬된 구체적인 상황들이라고 정의한다.[34] 다시 말해 사건들이 현실적으로 일어나는 구체적인 상황과 일어난 사건들과 사실들을 분석하기 위해 편찬된 이론적 상황 사이의 관계를 프락시스라고 부른다. 그러므로 프락시스는 이론만도 구체적인 현실과 사실만도 아닌, 오히려 구체적인 상황과 그 상황을 분석하고 해석하는 이론적인 상황 사이의 관계이고 또한 움직임이다. 이 프락시스는 행동-반사-행동(action-reflection-action)의 의식화 과정을 통해서 수행되어진다. 이것은 구체적인 상황으로부터 문제를 인지하며 그리고 반사작용을 거쳐 다시 구체적 현장으로 돌아가 새로운 프락시스의 실험적 행동을 시도하게 되는 것이다. 그러나 프레이리는 이런 의식화 과정만으로는 위험에 빠지기 쉽다는 것을 지적한다. 이것은 주관주의나 아니면 억압을 위한 수단으로 다시 전락될 위험성이 있게 된다는 것이다. 그래서 이를 보완하기 위해 그는 '대화'라는 방법을 교육 방법으로 제안한다. 여기서 대화란 단순히 인격적 관계에 국한되지 않는다. 프레이리가 말하는 대화란 오히려 주체와 주체 사이의 관계를 전제하고 있지만, 이 관계는 쌍방의 의식적 주체들에 의해 실재를 시험하고 비판하는 문제화

---

33) Ibid., p. 72.
34) Ibid., p. 53.

까지를 말한다. 여기서 대화란 자신과 너라는 주체 사이에서 실지를 알고 실재를 변혁하는 행위에 참여하는 것을 말한다.

프레이리에게 있어서 교육의 구체적인 방법 중 역시 인간과 인간 사이의 만남과 대화가 매우 중요하다는 것을 알 수 있다. 이것은 그 대화의 질적인 면에 있어서 차이를 보일 수는 있겠지만, 교사와 학습자 단 둘만의 일방적인 전달이 아니라 교사와 학습자들이 한자리에 앉아 현실의 문제를 이야기하고 의식화의 과정을 수행해 가는 공동체의 작업인 것이다. 이런 의미에서 프레이리의 교육 방법론에 있어서도 공동체가 교육의 장이라 할 수 있다.

우리는 위에서 사회 변동 또는 사회 개혁을 추구하는 기독교교육 방법론을 세 가지 대표적인 사람들을 중심으로 살펴보았다. 물론 이 부류에 여러 방법론들을 제시할 수 있을 것이다. 예를 들어 무어는 이 부류에 드는 방법론을 크게 여섯 부류로 나누어 정리하고 있다.[35] 이를 살펴보면 다음과 같다.

▶ 고전적 이론
첫째, 코우의 사회 이론적 접근(social theory approach).
둘째, 엘리엇의 사회 윤리적 관심(social ethical concern).
셋째, 재건주의자들(reconstructionist)의 사회 심리적 작업(social-psychologic work).

▶ 현대적 이론
넷째, 사회적 행동과 사회 변화의 혁명적 양식들에 초점을 두

---

35) A. Moore, op. cit., pp. 9~31.

고 있는 해방 교육.

다섯째, 개인의 변형과 사회의 변화 사이의 관계에 관심을 가지고 있는 삶의 양식 교육(life style education).

여섯째, 삶의 실제적 영역에서 도덕적이고 윤리적인 삶의 방식을 추구해 가도록 사람들을 돕고자 하는 기독교교육의 실천 신학(practical theology).

이와 같은 사회 변동, 사회 개혁을 추구하는 기독교교육 이론들은 저마다의 상황과 신학적 입장에 따라 방법론에 있어서 차이를 보이고 있다. 그런데 이 이론들은 몇 가지의 공통점을 나타낸다. 첫째는 교육 목적에 있어서의 공통점이다. 기존의 교육 목적이 개인에 관심을 가지고 있고, 개인의 신앙 성숙을 추구한다고 할 수 있다. 그러나 이 이론들은 교육의 목적이 사회 개혁, 사회 변화에 두어진다. 둘째는 교육의 방법에 있어서의 공통점이다. 기존의 교육 방법은 전달 위주였다. 교사가 개인과의 만남을 통해서 전달하든지, 학습자들을 모아 놓고 일방적으로 전달하는 방법을 사용했다. 그러나 이 이론들은 학습자들 사이의 만남과 대화가 매우 중요한 방법으로 사용되어진다. 교사가 일방적으로 주입시키거나, 일방적으로 전달하지 않는다. 교사도 학습 공동체에 참여해서 나누고 대화함을 통해서 진행되어 간다. 결국 이와 같은 이론들은 공동체 내의 참여와 만남 또는 대화 방법, 즉 사회학적 접근이라 할 수 있다.

2) 사회화를 중심으로 한 공동체 중심의 방법론적 시도

신정통주의 신학에 근거한 기독교교육 방법론들이 그 신학적 근거를 잃으면서 새로운 대안으로 등장한 기독교교육의 방법론적 시도가 있는데 이것이 바로 공동체 중심의 교육방법론이다. 이를 대표

할 만한 사람이 곧 넬슨과 웨스터호프이다. 물론 그 외에도 이런 입장을 동조하는 사람들, 예를 들어 마탈러 같은 사람들이 있기는 하지만 이들은 자신의 독특한 교육 방법론을 제시하지는 못하고 있다. 뿐만 아니라 신정통주의와 다른 입장에서 공동체 중심의 교육론을 전개한 사람이 있는데, 그가 리처드이다. 물론 그는 진보적 종교교육 운동의 교육신학적 틀을 받아들이지도 않았다. 보수적 입장에서 나름대로 성경에 입각하여 방법론을 전개하고 있는 것이다. 이들의 교육론을 간략히 살펴보자.

(1) 넬슨

넬슨은 인류학의 도움을 얻어 기독교교육 이론을 전개해 갔다. 특히 인류학에서도 공동체 내에서 문화가 어떻게 전달되는가에 관심을 집중시켜 왔다. 그는 문화의 내용을 세계관과 가치 체계로 보았다.[36] 그리고 이것이 지각 체계와 양심, 그리고 자아 정체감을 통해서 전달된다고 주장했다. 요컨대 사회화를 가치 체계의 수용 과정이라고 본 것이다. 그가 이런 인류학적인 통찰을 교육론으로 이끌어 올 수 있었던 것은 그의 신앙관 때문이었다. 즉 신앙을 하나의 세계관 또는 가치체계로 생각했기 때문이었다. 그래서 세계관으로서 신앙도 신앙공동체 내에서 소위 종교사회화를 통해서 전달된다고 주장하게 된 것이다. 다시 말해 신앙도 지각 체계, 양심, 그리고 자아 정체감을 통해서 신앙공동체 내에서 전달된다고 본 것이다. 그에게 있어서 이와 같은 신앙이 제대로 전달될 수 있는 신앙공동체란, 다양한 상황 속에서도 서로 지속적으로 면대 면의 관계를 가진 자각된 신앙인의 집단이며, 구성원 상호간의 계획과 활동을 잘 협력해서 처리해

---

36) C. E. Nelson, *Where Faith Begin*(Atlanta: Knox, 1967), p. 44.

나갈 수 있는 집단이었다. 그리고 이런 신앙공동체 안에서 예배가 신앙을 배양하며, 친교가 신앙을 작동하게 하고, 탐구는 신앙을 의미 있게 하고, 당면한 문제들이 신앙을 윤리적으로 살게 한다고 하였다.[37] 결국 그는 신앙공동체 내에서, 신앙공동체의 역동적인 힘에 의해서 신앙이 재생산된다고 본 것이다.

(2) 웨스터호프
웨스터호프도 넬슨과 같이 문화화, 사회화를 종교교육에 적용한 기독교교육의 이론가이다. 그는 기존의 교회들이 실시하고 있는 기독교교육이 의미 없고 아무런 힘도 발휘하고 있지 못하게 된 것은 패러다임 그 자체에 문제를 가지고 있기 때문이라고 보았다. 즉 기존의 교회교육이 학교식 지식 전달 패러다임(schooling-instructional paradigm)에 의존하고 있기 때문이라는 것이다. 그래서 교회교육이 효과적이 되려면 그 패러다임 자체를 바꿔야 한다는 것이다. 이런 문제 의식하에 그가 제안한 패러다임이 바로 신앙-문화화 공동체 패러다임(community of faith- enculturation paradigm)이다.[38] 이 패러다임이 가지는 기본적인 전제는 넬슨과 마찬가지로 신앙에 대한 정의에 있다. 그에게 있어서 신앙이란 일종의 삶의 양식(life style)이다. 이런 삶의 양식으로서의 신앙은 신앙공동체의 문화화 과정을 통해서 전달될 수 있다는 것이다. 특히 교육이란 이런 문화화 과정을 의도적이며 지속적으로, 그리고 체계적으로 수행할 수 있게 해 준다고 하였다.

이렇게 볼 때 넬슨과 웨스터호프는 문화화 또는 사회화라는 신앙

---

37) Ibid., p. 97.
38) J. Westerhoff, *Will Our Children Have Faith*(Minneapolis: Seabury, 1976), p. 6.

공동체의 역동적 활동에 관심을 집중시키고 이를 통해 신앙이 전달되는 구조로 종교교육을 체계화하였다. 즉 개인과 개인 사이의 공동체 내의 상호작용보다도, 그 결과로 인해 어떻게 신앙이 전달되고 형성되는가에 관심을 두면서 교육 이론을 정립했다고 볼 수 있다. 다시 말해 구성원 사이의 개별적인 만남보다는 보다 폭넓은 공동체 전체의 사회학적 움직임에 관심을 기울였다고 볼 수 있다. 이들과 다른 각도에서 공동체 전체의 폭넓은 활동에 기초해서 교육론을 전개해 간 사람이 있다. 그가 바로 리처드이다.

(3) 리처드(L. O. Richards)

리처드는 기독교교육을 교회론을 중심으로 전개해 간다. 그는 기독교교육을 기능적인 면에서가 아니라 본질적인 면에서 추구해 가고 있는 것이다. 이 기독교교육의 본질적인 추구를 바로 교회론에서 접근해 가고 있다. 그에게 있어서의 교회는 성경에 입각해서 '그리스도의 몸'이라고 이해되고 있다.[39] 이 그리스도의 몸은 하나님의 백성들로 구성되어진다. 하나님의 백성들이 유기적으로 상호관계를 가지며 그리스도의 몸을 형성해 가는 것이다. 즉, 그리스도의 몸을 세운다는 목적을 향해 하나님의 백성들이 유기적인 관계를 맺어 간다는 것이다. 이런 의미에서 그의 교육론을 목적론적 유기체 모형이라 부르게 된다.

그에게 있어서 유기적 관계는 은사의 공동체적 관계로 나타난다. 여기서 은사란 공동체 곧 그리스도의 몸을 섬기기 위해 각자가 다르게 받은 선물인데, 이것이 공동체적 관계 안에서 개발됨을 통해 지도력이 형성되어 가는 것이다. 저마다의 지도력이 형성되어 가면서 그

---

[39] L. O. Richards, 문창수 역, 『교육신학과 실제』(서울: 정경사, 1981), p. 9.

리스도의 몸이 세워지고 그 안에서 교육이 이루어진다고 보는 것이다. 공동체에 참여함을 통해 서로의 지도력이 개발되어 가고 공동체 내의 관계를 통해서 그리스도를 닮게 되는 것, 곧 제자화(discipleship)를 말한다.[40] 결국 리처드의 교육 모형은 신학적 접근이라 할 수 있다. 그에게 있어서 교육이란 교회가 교회되게 하는 과정이고, 교회가 기구적인 모습에서 유기체적인 모습으로 형성되어 가면서 개인에게 지도력이 개발되어 감을 통해 성취되는 것이라 할 수 있다.

우리는 위에서 공동체 중심의 교육론을 넬슨, 웨스터호프 그리고 리처드를 중심으로 살펴보았다. 넬슨을 문화 인류학적 접근이라 한다면, 웨스터호프는 사회학적 접근이라 할 수 있을 것이다. 이에 비해 리처드는 신학적 접근이라 말할 수 있을 것이다. 그러나 이들에게 있어서 공통점이 있다면 그것은 이들 모두 공동체 내의 역동성(dynamics)에 초점을 맞추고 있다는 것이다. 앞에서 살펴본 다른 교육 모형들에게서 사회학적 현상은 모두가 개인과 개인의 만남에 관심을 둔 것이라 할 수 있다. 예를 들어 사회 변동을 추구하는 교육론에서는 개인과 개인 사이의 상호작용에 관심을 기울이고 있다. 그 상호작용을 통해서 개인이 의식화되어지고, 더 나아간다 해도 개인들의 모임인 공동체의 집단 행동을 유발하는 정도이다. 다시 말해 공동체 내에서의 상호작용을 강조한다고 해도 여전히 관심은 개인에게 있다고 할 수 있다. 그러나 공동체 중심의 교육론의 관심은 더 이상 개인이 우선이 아니다. 공동체를 세우는 일, 공동체 내의 사회화에 관심을 기울인다. 그리고 이런 공동체 내의 사회화 또는 공동체를

---

40) Ibid., p. 55.

세우는 과정 가운데 개인의 변화는 자연히 따라오는 것이 된다. 그렇기 때문에 개인의 변화가 더 이상 일차적인 교육의 목적이 되지 않는다. 그리고 개인의 변화를 위한 의도성이 우선적으로 강조되지 않는다. 그래서 커리큘럼 가운데서도 보이지 않는 커리큘럼의 중요성을 강조하게 되는 것이다.

IV. 결론적 논의 - 비판과 전망

우리는 위에서 기독교교육 내의 사회학적 접근의 방법론적 시도를 살펴보았다. 앞의 교육사회학적 준거 틀인 사회화와 사회 개혁, 사회 변동과 같은 시각에서 정리되고 있음도 살폈다. 즉, 신앙공동체 중심의 방법론적 시도는 사회화와 연관된 것이요, 사회 개혁을 추구하는 방법론적 시도는 사회 변동 또는 사회 개혁과 연관된 것이다.

이 두 방법론적 시도는 과거의 기독교교육 내의 방법론적 시도가 고수해 왔던 교리 전수, 성경 내용 전달에 머물러 야기해 왔던 문제를 극복할 수 있는 대안이라는 점에서 긍정적으로 평가될 수 있을 것이다. 공동체 중심의 시도는 신앙공동체 내에서의 사회화라는 틀에서 성경 내용 중심, 교리 전수의 한계를 극복할 수 있는 길을 열었고, 사회 개혁 중심의 시도는 구체적인 삶의 문제 해결에 기독교교육적 노력의 초점을 둠으로 해서 교리 전수의 한계를 극복하고자 했다. 이런 시도들은 학문적으로 기독교교육을 한 차원 도약할 수 있는 길을 열었다는 평가를 받고 있는 것이다. 그러나 이 양 시도는 나름대로의 한계를 가지고 있다. 이를 살펴보자.

1. 비판

먼저 신앙공동체 중심의 방법론적 시도가 가지는 한계를 생각해 보자. 우리가 앞에서 살펴본 것처럼 넬슨과 웨스터호프의 모형은 공동체 내의 사회화 과정을 교육 모형의 근간으로 삼고 전개되어진 것이다. 앞에서 정의했던 것을 기초로 생각해 볼 때, 사회화를 근간으로 하는 사회화의 교육이란 자유로운 인격이 또 다른 자유로운 인격들과 만나도록 모든 기회를 제공하며, 그 사회 집단의 공동 생활을 영위할 수 있도록 현실적 행동을 발달시켜 주는 지속적인 평생의 과정을 말한다. 그래서 사회화의 교육은 의식적이고 계획적인 작업일 뿐만 아니라 무의식적인 작용으로 숨겨져 있는 영역까지도 포함하는 전 과정으로 현실적인 삶과 직결된 교육이며 살아 있는 인간 교육인 것이다. 그리고 이는 '무엇을' 가르쳐 주느냐보다도 '어떻게' 가르치느냐에 더 큰 관심을 갖는 교육을 말한다. 이와 같이 사회화를 기독교교육에 적용할 때 공동체 자체가 가지는 역동적 힘을 기독교교육의 자원으로 수용하게 되는 새로운 안목을 가질 수 있게 된다. 이것은 기존의 기독교교육의 한계를 넘을 수 있는 새로운 가능성을 제공해 주는 것이라 볼 수 있다. 그러나 우리는 여기에 몇 가지 문제가 있음을 지적할 수 있다. 그리고 그것은 보완이 되어야 한다는 것을 보게된다. 그러면 우선 문제점을 살펴보자.

우선 종교사회학적으로 볼 때 문제를 발견할 수 있게 된다. 종교사회학적으로 볼 때 종교 문화란 상징 체계를 의미한다. 즉 신앙과 상징 체계는 분리할 수 없는 어떤 것이라는 말이다. 종교사회학에서 말하는 상징 체계는 다음의 다섯 가지 요소를 가진다.[41] 첫째는 종교 경험이다. 이는 상징 체계의 기초라 할 수 있다. 둘째는 신화이다. 이는 종교 경험을 이야기로 변환시킨 것을 말한다. 이것이 후에 합리적인 설명이 포함되어 교리와 신학으로 발전되어 간다. 셋째는 예전이다. 이는 종교 생활의 기본적인 틀을 형성해 준다. 넷째는 윤리이다. 이는 종교의 영향을 받아 인간 행동의 원리를 형성해 가는 것을 말한다. 그리고 다섯째로는 조직이다. 이는 종교 생활을 위한 신앙공동체의 구조를 말한다.

웨스터호프에게는 이와 같은 상징체계는 신앙을 전달하는 과정이요 도구일 뿐이다. 그의 상징 체계에 대한 입장을 살펴보면 다음과 같다. 우선 그는 종교경험을 매우 중요하게 생각한다. 그것은 신앙이란 바로 이 종교 경험을 통해서 전달되고 배우게 되기 때문이다. 신화는 공동체의 경험을 자신의 이야기로 이해하면서 이 또한 중요한 기능을 하고 있다고 본다. 그러나 신화 안에 있는 이성적인 차원을 배제함으로 해서 교리를 중요시하지 않는다. 예전은 그가 특별히 교육적 가치를 부여하고 있는 부분이다. 그는 바로 이 예전을 통해서 행동의 변화가 일어난다고 보고 있는 것이다. 그러나 기구화의 측면에서 수행되는 예전은 역시 부정적인 시각을 가지고 있다. 윤리적인 면에는 주로 능동적이고 지성적인 측면이 아니고, 반응적이고 직관적 형태로 이해하고 있다. 그래서 윤리의 상대주의로 나아가게 될 위험성이 있고 윤리 체계가 붕괴될 가능성도 엿보인다. 조직 면은 그가 철저히 거부하려하는 부분이다. 결국 그는 신앙과 종교 문화 곧 상징체계를 구분하고 있다고 볼 수 있다. 종교사회학적으로 볼 때 사실 이것은 불가능하다. 신앙과 상징 체계는 엄격히 구분할 수 없도록 뒤엉켜 있다. 따라서 상징 체계가 신앙을 전달하는 수단이자 통로라고 생각하는 것은 문제가 있는 것이다.

---

41) T. F. O'Dea, 권규식 역, 『종교사회학 입문』 (서울: 대한기독교서회, 1985), p. 71.

다음으로 공동체의 사회학적 성격에서도 문제를 찾을 수 있게 된다. 즉 사회화를 교육 모형의 틀로 이해하는 입장은 대체로 공동체 자체를 게마인샤프트(Gemeinschaft)로 이해하고 있다. 여기서 게마인샤프트란 인간의 본질 의지 또는 자연적 의지에 기초하여 이루어진 사회로서, 여기서의 사회 성원들은 하나의 공동체적 맥락 내에서 전체 인성을 가지고 서로 관련을 맺고 있는 공동체를 말한다.[42] 퇴니스에 의하면 사회는 이와 같은 게마인샤프트에서 게젤샤프트(Gesellschaft)로 변동을 겪게 된다고 보았다.[43]

여기서 말하는 게젤샤프트란 인간의 선택의지 또는 합리적 의지의 기초 위에 이루어진 사회로서 이 안에서의 인간관계는 사적인 이익의 합리적 추구라는 맥락에서 이루어진다는 것이다. 그는 게마인샤프트로부터 게젤샤프트로 사회가 변동할 때 가장 근본적인 변화 양상은 기구적 내지는 구조적인 분화 현상이라 하였다.

이런 사회변동은 종교 내에서도 일어난다. 오데아는 신앙공동체 내에서도 게마인샤프트에서 게젤샤프트에로의 변동을 필연적인 것으로 보면서 이와 같은 변동 과정에서 나타나는 현상을 크게 세 가지로 설명하고 있다.[44] 첫째로 제도화이다. 이는 종교를 탄생시킨 원초적 종교 경험은 시간이 지남에 따라 제도적 조직체로 변화해 간다는 것을 말한다. 그 원초적 경험을 존속시키고 그것에 기초한 연합을 유지하기 위해 원초적 경험 이후 세대에서는 필연적으로 제도화가 나타난다는 것이다. 둘째로 합리화이다. 이것은 원초 경험이 후대로 넘어오면서 후대 사람들에게 설명되어지고 설득되기 위해서는 의미가 부여되고 논리가 첨가되게 된다는 것이다. 바로 이것이 신학의 발전

---

42) 양춘, op. cit, p. 38.
43) O' Dea, op. cit, p. 145.
44) Ibid.

을 낳게 되었다. 셋째는 세속화이다. 이는 원초 경험과 관련되지 못한 것들을 비신성한 것으로 봄으로 해서 일어나는 현상을 말한다. 우리가 앞에서 살펴본 것처럼 웨스터호프나 넬슨과 같은 공동체 중심의 교육론자들은 신앙공동체 내의 사회화를 유발할 수 있는 환경에 관심을 가지고 이를 기초로 교육 모형을 형성했다. 이렇게 할 때 그들은 학교식 제도화된 교육 환경을 무시하거나 등한히 하는 결과를 초래하게 되었다. 이것은 공동체를 게마인샤프트로 이해하고자 하기 때문이다. 그러나 게마인샤프트는 게젤샤프트로 변동되어 가고 이것은 종교 공동체 안에서도 필연적으로 나타날 수밖에 없는 현상이라 할 때, 이들의 신앙공동체 이해에 한계가 있음을 지적할 수 있다. 즉 신앙공동체의 사회적 성격을 충분히 설명하지 못하고 있다는 것이다.

다음으로 우리는 사회화 또는 문화화 개념 이해에서 문제를 지적할 수 있다. 사실 사회화란 말을 개념화하여 사용하는 사회학자들은 구조 기능주의적 입장을 취하는 사람들이다. 이것은 구조기능주의들이 사회적 현상을 기존 사회질서의 수용과 이에 대한 적용을 과정으로 이해하고자 하기 때문이다. 그래서 그들은 사회화 또는 문화화라는 개념을 기성세대의 가치관이나 삶의 양식이 어떻게 다음 세대로 전달되는가에 초점을 맞추게 되었다. 그래서 교육학자들이 공동체 내에서의 사회화 또는 문화화가 매우 중요한 교육적 기능을 수행하고 있다고 보고 이 개념을 교육학에 수용하게 되었다.

그러나 교육학에서 이를 수용함에 있어서 교육적 가치를 보다 폭넓게 받아들임으로 문화화 개념이 확대되게 된다. 예를 들어 브라멜드(Theodore Brameld) 같은 사람은 인간과 인간의 환경으로서의 역사를 교육의 전제로 삼고 이에 대한 구조적인 이해로 문화화 과정을 언급하고 있다.[45] 그는 교육 과정이란 여러 형태의 집단이 스스로 문화를 형성하는 동안에 축적된 모든 생활 방식과 습관과 전통과 기술 등을 어떻게 전달하고 수정하는가를 배우는 것이라 보았다. 즉 문화를 정착시키고 전달하고 보존하는 과정임과 동시에 전세대로부터 물려받은 문화의 특징을 시정 개조하여 대체하는 과정이라는 것이다. 이렇게 문화화나 사회화를 단순히 문화 전달로 이해하지 않고 문화 수정을 포함하는 변증적 과정으로 보고 있는 것이다. 그러나 신앙공동체 중심의 교육을 주장하는 사람들은 이 문화 수정의 기능을 수용하고 있지 못하고 있다. 이러한 면에 있어서도 사회화나 문화화 개념을 좁은 의미로 사용하고 있다고 볼 수 있다.

다음으로 신앙공동체 중심의 교육론이 가지는 또 하나의 문제는 특히 웨스터호프나 넬슨에게서 보여지는 교회론의 문제이다. 그들은 교회의 존재적 특성은 고려하지 않고 교회 안에서 나타나는 사회학적 현상에만 초점을 맞추어 모형을 설정하고 있다. 즉 신앙을 세계관 또는 가치관으로 이해하고 공동체 내의 문화화 내지 사회화를 통하여 이것이 전달된다고 보고 있다. 다시 말해 인간간의 상호작용에만 초점을 맞추고 있는 것이다. 그러나 교회는 신앙공동체로서 이미 그 안에 계시적인 측면을 본질적으로 가지고 있다. 즉 하나님과 인간 사이의 수직적 관계가 엄연히 존재하고 있다는 말이다. 오히려 이것이 인간 상호작용의 수평적 차원보다도 우선적이고 본질적이다. 왜냐하면 신앙공동체는 하나님의 부르심을 입고 모여든 하나님의 백성들의 모임이기 때문이다. 따라서 신앙공동체를 단순히 사회학적 현상을 중심으로 이해하거나 설명하려 할 때 그 제한성을 보이게 된다. 이 또한 극복되어야 할 문제라 볼 수 있다.

---

45) T. Brameld, *Education for the Emerging Age*(SanFrancisco: Harper & Row, 1960).

다음으로 사회 개혁을 추구하는 방법론적 시도를 생각해 보자. 앞에서 우리는 사회 개혁을 추구하는 방법론적 시도를 코우, 엘리엇을 위시한 진보적 종교교육운동과 프레이리를 중심한 해방교육운동을 들었다. 이들은 나름대로 교육신학적 근거를 가지고 있다. 진보적 종교교육운동은 자유주의 신학을, 해방교육운동은 해방신학을 그 교육신학적 근거로 가지고 있다. 이 교육신학적 근거들이 나름대로 그 기독교교육 방법론의 한계를 이미 배태하고 있었다 할 수 있다.

진보적 종교교육 운동이 근거로 삼고 있는 자유주의 신학은 버나드 램이 요약한 바에 의하면 다음의 세 가지 사상적 특징을 가지고 있다.[46] 첫째는 연속의 원리이다. 이 연속성이란 인간과 신 사이의 본체론적 관계, 자연과 신 사이의 연속성, 이성과 계시 사이의 연속성을 뜻한다. 둘째는 자율의 원리이다. 여기서는 인간 이성의 이니시어티브를 말한다. 그리고 그 이성은 결국 계시의 가능성까지도 포함하게 되는 자율성을 말한다. 또한 인간이 가지는 종교적 경험 자체는 초월성까지도 포함할 수 있다는 자율성을 말한다. 그리고 셋째는 역동의 원리이다. 이것은 세계의 개방성, 인간의 무한한 가능성으로부터 오는 모든 성장과 진화의 가능성을 뜻한다. 결국 이 세 가지는 한편으로는 여하한 초월성도 부정하는 동시에 다른 한편으로는 인간과 세계의 가능성을 제시하는 것으로 집약될 수 있다. 이렇게 될 때 하나님은 인간 경험 속에 내재하는 창조성이며, 그리스도는 도덕적이고 종교적 완성자이며, 모든 인간을 위한 모범자로의 의미를 가질 뿐이다. 우리는 여기서 기독교교육이 가지는 고유한 기독교성 그 자체가 모호해지는 것을 발견하게 된다.

해방교육 운동은 해방신학을 그 교육신학적 배경으로 삼는다. 해

---

46) 은준관, 『교육신학』(서울: 대한기독교서회, 1982), p. 244에서 재인용.

방신학의 핵심적 관점은 사회학의 갈등론적 관점 바로 그것이라 할 수 있다. 즉 역사를 투쟁으로 보고, 사회를 계급간의 대립으로 보며, 그 모든 것이 갈등으로 점철되어 있다고 보는 것이다. 그리고 나아가 지배와 압박이라는 구조로 사회를 이해함으로 해서 지배자는 악이 요 피압박자는 선이라는 이분법적 가치 구조를 가지고 있다. 따라서 해방이란 곧 지배자를 타도하고 피지배자가 그들의 권리를 회복하고 더 이상 지배의 상황하에 있지 않게 된 것을 말한다. 여기에 방법론적으로 마르크시즘이 동원된다. 즉 폭력에 의한 해방의 쟁취라는 방법이 수용되고 있다는 것이다. 결국 해방교육 운동은 역사를 보는 시각, 사회 구조에 대한 이해, 방법론적 과격성 등 기독교교육이라 할 수 없는 많은 문제를 지니고 있다.

이렇게 볼 때 그것이 사회화를 중심으로 하든, 사회 변동을 중심으로 하든 복음에 기초하지 않고, 기독교의 핵심 메시지에 기초하지 않을 때 그 한계를 드러내게 되었다고 할 수 있다. 다시 말해 사회학적 방법론의 기독교교육에의 수용의 차원을 넘어 오히려 응용사회학의 단계까지 나아감으로 해서 엄밀히 말해서 기독교교육이라 말하기 어려운 선에까지 나아갈 수 있다는 것을 볼 수 있다. 즉 과거의 기독교교육이 교리 전수, 성경 내용 전달에 머물러 독자적인 학문적 위치를 형성하지 못하고 응용신학(applied theology)으로 전락해 버렸던 것처럼 이 사회학적 접근은 기독교교육이 하나의 응용 사회학적 모습을 드러내는 수준으로 전락해 버릴 가능성이 있다고 할 것이다.

2. 전망

우리는 위에서 기존의 기독교교육의 방법론적 시도들이 기독교의 전통, 교리, 그리고 성경의 내용을 전달하고자 함으로 해서 기독교교육이 하나의 응용 신학적 형태로 드러나고 있다고 분석한 바가 있다. 그리고 이를 극복하고자 했던 사회학적 방법론적 시도들 역시 응용 사회학적 형태로 드러나고 말았다고 해석한 바가 있다. 여기에서 우리는 기독교교육이 본질적으로 기독교교육이 되기 위해서는 새로운 방법론적 시도가 요청된다는 것을 발견할 수 있다.

우리는 이 새로운 방법론적 시도의 가능성을 미국 신학계를 중심으로 논의되고 있는 실천신학(practical theology)에서 발견할 수 있다. 여기서 실천신학이란 밀러에 의하면 다음과 같이 정의된다.

> 실천신학은 인간의 경험과 상호관계에 대한 한 살아 있는 공동체 내에서의 비판적이고 건설적인 반성이다. 그것은 기독교의 이야기와 다른 시각들 사이의 상관을 수행하며, 의미와 가치의 해석으로 나아가며, 개인들과 공동체들의 형성을 위한 매일의 지침들과 기술들을 산출한다.[47]

이와 같은 신학적 입장의 구체적인 방법은 다음과 같은 구성 요소를 갖는다.

1) 산 경험의 서술

---

[47] J. N. Poling and D. E. Miller, *Foundations for a Practical Theology of Ministry*(Nashville: Abingdon Press, 1985), 제3장.

2) 시각들과 관심들의 비판적 자각
3) 문화로부터의 시각들과 기독교 전통으로부터의 시각들 사이의 상관
4) 의미와 가치의 해석
5) 해석의 비판
6) 특정한 공동체를 위한 지침들 및 특수한 계획들[48]

오스머는 이 실천신학을 다음과 같이 설명하고 있다. 실천신학은 다음의 세 중요한 초점을 가지고 있다. 첫째는 개인의 삶을 구성하고 그들의 소명의 컨텍스트인 다양한 사회적 실천 안에서 그리고 사회적 실천에 관한 실천적 도덕적 논의이고, 둘째는 인간이 행해야 하고 존재 지어져야 하는 것에 대해 하나님께서 하실 수 있는 것과 요구하시는 것을 분별하기 위해 특별한 상황을 해석해야 하는 것, 그리고 셋째는 시간을 통해서 그들이 풀어야 할 이런 상황에 의해 형성되어진 구체적인 반응들의 실천이다.

이런 성찰의 과정은 다음의 다섯 단계로 정리해 볼 수 있다.

첫째, 진행되고 있는 것에 대한 확인.

둘째, 상황 설정을 포함한 진행되고 있는 이유에 대한 평가적 서술.

셋째, 적절한 신학적이고 윤리적인 개념과 원리의 결정.

넷째, 실천적 지혜에 근거한 행동의 가능한 코스의 형성.

다섯째, 구체적인 반응의 실천과 효과에 대한 지속적인 성찰이다.[49]

---

48) Ibid.
49) R. Osmer, *Teachable Spirit*(Louisville: Westminster/ John Knox Press, 1990) 제8장.

이와 같은 실천신학적 성격이 기독교교육에 수용될 때 지금까지의 응용 신학적 성격과 응용 사회과학적 성격을 극복할 수 있을 가능성을 제시해 준다. 즉 기독교교육이 실천신학적 성격을 띨 때, 교육의 내용과 이 교육의 내용을 수용하는 학습자들의 삶의 형태가 다 중요하게 강조된다. 그리고 이 둘 사이의 비판적 상관관계를 통해 개인의 사람의 양태에 변화가 오게 되는 것이다. 이 변화란 개인적인 차원에서 볼 때 신앙의 성숙이요 사회적인 차원에서 볼 때 사회의 개혁 또는 사회 변동으로 나타나게 될 것이다. 이렇게 될 때 앞에서 문제 제기된 오늘의 사회가 갖는 구체적인 문제에 기독교교육이 실질적인 관심을 가질 수 있고, 또한 숨막히게 변해 가는 사회의 변동에 능동적이고 민감하게 반응할 수 있는 교육신학적 근거가 마련될 수 있게 되는 것이다.

　이와 같은 실천신학적 방법론적 시도가 부분적으로 소위 해석학적 접근이라는 방법으로 소개되어 왔다.[50] 그러나 이 시도들은 상관관계적 방법론 모색에 그쳤다 할 수 있다. 다시 말해 성경의 내용과 삶의 경험을 해석학적 방법으로 상관관계를 형성해 변화를 시도하는 하나의 상관관계의 기술이라 할 수 있을 것이다. 보다 포괄적인 기독교교육의 방법론으로 자리잡기 위해서는 기독교 전통, 성경의 내용에 대한 훈련, 전수에 대한 보다 구체적인 커리큘럼적 수용과 현대의 사회적 현상에 대한 탐구를 위한 보다 구체적인 고찰 방법들이 보완되어야 할 것이다. 그리고 소위 수정주의적, 해석학적 상관관계 형성도 어떤 특정한 방법에만 국한할 것이 아니라 사안에 따라 교육 내용과 학습자의 수준에 따라 다양한 방법이 세련되게 마련되어야 할 것이다. 이점에 있어서 기독교교육학 내의 실천신학적 노력이 요청된다 할 것이다.

---

50) J. Seymour and D. E. Miller, op. cit, 제6장.

4 근대 실천신학의 신학백과사전 패러다임에 관한 역사적, 비판적 고찰

장신근 박사
미국 프린스턴신학교

> I. 들어가는 말: 실천신학의 르네상스와
>   신학백과사전 패러다임
> II. 신학백과사전 운동의 기원과 근대의 도전
>   1. 후기 종교개혁 신학의 4중적 형태
>   2. 신학에 대한 근대의 도전과 신학백과사전 운동
> III. 슐라이에르마허의 실증적 신학 이해와 실천신학
>   1. 실증적 학문으로서의 신학
>   2. 3중적 형태의 신학 이해와 실천신학
>   3. 슐라이에르마허의 실천신학 이해에 대한 평가
> IV. 신학백과사전의 패러다임을 넘어서:
>   새로운 패러다임의 실천신학을 위한 제언

I. 들어가는 말: 실천신학의 르네상스와 신학백과사전 패러다임

1980년대 이후 세계의 신학계는 소위 '실천신학의 르네상스'를 맞이하고 있다. 지난 약 20여 년 동안 실천신학의 각 분야에서는 북미와 유럽의 신학자들을 중심으로 실천신학의 정체성을 확립하기 위한 노력이 본격화되어 왔고, 전문 서적과 논문들이 다수 출간되었다.[1] 실천신학의 르네상스는 국제적인 운동으로서 비록 북미와 유럽에서 시작되었으나, 기타 라틴 아메리카, 남아프리카, 동 아시아 등

세계의 여러 지역으로 계속 확산되어 가고 있다. 이러한 운동의 일환으로 1993년에는 '국제 실천신학 아카데미(International Academy of Practical Theology)' [2]가 탄생되었고, 이어서 1997년에는 실천신학 전문 학술지인 《국제실천신학 저널》(International Journal of Practical Theology)[3]이 창간되어 세계 각 국의 실천신학자들 상호간의 활발한 대화의 창구 역할을 감당하고 있다.

1980년대 이후의 실천신학의 르네상스는 독립된 정체성을 지닌 신학의 한 분야로서 과거 실천신학이 지녔던 제한적인 지평과 방법론을 과감히 넘어선 새로운 패러다임의 실천신학을 지향하고 있다. 위에서 언급한 《국제실천신학 저널》은 이러한 비전을 창간호에서 다음과 같이 밝히고 있다.

첫째, 실천신학은 더 이상 자신을 단순히 응용이나 기술과 연관된

---

1) 1980년대 이후 전개되고 있는 실천신학의 학문적 성격과 역사, 새로운 패러다임에 관한 학문적 논의를 위하여 다음을 참고할 것. Don Browning ed., *Practical Theology: The Emerging Field in Theology, Church, and World*(San Francisco: Harper & Row, 1983). 이기춘 역, 『실천신학』(서울: 대한기독교서회, 1986); Lewis Mudge and James Poling eds., *Formation and Reflection: The Promise of Practical Theology*(Philadelphia: Fortress Press, 1987); Friedrich Schweitzer & Johannes A. van der Ven eds., *Practical Theology: International Perspectives*(Frankfurt: Peter Lang, 1999); Richard Osmer, "Rationality in Practical Theology," International Journal of Practical Theology 1:1(1997), pp. 11~39 참고할 것.
2) '국제실천신학 아카데미'는 1991년 여름 프린스턴 신학대학원에서 창립 모임을 가졌다. 참석자로는 Camil Menrad(캐나다), Riet Bonsstorm, Hans van der Ven(네덜란드), Dietrich Roessler, Karl Ernst Nipkow, Friedrich Schweitzer(독일), Richard Osmer, Norbert Hahn, Don Browning(미국) 등이었고 이어 1993년에 정식으로 창립되었다. Don Browning, "The Idea of the International Academy of Practical Theology," in F. Schweitzer & J. van der Ven, *Practical Theology: International Perspectives*(Frankfurt am Main: Peter Lang, 1999), p. 157. 1994년에는 영국에서 British and Irish Association for Practical Theology가 창립되었다.

학문분야라고 간주하지 않는다. 실천신학은 다른 신학 분야(성경신학, 조직신학, 교회사 등), 혹은 사회과학에서의 논의 결과를 단순히 수용하여 응용하는 차원을 넘어서야 한다. 둘째, 실천신학은 단순히 목회를 돕기 위한 신학이라는 좁은 안목을 버려야 한다. 즉 단순히 교회의 실천의 기능적 차원을 지원하는 것을 넘어서야 한다. 셋째, 실천신학은 신학이 가지고 있는 실천적 특성에 대한 근본적인 해석학적 반성을 추구하다. 크리스첸의 삶에 대한 실천신학적 관심은 성경적, 교리적 전통뿐만 아니라 교회의 현재와 크리스첸의 삶에 대한 미래적 비전에서도 비롯된다. 이러한 이유로 실천신학은 실천 - 이론 - 실천의 순서를 지향한다. 넷째, 실천신학은 경험적이며 해석학적인 방법론을 추구한다. 실천신학의 관심은 교회의 삶에 국한되지 않고, 교회가 위치하고 있는 현대사회의 종교적 문화라고 하는 더 넓은 곳으로 확장되어야 한다.[4]

이상과 같은 새로운 밀레니엄을 향한 실천신학의 구성이라는 비전 뒤에는 여러 요인과 배경이 작용하고 있지만, 무엇보다도 근대의 실천신학이 가진 '신학백과사전(theological encyclopedia)' 패러다임에 대한 극복이 그 중심에 놓여 있다고 할 수 있다. 다시 말하자면 최근 20여 년 사이에 일어나고 있는 실천신학의 부흥 내지 회복

---

3) 『국제실천신학저널』(International Journal of Practical Theology)은 1997년부터 독일의 Walter De Gruyter 출판사에 의하여 일 년에 두 번(봄, 가을), 독일어와 영어로 발행되고 있으며, 일반 논문(article), 연구보고 논문(research report), 국제보고 논문(international report), 서평 등을 게재하고 있다. 현재 Don. Browning, Duncan Forrester, Wilhelm Gräb, Christian Grethlein, Ronald L. Grimes, Maureen Junker - Kenny, Nobert Mette, Bonnie J. Miller - McLemore, Richard R. Osmer, Hendrik J. C. Pieterse, Robert Schreiter, Friedrich Schweitzer, Joon Kwan Eun, Johannes A. van der Ven 등이 편집자로 되어 있다.
4) "Editorial", International Journal of Practical Theology, 1:1(1997), pp. 1~6.

운동은, 보다 넓은 지평에서 보았을 때, 근대의 신학백과사전운동 패러다임에 의하여 초래된 근대 실천신학의 태생적 한계점 내지 문제점들에 대한 인식과 그 극복이 핵심이라는 것이다. 따라서 신학백과사전 패러다임과 불가분의 관계를 가진 실천신학의 태생적 한계점 내지 문제점들을 역사적, 비판적으로 고찰하는 일은 무엇보다 새로운 밀레니엄을 향한 확고한 정체성을 지닌 학문 분야로서의 실천신학을 정립하기 위한 우선적인 과제가 아닐 수 없다.

본고에서는 이러한 전제하에 먼저 신학백과사전운동의 역사적 기원과 발전을 살펴본 후, 슐라이에르마허의 신학백과사전적 실천신학 이해에 대한 비판적 고찰을 시도하려고 한다. 그리고 실천신학을 이해함에 있어서 슐라이에르마허의 공헌과 문제점을 지적한 후, 신학백과사전의 틀을 넘어설 수 있는 새로운 패러다임의 실천신학에 대한 청사진을 간략하게 제시하려고 한다.

II. 신학백과사전 운동의 기원과 근대의 도전

1. 후기 종교개혁(post-reformation) 신학의 4중적 형태

신학백과사전운동은 근대의 유럽 대학 안에서 신학의 자리 매김을 위한 시도로부터 출발되었다. 18세기 후반 유럽 – 특히 독일을 중심으로 – 에서 시작된 이 운동은 신학에 대한 근대의 도전에 대한 하나의 응전의 산물이라 할 수 있다. 신학백과사전의 가장 기본적 관심은 여러 다양한 신학 분과의 일관된 형태와 그 근거(rationale)에 대한 회복이었다. 지금까지 그 형태를 이어 오고 있는 신학백과사전의 가장 큰 특징 중의 하나인 4중적 형태(fourfold pattern)의 신학

이해 - 성경학, 조직신학, 교회사, 실천신학 - 는 원래 근대에 시작된 것이 아니라 후기 종교개혁신학에서부터 이미 나타나기 시작하였다.

종교개혁자들의 후계자들은 종교개혁을 지원하기 위한 방법으로, 특별히 개혁교회를 지도하고 보호할 교역자와 교사를 양성할 목적으로, 4중적 형태의 신학을 추구하였다. 첫번째 형태의 신학은 성경에 대한 연구로, 무엇보다 성경주석에 초점을 맞추었다. 이것은 크리스천의 신앙과 삶의 가장 중요한 성경적 증언을 그 중심에 두었다(성경신학). 두 번째 형태의 신학은 성경주석에서 나온 것으로, 성경의 가르침을 일관된 기독교적 교리로서 재구성하는 일에 초점을 맞추었다(교의학 또는 조직신학). 세 번째 형태의 신학은 교회의 역사와 교리의 역사에 초점을 맞추었다. 이것은 로마 가톨릭교회의 교리적 주장에 반기를 들었던 프로테스탄트운동을 변호하는 방향으로 구성되었으며 '성경만으로(scripture alone)'라는 원리가 여기에도 적용되었다. 여기에서 전통에 대한 비판적 검토와 역사에 대한 신학적 해석이 서로 결합되었다(교회사 또는 역사신학). 네 번째 형태의 신학은 목회 사역에 초점을 맞추었다. 여기서도 성경은 규범적인 것으로 간주되었고, 이러한 형태의 신학이 가진 임무는 성경적 형태의 교회지도력과 여기에 관련된 성경적 지혜를 현재의 삶으로 옮기는 것으로 이해되었다(목회신학 또는 실천신학).5)

이와 같이 종교개혁으로부터 유래된 4중적 형태의 신학은 주로 프로테스탄트 교역자들과 교사들에게 목회에 필요한 일종의 필수적 지식, 능력, 이해를 마련해 주려는 의도에서 시작되었다. 4중적 형태

---

5) Charles M. Wood, *Vision and Discernment: An Orientation in Theological Study*(Atlanta: Scholars Press, 1985), pp. 1~2.

의 신학을 하나로 통합하는 원리는 '성경만으로'라는 종교개혁의 기본 원리였다. 신학은 여기에서 비록 4가지의 구별되는 형태를 지니고 있었으나 하나의 통합된 전체로 생각되었고, 각자 구분된 독립적인 전문 학문 분야로, 즉 복수의 학문들(sciences)로 이해되지는 않았다.

2. 신학에 대한 근대의 도전과 신학백과사전 운동

18세기에 들어서면서 급격한 역사적, 지적 상황의 변화와 교회의 지도력에 대한 인식의 변화 등으로 인하여 종교개혁에서 유래된 신학의 사중적 형태는 점차 호소력을 잃어 가기 시작하였다. 더욱이 각 분야의 신학이 '신학문(new learning)'[6]이라 불리는 근대 세속 학문의 방법론을 차용하고 점차 독립적인 학문 분야로 분화되어 자신의 정체성을 뚜렷이 세워 나갈수록, 위에서 언급한 4중적 형태의 신학은 전체를 통합하는 원리 내지 근거(rationale)를 상실하기 시작하였다. 바꾸어 말하자면, 종교개혁의 4중적 형태의 신학에서 하나의 통합 원리로 강조되었던 '성경만으로'라는 문구는 더 이상 근대 학문의 방법론을 차용하기 시작한 각 신학 분야에 대하여, 또한 새로운 역사적, 사회적 상황에 직면한 신학에 대하여 명백한 하나의 통합 원리로 작용하지 못하게 되었다는 것이다. 더 나아가 새로 설립된 근대 대학 - 1810년에 설립된 베를린 대학(University of Berlin)과 같은 - 내에서 신학의 위치를 자리 매김 하는 상황에서 신학은 자신의 정체

---

6) '신학문'은 계몽주의 운동과 깊은 연관이 있으며 18세기 후반과 19세기 전반에 걸쳐 새로 설립된 근대 대학을 배경으로 확립되기 시작한 학문을 지칭하며, 중세의 아리스토텔레스적인 학문의 틀에서 벗어나려는 경향을 가지고 있었다.

성을 새롭게 정립해야 할 시점에 도달하게 된 것이다.

18세기에 이르러 신학은 대체로 다음의 세 가지 심각한 도전에 직면하게 되었다. 첫째, 신학의 주제를 연구함에 있어서 그것이 신학적으로 연구되어야 하는가 아니면 세속 학문의 방법에 따라 연구되어야 하는가 하는 질문이 생겨나게 되었다. 둘째, 새롭게 등장한 비평적 학문들이 여러 전통적인 기독교 교리들에 손상을 입히는 주장을 하기 시작하였다. 이러한 비평적 학문들은 성경의 저자권 및 역사적 신빙성 등에 의문을 제기하기 시작하였다. 셋째, 신학이 근대대학에서 자신의 자리를 확보하고 신학적 '학문(science)'이 되기 위해서는 이러한 근대적 세속적 학문들의 방법론을 수용하지 않으면 안 될 상황에 처하게 되었다.

이러한 근대의 도전에 직면하여, 특히 새로 설립된 근대 대학 안에서 하나의 독립적 학문으로서의 정체성을 찾기 위하여 노력하는 가운데, 신학은 자신의 통합 원리를 종교개혁의 '성경만으로'라는 원리가 아닌 다른 곳에서 추구하게 된다. 이는 다름 아닌 근대 세속 학문의 '과학적 합리성(scientific rationality)'의 수용이었다. 과거 종교개혁자들과 개혁자들의 신학을 계승한 신학자들은, 에드워드 팔리의 지적과 같이, 신학을 하나님의 계시와 성령으로 말미암아 생성되고 학문에 의하여 확장된 하나의 '지혜의 지식(a sapiential knowledge)'으로 간주하였다.[8]

여기에서는 하나님에 대한 지식을 추구함에 있어서 지혜의 요소(*sapientia*) 또는 영혼 자체의 기질, 능력, 또는 행위로 이해되었던

---

7) Wood, op. cit., p. 5.
8) Edward Farley, *Theologia: The Fragmentation and Unity of Theological Education* (Philadelphia: Fortress Press, 1983), p. 52.

하비투스(habitus)와 학문적 요소(scientia)가 결합되어 있었다. 그러나 근대의 과학적 패러다임을 자신의 합리성으로 수용하기 시작한 신학은 지혜의 차원 또는 하비투스의 차원을 점차 상실하기 시작하였다. 신학은 이제 세속 학문의 방법론과 과학적 합리성을 채용한 독립적인 일련의 학과를 총칭하는 단어가 되어 가기 시작하였다. 그리고 이들 사이의 통일성, 연속성을 어떻게 유지할 것인가 하는 문제가 제기되기 시작하였고, 이에 대한 대안으로 1760년경부터 주로 독일에서 '신학백과사전(theological encyclopedia)'[9]이 등장하기 시작하였다.

당시 근대 대학에서는 신학문을 연구하기 위한 중요한 도구로서 여러 종류의 다양한 백과사전들이 출판되어 활용되었다. 계몽주의의 합리적, 비판적 사고에 입각한 이러한 종류의 백과사전들은 새로운 사상과 학문의 상징으로 여겨졌다. 백과사전은 원래 중세 시대부터 17세기까지 계속 발간되어 왔으나, 18세기에 이르러 다양한 종류와 형태의 백과사전이 본격적으로 출판되기 시작하였다. 특히 이 시기에 여러 다양한 학문 분야의 전문가들이 일정한 주제에 관하여 쓴 글들을 모은 여러 권으로 구성된 백과사전(cooperative multi-

---

[9] '신학백과사전'이라는 제목을 가장 먼저 사용한 책은 1764년 Halle에서 출판된 Mursinna의 *Prima lineae encyclopediae theologiae*로 알려져 있으나, 로마 가톨릭 신학자인 Martin Gerbert가 1754년 출판한 *Apparatus as eruditionem theologicam*에서 이미 'theological encyclopedia'라는 제목을 발견할 수 있다. 신학에 대한 새로운 근대적 이해를 반영하는 이 운동의 창시자는, Mursinna를 포함하여, 위에 언급한 저서와 함께 이러한 새로운 신학에 대한 이해를 바탕으로 1750년대에 여러 권의 저서를 발간한 Gerbert와 *Kurz Anweisung die Gottesgelahrtheit*(1756)를 저술한 Mosheim이라고 볼 수 있다. Farely, *Theologia*, p. 69, 각주 18번. 신학백과사전에 대한 보다 자세한 내용은 다음의 내용을 참고할 것. Alasdair MacIntyre, *Three Rival Versions of Moral Enquiry: Encyclopedia, Geneaology, and Tradition*(London: Duckworth, 1990), ch. 1; Farley, *Theologia*, chs. 3~5.

volume encyclopedia)이 처음으로 출현하였다. 철학, 법학, 의학, 그리고 신학 등과 같은 학문 분야의 '특별 백과사전(special encyclopedias)'들도 이 시기에 출판되기 시작하였다. 이러한 형태의 백과사전들과 더불어, '신학역사 참고문헌(*historia literaria theologica*/theological historical bibliographies)'도 이 시기에 나타나기 시작하였다. 이 시기에 나타난 신학역사 참고문헌들은 여러 신학 분야의 역사와 각 분야의 연구에 필요한 참고문헌 목록들을 자세히 싣고 있었으며, 후기 종교개혁 신학자들과는 달리, 신학을 단수가 아닌 '복수적' 의미의 학문들(sciences)로 간주한 최초의 문헌들이었다. 이러한 장르의 책들이 보여 주는 신학적 구조는 훗날 신학백과사전 운동의 신학적 구조에 큰 영향을 끼쳤다. 이들은 신학 문헌에 관한 교본, 핸드북, 또는 개론의 기능을 가지고 있었으며, 신학 각 분야별 문헌들을 체계적으로 분류하여 싣고 있었다.[10]

1760년대부터 독일에서 본격적으로 발간되기 시작하여 1차 세계대전까지 계속된 신학백과사전운동은 두 시기로 나눌 수 있다. 첫번째 시기는 1760년대부터 슐라이에르마허의 『신학연구입문』이 발간된 1811년까지이다. 두 번째는, 『신학연구입문』의 출판과 더불어 1차 세계대전까지 계속된 시기이다. 이 시기에는 『신학연구입문』의 영향으로 많은 신학 백과사전들이 나타나서 유럽의 여러 지역과 미국까지 그 운동이 퍼져 나갔다. 신학백과사전이 19세기 독일에서 집중적으로 발간된 것은, 한편으로 이 시기가 독일신학의 부흥기였기 때문이요, 다른 한편으로는 학생들이 신학을 연구함에 있어서 신학에 대한 백과사전적 개관의 필요성이 높았기 때문이었다.[11]

---

10) Farley, op. cit., pp. 58~59.
11) Farley, Ibid., p. 73.

III. 슐라이에르마허의 실증적 신학 이해와 실천신학

1. 실증적 학문으로서의 신학

신학을 실증적 학문으로 정의함으로써 근대 대학 안에 신학의 자리를 마련하기 위하여 노력한 신학자는 근대적 의미의 신학을 정립한 슐라이에르마허(1768~1834)였다. 신학에 대한 근대의 여러 도전에 직면하여, 그는 근대 연구대학(modern research university) 이라는 상황에서 다른 학문과의 전체적인 구조 안에서 신학의 위치를 정당화시키고, 이것의 유기적 통일성을 추구하기 위한 길을 모색하였다.[12] 이러한 맥락에서 그는 신학생들이 신학백과사전 패러다임 안에서 신학의 목적과 본질, 각 분야의 연관성과 전체적 통일성에 대한 분명한 이해를 가질 수 있도록『신학연구입문』[13]을 저술하게 되었다.

하나의 공식적 신학 백과사전인『신학연구입문』에서 그는 '철학적 신학', '역사적 신학', '실천신학' 등 3중적인 형태의 신학적 구성을 제안하였다. 비록 4중적 형태와 차이는 있지만, 신학의 구성과

---

12) 슐라이에르마허는 1810년에 설립된 베를린 대학의 설립위원으로 활약하였고, 초대 학장을 포함하여 네 번에 걸쳐 신학부 학장을 맡았으며, 총장으로 봉사하기도 하였다. 여기에서 그는 교의학, 기독교윤리, 주석학, 교회사, 실천신학 등 구약성경 이외의 신학 모든 분야를 가르쳤다. 철학 분야에서는 변증법, 윤리학, 심리학, 교육학, 미학, 해석학 등을 강의하였다. Martin Redeker, *Schleiermacher: Life and Thought*(Philadelphia: Fortress, 1973), 주재용 역,『슐라이에르마허: 생애와 사상』(서울: 대한기독교서회, 1985), pp. 115~116.
13) Friedrich Schleiermacher, *Brief Outline of Theology as a Field of Study*, trans. with essay and notes by Terrence N. Tice, Lampeter(Lewiston: The Edwin Mellen Press, 1988). 초판은 1811년에, 재판은 1830년에 출판되었다.

통일성에 대한 슐라에르마허의 3중적인 이해는 신학백과사전의 큰 틀을 유지하고 있었다. 먼저, 후기 종교개혁 신학의 4중적 형태가 가진 통일성이 무너진 상황에서 그는 신학의 유기적 통일성을 회복하기 위한 노력으로 근대 학문이 의존하고 있는 '과학적 합리성(scientific rationality)'을 신학의 합리성으로 채택하였다. 슐라이에르마허에 의하면 신학이 근대 과학의 합리성을 채택해야 할 이유는 바로 근대 과학이 가지고 있는 '가치중립적이고, 객관적인 자세, 수학적 모델의 채택, 공적 안전(public security)에 대한 검증을 견딜 수 있는 발견물들을 확보하는 능력' 때문이다.[14] 이와 같은 종류의 합리성은 또한 '전문화된 연구프로그램(specialized research program)'이라는 형식을 취하였다. 과학적 합리성에 있어서 실천이성은 순수학문(science proper)의 연구 결과를 응용하는 '기술적인 과제(technological task)'와 연관하여 이해되었다.

다음으로 근대의 대학 안에서 신학의 정당한 자리를 확보하기 위하여 슐라이에르마허는 신학을 실증적인 학문(positive science)으로 이해하였다. 그는 『신학연구입문』 도입 부분에서 실증적 학문을 다음과 같이 정의한다.

"일반적으로 실증적 학문이라고 하는 것은 이 학문이 여러 학문 분야들과 더불어 (전체적인) 조직을 이룸에 있어서 구성적 일부분을 이루고 있기 때문에 총체적 연관을 유지하는 그러한 의미에서가 아니라, 마치 학문 그 자체의 개념으로부터 그 자신의 어떤(존재의) 필연성들이 생겨나는 것이 아니라, 그 학문의 여러 요소가 어떤 실천적인 과

---

14) Richard R. Osmer, *Confirmation: Presbyterian Practices in Ecumenical Perspective*(Louisville, Kentucky: Geneva Press, 1996), p. 220.

제를 수행할 때만 총체적 연관을 유지한다는 의미에서 학문적 요소들의 집합체(an assemblage of scientific elements)이다."[15]

다시 말하자면, 신학이란 그 자체로서 고유한 존재의 의미를 가진 순수한 의미의 학문이 아니라, 다른 여러 분야, 특히 순수 학문의 연구 결과에 의지하여 사회에서 중요한 위치를 차지하는 전문직이 그 실천적인 과제를 수행할 수 있도록 함으로써 하나의 학문으로 인정받게 된다는 것이다. 이러한 의미에서 신학은 '실증적' 학문으로 정의된다는 것이다. 마치 법학, 의학, 정치학이 하나의 순수 학문은 아니지만, 순수 학문의 여러 관련 분야의 지식에 의존하면서 사회에서 중요한 역할을 담당하는 판사, 변호사, 의사, 정치인 등을 양성하여 이들이 전문직의 실천을 가능하게 해 준다는 의미에서 실증적 학문으로 정의되는 것과 마찬가지이다.

슐라이에르마허에 있어서 '실증적' 이라는 단어는 그 특성상 단순히 어떠한 경험적, 사변적, 이론적인 것이 아니라 다음의 세 가지를 의미한다.

첫째, 그것은 실제적이고 역사적 경험(actual historical experience)을 뜻한다. 둘째, 그것은 주어진 사회적 관계 안에 위치하고 있음을 뜻한다. 셋째, 그것은 분명한 실천적 기능을 위해 봉사하는 것을 뜻한다.[16] 그에게 있어서 신학은 어떤 특정의 지식을 구성함에 있어서 경험상 타당성을 인정받는 이성적이고 규칙적 방법론을 사용한다는 의미에서 '학문' 으로 정의된다. 신학은 순수한 자연적 지식의 기초 위에서는 설명 불가능한 하나님의 행위를 다루기에 일반

---

15) Schleiermacher, op. cit., pp. 1~2.
16) Ibid., "Editor's General Introduction", p. ix.

학문의 한 분야가 아니며, 이러한 의미에서 또한 종교학도 아니다.

슐라이에르마허가 신학을 실증학문으로 이해함에 있어서 한 가지 중요한 전제는 '근대사회에 있어서 종교의 지속적인 중요성'이다. 그는 종교를 하나의 지식이나 윤리로 환원시켜 버리는 계몽주의적 종교 이해에 반대하여, 종교란 인간 삶의 필수 요소라는 사실을 강조한다. 신학은 법학, 의학, 정치학과 마찬가지로 사회에서 중요한 지도력을 양성하는 학문으로서 반드시 근대 대학 안에 존재하여야 한다는 것이다. 전문적인 교육을 받은 교역자들은 교회 자체뿐 아니라, 사회 전체의 번영을 위해서도 필수적이다. 모든 근대 사회는 종교적 기관의 번영 없이는 자신의 번영을 이룰 수 없다는 것이 슐라이에르마허가 신학을 실증학문으로 정의하는 가장 큰 이유 중의 하나이다.[17] 이와 같이 그는 신학을 실증적 학문으로 이해함으로써 학문적 요소와 실천적 요소를 결합하려고 시도하였다. 팔리가 지적한 것처럼, 슐라이이르마허가 저술한 『신학연구입문』의 공헌은 "신학 연구의 위치를 어디에 둘 것인가에 대한 하나의 제안을 함으로써, 근대 대학 안에서 신학의 존재의 정당성을 확인하고, 학문의 분야들로서의 독립성을 보존시키고, 교회와 목회에서 차지하는 역할을 확립시킨 것이다."[18]

---

17) 1799년에 초판이 출판된 슐라이에르마허의 『종교론』도 이와 같은 맥락에서 이해될 수 있다. '종교를 멸시하는 교양인을 위한 강연'이라는 이 책의 부제가 잘 말해주듯이 그는 종교, 특히 기독교에 대하여 경멸감을 가지고 있던 당대 지성인들을 향하여 종교가 풍부한 정신적 가치를 지닌다는 것과 교양인의 인격에 필수적인 요소라는 사실을 변호함으로써 근대사회 안에서 종교의 필요성과 정당성을 주장한다. Friedrich D. F. Schleiermacher, *Über die Religion Reden an die Gebildeten unter ihren Verächtern*(Vandenhoeck/Ruprecht, 1967). 최신한 역, 『종교론: 종교를 멸시하는 교양인을 위한 강연』(서울: 한들, 1997).
18) Farley, "Theology and Practice Outside the Clerical Paradigm" in Don Browning ed. *Practical Theology*, pp. 25~26.

2. 3중적 형태의 신학 이해와 실천신학

슐라이에르마허에게 있어서 실증적 학문으로서 신학은 앞에서 본 것처럼 '철학적 신학(philosophical theology)', '역사적 신학(historical theology)', '실천신학(practical theology)'이라는 3중적인 형태를 가진다. 비판적 학문의 한 분야로서 **철학적 신학**[19]은 신학에 있어서 비판적 기능을 담당한다. 역사비평의 방법론을 이용하는 역사적 신학의 결과를 활용함으로써, 철학적 신학은 진정한 기독교가 무엇인가(기독교의 본질에 관한 문제)에 대한 해답을 추구한다. 철학적 신학은 역사적 신학의 결과를 채용하면서 동시에 역사적 신학의 기초를 마련하여 준다. 철학적 신학은 궁극적으로 하나의 구별된 형태의 신앙으로서 또한 동시에 하나의 종교적 공동체로서 기독교의 본질을 검토하는 일에 집중한다.

슐라이에르마허는 변증학(apologetics)과 논증학(polemics)을 여기에 포함시킨다. 전자는 기독교의 내부와 외부의 모든 사람들을 향하여 기독교가 무엇인가를 명확하게 해 준다. 후자는 기독교 내의 병리현상(diseased condition)을 검토하는 일에 초점을 맞춘다.

순수학문(science proper)의 한 부분으로서 **역사적 신학**[20]은 그 방법론에 있어서 근대 역사학의 방법론에 의존한다. 동시에 역사적 신학은 기독교를 일반 역사와 구별되는 하나의 독특한 역사적 실체로서 파악한다는 점에서 일반 역사학과 구분된다. 역사적 신학은 규범적인 과거와 그것이 현재의 그리스도 교회에 미치는 영향에 관심을 갖는다. 신학 교과목의 핵심 분야로서 역사적 신학은 주석신학

---

19) Schleiermacher, op. cit., Part One, pp. 19~40.
20) Ibid., Part Two, pp. 41~131.

(exegetical theology), 교회사(church history), 교리신학(dogmatic theology), 교회통계학(church statistics)[21]등으로 구성된다. 기독교가 가진 역사적 성격으로 말미암아 역사적 신학은 신학연구의 진정한 몸(body)으로 간주되며, 이러한 이유에서 슐라이에르마허는 자신의 『신학연구입문』의 절반 이상을 여기에 할애하고 있다.

슐라이에르마허에 의하면 기술적 학문(technical discipline)인 **실천신학**[22]은 이상의 철학적 신학 및 역사적 신학으로부터 교회의 본질과 현재의 교회의 역사적 상황에 관한 내용을 제공받는다. 즉 실천신학에 있어서 연구 주제(subject matter)는 철학적 신학의 변증적이고 논증적인 구조로부터 유래하며, 자신의 교리적 기반을 역사적 신학 전체로부터 발견한다. 역사적 신학의 안내 없이는 실천신학이 가진 실천의 법칙(rules)은 하나의 기계적 진술(mechanical presentation)에 불과하게 된다. 실천신학은 역사적 신학을 기독교적 삶과 연결시켜 주고 철학적 신학을 교회의 실제적 경험 안에 뿌리 내리게 한다. 이러한 의미에서 그는 신학이 유기적이고 전체적인 하나를 이루고 있다는 사실을 강조한다.

실천신학을 서술함에 있어서, 슐라이에르마허는 '교회의 지도력(church leadership)'을 강조하면서 이것을 '어떻게(how to)'라는 구절과 연결시킨다. 다시 말하자면, 실천신학은 교회가 자신의 교역을 수행함에 있어서 교회의 지도력을 '어떻게' 보다 더 완벽하게 성취해 나갈 것인가를 다루는 신학의 한 분야로 이해된다. 여기에서 교

---

21) 슐라이에르마허에게 있어서 '교회통계학'이란 기독교의 현재 상황에 대한 역사적 지식(경험적 연구)을 지칭한다.
22) Schleiermacher, op. cit., Part Two, pp. 133~174.

회 봉사(church service, kirchendienst)와 교회 치리(church government, kirchenregiment)라는 두 분야가 대표적인 교회의 교역으로 제시된다. 전자는 구체적인 회중의 내적인 삶에, 후자는 교회 치리와 교회 및 외부 기관과의 관계에 초점을 맞춘다. 교회 봉사에는 회중의 의사소통(communication)과 예배에 관한 것으로서, 예배학(liturgies)과 설교학(preaching)이, 목회적 활동(pastoral work)에 관한 것으로서는 교리문답학(catechetics),[23] 선교학(theory of missions), 영혼의 돌봄 또는 목회적 돌봄(care of souls, pastoral care, seelssorge)이, 그리고 규정적 활동(regulative activity) 등이 포함된다. 교회 치리는 권위적 요소와 자유로우면서도 분별적인 요소 두 가지를 모두 포함한다.

슐라이에르마허에게 있어서 실천신학은 철학적 신학과 역사적 신학의 연구 결과에 의존하면서 교회의 지도력을 최대한 실천할 수 있도록 하는 사명을 지닌 하나의 '기술적 학문'으로 이해되었음을 우리는 살펴보았다. 실천신학을 기술적 학문으로서 이해함에 있어서 그는 자신의 『신학연구입문』에서 'besonnene' 라는 독일어를 여러 번 사용한다. 이것은 영어로 'deliberative' 라는 단어로, 우리말로는 '사려 깊은' 또는 '분별적인' 등의 뜻으로 번역될 수 있다. 그에게 있어서 실천신학은 자주 이러한 '사려 깊은 행위(deliberative activity)'를 불러일으키는 신학의 한 분야로 이해된다. 슐라이에르마허 시대에 'besonnene' 라는 독일어 단어는 주로 윤리학자들에 의하여 많이 사용되었는데, 이는 고전 헬라어의 푸루덴치아

---

[23] 다른 곳에서 슐라이에르마허는 교리문답학을 교회 전체의 교육목회와 연관된 '교회 교육학(church pedagogics)' 이라고 부른다. Schleiermacher, op. cit., p. 151, 편집자 주 38번.

(*prudentia*)라는 용어에서 유래되었다. 고전 헬라어에서 이 단어는 프로네시스(*phronesis*)의 으뜸 덕목(cardinal virtue) 가운데 하나로 간주되었으며, 어떠한 구체적 실천의 상황에서 적절한 판단을 내릴 수 있는 일종의 실천이성을 뜻하였다. 그런데 이러한 실천이성에 근거한 판단은 순수학문의 결론에 의해서는 결코 도달할 수 없는 것으로 이해되었다.[24]

실천신학을 묘사함에 있어서, 이와 밀접한 연관을 가진 용어로 슐라이에르마허는 '기술(technik)' 이라는 단어를 또한 여러 번 사용한다. 이 용어 역시 고전 문헌에서 윤리학, 정치학, 수사학 등의 실천적 기술을 개발하는 데 필요한 일종의 가이드라인으로 이해되었다. 이것은 근대적 의미의 표준화된 과학적 지식에서 유래하는 기술과는 구분된다. 이것은 주어진 실천의 규칙을 어떤 상황에 기계적으로 적용하는 것이 아니라, 그 상황의 특수성과 그 규칙을 적용하는 사람의 경험을 신중히 고려하는 가운데 최선의 실천을 모색해 나가는 것을 뜻하였다.

3. 슐라이에르마허의 실천신학 이해에 대한 평가

신학백과사전 패러다임 안에서 이루어졌던 슐라이에르마허의 실천신학에 대한 이해는 새로운 형태의 실천신학을 형성함에 있어서 다음과 같은 몇 가지 긍정적인 점들을 제공해 준다.

첫째, 슐라이에르마허는 실천신학을 신학의 전체적인 지평 안에서, 즉 신학의 유기체적 전체의 한 일부를 이루는 독립된 신학 분야

---

24) Osmer, *Beyond the Theological Encyclopedia*, p. 6, Tice의 각주 참고 p. 133.

로 이해하기 시작하였다. 그는 실천신학을 단지 응용된 교의학이나 교역 사역을 위한 기술이 아니라, 신학 전체라는 학문 체계 안에서 자리를 마련하여 주고 신학의 전체적인 연관성 속에서 이해하기 시작하였다. 철학적 신학과 역사적 신학은 실천신학이 수행해야 할 내용을 공급하여 줌으로써 아주 밀접한 유기적인 관계 속에서 존재한다. 공식 신학백과사전인 『신학연구입문』의 저술 목적도 바로 이러한 신학의 유기적 통일에 대한 그의 비전에서 유래한다. 전체의 유기적 통일성과 이해가 없는 신학연구는 각 신학 분야의 연구와 실천을 결코 효과적으로 이끌어 갈 수 없다는 그의 주장은 신학의 각 분야가 지나치게 전문화되고, 축소화되어 버린 오늘의 신학교육에 주는 의미가 크다. 특히 근대의 대학 안에서 실천신학의 자리를 마련하기 위하여 노력한 그의 공은 높이 평가되어야 할 것이다.

둘째, 슐라이에르마허는 신학 전체를 실증학문으로 봄으로써 신학의 학문성과 실천성을 동시에 추구하려고 노력하였으며, 같은 맥락에서 실천신학도 학문적 관심과 교회적 관심을 연결하는 학문으로 이해하였다. 위에서 본 것처럼, 신학은 그 자체로서 존재의 목적을 갖는 순수학문이 아니라, 교회의 지도력이라는 목적에 봉사할 때 비로소 전체 학문의 한 부분을 차지하는 학문으로서 자리매김하게 된다는 것이다. 신학의 이러한 두 가지 측면, 즉 학문성과 실천성에 대한 강조를 통하여 그는 신학이 사회에 필요한 전문직을 양성하는 데 크게 기여한다고 주장함으로써 사회에서 신학이 차지하는 '공적 기능(public function)'을 또한 부각시켰다.

실천신학의 차원에서 본다면 신학의 학문성과 실천성의 결합에 대한 강조는 실천신학의 학문적 관심과 교회적 관심의 연결에서 잘 나타난다. 그에게 있어서 실천신학이야말로 다른 신학 분야의 연구 결과를 교회 지도력 성취를 위한 실천 현장과 연결, 중재시켜 줌으로써 신학의 실증적 성격을 가장 잘 나타내 주는 신학의 한 분야라 할 수 있다. 그리고 슐라이에르마허에게 있어서 교회의 지도력은 단순히 개교회의 교역만을 지향한 것이 아니다. 오히려 그는 사회 전체, 더 나아가 기독교 세계(Christendom) 전체에 대한 공헌도 염두에 두었다. 이러한 의미에서, 그의 실천신학 이해를 '교역 패러다임으로의 축소' 25)라고 주장하는 팔리의 비판에는 다소 무리가 있다고 본다. 슐라이에르마허는 자신이 속하여 있던 프러시아의 국가교회라는 제도하에서 신학을 전개함으로써 신학의 비판적이고 예언자적인 기능을 충분히 부각시키지는 못하였다. 그럼에도 불구하고 그는 신학이 다른 측면에서 사회에 기여하는 실증학문이라고 이해함으로써 신학이 사회의 지도적 기능에 깊숙히 관여함을 강조하였던 것이다.26) 팔리의 비판은 슐라이에르마허 자신보다 오히려 그의 제자였으며, 교회적 패러다임과 경험과학의 틀 안에서 실천신학을 본격적으로 발전시켰던 니이취(Carl. I. Nitzsch)에게 해당된다고 볼 수 있다.

---

25) Farley, op. cit., pp. 25~28. 팔리는 이것을 실천신학의 '편협화' 또는 '교직화(clericalization)' 라고 부른다.
26) 하이팅크 역시 팔리의 이러한 비판은 정당하지 못하다고 주장한다. 그에 의하면 슐라이에르마허는 '교회 정치/치리(church government)', '교회 봉사(church service)', '교회 지도력(church leadership)' 이라는 세 가지 중요한 개념을 사용하는데, 첫번째는 보다 일반적 의미로 사용되며, 두 번째는 보다 구체적인 회중을 뜻하며, 세 번째는 교회와 기독교 세계(Christendom)에서의 지도력 일반을 지칭한다고 주장한다. 따라서 여기에는 그리스도교가 더욱 발전, 확장되는 과정을 위하여 봉사하는 모든 실천들이 포함되므로 이것을 교역패러다임으로의 축소라고 볼 수 없다는 것이다. "슐라이에르마허는 학문의 영역에서 신학의 위치를 정립하기를 원하였다. 인류와 세계의 복지에 대한 진정한 기여자로서 신학은 기독교 신앙을 위한 합리적 변증을 제공한다." Gerben Heitink, *Practical Theology: History, Theory, Action Domains*, Reinder Bruinsma trans.(Grand Rapids, MI: Eerdmans, 1999), p. 26.

셋째, 실천에 대한 이해에 있어서 슐라이에르마허는 단순한 기계적 이론-실천이라는 도식에서 벗어나기 위하여 노력하였다. 그는 실천신학을 일종의 기술적 학문으로 정의하였음에도 불구하고, 그것은 단순히 규칙의 맹목적 적용을 뜻한 것은 아니었다. 즉 교회의 지도력에 필요한 기술의 규칙(rules of art)을 제시함에 있어서, 그는 실천신학이 철학적 신학과 역사적 신학의 연구 결과를 단순히 교역의 현장에 불변의 법칙으로, 기계적으로 적용한 것은 아니었음을 보여 주었다. 오히려 그에게 있어서 실천신학의 핵심적 사명은 교회가 가진 여러 측면의 지도력을 잘 발휘할 수 있도록 교역자의 신중함 또는 사려 깊음을 인도할 수 있는 기술의 규칙을 형성하는 것이었다. 이러한 사실은 그가 실천에 관한 이해에 있어서 상황적, 경험적, 해석적 차원을 신중히 고려하였다는 것을 보여 준다. 비록 만족스럽게 전개되지는 않았지만 실천에 대한 이와 같은 상황적, 경험적, 해석적 접근은 오늘날 실천신학에 있어서 실천의 본질에 관한 이해와 논쟁에 있어서 긍정적인 선례를 남겨 주고 있다.

슐라이에르마허의 실천신학 이해에 대한 긍정적인 측면에도 불구하고, 우리는 다음 몇 가지 중요한 한계점 내지 약점을 그의 신학백과사전적 접근 방법에서 발견한다.

첫째, 그는 신학백과사전이라는 장르 속에서 신학을 이해함에 있어서 철학을 모든 학문의 기반을 제공하는 것으로 이해하였다. 학문의 체계를 이해함에 있어서 백과사전 운동에서는 나무의 비유가 많이 사용되었는데, 슐라이에르마허도 이러한 나무의 비유를 사용하는 것을 볼 수 있다. 1810년에 출판된 『신학연구입문』 초판에서 그는 나무의 비유를 통하여 위에서 언급한 세 분야의 신학이 상호 연관되어 있으며, 전체로써 유기적 하나를 구성한다고 주장한다. 철학적 신학은 나무의 뿌리에, 역사적 신학은 나무의 몸에, 실천신학은 나무의 머리, 즉 수관(樹冠, crown)에 비유된다. 여기에서 실천신학이 수관이라는 사실은 실천신학이 모든 신학의 왕좌를 차지한다는 의미가 아니라, 신학의 연구 순서를 지칭하는 것이다.[27] 즉 신학의 연구 순서는 철학적 신학에 뿌리를 두고, 역사적 신학을 중심으로 전개되며 실천신학은 이들의 연구 결과를 응용하는 신학의 한 하위 분야로 간주되었다.[28] 신학 전체의 유기적 통일성과 연속성에 대한 강조에도 불구하고, 이러한 통일성과 연속성은 철학적 신학 → 역사적 신학 → 실천 실학이라고 하는 일방적 통행 또는 릴레이식으로 이루어지고 있다. 학문의 뿌리로서 철학적 학문은, 학문 전체를 하나로 통일하고 묶어 주는 인식론적 원리를 제공함으로써 신학에 지식의 기반(foundation)을 제공하여 주는 것으로 묘사된다. 여기에서 우리는 실천신학이 근대의 대학에서 자리잡기 시작한 이후 지금까지 실천

---

[27] "슐라이에르마허가 실천신학을 '冠'으로 묘사한 것은 어떤 대관식(戴冠式)의 영상으로부터 나온 것이 아니고 나무의 영상에서 나온 것이며, 신학의 구조와 관계된 것이 아니고 연구의 진행과 관계된 것이다. 철학적 신학이 뿌리이며, 역사적 신학이 몸이며, 실천신학은 연구의 '樹冠'이다. 이것은 관이 가장 높은 위치에 있다는 의미가 아니며, 순서상 마지막이라는 의미이다." Otto Händler, *Grundriß der Praktische Theologie*(Berlin, 1957), p. 7. 강용원, "슐라이에르마허의 실천신학에 관한 연구", 『고신대학교 논문집』 제20편, 1993, p. 136에서 재인용.

[28] 슐라이에르마허는 『신학연구입문』재판(1830)에서 더 이상 이러한 비유를 사용하지 않았지만 여전히 철학적 신학을 신학의 뿌리로, 역사적 신학을 몸으로, 실천신학을 수관으로 간주하는 그의 입장은 변함이 없다. 실천신학에 대한 6개의 강의를 함께 묶어서 사후에 출판된 *Christian Caring*에서 슐라이에르마허는 다시 나무의 비유를 사용한다. "Practical theology is the crown of theological study because it presupposes everything else; it is also the final part of the study because it prepares for direct action. Thus systematic and historical theology are presupposed by practical theology, and can in this respect be distinguished from it. Friedrich Schleiermacher, *Christian Caring: Selections from Practical Theology*, ed. with an introduction by James O. Duke and Howard Stone, trans. James O. Duke(Philadelphia: Fortress Press, 1988), p. 99.

실학에 영향을 끼치고 있는 하나의 중대한 오해 내지 편견의 뿌리를 발견하게 된다. 즉 실천신학은 독자적으로 신학적 성찰을 전개하는 것이 아니라 단지 일방적으로 사회과학과 같은 다른 학문 분야나, 조직신학과 성경신학 등과 같은 다른 신학분야로부터 수동적으로 넘겨받기만 한다는 사실이다. 쌍방통행은 불가능한 것인가? 이 문제는 새로운 패러다임의 실천신학에 대한 비전을 제시하는 본고의 마지막 부분에서 좀더 구체적으로 논의될 것이다.

둘째, 슐라이에르마허의 실천신학 이해에서 나타나는 또 하나의 문제점은 그가 지나치게 '과학적 합리성(scientific rationality)'에 의존하였다는 것이다. 신학백과사전 운동은 지나치게 과학적 합리성에 의존함으로써 신학이 가지고 있는 독특한 자신의 합리성을 상실하기 시작하였다. 이는 한편으로 슐라이에르마허가 신학을 근대 대학이라는 상황하에 확고하게 자리매김하기 위한 불가피한 조치였다 하더라도 신학이 선택할 수 있는 여러 형태의 합리성을 무시하고 과학적 합리성에만 지나치게 의존한 것은 신학 전체뿐 아니라, 실천신학이 자신의 고유한 신학적 합리성을 소유하는 데 큰 지장을 주었다고 볼 수 있다.

우리는 19세기 말과 20세기 초반에 시작된 종교교육운동(Religious Education Movement)[29]을 통하여 실천신학으로서 기독교교육이 자신의 고유의 합리성을 잊어버리고 지나치게 과학적 특히 사회과학적 합리성에 의존함으로써 자신의 정체성을 유지하는 데 많은 어려움을 겪었던 사실을 기억해야 할 것이다.

---

29) 종교교육 운동의 역사와 배경을 좀더 자세히 알기 위하여는 다음 책들을 참고할 것. Mary C. Boys, *Educating in Faith: Maps and Visions*(Kansas City: Seed & Ward, 1989), pp. 39~65; Stephen A. Schmidt, *A History of Religious Education Association*(Birmingham: Religious Education Press, 1983).

셋째, 실천에 대한 경험적, 상황적, 해석적 차원의 중요성을 인식했음에도 불구하고 실천신학 이해에 있어서 슐라이에르마허는 실천의 개념을 이론 → 실천의 순서로 정의함으로써 실천 개념의 쌍방성 또는 상호성을 경시하였다. 이것은 실천신학이 철학적 신학과 역사적 신학으로부터 실천의 내용들을 넘겨받는다고 하는 그의 신학 이해와 깊은 연관이 있다. 그에게서 이론이란 실천을 일방적으로 지도하는 것으로, 또는 실천은 이론에서만 나오는 것으로 이해되고 있다. 이론이 우선적인 것으로 이해되며, 실천은 하나의 부수적인 것 또는 파생적인 것으로 여겨진다. 이론과 실천의 관계에 대한 이러한 연역적인 이해는 오늘날 일반 과학과 인문 과학에서 많은 비판과 도전을 받고 있다.[30] 이론과 실천의 관계에 있어서 사실상 이와 같이 이론에서 실천이라는 일방적인 관계는 성립하지 않으며, 오히려 양자는 변증법적인 긴장 관계 속에서 서로가 서로에게 깊은 영향을 주는 것으로 이해된다. 이론과 실천의 관계를 신학적 이론과 그 교회적 실천의 관계로 비유해 본다면, 교회 현장의 실천에 영향을 받지 않고 일방적으로 실천을 지도하는 신학적 이론이란 있을 수 없다. 신학적 이론은 항상 교회적 실천의 영향하에 새롭게 수정되고 정립되어 가며 그러한 실천에 의하여 새롭게 형성된 신학적 이론은 실천을 새롭게 이끌어 나간다.

넷째, 슐라이에르마허는 실천의 개념을 교직의 전문화에 초점을 맞춤으로써 실천신학에 있어서 실천성을 '하나님의 백성 전체'라고 하는 보다 넓은 지평으로 확장시키지 못하였다. 비록 팔리의 비판과

---

30) 참고: Thomas Kuhn, *The Structure of Scientific Revolution*(Chicago: The University of Chicago Press, 1970). 조형 역, 『과학 혁명의 구조』(서울: 이화여자대학교 출판부, 1980).

는 달리 슐라이에르마허가 교회의 지도력이라는 개념을 교직이라는 패러다임에만 한정시킨 것은 아니지만, 그럼에도 불구하고 실천신학을 이해함에 있어서 그의 실천 이해는 전문직으로서의 교역자들을 넘어서서 '모든 하나님 백성의 실천'이라는 보다 넓은 차원으로 확장되지 못하였다.

예를 들어, 그는 교회의 실천에 있어서, 평신도의 역할보다는 '대중(the mass)'에게 강한 종교적 영향력을 미치는 교회지도자, 특히 카리스마적 지도자들의 역할을 더욱 중요하게 생각하였다.[31] 이러한 의미에서 그는 보다 확대된, 일반 평신도들의 전체적 지도력이라는 관점에서 실천을 이해하지 못하였다. 오늘날 신학의 실천성 회복을 주장하는 신학자들은 대부분 하나님의 백성 전체의 실천이라는 차원을 강하게 주장하며, 하나님의 백성 한 사람 한 사람을 실천신학자로 이해한다. 이는 곧 슐라이에르마허에게서 볼 수 있듯이 한정된 소수의 전문가 그룹에 집중된 엘리트주의적 지도력에서 비롯된 실천 이해에 대한 비판과 대안이라고 할 수 있다.

IV. 신학백과사전의 패러다임을 넘어서: 새로운 패러다임의 실천신학을 위한 제언

위에서 우리는 신학백과사전 운동의 기원과 신학백과사전의 장르 안에서 근대적 의미의 신학을 정립하기 위하여 노력했던 슐라이에르마허의 실천신학 이해에 대한 비판적 고찰을 시도하였다. 슐라이에르마허 이후 실천신학은 여러 단계의 역사적 변천을 거쳐 왔지만,

---

31) Schleiermacher, *Brief Outline of Theology as a Field of Study*, p. 139.

신학백과사전의 패러다임은 독일과 북미의 실천신학에 또한 이들의 유산을 물려받은 한국의 실천신학에도 큰 영향을 끼쳐 왔다. 현존하는 북미신학교와 한국신학교의 4중적 형태의 신학연구는[32] 이러한 신학적 백과사전의 유물이라고 할 수 있다. 이에 관한 자세한 역사적 비판적 고찰은 지면관계상 다음 기회로 미루기로 하고, 여기에서는 앞에서 살펴본 내용을 기초로 신학백과사전의 패러다임을 넘어서는 새 밀레니엄을 위한 새로운 패러다임의 실천신학을 구상하기 위하여 다음 몇 가지 사항을 마지막으로 제시하고자 한다.[33]

첫째, 새로운 패러다임의 실천신학은 '하나님의 프락시스(divine praxis)'로부터 개인적, 교회적, 사회적 프락시스의 모델을 발견한다. 하나님의 프락시스란 '창조하시고, 화해시키시고, 구속하시는 성부, 성자, 성령 삼위일체 하나님이 자연과 역사의 과정 안에 존재하시고 행동하시는 양식과 방법'이라고 정의될 수 있다. 이러한 하나님의 프락시스 자체가 실천신학이 추구하는 실천의 가장 중요한 모델이 된다. 삼위일체 하나님의 프락시스는 먼저 우리가 살아가는 세계 전체와 또한 하나님 백성의 공동체인 교회가 추구해야 할 여러 형태의 실천을 위한 규범적 역할을 감당한다.[34] 하나님의 프락시스는 먼저 교회가 그 곳에 속하여 있는 세상의 프락시스와의 관계에서

---

[32] 신학백과사전 패러다임이 미국의 신학 교육에 끼친 영향에 관하여 다음을 참고할 것. Robert Wood Lynn, "Notes towards a History: Theological Encyclopedia and the Evolution of Protestant Seminary Curriculum, 1808~1968", *Theological Education*, Spring, 1981, pp. 118~144.

[33] 다음의 제안에 관한 보다 자세한 내용을 위하여 필자의 박사학위 논문을 참고할 것. Shin-Geun Jang, "Constructing a Public Practical Theology: A Trinitarian-Communicative Model of Practical Theology for the Korean Public Church"(Ph. D. Dissertation, Princeton Theological Seminary, May, 2002).

이해되며 이것은 보다 구체적으로 하나님 백성의 공동체인 교회의 프락시스와의 관련하에서 이해된다. 이러한 의미에서 하나님의 프락시스를 실천의 규범으로 삼는 실천신학은 실천의 순서를 인식함에 있어서 '하나님의 프락시스 → 세상의 프락시스 → 교회의 프락시스'라는 순서를 따른다.

예를 들어 삼위일체 하나님 세 인격이 윤무 가운데 서로에게 자리와 공간을 마련해 주시는 '순환 가운데 있는 상호 내주(mutual indwelling in perichoresis)'라는 삼위일체적 신적 프락시스는 이 세계 전체의 삶의 방식을 위한 하나의 규범적인 프락시스로 이해되며, 이는 곧 교회가 위치하고 있는 세계에서 성취하여야 할 규범적인 프락시스로 이해된다.[35] 순환 가운데 상호 내주하시는 삼위일체 하나님의 삶과 존재 양식은 인류공동체, 특히 교회공동체를 향하여 평등, 자유, 개방성, 연대성(solidarity)등과 같은 공동체적, 교회적 실천에 관한 규범적인 삶의 모습을 보여 준다.

둘째, 새로운 패러다임의 실천신학은 구체적 상황에서 적절한 실

---

34) 최근 여러 실천신학자들이 실천의 근거로써 하나님의 프락시스에 대하여 언급하였는데 그 중에서 대표적인 학자는 제임스 파울러이다. 그는 샐리 맥패그의 신학적 통찰을 재구성하여 삼위일체 하나님에 대한 세 가지 메타포를 중심으로 하나님의 프락시스를 제시한다. 파울러는 세계를 창조하시는 성부 하나님에게서 부모의 사랑인 아가페를, 세계를 구원하시는 성자 하나님에게서 연인의 사랑인 에로스를, 세계를 지탱하시는 성령 하나님에게서 친구의 사랑인 필리아를 발견한다. 성부는 정의와 심판, 성자는 치유, 그리고 성령은 교제라는 윤리적 형식 속에 존재하며, 각각의 세 인격은 유기체, 대인적 관계, 계약적 신실성의 관계라는 근본 메타포 속에서 나타난다. 파울러는 이러한 삼위일체 하나님의 프락시스를 통하여 인류공동체와 교회공동체의 삶의 형태에 관한 규범적 존재 양식과 방법을 자신의 신앙 발달 단계 이론과 연관하여 제시한다. James W. Fowler, *Weaving the New Creation: Stages of Faith and the Public Church*(San Francisco: Harper San Francisco, 1991), pp. 56~87, 박봉수 역, 『변화하는 시대를 위한 기독교교육』(서울: 한국장로교출판사, 1996), pp. 87~122 참고.

천을 수행하도록 돕는 '기술의 법칙(rules of art)'을 제시한다. 모든 신학은 그 자체로써 실천성을 추구하지만, 실천신학은 보다 구체적인 '전략적 실행(strategic performance)'를 제시한다는 점에서 성경신학, 조직신학 등과 같은 다른 신학 분야들과 구분된다. 여기에서 전략 또는 기술이란 개념은 단순한 응용의 차원을 넘어서는 것으로 이해된다. 실천신학은 구체적 전략적 실행을 통하여 '어떻게(how to)'라는 질문에 대한 답을 제시한다. 예를 들어, 실천신학은 설교, 목회적 돌봄, 교수 등과 같은 기독교적 실천들을 어떻게 수행할 것인가에 필요한 합리적 지침(rational guidance)을 제공한다. 그러나 이러한 기술의 법칙은 상황과 분리된 어떠한 공식을 현장에 기계적으로 적용하는 것이 아니라 그것을 여러 가지 우연성의 지배를 받는 실천의 현장에서 경험적, 해석적, 예술적으로 적용하는 것을 뜻한다.[36]

---

35) 최근의 삼위일체론의 실천적 측면에 대한 다양한 이해들에 관하여 다음의 책들을 참고할 것. 사회 정치신학적 관점: Jürgen Moltmann, *Trinity and the Kingdom of God: The Doctrine of God*, trnas. Margaret Kohl(Minneapolis: Fortress Press, 1993); 여성신학적 관점: Catherine Mowry LaCugna, *God for Us*; Elizabeth A. Johnson, *She Who Is: The Mystery of God in Feminist Theological Discourse*(New York: Crossroad, 1992); 해방신학적 관점: Leonard Boff, *Trinity and Society*, trans. Paul Burns(Maryknoll, New York: Orbis Books, 1997); 수사학적 관점: David Cunningham, *These Three are One: The Practice of Trinitarian Theology*(Oxford: Blackwell, 1998); 교회론적 관점: Miroslav Volf, *After Our Likeness: The Church as the Image of the Trinity*(Grand Rapids, Michigan: Eerdmans, 1998); 동아시아적 관점: Jung Young Lee, *The Trinity in Asian Perspective*(Nashville: Abingdon Press, 1996); 역사적 관점: Thomas F. Torrance, *The Christian Doctrine of God: One Being Three Persons*(Edinburgh: T & T Clark, 1995); 선교신학적 관점: Lesslie Newbigin, *The Open Secret: An Introduction to the Theology of Mission*, Revised Ed.(Grand Rapids, Michigan: Eerdmans, 1995); 실천신학적 관점: Andrew Purves, "The Trinitarian Basis for a Christian Practical Theolgy," *International Journal of Practical Theology*, 2:2, 1998, pp. 222~239.

기술(technik)에 관한 슐라이에르마허의 경험적, 상황적, 해석학적 이해는 실천신학이 자신의 기술의 법칙을 개발하는 데 있어서 많은 시사점을 던져 준다.

새로운 패러다임의 실천신학은 하나님의 백성인 그리스도인들이 교회와 세계에서 자신의 실천을 수행함에 있어서 '어떻게(how to)' 라는 질문뿐 아니라 '왜(why to)' 라는 질문에도 답하도록 양자의 균형을 추구한다. 실천신학은 단지 전자에만 관심을 가지는 것이 아니라, 실천의 상황에서 구체적 행위가 왜 행해져야 하는가 하는 사실에도 동일한 관심을 가진다.

셋째, 새로운 패러다임의 실천신학은 이론과 실천의 개념을 '쌍방적' 혹은 '상호적'으로 이해함과 동시에 실천의 개념을 구체적인 지역 교회를 넘어서서 그 교회가 속하여 있는 세계라고 하는 더 넓은 지평으로 확장시킨다. 이것은 먼저 실천이란 일방적으로 이론에서 나오는 하나의 응용이라는 전제를 반대하며, 실천은 이론에 영향을 미침으로 이론을 새롭게 형성시키고, 또한 새롭게 형성된 이론은 실천을 새롭게 한다는 상호적 이해를 중시함을 뜻한다(실천-이론-실천).

또한 새로운 패러다임의 실천신학은 교역의 패러다임을 넘어서서 실천을 보다 넓은 맥락에서 이해하기 위하여 노력한다. 실천은 단순

---

36) 최근 실천신학 분야에서는 기독교적 실천의 수행을 이해함에 있어서 예술 분야에서 사용되는 기법과 연관하여 많은 논의가 이루어지고 있다. 예를 들어 캠벨(Charles Campbell)은 재즈 연주에서 많이 사용되는 '즉흥연주(improvisation)'를, 해리스(Maria Harris)는 '무용'을 각각 설교와 영성 교육이라는 기독교적 실천들을 수행하는 하나의 기법으로 제안한다. Charles Campbell, *Preaching Jesus: New Directions for Homiletics in Hans Frei's Postliberal Theology*(Grand Rapids, MI, Eerdmans, 1997); Maria Harris, *Dance of the Spirit: The Seven Steps of Women's Spirituality*(New York: Bantam Books, 1989).

히 한 특정한 지역교회의 실천(ecclesial praxis)일 뿐 아니라, 하나님의 백성 전체의 실천이라는 더 넓은 맥락에서 이해된다. 더 나아가 이러한 실천은 사회의 프락시스라고 하는 더 넓은 지평에서 이해되며, 실천신학은 이러한 교회의 프락시스(ecclesial praxis)와 사회의 프락시스(social praxis)를 중재하는 역할을 감당한다.

넷째, 새로운 패러다임의 실천신학은 과학적 합리성의 독점에서 벗어나 신학 자신의 합리성을 채택한다. 모든 학문 분야는 각각 고유한 인식론적 가치(epistemic value)와 수사학적 규범(rhetorical norm)을 가지고 있다. 그러나 근대 이후 경험적이고 과학적 문화의 등장과 확장으로 말미암아 주로 과학이 모든 학문의 인식론적 가치를 독점하게 되었고, 객관적이고, 예측 가능하며, 가치 중립적인 과학적 인식론이 다른 학문의 인식론적 가치를 대치하기 시작하였다. 이러한 것은 보편성, 합리적 투명성, 인식론적 자기-의식(epistemological self-consciousness) 등에 높은 가치를 두는 소위 토대주의 철학(foundationalist philosophy)[37]에 그 근거를 두고 있다. 그 결과 신학백과사전 운동에서 볼 수 있듯이, 신학도 과학적 합리성을 채택하게 되고 신학 자체의 고유한 합리성은 무시되기 시작하였다. 그러나 근대에 대한 포스트모던의 비판과 함께 근대의 과학적인 인식의 틀이 도전을 받기 시작하였고, 과학적 합리성이 유일한 형태의 합리성이라는 믿음이 무너지게 되었다. 이제 각 학문 분야

---

37) 신학과 과학의 대화에 있어서 토대주의(foundationalism)와 비토대주의(nonfoundationalism)의 합리성 대한 비판적 고찰과 후기토대주의(postfoundationalism)의 합리성에 대한 제안을 위하여 다음을 참고하라. J. Wentzel vam Huyssteen, *The Shaping of Rationality: Toward Interdisciplinary in Theology and Science*(Grand Rapids, Michigan: Wm. B. Eerdmans Pub. Co., 1999). 참고: Douglas Ottati, "Between Foundationalism and Nonfoundationalism," *Affirmation*, 4:2, Fall, 1991, pp. 27~47.

는 과학적 합리성의 독점과 협소화에서 벗어나서 고유의 합리성을 추구하기 시작하였다.[38]

이러한 맥락에서 새로운 패러다임의 실천신학은, 과학과 철학에서 자신의 합리성을 발견하는 신학적 백과사전 패러다임과는 구별되게, 자신의 고유한 인식론적 가치와 수사학적 규범을 소유하며, 하나님의 프락시스로부터 이러한 신학적 합리성을 발견한다. 예를 들어, 삼위일체 하나님의 프락시스에 대한 신학적 반성(theological reflection)인 삼위일체 신학은 신학적 반성에 대한 해석학적 열쇠와 인간적, 교회적, 그리고 사회적 관계에 대한 모델이 된다. 실천신학은 평등, 자유, 개방성, 그리고 연대성 가운데 있는 세 신적 인격 사이의 간주관적(inter-subjective)이고 의사소통적 프락시스로부터 자신의 인식론적 가치와 수사학적 규범을 발견한다. 이러한 의미에서 자신의 고유한 합리성을 소유한 독립적인 신학의 한 분야로서 실천신학은 실행에 관한 가이드라인, 형성과 변형에 관한 이론, 실천적 신학적 해석학으로서의 특징을 지닌다.[39]

이러한 의미에서 새로운 패러다임의 실천신학은 새로운 형태의 간학문적/종합학문적 대화(inter-disciplinary/multi-disciplinary dialogue)[40]를 지향한다. '새로운 형태'의 간학문적/종합학문적 대화라는 것은 실천신학이 다른 학문과의 대화에 있어서 과학적 합리

---

38) 여러 학문 분야에서 사용되는 논증(argument)을 위한 다양한 '연구의 수사학 (rhetoric of inquiry)'에 관한 논의를 위하여 다음을 참고할 것. John S. Nelson, Allen Megill & Donald N. McCloskey eds. *The Rhetoric of the Human Sciences*(Madison, Wiscosin: The University of Wisconsin Press, 1987). 이 책은 "우리의 이성은 수사학적(rhetorical)이다."라는 전제하에 비교 인식론 (comparative epistemology)으로서 다양한 연구의 수사학이 어떻게 자연과학, 순수과학, 사회과학, 인문과학 등 여러 학문 분야에서 논증의 수단으로 사용되고 있는지를 잘 보여 준다.

성만을 권위 있는 유일한 합리성으로 채택함으로써 다른 학문의 인식론적 가치와 수사학적 규범을 무분별하게 자신의 것으로 삼는 오류에서 벗어나는 것을 뜻한다. 즉 신학과 타학문 분야 사이의 상이한 '연구의 수사학(rhetoric of inquiry)'을 잘 인식하여 각자의 정체성을 지켜 나가는 가운데 대화를 이어가는 것이다. 예를 들어, 인간의 발달에 관한 기독교교육과 사회 과학간의 대화에 있어서 실천신학인 기독교교육은 후자의 연구로부터 인간의 발달에 관한 여러 기술적인 이해들을 수용하지만, 사회과학이 가진 합리성까지 함께 수용하는 것은 아니다. 양자는 서로가 가진 고유의 인식론적 가치와 수사학적 규범에 기초한 합리성을 존중하는 가운데 대화를 이어간다.

다섯째, 새로운 패러다임의 실천신학은 - 실천과 상황에 대한 분석(analysis of practice and situation)을 실천신학의 한 중요한 임무라고 볼 때 - '세계화(globalization)'[41]를 자신이 당면한 새로운

---

39) 현대 실천신학에 있어서 논증(argument), 수사학(rhetoric), 대화(conversation), 후기 토대주의적 과학(postfoundational science) 등의 네 가지 형태의 합리성에 대한 유형적 연구로 다음을 참고할 것. Osmer, "Rationality in Practical Theology", pp. 11~40. 여기에서 오스머는 툴민의 논증 이론과 하버마스의 의사소통이론에 기초하여 '논증'을 합리성으로 사용하는 실천신학자로서 독일의 오토(Gert Otto), 화란의 경험주의 신학자인 밴 더 밴(Johannes van der Ven)을, 휴머니스트, 페미니스트, 해체주의적 관점에 기초하여 '수사학'을 합리성으로 사용하는 실천신학자로 여성신학자들 특히 본스-스톰(Riet Bons-Storm)을, 하이데거, 리꾀르, 가다머의 해석학적, 현상학적 전통을 기초로 '대화'를 합리성으로 사용하는 실천신학자로, 닙코(Karl Ernst Nipkow), 헤스(Carol Hess), 슈바이처(Friedrich Schweitzer), 무어(Mary Elizabeth Moore), 발라드(Paul Ballard), 하이팅크(Gerben Heitink), 그리고 오스머(Richard Osmer) 자신을, 후기 토대주의적 과학을 합리성으로 사용하는 실천신학자로 뢰슬러(Dietrich Rösseler), 로더(James Loder) 등을 거론한다.
40) Monodisciplinarity, multidisciplinarity, interdisciplinarity, 그리고 intradisciplinarity의 개념에 관하여 Johannes van der Ven의 *Practical Theology: An Empirical Theology*(Kampen: Kok Pharos Publishing House, 1993), pp. 89~112를 참고할 것.

상황으로 인식하고 이에 대한 사회과학적, 신학적 분석을 시도한다. 세계화에 대한 다양한 사회과학적 이론들이 존재하지만, 다음과 같이 간단히 정의될 수 있다. 즉 세계화란 '20세기 후반에 나타난 지구적 현상으로 지구상에 거주하는 사람들의 경제적, 정치적, 문화적 삶의 점증하는 상호 연관성(interconnectedness)' 이다. 이러한 상호 연관성은 교통, 통신, 운송의 혁명적인 발전과 더불어 급속히 증대되었고, 이와 더불어 지리적 한계가 극복되기 시작하였다. 세계화란 '확장(extension)' 과 '축소(compression)' 라는 두 가지 특징을 가진다. 한편으로 그것은 보다 확대된 개인적 자율, 물질적 삶의 개선 등과 같은 근대화의 효과들을 전 세계에 확산시키고, 다른 한편으로 우리의 시공간 의식을 계속 축소시키고 있다. 이러한 확장과 축소는 교통, 통신 기술의 혁명적 발전으로 말미암아 경제적, 정치적, 사회적 삶의 세 분야에서 계속 가속화되고 있다.

세계화는 한편으로 경제적, 정치적, 문화적 삶의 점증하는 상호 연관성을 통한 동질의 삶의 양식과 제도(예를 들어, 미국의 팝 문화

---

41) 세계화를 위한 다양한 논의를 위하여 다음의 책들을 참고하라. Malcolm Waters, *Globalization*(New York: Routledge, 1995); Peter Beyer, *Religion and Globalization*(New York: Sage, 1994); Immanuel Wallerstein, *The Modern World – System*, vol. 1, *Capitalist Agriculture and the Origins of the European World Economy in the Sixteenth Century*(New York: Academic Press Inc., 1974); Immanuel Wallerstein, *The Modern World – System*, vol. 2, *Mercantilism and the Consolidation of the European World – Economy, 1600~1750*(New York: Academic Press Inc., 1980); Immanuel Wallerstein, *The Modern World – System*, vol. 3, *The Second Era of Great Expansion of the Capitalist World – Economy, 1730~1840s*(New York: Academic Press Inc., 1989); Jonathan Friedman, *Cultural Identity and Global Process*(London: Sage, 1994); Roland Robertson, *Globalization: Social Theory and Global Culture*(London: Sage, 1992); Zygmunt Baumann, *Globalization: The Human Consequences*(New York: Columbia University Press, 1998).

와 합리적 자본주의 시장경제 체제)의 파급으로 이해되기도 하지만, 다른 한편으로 동시에 '지역화(localization)'로 이해된다. 지역화란 세계화를 통하여 확대되는 보편적 삶의 양식이 가져다 주는 여러 도전에 직면한 지역 문명 또는 문화의 자기 정체성 발견 과정이다. 세계화의 과정은 보편화의 과정과 더불어 이러한 지역화의 과정을 동반한다. 이런 맥락에서 세계화는 glocalization(globalization + localization)이라고 불리기도 한다.

세계화는 - 특히 미국이나 서구 중심의 세계화는 - 현재 이러한 세 분야의 삶에 있어서 많은 사람들에게 여러 부정적인 영향을 끼치고 있다. 첫째, 경제적인 측면에 있어서, 세계화는 소위 핵심부 사회들(core societies)과 주변부 사회들(peripheral society) 사이의 경제적 양극화 현상을 계속 심화시키고 있다. 이러한 현상은 인류의 80%에 해당하는 사람들의 부가 소수 20%의 가진 자에게 편중되는 소위 80/20사회를 만들어 내고 있다. 둘째, 정치적 측면에 있어서, 세계화는 초국적 의제들(transnational issues)에 대한 국민국가의 통제력을 점차 약화시키고 있다. 셋째, 문화적 측면에 있어서 세계화는 지구적 차원의 문화적 동질화(homogenization)의 전파를 통하여 지역 문화와 전통을 계속적으로 잠식해 가고 있다.

이와 같은 세계화의 직·간접적 여러 영향에 직면하여, 실천신학은 세계화를 현재 기독교가 당면하고 있는 가장 중요한 컨텍스트로 인식하면서, 세계화를 사회과학의 도움으로 비판적으로 고찰, 분석하며, 동시에 신학적 입장에서 세계화의 텔로스(telos)에 대한 분석을 시도한다. 세계화에 대한 여러 사회과학적 이론들과 삼위일체 하나님의 공동체성과 같은 신학적 규범이 세계화를 거시적 차원에서 분석하는 데 사용될 수 있다. 세계화에 대한 거시적 차원의 분석과 동시에 실천신학은 이러한 지구적 현상이 개인의 삶에 어떠한 방식으로 영향을 미치는가 하는 미시적 차원의 분석을 시도한다.

예를 들어, 실천신학으로서 기독교교육은 세계화를 보다 거시적 차원에서 사회과학적, 신학적으로 분석하며, 동시에 보다 미시적 차원에서 이러한 세계화의 영향이 기독교교육의 현장에 - 예를 들어, 청소년 교수 사역 - 어떠한 영향을 미치는가를 보다 구체적으로 다룬다. 그리고 기독교교육은 교육 현장에서 나타나는 여러 문제점과 도전들을 이러한 거시적 차원의 세계화에 대한 분석과 연관시켜 기술한다.

여섯째, 새로운 패러다임의 실천신학은 '지역신학(local theology)으로서 토착화 실천신학(contextual practical theology)'을 지향한다.[42] 아시아 신학으로서 한국신학이 세계의 신학계에서 자신의 정체성 확립에 기여할 과제가 새로운 패러다임을 지향하는 실천신학의 또 다른 중요한 과제인 것이다. 달리 말하자면, 인간의 삶에 대한 한국적 또는 동 아시아적 가치와 실천이 어떻게 세계의 신학이 함께 추구하는 하나님 나라에 관한 성경적, 신학적 가치와 실천에 공헌할 수 있을 것인가를 모색하는 것이다. 이는 세계화 시대에 '지구적 재귀성(global reflexivity)'[43]에 대한 의식을 가진 신학으로

---

42) '지역신학(local theology)'과 '토착화신학(contextual theology)'에 관하여 다음을 참고하라. Robert J. Schreiter, *Constructing Local Theologies*(Maryknoll, New York: Orbis Books, 1985); Robert J. Schreiter, *The New Catholicity: Theology between the Global and Local*(Maryknoll, New York: Orbis Books, 1998); Stephens B. Bevans, *Models of Contextual Theology*(Maryknoll, New York: Orbis Books, 1992).

43) '지구적 재귀성(global reflexivity)'이란 '문화적 타자(cultural others)와 지구적 전체의 다양한 이미지에 대한 고양된 의식'이라고 정의된다. Richard R. Osmer, "The Teaching Ministry in a Multicultural World," in *God and Globalization* vol 2: *The Spirit and the Modern Authorities*, ed. M. Stackhouse and D. Browning(Harrisburg, Philadelphia: Trinity Press International, 2001), p. 41.

서, 한편으로는 에큐메니컬 실천신학으로서, 다른 한편으로는 동시에 한국적 또는 동아시아적 실천신학으로서의 정체성을 유지하면서, 어떻게 이 둘 사이에서 창조적 긴장을 추구해 나갈 것인가 하는 문제와 연관되어 있다.

예를 들어, 동아시아의 중요한 사상적 전통 가운데 하나인 유교와의 대화는 실천신학의 토착화라는 측면에서 많은 시사점을 던져 준다. 한국의 실천신학은 공적 삶(public life)의 규범과 실천에 대한 기독교적 관점과 유교적 관점의 대화를 통하여 세계의 실천신학계에 공헌할 수 있는 많은 가능성을 가지고 있는 것으로 보인다.

마지막으로, 새로운 패러다임의 실천신학은 '공적인 실천신학(public practical theology)'을 지향한다. 이는 근대 이래로 종교가 계속적인 세속화(secularization) 결과로 사유화(privatization)의 길을 걸어온 것과, 이에 따른 종교적 실천의 사유화에 대한 비판과 반성에서 유래한다. 공적인 실천신학이란, '인간의 공적인 삶(public life)에 대한 성경적, 신학적 규범에 대한 발견과 이를 성취하기 위한 기술의 규칙을 개발하여 공적인 공동체(public community)인 교회에 제시하는 공적인 신학(public theology)의 한 형태'이다.

새 밀레니엄의 실천신학은 사유화된 기독교적 실천에서 벗어나서, 하나님 나라의 비전하에서 조화롭게 공생하는 인류의 공적인 삶의 형성과 공적인 공동체로써의 교회 형성, 이러한 공적인 책임을 수행하는 주체자인 책임 있는 하나님의 백성을 형성, 변형시키는 작업에 참여한다. 특히 하나님의 백성인 그리스도인들을 구체적인 기독교적 실천을 통하여 시민사회의 형성, 발전, 성숙에 공헌하도록 도움으로써 정의롭고 평화로운 민주사회를 형성시켜 나가는 여러 작업에 참여할 수 있게 하는 것이 공적인 실천신학의 중요한 사명 가운데 하나이다. 공적인 실천신학은 특히 종교적 실천이 점차 사유화되어

가고 있는 한국 개신교회의 현재 상황에 대한 적절한 대안이 되리라 믿는다.[44]

---

44) 한국 개신교인들의 신앙 의식과 신앙 실천의 사유화에 관한 통계 조사로 다음을 참고할 것. 한국갤럽, 『1997년 한국인의 종교와 종교의식』(서울: 한국갤럽조사연구소, 1998).

‖ 기독교교육의 과정

5. 기독교교육과정 이론의 체계적 분류에 관한 연구
   - 박상진 | 미국 Union-PSCE(Ed.D.) | 장로회신학대학교
6. 해석학적 상상력과 신학교육과정
   - 이원일 | 연세대학교(Ph.D.) | 영남신학대학교 교수
7. 교회교육 평가를 위한 기초적 탐색
   - 김화선 | 서울여자대학교(Ph.D.) | 장로회신학대학교 강사

5 기독교교육과정 이론의 체계적 분류에 관한 연구

박상진 교수
장로회신학대학교

I. 서언
II. 교육과정 이론 분류의 문제점
   1. 테너의 교육과정 분류
   2. 아이즈너의 교육과정 분류
   3. 미첼의 교육과정 분류
III. 교육과정 이론 분류에 대한 체계적 접근
   1. 앎이냐 삶이냐
   2. 산출이냐 과정이냐
   3. 교육과정 이론 분류에 대한 체계적인 시도
IV. 종교/기독교교육과정 이론 분류에 주는 시사
   1. 앎/산출 모델
   2. 삶/산출 모델
   3. 앎/과정 모델
   4. 삶/과정 모델
   5. 계획 모델
V. 결언

I. 서언

역사적으로 교육과정에 대한 수많은 정의들이 존재해 왔다. 모든 교육자는 자기 나름대로의 교육과정에 대한 정의를 가지고 있다고 해도 과언이 아닐 것이다. 교육과정 이론들은 이러한 정의들을 분류하고 체계화하는 데 도움을 준다. 그러나 이러한 이론들 역시 분류되고 영역화될 필요가 있다. 왜냐하면 많은 교육과정 이론들이 서로 유사한 특성들을 지니고 있기 때문이다. 어떻게 하면 교육과정 이론들을 보다 효과적으로, 체계적으로, 유용하게 구분할 수 있을 것인가? 또한 이러한 교육과정 이론 분류 체계가 기독교교육과정에도 적용될 수 있을 것인가? 이 글은 이러한 질문에서부터 시작된다.

이 질문에 대답하기 위해, 이 글에서는 우선 교육과정 이론들을 분류하는 기존의 몇 가지 방식들을 비판할 것이다. 그리고 그러한 비판을 토대로 교육과정 이론들을 분류하기 위한 하나의 합리적인 체계를 제안할 것이다. 또한 그러한 분류 체계에 따라 교육과정의 역사를 간략히 개관하고 기독교교육과정 이론의 분류에 적용할 수 있는지 여부를 검토할 것이다.

II. 교육과정 이론 분류의 문제점

교육과정 이론들을 분류하는 방식은 다양하다. 각각의 방식은 교육의 어떤 측면을 강조하는 나름대로의 관점을 보여 주고 있다. 이 글에서는 교육과정 이론을 분류하는 세 가지 접근을 살펴보고 이를 비판하려고 한다.

1. 테너의 교육과정 분류

다니엘 테너와 로렐 테너(Daniel Tanner & Laurel Tanner)[1]는 교육과정 분야에서 가장 교과서로 많이 사용되는 그들의 책 『교육과정 개발: 이론에서 실제까지』(Curriculum Development: Theory into Practice)에서 교육과정 이론을 크게 두 가지 영역으로 분류하고 있는데 하나는 전통적인 교육과정 이론이고, 다른 하나는 진보적인 교육과정 이론이다.[2] 테너는 이를 더 세분화하여 전통적인 교육과정 이론들을 '조직된 지식의 축적된 전통으로서의 교육과정(curriculum as the cumulative tradition of organized knowledge)', '신 본질주의(neo-essentialism)', '측정된 교수 결과로서의 교육과정(curriculum as measured instructional outcomes)', 그리고 '문화 재생산으로서의 교육과정(curriculum as cultural reproduction)' 등으로 분류하였다.

또한 진보적인 교육과정 이론들을 세분화하여 '문화적 경험 중에서 선택된 지식으로서의 교육과정(curriculum as knowledge selection from the experience of the culture)', '사고의 양식으로서의 교육과정(curriculum as modes of thought)', '경험으로서의 교육과정(curriculum as experience)', 그리고 '삶의 안내로서의 교육과정(curriculum as guided living)' 등으로 분류하였다.

테너에 의하면 항존주의 교육과정과 본질주의 교육과정, 문화적 소양(cultural literacy) 교육과정은 '조직화된 지식의 축적된 전통으로서의 교육과정'에 속한다. 신 본질주의는 '학문의 구조'를 강조하는 소위 학문중심 교육과정과 동일시할 수 있다. 테너에게 있어서 교수적인 계획으로서의 교육과정과 측정된 교수 결과로서의 교육과정은 모두 교육과정의 가장 중요한 기능으로서 계획하기(planning)를 강조하고 있는 특징이 있다. 테너에 의하면 문화적 재생산으로서의

---

1) 이글에서는 Daniel Tanner와 Laurel Tanner의 이름 표기를 단순화하여 '테너와 테너' 라기보다는 '테너'(단수)로 지칭할 것이다.
2) Daniel Tanner & Laurel Tanner, *Curriculum Development: Theory into Practice*(Columbus, Ohio: Prentice Hall, 1995), pp. 151~188.

교육과정은 경제적 재생산 이론과 문화적 재생산 이론의 관점에서 본 교육과정 이해를 포함하는데, 이러한 이론들은 비판이론과 신 마르크스주의로부터 영향을 받은 것들이다. 테너는 어떤 의미에서 매우 진보적이라고 할 수 있는 이러한 재생산 이론들과 보수적인 교육과정 이론들 사이에 공통점이 있음을 발견하는데, 둘 다 교육에 있어서 기본적인 기술들과 표준적인 교과목들을 중요시한다는 사실이다.[3]

테너에 의하면 '문화적 경험 중에서 선택된 지식으로서의 교육과정'은 지식의 축적된 전통으로서의 교육과정 개념보다 더 광범위한 것이다. 이 교육과정은 로톤(Lawton)의 교육과정에 대한 정의, 즉 '교육과정은 그 사회의 문화로부터 선택된 것'이라는 교육과정 개념에 기초하고 있다.[4] '사고의 양식으로서의 교육과정'과 '경험으로서의 교육과정'은 모두 존 듀이(John Dewey)의 사상에 관련되어 있다. '사고의 양식(modes of thought)'은 듀이의 '반성적 사고(reflective thinking)'와 다를 바 없으며, '경험으로서의 교육과정'은 듀이가 전통적인 '교과 중심 교육과정(subject-centered curriculum)'을 비판한 것으로부터 시작된다고 할 수 있다. 좀더 구체적으로 테너는 '경험으로서의 교육과정'을 두 종류의 교육과정으로 세분화하는데, 하나는 '인도되어진 학습 경험으로서의 교육과정(curriculum as guided learning experience)'이며 다른 하나는 '인도되어진 삶으로서의 교육과정(curriculum as guided living)'이다.

테너는 이상과 같이 교육과정을 분류하고서 결론적으로 자신의

---

3) Ibid., p. 166.
4) Ibid., p. 167.

교육과정 개념을 '지식과 경험의 재구성으로서의 교육과정 (curriculum as reconstruction of knowledge and experience)'으로 소개하고 있다. 테너는 교육과정을 학습자로 하여금 일련의 지식과 경험을 지성적으로 통제하는 것을 경험함으로써 성장할 수 있도록 돕는 것으로 이해하였다.[5]

이상과 같은 테너의 교육과정 분류는 매우 구체적인 것처럼 보인다. 그는 학문 중심 교육과정인 신 본질주의를 '조직화된 지식의 축적된 전통으로서의 교육과정'과 같은 일반적인 보수적 교육과정과는 구별하였다. 또한 그는 '교수 계획으로서의 교육과정'을 '측정된 교수 결과로서의 교육과정'과 분리하였으며, '경험으로서의 교육과정'을 '인도된 삶으로서의 교육과정'과 구별하였다.

테너의 분류는 다양한 교육과정 이론들을 집대성하고 체계화한 공헌을 인정할 수 있으나 너무나 복잡하고 세분화된 분류 방식을 취하고 있어서 오히려 혼란을 주고 있다는 비판을 받을 수 있다. 더욱이 가장 큰 분류 체계인 '교육과정에 대한 전통적인 개념들'과 '교육과정에 대한 진보적인 개념들'로의 영역 구분은 모호하다는 인상을 준다. '계획'이나 '교과'에 관련된 교육과정 이론들은 '전통적인 교육과정'에 속하는 것처럼 보이고, '경험'에 관련된 교육과정 이론들은 '진보적인 교육과정'에 속하는 것처럼 보인다. 테너에게 있어서는 교육과정 이론 분류의 명백한 기준을 제시하기보다는 모든 다양한 교육과정 이론들을 소개하는 데에 더 초점을 두고 있다고 평가할 수 있을 것이다.

---

5) Ibid., p. 189.

2. 아이즈너의 교육과정 분류

엘리엇 아이즈너(Elliot W. Eisner)는 그의 책 『교육적 상상력』(The Educational Imagination)에서 교육과정의 유형을 다섯 가지로 분류하고 있다. 첫째는 '인지발달 과정(development of cognitive process)에 중점을 둔 교육과정'이다. 교육은 인지 과정의 발달에 초점이 있다고 믿고, 학생들에게 학습하는 방법을 학습하도록 도와주고, 학생들의 다양한 지적 기능을 신장시킬 수 있는 기회를 제공하는 것을 교육과정의 목적으로 보는 유형이다.[6] 여기에서의 교육과정은 내용(content)보다는 과정(process)을 강조하며, 교수 방법은 지식을 전수하는 것이 아니라 학생들로 하여금 탐구하는 방법을 학습하도록 하는 것이다. 아이즈너에 의하면 이러한 교육과정 경향에는 골상학자들(phrenologists)이나 능력주의 심리학자들(faculty psychologists)의 견해가 포함되어지는데, 지적 근육을 개발해야 한다는 형식도야이론(formal discipline)에 기초한 교육과정 이론들이 이에 해당된다. 아이즈너는 제롬, 브루너(Jerome Bruner)의 『교육의 과정』(The Process of Education)도 이 영역으로 구분하고 있다.[7]

둘째는 학문적 이성주의(academic rationalism)의 교육과정인데, 아이즈너에 의하면 교육과정의 목표나 내용에 있어서 가장 오래된 유형으로 보았다. 이 관점에서는 각 학문은 특유의 내용이나 개념, 탐구 양식이 있고 독특한 사고의 형식이 있다는 것이다. 그리고

---

6) Elliot W. Eisner, *The Educational Imagination: On the Design and Evaluation of School Programs*, 이해명 역, 『교육적 상상력: 교육과정의 구성과 평가』(서울: 단국대학교출판부, 1983), p. 74.
7) Ibid., p. 78.

모든 아동들로 하여금 이러한 학문을 접할 수 있는 기회를 제공하여야 한다고 주장한다. 아이즈너는 대표적인 학자로 로버트 헛친스(Robert M. Hutchins)를 들고 있다.[8] 소위 항존주의 교육과정 이론가들이 이 영역으로 분류될 수 있는데 모든 인간은 '진리가 무엇인가'를 탐구해야 하며, 교육과정은 고전을 비롯해 어느 시대에도 가치를 지니는 항구적인 진리를 접할 수 있도록 도와주는 것으로 이해된다.

셋째는 인간 중심(personal relevance)의 교육과정으로서 이 유형은 개인적인 의미의 중요성을 강조하고, 학교의 책임은 그러한 개인적인 의미가 충족될 수 있도록 프로그램을 구성하는 것으로 보았다. 여기에서는 교사와 학생간의 인간적인 만남이 강조되는데 경험 속에 참여함으로 교육이 이루어진다는 것이다. 아이즈너에 의하면 니일(A. S. Neil)과 홀트(John Holt)가 이 유형의 대표적인 사례라 여겨지는데, 니일은 학습에 있어서 아동 자신의 선택을 강조하였으며, 홀트는 교사를 관광 안내원처럼 학생들의 선택과 자유를 존중하고 이를 실현하도록 도와주는 역할을 한다고 보았기에 이러한 교육과정은 과정(process)과 상호협력, 자발적인 참여를 중시한다.[9]

넷째는 사회 적응과 개조(social adaptation and social reconstruction)를 위한 교육과정으로서 학교가 봉사하려는 사회의 분석을 통하여 교육과정의 목적이나 내용을 추출하는 것이다. 아이즈너는 이러한 접근이 1910년경부터 시작된 학교조사운동(school survey movement)으로부터 시작되었다고 보며, 이 영역의 대표적인 교육과정 이론가로 프랭클린 보빗(Franklin Bobbitt)을 들고 있

---

8) Ibid., p. 83.
9) Ibid., pp. 88~89.

다.[10] 보빗은 사회 활동을 분석함으로써 아동을 어떻게 준비시켜야 할지를 파악하는 것을 교육과정의 과제로 인식하였다.

다섯째는 기술(technology)로서의 교육과정인데, 아이즈너는 이 유형은 앞의 것들과는 달리 규범적이지 않다고 보았다. 교육과정은 어떤 목적이 설정되면 이를 달성하는 수단적인 것으로 파악하였다. 이 유형에 속하는 교육과정 이론가들로 블룸(Benjamin Bloom), 보빗(Franklin Bobbitt), 듀이(John Dewey), 헤릭(Virgil Herrick), 타바(Hilda Taba), 타일러(Ralph Tyler) 등을 들고 있다.[11] 교육과정은 '달려가야 할 코스'이며, 목표설정-과정-평가의 체계적이며 효과적인 과정을 중시한다.

이러한 아이즈너의 분류는 교육과정이 무엇을 가장 가치 있고 중요한 것으로 여기는가를 기준으로 분류한 것으로, 각 교육과정의 성격을 잘 나타내 주는 분류 방식이다. 이 중 규범적인 분류에 해당되는 앞의 네 가지는 일반적으로 교육 사조를 분류하는 항존주의, 본질주의, 진보주의, 사회재건주의 등의 구분과도 맥을 같이하고 있는데, 첫번째가 본질주의에 관련된다면 두 번째는 항존주의, 세 번째는 진보주의, 그리고 네 번째는 사회재건주의와 관련된다고 할 수 있다.

그러나 이러한 분류는 그 경계가 모호한 경향이 있다. 예컨대 아이즈너는 브루너를 첫째 영역인 '인지발달 과정에 중점을 둔 교육과정'으로 구분하였지만 둘째 영역인 '학문적 이성주의의 교육과정'에도 속할 수 있고, 보빗의 경우도 아이즈너는 네 번째 영역과 다섯 번째 영역에 동시에 속할 수 있음을 보이고 있다.[12]

---

10) Ibid., p. 101.
11) Ibid., p. 103.

3. 미첼의 교육과정 분류

파멜라 미첼(Pamela Mitchell)은 그녀의 논문 "교육과정이란 무엇인가? 서구 역사적 관점에서의 대안들(What is Curriculum? Alternatives in Western Historical Perspective)"에서 교육과정 이론을 세 가지 범주로 나누고 있다.[13] 첫째는 '경험으로서의 교육과정'(curriculum as experience)이고, 둘째는 '조직화된 지식이나 내용으로서의 교육과정'(curriculum as organized knowledge or content)이며, 셋째는 '계획으로서의 교육과정'(curriculum as plan)이다. 미첼은 이러한 분류가 테너의 책에서부터 온 것이라고 진술하지만, 세 가지 분명한 범주로 영역화한 것은 그녀의 독창적인 것이라고 할 수 있다. 미첼은 스물세 가지에 달하는 다양한 교육과정에 대한 정의들을 이 세 가지 범주로 재분류하며, 이 세 가지 범주가 역사적으로 어떻게 반복하고 있는지를 밝히고 있다.[14]

그녀는 교육과정의 역사를 다섯 가지 시대로 구분하고 있고, 각 시대마다 일반 교육과정과 종교교육과정 또는 기독교교육과정이 하나의 짝을 이루고 있다는 사실을 검증하고 있다. 일반 교육과 종교/기독교교육은 교육과정을 경험으로, 조직화된 지식으로, 그리고 계

---

12) 아이즈너는 『교육적 상상력』 제3판에서는 이러한 자신의 교육과정 분류 방식을 수정하여 여섯 가지 교육과정 이데올로기로 구분하고 있는데, 종교적 정통주의(religious orthodoxy), 합리적 인본주의(rational humanism), 진보주의(progressivism), 비판이론(critical theory), 재개념주의(reconceptualism), 인지다원주의(cognitive pluralism) 등이다. Elliot Eisner, *The Educational Imagination*, 3rd Edition, pp. 56~83.
13) Pamela Mitchell, "What Is Curriculum? Alternatives in Western Historical Perspective," in *Religious Education* 83, No. 3 (1988): pp. 349~366.
14) Ibid., p. 350.

획으로 정의내리는 데에 있어서는 같은 경향성을 지니고 있다고 보았다.

미첼의 교육과정 구분은 매우 명백하다. 경험, 지식, 그리고 계획 이 세 가지가 교육과정의 중요한 세 측면이라고 할 수 있다. 교육과정 이론 각각은 이러한 교육과정의 세 가지 측면 중 어느 하나 둘을 강조하는 경향이 있다는 것이다. 예컨대, 테너도 주지하고 있듯이 루소나 듀이는 교육과정에 있어서 '경험'을 강조하고 있다면, 헤르바르트나 스펜서, 그리고 브루너나 페닉스는 '지식'을 강조하며, 보빗과 챠터스, 그리고 타일러는 '계획'을 강조하고 있다고 할 수 있다.[15]

그러나 이 분류도 몇 가지 측면에서 모호성을 지니고 있다. 첫째로, 미첼의 분류는 '경험'의 종류를 구분하고 있지 않다는 점을 지적할 수 있다. 경험을 강조하는 소위 '경험중심 교육과정'이라고 하더라도 두 종류가 있을 수 있다. 하나는 아동의 경험을 강조하는 교육과정으로서 '아동 경험 중심 교육과정'이 있으며, 다른 하나는 성인의 경험을 강조하는 교육과정으로서 성인의 삶을 준비하는 데 초점을 맞춘 '성인 경험 중심 교육과정'이 있다. 전자가 경험 자체를 중요시한다면 후자는 경험에 대한 준비를 하는 것이다. 둘째, 미첼의 분류는 '지식'의 종류를 구분하고 있지 않다. 그러나 '지식'을 강조하는 교육과정에도 두 종류가 있을 수 있다. 하나는 '교과 중심 교육과정'이며 다른 하나는 '학문 중심 교육과정'이다. 전자가 지식과 정보의 전수를 강조한다면, 후자는 지식 자체를 탐구하는 데에 초점이 있다.

---

[15] Tanners, op. cit., pp. 149~191.

Ⅲ. 교육과정 이론 분류에 대한 체계적 접근

앞에서 살펴본 테너와 아이즈너, 그리고 미첼의 교육과정 분류에 대한 대안으로서 새로운 교육과정 분류 방식을 제안하려고 한다. 이는 '앎(knowing)'과 '삶(living)'을 구분하고, '산출(product)', '계획(plan)', 그리고 '과정(process)'을 구분함으로 교육과정을 분류하는 방식이다. 이러한 분류방식을 구체적으로 소개하기 전에 '앎이냐 삶이냐,' '산출이냐 과정이냐' 등의 이슈가 교육과정에서 얼마나 중요한지를 살펴보자.

1. 앎이냐 삶이냐

역사적으로 계속 반복되는 중요한 교육적 이슈들이 있다. 그 중 하나의 이슈가 '앎이냐 삶이냐'의 문제일 것이다. 이 두 가지 중에서 교육에 더 중요한 것은 무엇인가? 교육과정은 앎과 삶 중에서 어디에 초점을 맞추어야 하는가? 이러한 질문들은 교육과 교육과정의 성격을 결정짓는 중요한 물음이다. 사실 원시 사회에 있어서는 앎과 삶 사이에 명백한 구분이 존재하지 않았을 것이다. 삶이 바로 앎이었고, 앎이 바로 삶이었다. 예컨대 원시 수렵사회를 생각해 보면, 사냥하는 것이 삶이었으며 그러한 삶의 현장은 바로 앎의 현장이 되었고, 자녀들은 삶 속에서 앎을 경험하게 되었던 것이다.

그런데 앎과 삶의 구분은 역사적으로 학교가 시작되면서 출발되었다고 볼 수 있다. 가정이 삶의 중심적인 장이 된 반면에 학교는 앎의 중심적인 장으로 자리잡게 되었다. 그리고 학교를 중심으로 하는 교육의 역사는 점차 삶과는 괴리된 앎만을 추구하는 경향을 띠게 되었다. 일반적으로 '교육사(敎育史)'의 출발을 그리스, 로마 시대의 교육으로부터 시작되는 것으로 보는 관점은 앎의 관점에서 교육을 기술하고 있는 것이다. 만약 삶을 강조하는 교육사관을 가지고 있다면 교육사의 출발은 당연히 삶이 바로 앎이었고 삶 자체가 교육이었던 원시사회가 되어야 할 것이다.

앎과 삶과 관련하여 생각해 볼 때 교육철학에는 두 가지 흐름이 있음을 발견하게 된다. 하나의 흐름에는 관념주의, 스콜라주의, 항존주의, 그리고 본질주의 등이 속해 있으며, 다른 하나의 흐름에는 실재주의, 마르크스주의, 실존주의, 그리고 실용주의 등이 속해 있다고 볼 수 있다. 전자가 보다 강하게 '앎' 과 관련되어 있다면, 후자는 보다 강하게 '삶' 과 관련되어 있다. '앎' 은 지식(knowledge)을 강조하는 반면, '삶' 은 경험(experience)을 강조하는 경향이 있다. 앎을 강조하는 교육과정 이론가들은 듀이가 '지식에 대한 관객 이론(a spectator theory of knowledge)' 이라고 비판한 객관적 지식이 존재한다고 믿고 있다. 이러한 맥락에서 객관적 지식은 아는 자(the knower) 밖에 존재한다. 이런 관점에서는 정신은 이미 자연 속에 고정되어 있고 확실하게 존재하는 지식을 탐구하는 도구로 인식된다. 반대로 교육과정에 있어서 '삶' 을 강조하는 교육과정 이론가들은 지식보다는 학습자에게 초점을 맞추는 경향이 있다. 이들에게 있어서 지식은 보다 주관적이다. 그들은 인간 존재와 환경 사이의 상호작용을 강조하는 경향을 지닌다. 이러한 접근에서는 지식에 대한 관객주의적 관점이 가능하지 않다.

요컨대, 교육에 있어서 앎이냐 삶이냐 하는 이슈는 교육과정 이론들을 분류하는 데에 있어서 유용한 기준으로 사용될 수 있다. 소위 '교과 중심 교육과정' 이냐 '아동 중심 교육과정' 이냐 하는 분류는 이상과 같은 앎이냐 삶이냐의 논쟁과 관련된 것이라고 할 수 있다.

2. 산출이냐 과정이냐

'산출(product)이냐 과정(process)이냐'는 교육과정의 또 하나의 중요한 이슈이다. 산출 중심의 교육과정 이론들은 탐구나 경험의 과정 자체보다는 그 결과를 강조한다. 따라서 산출 모델에서는 교육과정은 목적(ends)을 성취하는 수단으로서의 가치를 지닌다. 반면에 과정 모델에서는 수단은 목적과 분리될 수 없으며 과정 자체가 가치를 지닌다.

'산출이냐 과정이냐'와 관련해서 교육과정 이론에 두 가지 중요한 이슈들을 발견하게 되는데 하나는 '교육과정에서 과연 내용과 방법이 분리될 수 있는가?'의 질문이다. 기본적으로 산출을 강조하는 교육과정 이론가들은 교육내용과 교육방법을 분리하는 경향을 지닌다. 그들은 이미 과정과는 분리되어 고정된 내용이 존재한다고 보고 이를 다양한 교수방법을 사용하여 가르치면 된다고 생각하는 것이다. 그들에게 있어서 내용 자체가 어떤 방법을 함의하고 있는 것은 아니다. 전통적인 교육과정의 '전수모델(transmitting model)'은 이러한 경향을 갖고 있다. 그러나 과정을 강조하는 교육과정 이론가들은 내용은 이미 어떤 방법을 함의하고 있다고 전제한다. 그들에게 있어서 교육방법은 교육내용과 분리되어 존재할 수 없다. 이러한 접근에서는 과정 자체가 산출보다 더 중요하다. 과정에의 참여 자체가 내용 속으로 들어가는 방식이 된다. 제롬 브루너의 '학문의 구조(structure of discipline)'와 존 듀이의 '행동을 통한 학습(learning by doing)'은 이러한 경향을 지닌다.

'산출이냐 과정이냐'와 관련해서 발견되는 다른 하나의 이슈는 '외재적 가치냐 내재적 가치냐(extrinsic value versus intrinsic value)'에 관련된 것이다. 교육과정의 산출 모델이 외재적 가치를 중시한다면, 교육과정의 과정 모델은 내재적 가치를 중시한다. 외재적 가치는 교육 또는 교육과정이 교육 밖에 존재하는 어떤 목적을 성취하는 수단으로서의 가치를 지니는 것을 의미한다. 예컨대 누군가 교육이 '좋은 시민'을 양성하기 위한 수단이라고 생각한다면 외재적 가치를 추구하고 있는 셈이다. 일반적으로 '성인 생활', '민주사회', '경제 발전', 그리고 '자아 실현' 등이 교육에 있어서 목적들이 될 수 있고, 이 경우에 교육은 외재적 가치를 지닌다고 말하는 것이다.

반대로 내재적 가치는 교육 자체가 가치 있다는 것을 의미한다. 피터스(R. S. Peters)가 주장하듯이 교육은 교육 자체로 정당화될 수 있다는 것이다. 피터스는 이것을 '교육의 비 도구적 정당화(the non-instrumental justification of education)'라고 불렀다.[16] 피터스에게는 '앎의 형식들(forms of knowledge)'을 아는 것은 일종의 성년식(initiation)과 같아서 공적 전통의 가치에 참여하는 것을 의미한다.[17] 피터스의 '성년식으로서의 교육'과 마찬가지로 브루너의 '학문의 구조'도 내재적 가치를 지향한다. 브루너는 그의 책 『앎에 대하여: 왼손잡이를 위한 글』(On Knowing: Essays for the Left Hand)에서 듀이의 '교육은 사회 진보와 개혁의 기본적인 도구'라는 교육적 명제를 비판한다.[18] 브루너는 듀이의 실용적 정신에 입각한 진리에 대한 정의를 비판하면서 지성의 과정을 개발하려고 하는 것 자체가 내재적 가치를 지닌다고 주장한다.[19] 브루너의 교육의 내

---

16) R. S. Peters ed., *The Philosophy of Education*(Oxford: Oxford University Press, 1973), p. 247.
17) R. S. Peters ed., *Education As Initiation*(London: The University of London Institute of Education, 1964), p. 35.
18) Jerome S. Bruner, "After John Dewey, What?," in *On Knowing: Essays for the Left Hand* (Harvard Univ. Press, 1969), p. 114.
19) Ibid., p. 116.

재적 가치에 대한 주장은 그의 '학습 동기'에 대한 이해와 연결되어 있다. 그는 학생들의 내적인 흥미를 유발하고 학생들에게 탐구하려는 태도를 갖게 하는 것이 학습동기에 있어서 중요하다고 주장한다.[20] 브루너에 의하면 앎이 삶의 수단이 되기 때문에 앎이 가치 있는 것이 아니라 앎 자체가 가치 있기 때문이라는 것이다.

3. 교육과정 이론 분류에 대한 체계적인 시도

앞에서 논술한 교육의 중요한 이슈인 '앎이냐 삶이냐,' 그리고 '산출이냐 과정이냐'(또는 계획이냐)의 구분을 근거로 하여 보다 체계적인 교육과정 이론 분류 방식을 제안하면 다음의 도표와 같다.

〈표 1〉 체계적인 교육과정 분류표

	산출(product)	과정(process)	계획(plan)
앎(knowing)	앎/산출 모델: 교과 중심 교육과정	앎/과정 모델: 학문 중심 교육과정	앎 또는 삶/ 계획 모델: 계획으로서 교육과정
삶(living)	삶/산출 모델: (성인)생활 중심 교육과정	삶/과정 모델: (아동)경험 중심 교육과정	

기본적으로 '계획 모델'은 계획이 목적을 성취하기 위한 수단이 된다는 점에서 '산출 모델'에 포함되어질 수 있다. 그러나 교육과정에 있어서 '계획'을 강조하는 입장이 별도로 강하게 존재하기 때문

---

20) Jerome S. Bruner, *The Process of Education*(Harvard University Press, 1996), p. 73.

에 위의 도표에서 '계획'을 강조하는 교육과정을 첨가하였다. 이 도표에서 볼 수 있듯이 종래의 교육과정 이론을 다섯 가지 영역으로 구분할 수 있다. 첫째는 앎/산출 모델이고, 둘째는 앎/과정 모델이며, 셋째는 삶/산출 모델이고, 넷째는 삶/과정 모델이며, 마지막으로 계획 모델을 들 수 있다.

1) 앎/산출 모델: 교과 중심 교육과정

교과 중심 교육과정은 앎과 산출을 모두 중요시한다. 이 교육과정은 경험보다는 지식을 강조하며, 학습자보다는 교과를 중시하는 경향이 있다. 또한 이 교육과정은 학문을 탐구하는 과정의 가치보다는 그 탐구의 결과를 가르치는 것을 중요시한다. 테너의 구분에 의하면 '조직화된 지식의 축적된 전통으로서의 교육과정'이 이 영역에 속할 것이다. 이 교육과정 모델은 항구적인 가치를 지닌 교과나 지식이 존재함을 전제한다. 이러한 입장을 대표하는 학자로는 로버트 허친스(Robert M. Hutchins)를 들 수 있는데, 교육과정은 기본적으로 항구적인 가치를 지닌 교과들로 구성되어야 하다고 믿으며, 문법, 읽기, 수사학, 논리학, 수학, 그리고 위대한 고전들을 포함하여야 한다고 주장한다.[21]

2) 앎/과정 모델: 학문 중심 교육과정

앎/과정 모델의 대표적인 교육과정 이론으로는 브루너의 학문 중심 교육과정을 들 수 있는데 앎과 과정 모두를 강조한다. 브루너의 교육과정에 대한 신념은 그의 책 『교육의 과정』(The Process of Education)에서 잘 드러난다. "물리학을 배우는 초등학교 학생은 물

---

21) Tanners, op. cit., p. 151.

리학자이다. 그에게 있어서 물리학자처럼 행동(탐구)함으로써 물리학을 배우는 것이 다른 방법보다 더 쉽다."[22] 이러한 그의 주장에서 학문으로서의 물리학은 앎에 해당되고, 물리학자처럼 행동(탐구)하는 것은 과정과 관련된다. 브루너의 관점에서는 학생들이 학자들의 탐구 결과물을 전달하는 '중간 언어(middle language)'를 배우게 해서는 안 된다. 탐구하는 과정 자체가 교육이 되어야 한다는 것이다.[23] 중간 언어가 산출에 해당한다면, 탐구는 과정에 해당하는 것이다.

테너가 언급했듯이, 학문 중심 교육과정은 전통적인 교과 중심 교육과정과는 구별되어야 한다. 테너는 항존주의자나 본질주의자들은 정신을 무언가가 채워져야 하는 그릇이나 훈련되어져야 하는 근육으로 간주한 반면, 학문 중심 교육과정 학자들은 학문적인 탐구를 지적 발달의 열쇠로서 간주한다고 설명한다.[24] 과정의 중요성을 강조한다는 점에서 브루너의 교육과정 이론은 듀이의 교육과정 이론과 공통점을 갖는다. 브루너의 학문의 방법으로서의 탐구 개념은 듀이의 경험 개념과 일맥상통한다. 듀이에게 있어서 경험은 과정인데, 경험을 통해 끊임없이 문제를 해결하기 위해 지성을 사용하는 탐구의 과정인 것이다. 그러나 브루너는 앎 자체에 초점을 맞춘 데 비해, 듀이는 경험의 개조(reconstruction of experience)로서의 삶에 관심을 둔다는 점에서 구별된다.

3) 삶/산출 모델: 생활 중심 교육과정
과학적인 교육과정 이론의 아버지로 불리는 프랭클린 보빗

---

22) Bruner, op. cit., p. 14.
23) Ibid.
24) Tanners, op. cit., p. 156.

(Franklin Bobbitt)의 교육과정 이론은 삶/산출 모델의 대표적인 예라고 할 수 있다. 보빗은 그의 책 『교육과정』(The Curriculum)에서 교육은 삶의 중요한 의무들을 준비하는 데 목적이 있다고 주장한다.[25] 그의 다른 책 『어떻게 교육과정을 작성할 것인가』(How to Make a Curriculum)에서 그는 교육의 목적을 '원만한 성인생활의 모든 활동을 위해 준비시키는 것'으로 보았다.[26] 즉 그의 교육과정의 정의는 '성인생활을 위한 준비(preparing for adult life)'라고 할 수 있다. '원만한 성인생활'이라고 하는 교육 목적은 삶과 관련되며, '준비시키는 것'이라고 하는 교육을 수단으로 인식하는 것은 산출과 관련된다고 할 수 있다. 보빗의 관점에 따르면 교육은 외재적 가치를 지닌다. 왜냐하면 교육은 단지 성인생활을 위한 수단이 되기 때문이다. 또한 보빗의 교육과정 이론에서는 내용과 방법이 분리된다. 그의 '활동분석(activity analysis)' 개념은 내용이 방법과 분리되어 존재함을 전제하는 것이다.

보빗은 전통적인 지식이나 교과보다는 다양한 인간 경험들과 활동들을 분석하는 것을 강조한다. 듀이가 아동들의 경험 자체의 중요성을 강조한 반면, 보빗은 "교육은 근본적으로 성인 생활을 위한 것이지 아동 생활을 위한 것이 아니다."라고 주장함으로써 성인 경험(생활)에의 준비로서 교육과정을 본다는 점에서 듀이와 구별된다.[27] 따라서 보빗의 생활 중심 교육과정은 교과 중심 교육과정과도 구별되고, 듀이의 경험 중심 교육과정과도 구별되는데 이는 보빗의 교육

---

25) Franklin Bobbitt, *The Curriculum*(Boston: Houghton Miffliin Company, 1918), p. 18.
26) Franklin Bobbitt, *How to make a Curriculum*(Boston: Houghton Miffliin Company, 1924), p. 7.
27) Ibid., p. 8.

과정은 삶과 산출, 이 두 가지에 강조점을 두고 있기 때문이다.

4) 삶/과정 모델: 경험 중심 교육과정

듀이의 경험 중심 교육과정은 이 모델의 대표적인 사례이다. 듀이의 경험 개념은 삶과 과정 모두와 연관되어 있다. 듀이의 교육과정 이론에서 방법은 내용과 분리되어질 수 없다. 듀이는 그의 책 『민주주의와 교육』(Democracy and Education)에서 교육내용과 방법의 단일성을 강조한다.[28] 교육내용 자체가 경험으로 구성되어 있으며 그 경험의 과정이 바로 교육방법이기 때문에 교육내용은 그것의 독특한 방법을 전제하고 있는 것이다. 듀이에게 있어서는 경험이란 방법과 내용의 조합이 아니라 하나의 계속적인 상호작용이다.[29] 교육내용과 교육방법이 분리되지 않는다는 점에서 듀이의 교육과정과 브루너의 교육과정 사이에는 공통분모가 존재하는 것이다.

그러나 듀이는 삶의 현장으로부터 분리되어 앎 자체를 추구하는 지식에 대한 관객주의적 이론을 비판한다.[30] 듀이에 의하면 삶의 현장에서 만나는 문제 상황을 해결하기 위해 행동함으로써 배우게 된다. 이런 점에서 듀이에게 있어서 아는 자는 행동하는 자이며 이미 만들어진 세계를 소극적으로 관찰하는 자가 아닌 것이다.

5) 앎 혹은 삶/계획 모델: 계획으로서의 교육과정

타일러의 교육과정 이론은 계획으로서의 교육과정의 전형적인 예가 될 것이다. 기본적으로 타일러는 교육과정에 있어서 산출을 강조

---

28) John Dewey, *Democracy and Education*(New York: The Free Press, 1916), p. 166.
29) Ibid., p. 167.
30) Ibid., p. 337.

한다. 앎/산출 모델과 삶/산출 모델 등 산출을 강조하는 모델은 계획으로서의 교육과정 모델과 연결되어질 수 있다. 즉, 계획으로서의 교육과정은 일종의 방법론(methodology)이기에 어떤 산출 모델에도 적용되어질 수 있다. 타일러에게 있어서도 교육과정은 '교육의 기능적 도구로서의 교수적 프로그램'이라고 할 수 있다.[31]

타일러의 교육과정 이론은 앎과 삶 모두와 관련된다. 타일러는 교과 전문가를 교육 목표 추출의 하나의 자원으로 보았기 때문에 그의 이론은 앎/산출 모델에 속한다고도 할 수 있다. 또한 타일러는 학습자의 필요와 그 시대의 생활을 교육과정의 자원으로 보았다는 점에서는 그의 교육과정 이론은 삶/산출 모델로 간주될 수도 있다. 그러나 타일러의 경험 개념은 보빗이나 듀이의 경험 개념과는 달리 '목표를 성취하는 수단'으로서의 경험이다. 타일러의 교육과정 이론에서는 '목표 설정'이 다른 어떤 요소보다 중요하다. 교육 목표는 모든 교육내용이 선정되고 조직되는 기준이 되며, 평가도 교육목표의 성취 여부를 확인하는 것으로서 교육 목표는 곧바로 평가 목표가 되는 것이다.[32] 이런 점에서 브루너의 교육과정이 '내용 모형'으로 불려지는 반면, 타일러의 교육과정은 '목표 모형'으로 불려질 수 있다. 테너에 의하면 포퓀(Popham), 베이커(Baker), 존슨(Johnson), 스키너(Skinner), 가네(Gagne), 그리고 반두라(Bandura)등이 이러한 목표 모형에 포함되어질 수 있는데, 이러한 모델에서 교육과정은 교육 목표로 전환되어질 수 있고, 수업은 이를 이루는 수단이 되는 것이다.

---

31) Ralph W. Tyler, *Basic Principles of Curriculum and Instruction*(Chicago: The University of Chicago Press, 1949), p. 1.
32) Ibid., p. 3.

Ⅳ. 종교/기독교교육과정 이론 분류에 주는 시사

1. 앎/산출 모델

앞에서 제시한 체계적인 교육과정 분류 방식은 종교교육과정 또는 기독교교육과정에도 적용되어질 수 있다. 기독교 교리의 전수나 성경적인 전통, 그리고 교리문답을 강조하는 전통적인 기독교교육과정은 앎/산출 모델에 속한다고 볼 수 있다. 이러한 모델에서는 방법은 내용과 분리되며 교육은 내재적 가치보다는 외재적 가치를 지니게 된다. 또한 이 모델은 삶보다는 앎을 강조하기 때문에 교육과정은 교재 중심적인 성격을 띠게 된다.

2. 삶/산출 모델

조지 헐버트 베츠(George Herbert Betts)의 종교교육과정은 삶/산출 모델과 동일시할 수 있다. 베츠는 과학적 방법을 종교교육에 적용시킨다. 베츠에 의하면, "종교교육과 종교교육의 교육과정 연구는 일반교육과 심리학, 사회학, 윤리학, 그리고 모든 유용한 자원으로부터 안전하게 빌려 올 수 있다."는 것이다.[33] 그에게 교육과정이란 분명한 목적을 달성하는 도구다. 베츠는 또한 경험으로서의 삶을 중시하였다. 베츠는 "하나님은 인간에게 과학적, 도덕적 진리를 발견하도록 허락하신 것처럼 거대한 경험의 실험실에서 시행착오를 통해 종교적 진리를 발견하도록 허락하셨다."고 주장하였다.[34] 베츠는

---

33) George Herbert Betts, *The Curriculum of Religious Education*(The Abingdon Press, 1924), p. 185.

교육과정의 가장 중요한 자원은 인간과 하나님의 직접적인 만남인데, 인간은 매일의 삶 속에서 하나님을 직접적으로 만날 수 있다고 보았다. 그리고 다른 사람들이 하나님에 관해서 기록한 성경을 포함한 자료들은 이차적인 자원이 된다는 것이다.

3. 앎/과정 모델

필립 페닉스(Phillip H. Phenix)의 교육과정 이론은 앎/과정 모델에 속한다. 페닉스는 지식을 여덟 가지 영역으로 나누는데, 과학, 수학, 자연과학, 인간과학, 역사, 언어, 예술, 그리고 철학과 종교 등이다.[35] 페닉스에게 있어서 종교 교수의 궁극적 목적은 학생들에게 '종교의 형식'을 사용할 수 있도록 가르치는 것이다.[36] 브루너처럼 페닉스는 학문의 중요성을 강조하였다. 그에 의하면 잘 구성된 학문들은 가장 권위 있고 인류에게 가장 유용한 정선된 지식의 자원이 된다고 보았다.[37] 페닉스가 종교교육에 있어서 앎과 과정 모두를 강조하지만 그의 관심은 교회에서의 기독교교육과정에 대한 것보다는 (공적인) 학교에서의 종교교육을 위한 교육과정에 집중하고 있는 것처럼 보인다. 현재까지 나온 교회교육을 위한 교육과정이면서 앎/과정 모델에 해당되는 기독교교육과정 이론들은 거의 없는 것처럼 보인다. 일반적으로 교육과정을 외재적 가치와 내재적 가치로 분류해

---

34) Ibid., p. 201.
35) Philip H. Phenix, *Philosophy of Education*(Oxford: Oxford University Press, 1973), pp. 297~441.
36) Philip H. Phenix, *Education and the Worship of God*(The Westerminster Press, 1966), p. 25.
37) Ibid., p. 32.

볼 때, 대부분의 기독교교육과정들은 외재적 가치 지향적인 교육과 정에 속한다. 과연 내재적 가치 지향적인 교회교육과정을 개발할 수 있을 것인가? 브루너와 피터스, 그리고 페닉스의 교육과정 이론은 기독교 교육학도들에게 이러한 모델을 개발할 것을 촉구하고 있다고 할 수 있다.

4. 삶/과정 모델

윌리엄 바우어(William Clayton Bower)의 교육과정 이론은 삶/과정 모델에 속한다고 할 수 있다. 바우어는 삶(경험)과 과정(참여)을 함께 강조한다. 바우어에게 있어서 교육과정은 지성적이고 목적적인 통제 아래에 있는 경험들이다. 듀이의 영향으로 말미암아 바우어는 교육을 '의식적이고 목적적이고 계속적인 경험의 재구성' 으로 정의내린다.[38] 특별히 바우어는 사회적 참여로서의 종교교육을 강조한다. 그에게 있어서 종교교육은 하나님의 왕국을 건설하는 도구이다.[39] 바우어에 의하면 교육과정은 완성된 것이 아니고 계속해서 변화하고 성장하고 앞으로 움직여 나아가는 것이다. 또한 바우어는 기독교교육의 목적을 '예수님과의 인격적이고 역동적인 관계를 맺음으로 말미암아 기독교적 삶의 방식의 결정체로서 자신의 이상과 목적을 경험하도록 인도하는 것' 으로 진술하고 있다.[40]

---

38) William Clayton Bower, *The Curriculum of Religious Education*(New York: Charles Scribner's Sons, 1925), p. 52.
39) William Clayton Bower, *Religious Education in the Modern Church*(St. Louis: Bethany Press, 1929), p. 8.
40) Ibid.

5. 계획 모델

켐벨 와이코프(D. Campbell Wyckoff)의 교육과정 이론은 계획으로서의 교육과정임이 분명하다. 기독교교육과정 분야에서 오랫동안 교과서처럼 사용되어 온 그의 책 『기독교교육과정의 이론과 작성』(Theory and Design of Christian Education Curriculum)은 타일러 교육과정 모델에 그 뿌리를 두고 있다.[41] 타일러와 마찬가지로 와이코프는 교육과정을 '교수 학습 과정이 그것에 의해 체계적으로 수행되는 하나의 계획(plan)'으로 보았다.[42] 또한 와이코프는 교육과정을 '기독교 신앙과 기독교적 삶이 알려지고 받아들여지며 또 그렇게 살아지도록 교회가 가르치는 사역 안에서 사용하는 주의 깊게 고안된 커뮤니케이션의 통로'로 정의하고 있다. 물론 와이코프의 기독교교육과정이 단순히 타일러의 교육과정을 모방한 것은 아니다. 와이코프는 기독교교육과 일반교육의 차이를 분명히 인식하고 있었으며, 신정통주의의 영향으로 신학이 교육목표의 중요한 원천이 되고 있다.

그러나 타일러처럼 와이코프는 교육목표의 설정을 교육과정 형성의 기준으로 보았으며, 세부적인 교육목표의 진술을 강조하였다. 와이코프는 기독교교육에 있어서 평가의 중요성도 강조하였는데 헤비거스트의 말을 인용하면서 "마치 과일이 보여지고 묘사되고 평가될 수 있듯이 종교도 개인의 삶에서 열매를 맺어야 한다."고 주장하였다. 와이코프는 계획으로서의 교육과정은 단지 개인이나 가정, 교회

---

41) D. Campbell Wyckoff, *Theory and Design of Christian Education Curriculum*(Philadelphia: Westminster Press, 1961).
42) Ibid., p. 17.

뿐만 아니라 교단과 초교파적인 기관을 위해서도 작성될 수 있다고 보았다.

V. 결언

교육과정 이론들을 체계적으로 분류하는 방식으로 본 연구는 '앎이냐 삶이냐', '산출 또는 계획이냐 과정이냐'의 이슈에 따른 분류방식을 제안하였다. 이러한 기준들에 따라 교육과정 이론들을 1) 앎/산출 모델, 2) 앎/과정 모델, 3) 삶/산출 모델, 4) 삶/과정 모델, 5) 계획 모델들로 분류하였다. 또한 이들 각각이 교과 중심 교육과정, 학문 중심 교육과정, 생활 중심 교육과정, 경험 중심 교육과정, 그리고 계획으로서의 교육과정과 관련됨을 밝혔다. 그리고 이러한 분류가 종교교육과정 또는 기독교교육과정에 적용 가능한지를 살피고 이에 따른 종교/기독교교육과정 이론을 영역화해 보았다.

이 분류 체계는 교과 중심 교육과정과 학문 중심 교육과정의 차이를 명료하게 보여 주고 있으며, 학문 중심 교육과정과 경험 중심 교육과정의 차이, 생활 중심 교육과정과 경험 중심 교육과정의 차이를 분명하게 구분하도록 도와준다. 앞으로 기독교교육과정 분야에 있어서도 이러한 분류 체계를 사용하여 다양한 교육과정 이론 개발을 시도하는 것이 필요할 것이다. 종전까지의 대부분의 기독교교육과정은 '계획으로서의 교육과정'에 속하는 것으로 보여지는데 다른 영역의 교육과정도 다양하게 시도될 때 기독교교육과정 전반이 발전할 수 있을 것이다.

이러한 분류 체계가 지니는 한계점은 모든 교육과정 이론을 이러한 구분으로 명료하게 구분할 수 있는 것은 아니라는 점과 '앎이냐 삶이냐 와 '산출이냐 과정이냐'의 이슈 외의 다른 이슈들을 고려한 분류 방식이 가능하다는 점을 들 수 있을 것이다. 이러한 분류는 교육과정 이론을 분류하는 다양한 방식 중의 하나뿐임을 인정해야 할 것이다. 또한 이러한 분류 체계는 1970년대 이후 등장하는 교육과정의 재개념학파나 포스트모던 교육과정 등을 분류하는 데에는 적절하지 못하다는 점도 지적할 수 있다.[43] 왜냐하면 '앎과 삶'의 구분이나 '산출과 과정'의 구분 자체를 극복하려는 노력들이 이루어지고 있기 때문이다.

마지막으로 이러한 분류체계는 기독교교육과정의 분류를 지나치게 일반 교육과정의 분류에 의존하는 방식을 취하였는데, 앞으로는 독특한 기독교교육과정 분류 방식이 가능한지를 검토하고 기독교교육과정의 독특성을 인정하면서 분류할 수 있는 방식에 관한 연구가 진행되어야 할 것이다.

---

[43] W. Pinar는 교육과정 연구의 경향을 전통주의자(traditionalists), 개념-경험주의자(conceptual-empiricists), 그리고 재개념주의자(reconceptualists)로 분류하고 있는데, Pinar에 의하면 Pinar 자신을 비롯해 D. Huebner, M. Greene, M. Apple, H. Giroux, J. Anyon, A. Molnar, J. Macdonald 등을 재개념주의자로 포함시키고 있다. 이들은 영미의 경험과학적 접근과는 달리 현상학, 해석학, 실존주의, 마르크스 이론, 정신분석학, 비판 이론 등에 그 뿌리를 두고 있는데, R. Tyler의 교육과정 모델을 비롯한 근대 교육과정에 대한 대안을 모색하고 있다는 점에서 포스트모던 교육과정으로 불려지기도 한다(W. Pinar ed., *Curriculum Theorizing: The Reconcept-ualists*(Berkeley: McCutchan Publishing Co., 1975, ix~xii.).

6 해석학적 상상력과 신학교육과정

이원일 교수
영남신학대학교

> I. 서론
> II. 신학교육과정의 이론적 근거: 해석학적 상상력
> III. 해석학적 상상력에 기초한 신학교육과정 개발
>   1. 신학교육과정의 개발 과정
>   2. 신학교육과정의 목적과 목표
>   3. 신학교육과정의 4가지 공동 변인
> IV. 결론

I. 서론

한국의 전체 대학에서 신학대학은 숫자적인 측면에서 거의 1/4에 해당한다. 그러나 숫자적인 비중만큼이나 많은 문제점도 드러나고 있는데, 간하배는 보수장로교 신학교의 문제점으로[1] 시험 위주의 교육, 사고하고 평가하는 능력의 결여, 너무 많은 학과목, 교수 중심의 교육과정, 정책 결정에 있어서 이사회 중심의 결정, 교수와 학생들의 피상적인 연구 등을 지적하고 있다. 반면에 이장식은 진보주의 또는 자유주의 신학교육의 문제점으로,[2] 새로운 신학사상의 소개나 흡수에만 급급할 뿐 기독교의 기본적인 역사적 신앙과 진리의 지식을 획

---

1) 전호진, "신학교육의 문제점과 그 방향", 《신학지남》 1980. 여름호, p. 9.

득하고 파악하는 일을 게을리하고 있다는 것, 교파신학과 교파의 교리의 상대화가 교파제도의 폐단을 시정하는 데 공헌하지만 상대화 이상으로 자기가 소속되어 있는 교단의 신학과 교리의 무지와 무관심을 조장하는 결과를 초래할 수 있는 진보주의 또는 자유주의 신학교육은 결국 무신학적 신학교육이 되어 버릴 위험이 있다는 것이다.

이러한 비판들은 시대적인 차이에도 불구하고 오늘날에도 유효한 비판으로 작용하고 있는데, 이는 다름 아닌 신학적 이론의 주입 혹은 전수에 치우치고 있거나, 상황에 너무 민감하게 대응하는 상황 중심적인 측면을 강조하는 경향에 대한 비판으로 정리할 수 있다. 그리고 현재의 신학교육은 신앙적 실천과 긴밀한 대화 혹은 연계 없이 진행되므로, 목회현장 혹은 사회의 현장에서 지도자로서의 실천적 자질을 신학생들에게 충분히 심어 주지 못하고 있다는 비판을 받고 있는 것이다. 이런 맥락에서 권진관은 '오늘날 우리 한국의 신학 교육계에서 실천의 영역과 기독교 전통과의 긴밀한 대화를 일으키는 교육을 제공하고 있는가' 라는 질문에 긍정적인 대답을 할 수가 없다."[3] 라고 비판하고 있으며, 고용수는 "오늘의 한국 교회의 위기는 한마디로 '분리' 현상으로 요약된다. 즉, 신앙과 생활의 분리, 신앙과 신학의 분리, 목회와 신학의 분리, 목회와 교육의 분리, 성직자와 평신도의 분리 현상이 심각하다. 이러한 '분리 현상'으로 인해 목회 현장은 편협한 신앙(기복신앙)과 왜곡된 영성(위선적 영성, 반지성적 영성, 역사 도피적 영성)이 두드러지게 강조되고, 이로 인해 기독교 복

---

2) 이장식, "한국 신학교육의 과거와 현재", 『현대와 신학』 1966. 2.
3) 권진관, "신학교육에 있어서 신앙적 실천의 역할에 관한 연구", 전국신학대학협의회 엮음, 『한국 신학과 신학교육』(서울: 대한기독교서회, 1994), p. 191. 전수식 (transmission) 신학교육에 대한 비판은 20여 년 전인 다음의 글에서도 찾아볼 수 있다. 유동식, 『한국 신학의 광맥』(서울: 전망사, 1984), p. 191.

음의 대 사회적 영향력 축소와 신자 개개인의 신앙과 행위 사이의 불일치 현상이 심각하게 노출되고 있다. … 따라서 21세기 한국 신학교육의 과제는 이러한 분리 현상을 극복하고…."[4]라고 언급하고 있다.

이러한 비판들을 요약하자면 기술적 합리성(technical rationality)이라는 말로 정리할 수 있으며[5], 기술적 합리성에 대한 비판을 수렴하는 차원에서의 응답을 다음의 글에서 찾아볼 수 있다. 고용수는 "예수 그리스도의 복음에 기초한 '말씀의 신앙화', '신앙의 생활화', '생활의 문화화', '문화의 역사화'로 이어지는 관계의 네트워크를 수립하는 신학화 작업이다. 하나님과의 관계(worship), 인간과의 관계(partnership), 사물과의 관계(stewardship)에 이르기까지 폭넓은 여러 영역들을 하나님 나라의 시각에서 비판적으로 성찰하고 분별할 수 있는 안목을 지니고 책임 있게 응답할 수 있는 능력을 키워 주는 신학적 훈련이 요청된다."라고 하였다.[6]

하나님 나라의 관점을 가지도록 하는 신학 교육을 위한 대안으로 "기독교교육의 해석학적 접근 이론은 단순히 성경 해석과 가르침의 분야에만 제한되지 않고 기독교교육의 전체 맥락(context)에 영향을 미친다. 해석학적 접근 이론에 의하면, 기독교교육은 신앙 공동체 전체가 참여하고, 교사와 학생들이 역동적 참여자가 되고, 역사적 전승과 현재 경험, 그리고 미래 희망에 있어 창조적인 신앙을 추구함에 있어 지금까지의 교육론이 지녀온 기본적 갈등을 해소하고 하나의

---

4) 고용수, "21세기의 신학교육의 과제", 《전국신학대학협의회 신학교육》 제19호. (2002. 6.), p. 1.
5) 이원일, "기독교교육과정론에 대한 현상학적 접근 연구"(박사학위논문, 연세대학교 대학원, 2000), pp. 65~75.

비전 있는 대안적 모델로 평가된다."[7] 본 연구에서는 여기에 대한 교육과정적인 응답으로서 해석학적인 접근으로 신학교육과정을 연구하고자 한다. 이러한 연구는 신학 교육의 갈등적인 상황에 대한 대안으로 '상상력'이라는 개념을 중심으로 해석학적인 연구를 시도할 것이며, 이러한 이론적인 기초에 근거하여 교육과정의 이론적인 측면을 살펴보고자 한다. 그러나 여기서 신학교육과정의 모든 요소들을 다루기보다는 신학교육과정의 개발 과정의 차원에서 본 연구를 하고자 한다.

II. 신학교육과정의 이론적 근거: 해석학적 상상력

상상력의 개념의 이해에 대하여 역사적으로 살펴보면, 부정적 이

---

6) 이외에 21세기 신학교육의 과제로 다음을 들 수 있다. 첫째, 인종 간의 갈등, 테러와의 전쟁, 빈부의 격차 증대, 독재주의적 종교들의 부활, 운송과 전자통신의 새로운 기술의 등장, 극도의 개인주의, 미래의 불확실성 등으로 인한 청년들의 허무주의 등으로 대표되는 21세기의 역사적 도전 앞에서 기독교 복음은 어떻게 대응할 것인가? 둘째, 21세기 미래 지향적인 신학교육에 부응하기 위해서는 전통 신학이 물려 준 값진 유산(성경, 교리와 신조 등)을 기초 자원으로 해서 현재의 도전적 삶 속에서 제기되고, 또 도래할 미래 사회 속에 예측되는 인간 실존의 물음과 사회의 제반 문제들에 기독교가 공동으로 대응할 신학적 탐구를 위해 인접 이론들과의 학문적 교류의 필요성, 셋째, 21세기 지식 기반 사회에서 질 높은 대학교육을 위해서 국내 모든 대학들이 대학 구조와 운영시스템을 과감히 개선하고 있는 이 때 우리의 신학교육도 개교단 신학교의 차원을 넘어서서 함께 힘을 모아 기독교 신학대학의 정체성을 수립해야 할 때가 되었다는 것임. 신학적인 입장 차이에도 불구하고 '예수 그리스도의 복음 전파'와 '하나님의 나라의 구현'이라는 공통적인 지상의 과제 수행을 위해 연합정신이 절실히 요구됨. 고용수, "21세기 신학교육의 과제", pp. 1~2.
7) 고용수, 『만남의 기독교교육사상』(서울: 장로회신학대학교 출판부, 1994), pp. 394~395.

해의 시기, 혼동적 이해의 시기, 종합적 이해의 시기 등으로 구분해 볼 수 있다.[8] 부정적 이해의 시기는 플라톤과 아리스토텔레스로 대표되는 헬라시대, 아퀴나스의 중세시대, 데카르트, 스피노자, 라이프니쯔등으로 대표되는 카르테시아니즘(cartesianism) 등의 시대, 실존주의자들 가운데 사르트르, 라일, 비트겐스타인 등의 시기이다. 이러한 시대에는 대체적으로 상상력을 이성을 흐리게 하는 역할로 이해하는 특징을 보여 주고 있다. 혼동적 이해의 시대는 히브리인의 시대, 홉스를 비롯한 르네상스의 시대, 로크, 버클리, 흄으로 대표되는 경험주의 시대 등이다. 이러한 시대에는 대체적으로 상상력을 긍정적으로 이해하고 있으나, 여전히 이성의 다음 위치에서 역할을 하고 있음을 언급하고 있다. 종합적 이해는 루소, 칸트, 코울리지, 키에르케고르 등에서 발견되는 상상력의 종합적인 기능을 강조하는 입장이다.

기독교교육에서는 낭만주의적인 상상력 이해를 보이고 있는 호레스 부쉬넬, 상상력의 구성적 행위를 신학적으로 이해하고자 하는 제임스 로더와 다익스트라, 상상력으로서의 신앙발달 이해를 시도하고 있는 제임스 파울러, 그리고 해석학적 접근에서의 토마스 그룸 등이 있다. 그룸의 경우에 상상력 이해는 두 가지의 약점을 가지고 있는데, 하나는 상상력과 이성을 분리하고 있는 입장이고, 또 다른 하나는 상상력과 시간 이해에 있어서 미래와의 관계로 한정하고 있는 점이다. 이러한 약점들을 극복하는 차원에서 본 연구에서는 폴 리쾨르의 상상력 이해를 도모하고자 한다.

---

8) Lee, Won Il, "A Study of a Phenomenological Approach to the Theory of Christian Curriculum", *Yonsei Review of Theology & Culture*, Volume Ⅵ (Feb., 2001), pp. 145~147.

이를 위해서 우선 신학적 입장에서의 상상력 이해를 살펴보면, 트레이시(David Tracy)는 신학의 유형을 다섯 가지의 유형으로 분류하고 있다. 정통신학, 자유신학, 신정통주의신학, 급진신학, 수정주의신학 등이 그것이다. 린드벡(George A. Lindbeck)은 이를 좀더 단순화하여 신학을 명제적 유형, 경험적-표현적 유형, 문화적-언어적 유형 등으로 구분한다.[9] 명제적 유형에서는 종교의 인지적 차원을 강조하고 있으며, 교리는 객관적인 실재들에 대한 정보적인 명제들과 진리로 이해한다. 그리고 이 유형에서는 일단 교리가 참이라고 한다면 그 교리는 항상 참이며, 거짓이라고 한다면 항상 거짓이라고 여기는 것이다.[10] 이러한 유형에 속하는 대표적인 신학으로는 신정통주의를 들 수 있다. 신정통주의는 순종의 귀를 중요하게 여기는 반면에 보는 눈은 경멸하는 관계로, 또는 말씀과 선포는 중요하게 여기지만, 언어가 어떻게 작용하는가에 대해서는 중요하게 여기지 않는 결과로 이미지들과 상상력을 경시하고 있는 입장이다.[11]

경험적-표현적 유형에서는 교리를 내적인 감정의 비 정보적, 비산문적 상징들로 해석하며, 명제적인 유형과는 달리 교리적으로는 의미의 변화없이 그대로 머물러 있으나 종교적인 의미는 다양할 수 있고, 종교적인 개인성과 주관성을 인정하며, 현재를 중요시하고 경험에서 출발하여 하나님 나라에 대한 비전을 조정하는 접근법이다.[12] 린드벡은 이 유형의 대표적인 학자로 슐라이에르마허, 트레이

---

9) David Tracy, *Blessed Rage for Order: The New Pluralism in Theology*(New York: The Seabury Press, 1975), pp. 22~34; George A. Lindbeck, *The Nature of Doctrine: Religion and Theology in a Postliberal Age*(Philadelphia: The Westminster Press, 1984).
10) Ibid., pp. 16, 24.
11) Amos N. Wilder, *Theopoetic*(Philadelphia: Fortress Press, 1976), p. 54.
12) George A. Lindbeck, op. cit., pp. 16, 17, 77, 125, 136.

시 등을 언급하고 있다.

문화적-언어적 유형은 칼 라너와 로네르간으로 대표되며, 명제적 유형과 경험적-표현적 유형의 강조점들을 종합한 것으로 린드벡은 이해하고 있다. 그러나 린드벡은 문화적-언어적 유형에 대한 설명에서 경험적-표현적 유형과 대비되는 차원에서 설명하고 있다. 즉, 경험적-표현적 유형에서의 의미는 텍스트 밖에서 찾아지는 것인 데 비해서, 문화적-언어적 유형에서의 의미는 특별한 언어의 사용에 의해서 구성되어진다.[13] 전자에서의 성경은 연구의 대상으로 여기며, 문자적인 의미는 성경 밖에 놓여 있는 것이지만, 후자의 경우는 성경의 기능을 렌즈(lens)에 비유하고 있는데, 이는 렌즈인 성경을 통하여 세계를 보려는 것이다.[14] 그리고 전자에서는 신학의 방향이 외부에서 내부로, 위로부터 아래로의 방향이다. 즉, 전자에서의 내적인 면과 외적인 면 사이의 관계를 의도적으로 뒤집어놓는 것인데, 린드벡은 "종교의 외적인 특징들은 내적인 경험으로부터 파생되는 것이 아니라, 오히려 파생되는 것으로 여겨지는 것이 내적인 경험들이다."라고 하였다.[15]

린드벡이 언급하고 있는 명제적 유형, 경험적-표현적 유형, 문화적-언어적 유형 중에서 경험적-표현적 유형의 경우는 해석학의 유형에서 해석 이론과 유사한 입장이고, 문화적-언어적 유형의 경우는 해석 철학과 유사한 입장으로 볼 수 있다.[16] 이러한 해석학의 입

---

13) Ibid., pp. 69, 114, 118.
14) Ibid., p. 119. 유사한 입장은 개럿 그린에게서도 발견할 수 있다. 그린은 성경을 우리가 바라보는 그 무엇이기보다는, 우리가 그것을 통하여 보는 것으로 우리가 보는 것의 초점을 재조정해 줌으로써 그것을 인식 가능한 유형으로 만들어 주는 렌즈로 이해한다. Garrett Green, *Imagining God: Theology And Religious Imagination*(San Francisco: Harper & Row, 1989), p. 107.
15) Ibid., pp. 34, 62.

장에 대하여 본 논문에서는 주관성에 대한 강조의 해석학인 해석이 론적 경향이나, 객관적인 입장이 강조되는 해석 철학의 입장을 극복 해 나가는 차원에서 현상학적 해석학에 대해서 언급하고자 한다. 물 론, 비판적 해석학도 그 대안이 될 수 있으나, 기독교교육의 측면에 서 상상력과 연관해서 이해해 볼 때, 비판적 해석학의 입장을 시도하 고 있는 그룹의 상상력 이해는 미래와의 연관 속에서만 이해하고자 한다는 점에서 비판할 수 있다.[17]

주체와 객체의 관계성, 그리고 시간적인 측면 등에서 이를 극복할 수 있는 방법론으로 현상학적 해석학의 관점에서 상상력을 이해하 려고 한다. 현상학적 해석학의 대표적인 학자로 블라이허는 리꾀르 를 언급하고 있다.[18] 가다머가 예술, 창조성, 그리고 미학 등의 문제 들에 많은 관심을 가지고 있었을지라도 상상력에 대하여 직접적이 며, 포괄적인 언급을 하고 있지 않은 것과는 대조적으로, 리꾀르의 경우는 상상력에 대하여 다양한 언급을 하고 있는데, 리꾀르의 이해 에 나타난 특징들을 정리하면 다음과 같다.

첫째, 1960년대에 출판된 『악의 상징』(*The Symbolism of Evil*)은 상상력의 언어적 기능에 대한 새로운 이해의 가능성을 열어 놓은 해 석학적인 모델이다.[19] 상상력의 언어적 기능이란 언어적인 상상력을 의미하는 것이며, 리꾀르에 의하면 의미를 창조하는 데 있어서 필수

---

16) 해석학의 유형에 대해서는 Josef Bleicher, *Contemporary Hermeneutics: Hermeneutics as Method, philosophy and critique*(London, Boston and Henley: Routledge & Kegan Paul, 1980).
17) Thomas H. Groome, *Christian Religious Education*(San Francisco: Harper & Row, 1980), pp. 185~188.
18) Josef Bleicher, op. cit., pp. 217ff; Richard Palmer, *Hermeneutics: Interpretation Theory in Schleiermacher, Dilthey, Heidegger, and Gadamer* (Evanston: Northwestern University Press, 1969), pp. 43~44.
19) Paul Ricoeur, *The Symbolism of Evil*(Boston: Beacon Press, 1967).

불가결한 요소는 바로 언어이다. 리꾀르는 언어의 생산적인 능력과 상상력을 연결하고 있는데, 드러날 새로운 의미들은 새로운 언어적 이미지들의 형태 속에서 언급되어질 필요가 있다. 이는 나타남(appearance)으로서의 상상하기에 대한 현상학적인 설명에 대하여 의미로서의 해석학적인 설명으로 보완되어야 함을 요구하는 것이다. 리꾀르는 이러한 상상력에 대한 언급을 바꾸어 말하기를 '시적인 상상력'이라고 언급하고 있다.[20] 시 또는 신화에서의 상상력의 기능은 전례가 없는 세계, 우리의 실제적인 세계의 한계들을 초월하는 가능성의 세계로 노출되는 것으로 정의되어진다.

둘째, 상상력에 대한 해석학적인 접근은 텍스트에 의한 세계 노출의 능력에 대한 집중력에 있어서 구조주의자 또는 실존주의자와는 다르다.[21] 상상력의 해석학은 텍스트의 객관적이고 구조적인 분석에 한정하는 것이나, 텍스트의 저자들에 대한 주관적이며 실존적인 분석에 한정하는 것이 아니라, 저자와 텍스트가 열어 놓는 세계에 일차적인 관심이 있다. 이것은 저자와 독자 사이의 지평 융합이 아니라, 독자와 텍스트가 열어 놓는 가능성의 세계와의 지평 융합을 말하는 것이다.

셋째, 이러한 종류의 지평 융합을 위하여, 리꾀르는 재진술하고

---

20) Richard Kearney, *Poetics of Imagining: From Husserl to Lyotard*(New York: HapperCollins Academic, 1991), pp. 140ff.
21) 특히 실존주의자인 사르트르는 상상에 대하여 부정적으로 언급하고 있다. Alan R. White, *The Language of Imagination*(Cambridge: Basil Blackwell, 1990), p. 47. 휴브너는 text와 textbook의 차이에 대하여, textbook이 사실들 또는 이미 만들어진 이해를 의미한다면 text는 대화적인 대상들을 의미한다고 언급하고 있다. 그는 해석의 기술을 개발하는 것이 일반교육에서는 중요하지 않을지라도, 유대이즘과 기독교의 경전은 해석의 기술을 매우 중요하게 요구하고 있음을 언급하고 있다. Dwayne Huebner, "Educational Foundations for Dialogue," *Religious Education*, Fall 1996, p. 587

재창조하기 위한 시적인 상상력의 능력과 구성(emplotment)의 담화적 능력과를 관련시키고 있다.[22] Time and Narrative에서, 그는 담화성(narrativity)과 시간성(temporality)의 순환이 긍정적인 관계 즉, 두 영역은 상호적으로 서로가 서로를 강화하여 주는 것임을 증명하기 위해서 노력하고 있다. 그러므로 그는 시간은 담화적인 방법으로 조직되는 정도로 인간적인 시간이 되고, 담화는 시간적인 경험의 특징들을 묘사하는 정도로 의미롭게 된다는 것을 반복해서 말하고 있다.[23] 그는 사태들의 연속을 이야기로 변형하는 풀롯(plot)을 창조하기 위한 능력 또는 이질적인 요소들의 시간적인 종합을 담화적 형성(narrative configuration)이라는 말로 표현하고 있다. 이것은 통일된 시간적인 전체를 구성하기 위하여 개인적인 사건들, 인물들, 그리고 행동들을 '함께 포괄하는(grasping together)' 것으로 구성되어진다.

넷째, 담화에서 작동하는 상상력의 종합적인 힘은 전통(tradition)과 혁신(innovation)의 관념들이 서로 상호보완적임을 의미하는 것이다.[24] 이것은 전통은 혁신 없이 존재할 수 없고, 그리고 혁신은 전통 없이 존재할 수 없음을 말하는 것이다. 물론, 이러한 상호보완적인 역할을 하는 것은 상상력이며, 그리고 담화적 상상력에서, 상상력은 무(nothing)로부터 생겨 나는 것이 아니고, 전통적인 패러다임과

---

22) Paul Ricoeur, *Time and Narrative*(Chicago: University of Chicago Press, 1984), p. 80. 근본주의는 경전에 대하여 픽션의 요소들에 대해서는 거의 완전히 제거하고, 경전을 문자적으로 이해하는 것으로 특징지워져 있다. 그리고 근본주의는 근대성(modernity)의 결과이며, 종교에 있어서의 픽션의 죽음을 명백히 선언하는 것이다. Heinz Streib, "The Religious Educator as Story-Teller: Suggestions from Paul Ricoeur's Work," *Religious Education*, Summer 1998, pp. 314~331.
23) P. Ricoeur, op. cit., p. 3.
24) Ibid., pp. 68ff.

연관되어진다. 전통과 혁신 사이의 관계성은 또한 사회적 상상력에 대한 리꾀르의 이론에 근거하고 있는데, 이는 이데올로기와 유토피아의 상호보완적인 관계성을 의미하는 것이다.[25] 이데올로기는 통합, 반복 그리고 주어진 질서의 반영으로 향하는 경향이 있으나, 유토피아는 가족, 소비, 정부, 종교, 기타에 대하여 근본적으로 다시 생각해 보는 것이다. 이것은 이데올로기는 사회적인 통합의 기능으로 이해되며, 유토피아는 사회적인 전복(subversion)의 기능으로 나타난다. 이데올로기의 역기능은 왜곡(distortion)과 위선(dissimulation)이며, 유토피아의 역기능은 정신분열적인(schizophrenia)것이다. 반대로 이데올로기의 순기능은 유토피아의 역기능을 치료하는 것이며, 유토피아의 순기능은 주어진 질서에 대한 왜곡과 반복을 치료하는 것이다. 이데올로기의 병리학을 치료하기 위해서는 구체적이고 실제적인 경험을 필요로 하며, 미래에 대한 기대를 필요로 한다.

이상에서 살펴본 바와 같이 담화적 상상력에 있어서, 상상력은 이론과 실제의 십자로의 자리에 위치해 있다.[26] 담화는 이미 거기에 있는 행동인 재진술의 과정이다. 즉, 담화는 모방적인 기능(mimetic function)을 가지고 있다. 그러나 상상력은 역동적인 행동의 부분에 속하는 투사적인 기능(projective function)을 가지고 있다.

다섯째, 담화적 상상력에 있어, 상상력은 텍스트의 소격화(distanciation)와 전유(appropriation) 사이의 변증적인 과정을 이끌어 가는 기능을 가지고 있다.[27] 이것은 텍스트란 순수하게 그리고 단순하게 글쓰기와 동일시되어질 수 없는 것임을 의미한다. 따라서

---

25) Paul Ricoeur, *From Text To Action: Essays in Hermeneutics*, II (Illinois: Northwestern University Press, 1991), pp. 308~324.
26) Ibid., pp. 174ff.

'텍스트란 무엇인가?' 라는 질문에 대하여, 리꾀르는 텍스트란 상상력에 의해서 구성된 세계, 즉 '텍스트의 세계'를 말한다.[28] 리꾀르에 따르면 픽션적인, 또는 시적인 문학에 있어서 담화는 과학적인 텍스트가 아니라 픽션과 시적인 현상이 일어날 수 있는 문학적인 텍스트이다. 텍스트의 '작품의 세계'란 텍스트 앞에서 드러나고 (unfolded), 발견되어(discovered), 계시된(revealed) 세계이다. 이것은 내가 전유한다는 것과 이해한다는 것은 텍스트 앞에서 자신을 이해하는 것을 의미한다.

··· 텍스트는 우리가 우리 자신을 이해하는 매개체이다. ··· 이러한 점에서, 자아는 텍스트의 세계에 의해서 구성되어진다고 말하는 것이 더 정확할 것이다. ··· 독자로서, 나는 나 자신을 잃음으로서만 나 자신을 발견한다. 독서는 나를 자아의 상상적인 변용으로 이끈다. 놀

---

27) Ibid., pp. 75~88. William M. Reynolds, *Reading Curriculum Theory: The Development of a New Hermeneutic*, pp. 40~45. 잉가르덴(Roman Ingarden) 은 객체란 실제적인 객체와 미학적인 객체로 구분할 수 있다고 말한다. 실제적인 객체는 환경 안에서 눈에 보이는 것을 의미하는 반면에, 미학적인 객체는 실제적인 객체와 동시적으로 존재하는 미학적인 경험을 의미한다. 그러므로, 미학적인 객체는 관찰자 또는 독자에 의해서 구성되어지거나 재구성되어지는 것이다. Roman Ingarden, "Aesthetic Experience and Aesthetic Object," *Reading in Existential Phenomenology*, ed. Nathaniel Lawrence and Daniel O'Conner(Enalewood Cliffs, N. J., 1967), p. 304. 아이저(W. Iser)에게서 문학작품이란 존재하고 있는, 또는 존재해 왔던 어떤 것에 대한 문서적인 기록이 아니라, 이전에는 존재하지 않은 어떤 것을 세계 속으로 가지고 오는 이미 형성된 실재에 대한 재구성이다. Wolfgang Iser, *The Act of Reading: A Theory of Aesthetic Response* (Baltimore and London: The Johns Hopkins University Press, 1978), p. x.
28) 리꾀르의 텍스트 이해에 있어서 담론(discourse)을 강조하는 것은 담화에 있어서 상상력의 중요성을 의미하는 것이다. 은유에 대한 그의 이론은 상상력과 언어의 사용과는 관계를 말하는 것이며, 그리고 상상력의 철학에 관심을 갖고 있음을 말한다. Paul Ricoeur, *From Text To Action*, pp. 171~172.

이에 있어서 세계의 변용은 또한 자아의 놀이적인 변용이다.[29]

이러한 해석학적인 과정의 궁극적인 목적은 자기 이해의 끊임없는 과정이다. 리꾀르의 이러한 관점은 담화성과 시간성, 전통과 혁신, 이데올로기와 유토피아, 설명과 이해, 이론과 실제, 소격화와 전유, 텍스트의 가능성의 세계와 잠재적 자아의 세계에 대한 감각[30] 등의 지평융합인 담화적 상상력 또는 해석학적 상상력을 통한 자아(selfhood), 자기 이해(self-understanding), 자기 이미지(self-image)[31]의 형성과 재형성의 과정임을 우리에게 보여 준다.

여섯째, 해석학적 상상력 또는 담화적 상상력에 있어서, 자아는 다른 사람들과의 관계 안에서 형성되는 상호주관적인 자아를 의미하며, 이러한 자아는 한 사람의 내면 또는 외면에 전적으로 존재하는 것이 아니라, 그 사람에게 영향을 끼치는 것을 말한다. 리꾀르는 이러한 자아 이해를 상호주관적인 자아성이라고 언급하고 있다.[32] 리꾀르의 상호주관적인 자아성에 대한 해석학적인 이해와 유사한 입장은 트레이시(David Tracy)에게서 발견할 수 있다. 트레이시가 언급한 것처럼, "자아에 대한 모든 적절한 이해는 어떤 비실재적이고,

---

29) Paul Ricoeur, *From Text To Action*, pp. 87~88.
30) William M. Reynolds, *Reading Curriculum Theory*, p. 206.
31) Henry Issac Venema, *Identifying Selfhood: Imagination, Narrative, and Hermeneutics in the Thought of Paul Ricoeur*(New York: State University of New York Press, 2000), Chap. 5. Reynolds는 '텍스트의 세계'는 "모든 해석학의 궁극적인 목적에 앞서 낯선 것을 자기 자신의 것으로 만드는 것"인 "전유"를 의미한다고 말하고 있다. 리꾀르는 또한 "… 상상력에 의해서 구성된 세계가 텍스트의 세계,"라고 언급하고 있다. William M. Reynolds, Reading Curriculum Theory, pp. 44, 124. 텍스트의 해석과 자아이해의 관계, Ibid., p. 127.
32) Ibid., p. 155. Henry Ⅰ. Venema, *Identifying Selfhood: Imagination, Narrative, and Hermeneutics in the Thought of Paul Ricoeur*, pp. 151~163.

고립된 자아를 이해하는 것이 아니고, 내적인 관련성 안에 있고, 세계의 실재와 내적인 공존 안에 있는 자아를 이해하는 것이다. 왜냐하면, 세계는 다른 자아들, 사회, 역사, 자연 그리고 우주 그 자체의 실재들로 둘러싸여 있기 때문이다."[33]

그러나 자아 이해에 대한 리꾀르의 입장과 트레이시의 입장의 차이는 범위에 관한 것이다. 리꾀르의 경우에, 그는 하나님에 관하여 직접적으로 언급을 하지 않지만, 트레이시의 경우는 자아와의 관계성 속에서 하나님에 관하여 언급하고 있다. 트레이시는 "모든 사람들의 하나님에 대한 이해는 동시에 자아에 대한 이해이며 그 역도 가능하다."[34] 트레이시의 신학에 있어서, 인류학과 신학은 같이 병행되어지는 것이다. 즉, 하나님과 인간에 대한 기독교적인 교리들은 함께 나아가는 것이다. 달리 표현하면, 담화신학에 대한 시카고 학파에서는[35] 하나님-자아-세계(God-Self-World) 사이의 상호주관적인 관계성을 강조하는 것이다.

---

33) David Tracy, *The Analogical Imagination: Christian Theology and The Culture of Pluralism*(London: SCM Press, 1980), pp. 429~430.
34) Ibid., p. 429. 칼빈(John Calvin)은 『기독교강요』(Institutes of the Christian Religion)에서 하나님에 대한 지식과 우리 자신에 대한 지식은 서로 연결되어 있음을 말하고 있다. 그는 자아에 대한 지식이 없으면, 하나님에 대한 지식이 있을 수 없으며 그리고 하나님에 대한 지식이 없으면, 자아에 대한 지식도 없다고 말한다. John McNeil ed., Calvin: *Institutes of the Christian Religion* 1, trans. Ford Lewis Battles(Philadelphia: The Westminster Press, 1960), pp. 35~39. 자아 부정과 자아 노출.
35) Gary L. Comstock, "Two Types of Narrative Theology," *Journal of the American Academy of Religion* 55:4(Winter 1987), pp. 687~717. 콤스톡은 예일 학파와 시카고 학파에서 언급하는 두 가지의 유형을 언급하고 있다. 예일 학파의 경우에, 그들은 담화에서 이야기(story)를 강조하고 있으며, 시카고 학파의 경우에, 그들은 담화에서 담론(discourse)을 강조하고 있다. 따라서, 두 학파의 차이는 동심원의 차이로 볼 수 있다. 즉, 예일 학파는 내원으로 하며, 시카고 학파는 외원으로 하는 것을 말한다.

Ⅲ. 해석학적 상상력에 기초한 신학교육과정 개발

파이너(William Pinar)의 분류에 따르면, 신학교육과정 개발에 대한 본 연구는 교육과정이론의 분야에서 재개념주의에 속한다.[36] 재개념주의는 개인과 개인의 독특한 교육적인 경험들로 방향지워진 이론이다. 재개념주의적인 접근에 있어서, 지식은 자아가 하나님-자아-세계 사이의 관계성에 의해서 형성되어지는 것처럼, 사회적으로 구성되어지는 것으로 여겨진다. 유사한 맥락에서, 블라이허(Josef Bleicher)는 다음과 같이 언급하고 있다.

거시적이든 미시적이든 해석학적으로 진행되는 유의미한 사회적 현상들에 대한 분석들은 사회적인 행위자들에 대하여 대화적으로 세워진 자아 이해(self-understanding)를 출발점으로 취하며 그리고 드러난 일반적인 것과의 관계 속에서 특별한 것으로 그것을 해석한다.[37]

---

36) William Pinar ed., *Curriculum Theorizing: The Reconceptualists*(Berkeley: McCutchan Publishing Co., 1974), 전통주의적 접근, 개념-경험주의적 접근, 재개념주의적 접근 등으로 구분되는데, 다른 교육과정 이론서들에 나타난 분류와 비교해 보면 전통주의적 접근은 교과중심 교육과정, 개념-경험주의적 접근은 학문중심교육과정, 재개념주의적 접근은 경험중심 또는 인문주의적 접근 등으로 비교할 수 있으나, 이 중에서 재개념주의적인 접근은 그 범위가 방대하여 경험 중심 또는 인본주의적 접근과 유사한 점이 있으나, 또 다르게는 전통주의적 접근과 개념-경험주의적 접근을 비판적으로 성찰하는 가운데서 그 이론을 전개해 나가기도 한다. 특히, 재개념주의에서의 'Currere' 로서의 교육과정은 개인의 자서전을 재개념화하기 위한 개인의 능력을 강조한다. William H. Schbert, *Curriculum: Perspective, Paradigm, and Possibility*(New York : MaCmillan Publishing Co.) 1986. p. 33.
37) Josef Bleicher, *The Hermeneutic Imagination: Outline of a Positive Critique of Scienticism and Sociology*(London: Routeledge & Kegan Paul, 1982), p. 139.

그러므로 블라이허의 입장은 해석학적 사회학에 대한 중심적인 의미의 분류는 관계적인 것으로 보여져야 한다는 것이다. 즉, 그는 해석학적 상상력에 있어서 상호주관적인 의미에 대하여 언급하고 있는 것이다. 달리 말하면, 상호주관적인 의미는 과정적인 것이다.

> 의미의 과정적인 개념은 사회적인 진화의 변증적인 개념 안에 주어진 어떤 것으로서의 객관적이며 주관적인 의미의 준거 안에서 이러한 정적인 한 부분을 병합할 수 있다.[38]

이러한 점에서, 본 연구는 자아 또는 자아 이해는 관계적이며 과정적인 기초 위에서 구성되어짐을 보여 주고 있다. 즉, 관계적이며 과정적인 자아는 공동체적인 자아 또는 상호주관적인 자아이며 동시에 시간적 또는 역사적인 자아임을 의미한다. 레이놀즈는 "학교-안에-있는-존재는 비진정성으로 나아가는 경향이 있다. 이는 학생들, 교사들, 행정가들 등에서 공통적으로 발견할 수 있다. … 이러한 것들의 모두는 진정한 존재를 향하여 움직일 필요가 있다."[39] 비진정적인 존재와 타자 지향성을 기르는 양식에 대한 비판은 현재의 교육과정을 개정해야 할 필요를 나타내 주고 있다. 그리고 이러한 이론적인 근거에 기초하여, 교육과정 개발이 이루어지며, 또한 교육과정 개발은 "교육에 관한 이미지들과 열망들을 프로그램으로 변형해 나가는 과정이며, 그 프로그램은 그 과정을 시작하게 한 비전들을 효과적으로 실현할 것이다."[40]라고 정의되어진다. 이 정의에서 교육과정

---

38) Ibid., p. 139.
39) William M. Reynolds, op. cit., pp. 128, 132. 레이놀즈는 투사된 세계는 분명히 "내가 아님"이며, 세계에 대한 타자 지향적이며, 비진정적인 것임을 언급하고 있다.

은 무엇보다 이미지를 만들어 가는 과정임을 발견하게 된다. 이미지를 만들어 가기 위해서 프로그램이 있게 되고, 중요한 것은 결국은 그러한 프로그램으로 말미암아 이미지가 만들어지는 것이다. 목적하는 이미지의 방향으로 프로그램이 선정되고 조직되어 나가는 과정이 교육과정을 개발해 나가는 과정임을 암시하고 있다. 이를 좀더 구체적으로 살펴보면 다음과 같다.

1. 신학교육과정의 개발 과정

교육과정을 개발하는 데 있어서, 전통적인 입장에 대하여 해리스는 다음과 같이 분류하고 있는데,[41] 첫째, 교육과정의 유일한 일은 가르치는 것 또는 디다케(didache)이다. 둘째, 교육과정은 학문적인 자료들과 인쇄된 자료들이다. 셋째, 교육과정은 교육의 과정이라고 하기보다는 학교화의 교육과정 개념과 동일하다. 넷째, 앎, 학습 그리고 이해는 측정할 수 있으며, 양적인 실재 즉, 과정이기보다는 결과이다. 다섯째, 교육은 일평생의 참여로서 개발하기보다는 오히려 끝이 있으며, 획득해야 할 것이 지정되어 있는 어떤 것이다. 전통적인 교육과정 개발은 그 범위에 있어서 제한적이며, 계량적인 것을 강조하는 특징이 있음을 지적하고 있다. 이러한 특징들은 교육과정에서 무엇보다 눈으로 관찰 가능한 또는 측정 가능한 인지적인 것을 위한 교육과정을 개발하는 것으로는 매우 유효한 것이다.

---

40) Elliot W. Eisner, *The Educational Imagination: On the Design and Evaluation of School Programs* (New York: MaCmillan Publishing Co. Inc., 1979), p. 108.
41) Maria Harris, *Fashion Me A People: Curriculum in the Church*(Louisville: Westminster/John Knox Press, 1989), p. 170.

그러나 눈에 보이지 않는 그리고 측정하기 어려운 교육 내용 또는 학습 경험들을 위해서는 그 한계성을 드러낼 수밖에 없다. 이러한 한계를 극복하기 위해서 몇 가지의 대안들이 모색되는데, 그 중에서 웨스트호프는[42] 와이코프의 강조점과는 다르게 현재의 교육적인 필요보다는 미래에 대한 전망으로부터 출발하여 현재의 문제점을 파악하는 교육과정 개발의 순서를 언급하고 있다. 순서를 보면 1단계는 미래에 대한 비전의 윤곽을 서술함, 2단계는 비전과 일치하는 목표 설정, 3단계는 수년 내에 일어날 것으로 예측되는 사태들을 나열함, 4단계는 그 프로그램을 수행함에 있어서 예상되는 방해 요인 혹은 도움이 되는 요인 등을 알아보기 위한 현장 분석, 5단계는 도움이 되는 요인을 중심으로 현재 학습자들이 취해야 할 행동 목표를 설정하는 것이다. 구조기능주의적인 측면에서의 교육과정을 개발하는 것은 전체성과 통일성 측면에서는 강점이 있으나, 개인의 차이성에는 여전한 약점을 지니고 있다. 이러한 약점이 해석학적인 개발 과정에서 극복되어 있다.

해석학적인 개발 과정에서 교육과정을 개발하기 위해서는 우선 다양한 사람들의 참여가 필요한데, 이러한 참여의 과정을 휴브너는 "교육과정 개발의 정치학: 시와 힘"[43]이라는 말로 표현하고 있다. 휴브너는 사람들이 다른 사람들에게 영향을 끼친다는 의미에서 교육을 정치적 활동으로 이해하고 있다. 정치적 활동으로서의 교육은 더 이상 학교가 사회화되는 것을 용납하지 않는 것이다. 그리고 이를 위

---

42) John Westerhoff Ⅲ, "The Visionary: Planning for The Future", John H. Westerhoff Ⅲ ed., *A Colloquy on Christian Education*(New York, Philadelphia: The Pilgrim Press, 1972), pp. 236~245.
43) Dwayne Huebner, "Poetry and Power: The Politics of Curricular Development," *Curriculum Theorizing*, ed. W. Pinar, p. 271f.

해서 '개인성을 위한 교육과정(curriculum for individuality)'을 개발하는 것이다. 이를 위해서 교육가는 힘이란 개인 위에 군림하는 것이 아니라, 개인을 위한 힘 그리고 개인의 상상력을 자극하는 교육적인 시성(poetry)을 갖는 힘이어야 함을 휴브너는 언급하고 있다.[44]

특히 개인성을 위한 교육과정 개발에 있어서, 학습자의 개인적인 차이를 소홀히 하는 블룸(B. Bloom)은 폐쇄적인 목적을 강조하며 완전학습을 강조하는 반면, 개인적인 차이를 중요하게 여기는 크론바(Lee Cronbach)는 각자의 학습자들이 각자의 목적을 가지고 있는 열린 체제를 강조하고 있다.[45] 크론바는 개인적인 차이를 수용할 수 있도록 학습의 목적을 변화시킬 수 있는 그리고 수업 절차를 변화시킬 수 있어야 함을 말하고 있다. 개인의 차이를 존중하는 교육과정에서의 목적은 규범으로서가 아니라 지식과 직관의 자연적인 기능에 의해서 세워지는 것이다. 이런 점에서 교육과정은 규범적인 부분으로서 기능하기보다는 오히려 제안적인 안내로서 기능한다.[46] 개인성을 위한 교육과정 개발을 위해서는 차이에 대한 고려가 필요한데, 포즈너(G. Posner)는[47] 시간적인 요소, 물리적인 변인, 정치적 상황, 학급 규모 등의 조직적 요소, 인적, 경제적, 문화적 요소 등이 고려되어야 할 것을 언급하고 있다.

해석학적 상상력에 의한 교육과정 개발 과정으로는 해리스(M. Harris)의 다섯 단계의 과정을 고려해 볼 수 있다.[48] 첫째, 묵상의 단

---

44) Ibid., p. 275.
45) Merlin C. Wittrock, "Persistent in Curriculum Decision-Making," *Confronting Curriculum Reform*, ed. Elliot W. Eisner(Boston: Little, Brown and Company, 1971), p. 177.
46) Irving Kaufman, "Individual Differences and General Education," *Confronting Curriculum Reform*, ed, Elliot W. Eisner, p. 193.
47) George J. Posner, *Analyzing The Curriculum*, pp. 183~190.

계로서 대표위원회를 형성하여, 학교가 속해 있는 내·외적인 공동체의 목소리, 특히 지금까지 소홀히 한 공동체의 목소리 또는 개인의 목소리를 공청회 및 면접을 통하여 들음이 중요하다. 이러한 들음을 통하여 신학대학교가 어디로 가야 할지의 방향을 정하는 단계이며, 목적과 목표로 명시되는 단계이다. 둘째, 참여의 단계로서 방향성을 가지고 교육해야 할 내용의 영역을 결정하는 데 있어서 과거와 비교해 보아서 어떤 것을 약화 또는 폐기하고, 어떤 것을 깊고 넓게 파헤쳐 나가야 할지를 정하는 단계이다. 특히 지금까지 소홀히 되어진 분야의 영역을 개발해 나가는 것이 중요하다. 셋째, 형성의 단계이다. 이 단계에서는 전체 위원회에서 하부위원회로 이전되어서 교육 내용의 영역을 구체화시키고 재형성하는 과정이다. 넷째, 출현의 단계로서, 이것이 우리의 모습이라고 선언하는 준비의 단계이다. 공청회들을 통하여 개정되는 교육과정을 심의하는 단계이다. 다섯째, 방출의 단계로서 재심의 과정을 통하여 확정된 결과를 발표하는 단계이며, 개정된 교육과정에 대하여 홍보해 나가는 과정과 연결되어진다. 전통적인 개발과정과 해석학적인 개발과정의 차이는, 전자가 중앙집중적, 획일적, 계량적인 이미지의 교육과정을 개발하는 것이라면, 후자는 분권적이며 다양성과 질적인 이미지의 교육과정을 개발하려 하는 것이라는 점이다.

2. 신학교육과정의 목적과 목표

신학교육과정을 개발해 나가는 과정에 있어서 고려해야 할 요인들이 많이 있지만, 그 중에서 본 논문에서는 목적과 목표, 그리고 교

---

48) Maria Harris, op. cit., pp. 172~183.

육과정 개발에 영향을 미치는 4가지의 변인들에 대하여 언급하고자 한다. 교육과정의 이념을 목적과 목표로 명시하는 과정에서 본 연구에서는 목적과 목표로 구분하여 논하고자 한다. 교육 이론에서 목적은 궁극적이고 추상적인 의미 또는 이미지이다. 담화적 상상력의 이론에 의하면, 교육과정의 목적은 Image of God 즉, 하나님의 형상이다. 신학교육과정에 있어서의 하나님의 형상을 회복하고 성숙해 나가는 과정은 곧 자신의 소명을 발견하고 전문화해 나가는 과정이기도 하다.[49] 힌드만(David Hindman)은 자아 정체성(self-identity)의 발견과 소명(calling)은 불가분리적이며, 동시에 자아정체성은 역사적 그리고 상황적인 과정의 맥락에서 형성되어짐을 언급하고 있다.[50] 하나님의 형상을 회복하고 성숙되어져 나가는, 또는 소명을 발견하고 전문화되어 가는 과정은 계속적인 과정(ongoing, never-ending, open-ended, lifelong)이며, 따라서 신학교육과정과의 관련성으로 이해할 때, 이는 계속교육 또는 평생교육(continuing education or lifelong education)을 위한 교육과정 개발을 의미한다.[51] 예를 들면, 신학교육과정에 있어서 각 학과에서 추구하는 인간상과 더불어서, 무엇보다 성인들 또는 평신도들과 학생들의 졸업 이후의 재교육을 위한 교육과정까지도 적극적으로 고려하는 교육과정 개발이 되어야 함을 말하는 것이다.

---

49) Ibid.
50) David M. Hindman, "On Recovering The Concept of Calling: A Review Essay," *Religious Education*, Winter 1999, p. 118. 우리의 경전인 성경을 읽고 해석하는 가운데서, 우리는 우리가 누구인지 그리고 우리는 무엇을 위하여 부름을 받았는지를 발견한다. Christopher M. Leighton, "Contending with A Polemical Traditon: The Rhetorical Art of Christian Self-Definition," *Religious Education*, Fall 1996, p. 536. 이런 점에서 본 논문에서의 하나님의 형상은 '자기 지시적인 개인(self-directed individual)'으로 이해할 수 있다. William M. Reynolds, *Reading Curriculum Theory*, p. 145.

목적 다음으로 고려되어야 할 것은 목표인데, 특히 아이즈너는 세 종류의 목표를 제시하고 있다. 행동 목표, 문제해결 목표 그리고 표현 결과 등이다.[52] 행동 목표의 경우는 기술적 합리성에 의한 교육과정의 목표로서, 결정적이고 획일적인 지식을 습득하는 것과 관련이 있다. 문제해결 목표에서 학습자는 해결해야 할 문제를 부여받으며, 그 문제에 대한 해결책은 다양하다. 즉, 문제해결 목표에서의 문제 해결은 확정적이지 않다. 표현 목표라는 용어보다는 표현결과에서는 '개인적인 목적 그리고 경험을 위하여 다양한 분야를 제공하기 위해서 고의적으로 계획된 교육과정 활동들의 결과'[53]이다. 목표는 활동보다 앞설 필요가 없으며, 오히려 목표들은 행동 그 자체의 과정에서 형성되어질 수 있다. 이상의 세 가지의 목표는 해석학적 상상력에 의한 신학교육과정 개발에서 각 학년별, 필수와 선택, 실습 등에서 활용되어질 수 있다. 이러한 목표들에 대한 구체적인 제안은 4가지의 공동 변인, 즉 교사들, 학습자들, 교과 그리고 환경 등에서 결정되어질 수 있다.

3. 신학교육과정의 4가지 공동 변인

레이놀즈에 따르면, 리꾀르의 텍스트 이해는 교육적인 현상으로

---

51) 교육적인 의미에서, 이것은 개체화 또는 자아 실현의 과정(the process of self-actualization)이며, 이는 인지적인 발달을 포함한 전인적인 발달을 강조하며, 유사한 입장은 로저스(Carl Rogers), 매슬로우(Abraham Maslow) 등에서 발견할 수 있다. 그러나 본 논문에서의 자아 이해는 어디까지나 관계적인 자아, 공동체적인 자아를 의미한다. 그리고 해석이란 바로 자아의 노출(self disclosure)이며, 이는 자아 개발을 위한 어떤 프로그램은 바로 자아 노출을 위해 제공되어져야 함을 말한다. William M. Reynolds, op. cit., pp. 151, 154, 156, 209.
52) Elliot W. Eisner, *The Educational Imagination: On the Design and Evaluation of School Programs*, p. 101.
53) Ibid., p. 103.

확대할 수 있는 가능성을 지니고 있는데, 이러한 교육적인 현상에는 수업 기간, 교실 등이 포함된다.[54] 교실을 이해의 대상인 텍스트로 이해한다는 것은, 교실에서의 4가지의 변인인 교사, 학습자, 교재, 환경 등의 상호작용을 교육과정으로 이해한다는 것이다.[55] 따라서 교육과정의 개발에 있어서 구체적이고 세분화 작업을 하는 데 있어서 고려되어져야 할 것은 바로 4가지의 공동변인의 상호작용인 것이다. 4가지 공동 변인의 상호작용을 위해서 제기되는 대표적인 질문들은 다음과 같다.[56]

	교사	학습자	교과	환경
교사	1	5	9	13
학습자	2	6	10	14
교과	3	7	11	15
환경	4	8	12	16

(1) 교사와 교사: 교사들은 어떻게 서로를 긍정적으로 격려하고 돕는가? 교사들은 혁신적인 생각이나 지도를 해 보려는 교사들에게 어떻게 반응하는가? (2) 교사와 학습자: 교사는 학습자의 인성의 어떤 측면을 부각시키는가? 어떤 측면을 억제하는가? 교사는 자신이 중요하고 가치 있게 생각하는 것을 어떻게 전달하는가? (3) 교사와 교과: 한 교과에 대한 교사의 태도가 교과에 어떤 영향을 미치는가?

---

54) William M. Reynolds, op. cit., p. 219.
55) Ian Wesbury and Neil J. Wilkof, ed., *Joseph J. Schwab-Science, Curriculum, And Liberal Education: Selected Essays*(Chicago & London: The University of Chicago Press, 1978), p. 370. William H. Schubert, *Curriculum: Perspective, Paradigm, and Possibility*(New York: MaCmillan Publishing Co., 1986), p. 291.
56) Ibid., pp. 302~305

한 교과에 대한 교사의 지식은 교사가 그 교과를 가르치는 데 어떤 영향을 주는가? (4) 교사와 환경: 교사의 행동, 태도, 일반적인 성격은 교실 분위기와 환경에 어떻게 영향을 미치는가? 교사의 교수 성향이 물리적 환경에 어떻게 영향을 주는가?

(5) 학습자와 교사: 학습자 집단의 화학작용은 교사에게 어떤 영향을 주는가? 소위 문제학생들이 학급 전체와 교사와의 상호작용에 어떤 영향을 미치는가? (6) 학습자와 학습자: 어떤 학습자 집단의 학생 지도자는 다른 학습자에게 어떤 영향을 주는가? 어떤 학습자 소집단은 다른 학습자들의 태도에 어떤 영향을 주는가? (7) 학습자와 교과: 어떤 교과에 대한 선행경험은 그 교과에 대한 현재와 미래의 반응에 어떤 영향을 주는가? 한 교과에 대한 선행지식은 학습에 어느 정도로 영향을 미치는가? (8) 학습자와 환경: 학습자는 모든 환경이나 심리적, 사회적 분위기에 어떻게 영향을 미치는가?

(9) 교과와 교사: 교사의 어떠한 관점이 구입된 자료, 포괄적인 교과과정지침, 교육과정 정책에 내재되어 있는가? (10) 교과와 학습자: 가르쳐야 할 교과가 학습자의 발달 수준에 적합한가? 또는 내용이 개념상으로는 적절하지만 학생들이 읽고 이해하기에 너무 어렵다면 어떻게 될까? (11) 교과와 교과: 교과서나 자료들은 교육과정 정책이나 지침에 표현된 교육과정 철학과 조화를 이루는가? 학습 목적은 선정된 학습 경험에 적합하며, 학습 경험이나 내용의 조직 방식은 이 목적들을 쉽게 달성하도록 하는가? 사용하는 교육과정 자료들은 교육과정 철학과 일관성이 있는가? 수업계획서는 교과목과 어느 정도 일치하는가? (12) 교과와 환경: 교과를 가르치기 위해 물리적인 환경은 어떻게 이용될 수 있는가? 구입된 자료의 소재, 구성, 내용으로 인해 교육의 질은 어떻게 달라지는가?

(13) 환경과 교사: 학교와 교실의 물리적 특성이 교사와 학생을 위

해 하고자 하는 일을 어떤 식으로 뒷받침해 주거나 방해하는가? 물리적 환경이 교수의 질에 어떤 영향을 주는가? (14) 환경과 학습자: 환경은 학습자들의 자아 개념에 어떤 영향을 주는가? 권위의 유형은 학습자들의 행동, 견해에 어떤 영향을 주는가? (15) 환경과 교과: 일반적인 환경은 교과를 어떤 식으로 제한하고 거부하거나 지원하는가? 환경으로 인해 특정한 교육과정 영역은 더 잘 가르쳐질 수 있는가? (16) 환경과 환경: 교실 또는 전체 학교 안에서 규칙, 물리적 특징, 환경은 교육 의도 및 철학과 일치하는가 아니면 서로 불일치하는가? 불일치한다면 어떻게 조화를 이룰 수 있을까?

이러한 16가지의 상호 작용으로 말미암는 교육과정에 대해서 사회적 행동주의자들은 교육과정 정의의 광범위함에 대하여, 지적인 전통주의자들은 학습자들의 참여에 대하여 각각 비판의 목소리를 내고 있으며, 경험주의자들은 방향성(directionality)의 결핍에 대하여 비판을 하고 있다.[57] 이러한 비판을 수용하는 입장에서 본 연구에서는 기술적 합리성에 의한 교육과정 요소들의 특징인 목적, 내용 또는 학습 경험들, 조직, 그리고 평가 등과 해석학적 접근에서 중요하게 여기는 요소들인 교사, 학습자, 교과, 환경 등을 상호보완적으로 고려한다. 즉, 목적, 내용 또는 학습 경험들, 조직, 그리고 평가의 요소들을 구체화하고 세분화하는 데 있어서 고려해야 할 변인들로 교사, 학습자, 교과, 환경 등의 상호작용을 고려해서 개발해 나가는 것을 말한다.

---

57) Ibid., pp. 306~309.

Ⅳ. 결론

한국의 교회 성장에 견인차 역할을 감당해 온 신학교육은 그 공헌에도 불구하고 아직까지 여러 가지 개선점들을 안고 있다. 그 중에 하나는 교육과정 개정에 대한 계속적인 노력의 결핍을 들 수 있을 것이다. 이러한 교육과정 개정의 결핍은 결국 신학교육자들이 미래의 지도자 상(image)에 대한 확신이 없이 교육에 임하고 있다는 비판 또는 "신학 교육의 실천적 목적의 혼돈, 즉 '어떤 목회자를 양성하는가?' 라는 실천적 목표 설정이 불분명한 데 있다."58)는 비판과 직결된다. 세계 교회는 목회자상을 역사적 변천에 따라 17, 18, 19세기에는 '선생(the master)', 미국의 종교 자유화시대에는 '부흥강사(revivalist)' 그리고 '설교가(pulpiteer)'로 대치되었고, 교회가 제도화되면서는 '조직 책임자(organizer)'로, 오늘날에는 '경영자(manager)', 또는 '치유자(therapist)' 라고 이름붙이고 있다.

여기에 대하여 은준관은 '목회적 지휘자' 상을 제시하고 있다. 목회적 지휘자란 목회를 독점하는 사람이 아니라 하나님 백성 모두를 양육하고 그들을 결속하여 공동체를 이루며, 그들을 역사 속의 하나님 나라 증언자로 내보내는, 공동 사역을 모색하는 목회자를 말한다.

그러나 중요한 것은 현재에 어떤 목회자상이 가장 바람직한 것이냐 라는 것보다, 본 연구에서는 교육과정의 개발은 궁극적으로는 끊임없이 이미지를 개발해 나가는 것임을 말하는 것이다. 신학교육과정을 개발하는 것은 무엇보다 과거와 현재의 목회자의 이미지를 비판적으로 성찰하면서, 앞으로의 바람직한 목회자의 이미지를 형성

---

58) 은준관, "지구촌 시대의 신학교육", 『기독교사상』, 1994. 3.

해 나가는 과정이다. 이러한 이미지를 형성하기 위해서 개발 과정을 언급하였고, 목적, 목표 그리고 4가지의 공동 변인을 언급하였다.

그리고 해석학적 상상력에 의한 교육과정은 그 개념 정의에서는 '쿠레레' 로서의 교육과정으로 정의되며, 이는 관계적이며 공동체적인 자아상(self-image) 또는 자기 이해를 재 개념화해 나가는 능력을 강조하는 것이다. 이것은 신학교육과정에 있어서는 신학생들의 하나님의 형상의 성숙 과정과 전문화되어 나가는 과정 또는 하나님과의 관계, 인간과의 관계, 역사와의 관계(stewardship)에 이르기까지 폭넓은 다양한 영역들을 하나님 나라의 시각에서 비판적으로 성찰하고 분별할 수 있는 안목을 갖고 책임 있게 응답해 나갈 수 있도록 도와 나가는 과정을 말한다. 이러한 과정의 개발을 위해서는 교사, 학습자, 교과, 환경 등의 상호작용에 대한 고려가 요구되어지며, 잠재적 교육과정(hidden curriculum)이 강조되어진다. 이러한 4가지 요소들의 상호작용에 근거하여, 신학교육과정은 목적과 목표, 내용 또는 학습 경험들, 교수-학습과정, 평가 및 행정 등에 따라서 개정되어 나가야 할 것이다. 더 나아가서 이러한 결과로 나타나는 신학교육과정의 형태들은 교과교육과정뿐만 아니라 교사교육과정, 학습자교육과정, 환경교육과정 등의 모습이 될 것이다. 이러한 교육과정의 형태들을 좀더 구체화하는 작업은 앞으로의 과제로 남겨 둔다.

7 교회교육 평가를 위한 기초적 탐색

김화선 박사
장로회신학대학교 강사

Ⅰ. 서론
Ⅱ. 교회교육 평가의 필요성과 목적
　1. 교회교육 평가의 필요성
　2. 교회교육 평가의 목적
Ⅲ. 우리 나라 교회교육 평가의 상황
　1. 1970년대 이후
　2. 1990년~현재
Ⅳ. 교회교육 평가에 따른 예상되는 문제점과 그 대처방안
　1. 예상되는 문제점
　2. 대처 방안
Ⅴ. 결론(교회교육 평가에 관한 전망)

Ⅰ. 서론

평가(evaluation)라는 용어가 갖는 의미는 간단하지가 않다. 일반적으로 평가는 대상의 가치를 판단하고 결정하는 일을 의미한다. 이러한 관점에서 볼 때, 평가는 인간이 삶을 살아가는 가운데 시간과 장소를 막론하고 의식적이든 무의식적으로든 수시로 행하게 되는 기본적인 행동 중의 하나이다.

이처럼 일상적인 삶과 깊이 관련되어 수행되는 인간의 평가 행위는 인류 역사의 초기부터 이루어졌다. 즉, 하나님은 최초의 사람인 아담에게 에덴 동산의 각종 나무의 실과는 무엇이나 임의로 먹되 동

산 가운데에 있는 선악을 알게 하는 나무의 실과는 먹지 말라고 하셨으며, 또한 이것을 먹는 날에는 정녕 죽으리라고 말씀하셨다.[1] 여기서 "선악을 알게 하는 나무의 실과를 먹는 날에는 정녕 죽으리라"는 하나님의 말씀은 아담에게 그 동산에서 죽지 않고 살아가기 위한 하나님의 평가 기준이 되는 것이었다. 아마도 타락 이후 아담은 가시덤불과 엉겅퀴와 싸우며 보다 많은 채소를 효과적으로 얻기 위하여 여러 번의 시행 착오(평가 과정)를 거쳤을 것이다. 비록 이와 같은 과정이 공식적인 절차를 통하여 이루어진 것이 아니라 하여도 엄연히 평가의 과정을 통하여 보다 질 좋은 삶을 위한 선택이 이루어졌을 것이다.

이와 같은 평가 활동은 위에서 살펴본 비형식적인 평가(informal evaluation)에서는 물론 교육 분야에 있어서도 예외가 아니다. 고대 그리스에서 소크라테스는 학생의 성취 정도를 평가하기 위하여 학습 과정의 한 부분으로서 비교적 체계적으로 구술 평가를 하였다.

사실상 형식적인 평가(formal evaluation: 가치를 부여하고 가치 판단을 하기 위하여 정확한 정보와 준거의 체계적인 사용을 하는 것)도 우리가 일반적으로 알고 있는 것보다 더 오랜 역사를 가지고 있다. 공적인 부문에서 기록에 남아 있는 최초의 형식적인 평가로는 B.C. 2000년경 중국에서 관리들의 숙달 정도 능력을 측정하기 위하여 실시하였던 관리 임용 시험을 들 수 있다.[2]

성경에서 형식적인 평가에 관한 첫 기록은 아마도 고대 바벨론 시

---

1) 창세기 2:17
2) Worthen, B. R., Sanders, J. R., & Fitzpatrick, J. L., *Program Evaluation: Alternative Approaches and Practical Guidelines*(2nd. ed.), (NY: Longman, 1997), pp. 26~27.

대의 느부갓네살 왕이 아스부나스에게 명하여 3년 프로그램을 돌리게 한 것이다. 이 때 이스라엘 청년 중 다니엘과 세 친구가 열흘 동안 평가받기를 제안하였고 평가 결과는 좋았다.3) 이 첫번째 프로그램 평가는 작은 표집, 선택의 편파성, 한 사람의 관찰자, 타당성과 신뢰성이 정확하게 보고되지 않은 것 등의 여러 약점이 있음에도 불구하고 프로그램에 관한 주요 결정을 하는 데 평가 방법과 설계가 비교적 적절히 맞춰진 것으로 보고되고 있다.4)

그러나 이상에서 언급한 것과 같이 평가의 비형식적 혹은 형식적인 역사가 상당함에도 불구하고, 희귀한 몇몇의 기록을 제외하고는 범세계적으로 평가에 관한 역사적 기록은 1800년대 이후의 것만으로 제한되어 있고 미국의 경우도 역시 평가에 관한 기록은 19세기 이후의 것으로 한정된다.5) 이것은 아마도 평가 행위가 너무도 자연스러운 인간 활동이기 때문에 이에 대한 체계적인 접근 노력의 필요성이 타학문에 비하여 크게 강조되지 않았던 때문인 것으로 보인다.

그럼에도 불구하고 1843년 밀(John Stuart Mill)이 사회 현상이나 인간의 연구에 있어서도 자연과학 분야에서와 같이 과학적 접근을 적용해야 한다고 주장한 이래로, 사회과학 분야에서 과학적 방법을 적용하려는 추세가 교육평가 영역에도 많은 영향을 주었다.6) 특히 1932~1940의 8년 연구(the Eight Year Study)를 통하여 최초의 공식적인 평가모형을 개발한 Ralph W. Tyler의 목표중심 평가모형은

---

3) 다니엘 1:3~20.
4) M. Q. Patton, "Evaluation design", *Qualitative Evaluation Methods*(Beverly Hills, CA: sage, 1980).
5) 배호순, 『평가의 원리: 교육 프로그램을 중심으로』(서울: 교육과학사, 1990), pp. 21~28.
6) D. Hamilton, *Curriculum Evaluation*(London: Open Book, 1976), pp. 102~122.

지금까지 수많은 평가모형이 개발되고 이론을 정립하는 데 큰 기여를 하였다. 현재는 평가가 거의 모든 부분에서 활용되고 있는 실정이다.

최근 우리 나라에서 평가에 관한 구체적이고 실제적인 관심이 사회적으로 크게 증폭된 시기는 WTO출범과 1996년 경제협력개발기구(OECD)에 가입한 것과 때를 같이한다. 즉, 선진국 진입의 발판을 마련한 이후, 명실상부한 선진국이 되기 위해서 여러 방면에서 의식 개혁은 물론 정책 및 제도의 선진화와 국제 경쟁력의 배양을 위하여 지속적으로 노력하는 중에 교육계에서 비교적 발빠르게 대학 평가를 필두로 교육청 평가, 학교 평가, 교육정책 평가, 강의평가, 교육과정 평가 등이 구체적인 실행 단계에 들어가게 된 것이 보다 직접적인 원인으로 작용한 것으로 판단된다.[7]

오늘날 거의 모든 기관과 분야에서 더 나은 작업 수행은 물론 질 높은 교육과 서비스를 제공하기 위하여 평가의 대상을 확대하고 실질적인 이론들을 정립하며 노력을 강구하고 있다. 그러나 여전히 교회 안에서의 평가에 관한 논의는 아직 생소하며 교회교육에 대한 체계적인 평가는 거의 전무한 상태이다. 따라서 본 연구는 교회가 질적, 양적 성장을 하기 위하여 평가의 방법을 활용할 수 있다는 점을 알리고, 나아가 평가에 대한 관심을 불러일으키며 앞으로 교회 현장뿐만 아니라 기독교 교육의 전 영역에서 평가를 실시하기 위한 기초 탐색을 주목적으로 한다. 이것을 위해 평가의 필요성과 목적을 최근의 평가 동향과 함께 알아보면서 교회교육에서의 평가의 정당성을 확보할 것이다. 다음으로 우리 나라 교회교육 평가의 과거와 현재의

---

7) 배호순, 『교육과정 평가 논리의 탐구』(서울: 교육과학사, 2000), pp. 26~28.

상황을 분석할 것이다. 마지막으로 앞으로 평가를 교회와 교회교육에 올바르게 정착하고 또한 교회를 돕기 위하여 실시하려고 할 때, 예상되는 부작용과 그 원인을 분석한 후, 그것을 해결하기 위한 대안들을 제시하고자 한다.

II. 교회교육 평가의 필요성과 목적

1. 교회교육 평가의 필요성

1) 교회는 이미 평가받고 있다

교회와 교회의 다양한 활동들은 이미 교인들과 새 교인(방문객)들로부터 매일 혹은 매주마다 평가를 받고 있다. 새 교인들에게 있어서 이 평가의 결과는 계속해서 다음주에도 그 교회에 출석하든가 아니면 다른 교회를 찾아 떠나든가 하는 식으로 나타난다. 때로는 헌금의 결과로 그들의 평가 결과가 드러나기도 한다.[8] 가끔씩 목회자나 교회학교 교사들은 교인과 교회학교 학생들로부터 교회의 다양한 활동들에 대해서 프로그램이 진행되는 동안이나 종료 후에 간단한 비평이나 질문들을 통하여 그들의 느낌과 견해를 수집할 수 있다. 그러나 이러한 자료들은 목회자와 교사들에게 유용한 도움이 될 수 있음에도 불구하고 대부분은 기록되거나 분석되지 않은 채 사장되고 보관되지도 않는다. 이러한 모든 활동들이 형식적이고 구체적인 평가

---

[8] Harold J. Westing, "Evaluation and Long-Range Planning," in *Christian Education*, R. E. Clark, L. Johnson & A. K. Sloat ed. (Chicago: Moody Press, 1991), p. 455.

방법을 통하여 이루진 것이 아니라 하여도, 교회는 다양한 채널들을 통하여 이미 교인들로부터 또는 외부 사람들로부터 평가를 받고 있는 것이다. 따라서 일시적인 단순한 느낌의 보고나 직감적이고 주관적 조언에 의존하는 것이 아니라, 문제의 보다 구체적이고 실제적인 분석, 원인 규명 및 방향 제시를 위하여, 교회 자체에서의 평가가 되든 아니면 외부 전문 평가자를 통한 평가이든 간에 교회 전체 혹은 해당 부분에서의 평가가 필요하다.

2) 교회교육 평가는 성경의 위탁 명령(mandate)이다

성경에는 평가의 필요성이나 평가의 과정을 직접적으로 혹은 간접적으로 언급하는 구절이 신구약을 통하여 200개 이상 나타난다.[9] 그것들은 우리가 기독교인으로서 살아가는 삶의 모든 국면을 다루고 있으며, 교회와 교회 사역의 모든 부분을 취급하고 있다. 먼저 하나님이 우리를 판단하신다는 구절이 70여 곳 이상에서 언급되고 있으며, 그 외 많은 구절에서 평가의 준거(criterion)와 기준(standard)[10]이 될 수 있는 내용이 나타난다.

그러나 평가에 대해 부정적인 생각을 갖고 있는 몇몇 사람들에게 있어서 "맡은 자들에게 구할 것은 충성이니라"(고전 4:2)라는 성경 구절이나 "그러므로 때가 이르기 전 곧 주께서 오시기까지 아무것도 판단치 말라"(고전 4:5)와 같은 말씀이 그들의 의견을 증명하는 것으로 받아들여질 수 있다. 그러나 이것은 성경을 바르게 해석하지 못한 결과이다. 여기서 인간을 향한 충성의 요구에 대해 우리의 하는 일을 반성하거나 우리의 능력에 걸맞게 열매를 맺고 있는지 혹은 제대로 가고 있는지를 점검함이 없이 단지 열심히 나아가는 것만을 의미한

---

9) Ibid., p. 456.

다고 이해해서는 곤란하다. 또한 주께서 오시기 전에는 아무것도 판단하지 말라는 내용과 관련하여, 종말론적으로 선악을 판단하시는 하나님의 전권적이고 최종적인 일과 또 하나님의 일을 잘 감당하기 위하여 인간이 반성하고 더 좋은 방향으로 나아가기 위하여 행하는 일을 혼동하는 것은 성경을 전체적으로 바르게 이해하지 못한 결과라고 생각된다.

따라서 마태복음 25장 14~30절의 달란트 비유는 우리가 평가를 해야 한다는 정당성의 근거를 제시하는 좋은 예로 보여진다. 타국에서 돌아온 주인은 종들과 회계할 때에 다섯 달란트나 두 달란트 남긴 종에 대해서 차등이 없이 똑같이 칭찬하고 있다. 즉 그들의 받은 달란트(능력, 재능, 물질, 주어진 상황 등)에 최선을 다했다는 사실이 중요한 것이다. 그러나 한 달란트를 그냥 가지고 온 종은 손해 없이 한 달란트를 그대로 가지고 왔지만, 결국 주인의 책망을 통하여 정체는 현상 유지가 아니라 퇴보요, 게으름으로 판결되었다. 그러므로 우리가 평가를 해야 하는 이유는 우리들이 가지고 있는 모든 달란트를

---

10) 평가 분야에서는 1980년대 이전까지 준거와 기준을 구분하지 않고 사용하던 것을 1980년 초반부터 구분하여 사용하고 있다. 평가 준거(criterion)는 평가할 대상 및 내용 또는 평가하고자 하는 대상의 속성, 또는 그로 인한 산출 및 활동 결과의 특정 영역이나 차원을 말한다. 이는 평가 활동의 근거로써 평가 활동의 범위나 영역, 또는 초점을 결정해 주며 평가 지표 및 기준의 근원으로 작용한다. 그러므로 무엇을, 어떤 속성 및 측면을 평가할 것인가에 관한 준거를 구체적으로 설정하는 일은 평가 활동 전반에 걸쳐 매우 중요하다. 평가 기준(standard)은 평가 준거의 속성과 내용 또는 그로 인한 산출 및 결과의 속성이나 그 자체를 나타내고 그것들의 바람직한 달성 정도나 성취 수준을 특정 수준 및 범위 또는 점수로 표시하는 것을 의미한다. 즉, 평가적 판단을 위한 판단 근거로 활용하기 위하여 평가 준거에 관한 내용 및 속성을 표현 및 측정할 수 있도록 점수(커트라인), 수준, 범위, 정도 등으로 표현된다. 대체로 이러한 점수나 수준은 그 자체로는 의미가 없고 그 근원인 평가 준거와의 관련하에서만 의미를 부여받을 수 있다. 평가 기준은 평가 준거의 성격이나 수집된 자료의 특성, 그 활용 목적 및 상황, 활용 방법 및 절차, 표현되는 형식 등에 따라서 여러 형태로 표현되고 활용될 수 있다.

정확히 파악하여 제대로 충성하기(달란트를 남기는 것) 위한 것이다.

3) 교회교육 평가는 기독교교육의 사회과학 이론적 접근의 필수 요소이다

1970년대 초부터 기독교교육의 제반 활동을 체계적으로 세분화하고 그것을 사회과학적 평가 방법에 의존하여 재구성해야 한다는 주장이 학계에서 대두되고 있다. 예를 들면, 기독교교육의 효과는 구체적이며 측정 가능한 교육 목표의 설정 여부, 그 목표를 근거로 선정한 교육과정의 타당성과 적절성 확인, 그리고 효율적인 교수-학습 과정의 구성 여부와의 관련성 속에서 측정되고 평가되어야 할 필요성을 언급하고 있다.[11] 또한 이러한 입장을 지지하는 학자들은 그러한 평가의 결과는 행정적 환류체제(feedback system)에 반영되어 앞으로 진행 될 기독교교육 목표 설정, 내용의 선정 및 교수-학습 과정의 재구성을 위한 기초 자료로서 활용되어야 한다고 주장한다.[12] 따라서 평가는 교수-학습 과정의 마지막 단계에서 행해지는 총괄 평가(summative evaluation)뿐만 아니라 형성 평가(formative evaluation)도 포함하는 교육 과정의 전 부분에서 이루지는 교육의 본질적인 요소로 간주되고 있다. 물론 교회교육 활동의 모든 목표들이 구체적이고 측정 가능한 것으로 표현되기 어렵고 또한 측정할 수 없는 정의적인 측면이 많다는 것이 사실이다. 이에 대한 어려움은 일반 교육학 분야에서도 계속 논의되어 오고 있는 것이 현실이다. 그럼

---

11) James M. Lee, *The Shape of Religious Instruction*(Birmingham, Alabama : Religious Education Press, 1971).
12) Donald E. Bossart, *Creative Conflict in Religious Education and Church Administration*(Birmingham, Ala.: Religious Education Press, 1980), pp. 176~186.

에도 불구하고 기독교교육의 사회과학적 평가 방법은 교육 이론과 실제에 대한 실천적이고 경험적인 노력의 중요성을 깨닫게 해 주는 중요한 지적이다.

4) 시대적 요청이다

지난 선교 1세기 동안 한국 교회는 좌우를 살필 겨를도 없이 교세의 확장과 교인 수의 증가를 위하여 달려왔다. 교회교육에 있어서도 전체를 조망하거나 전망할 여유를 갖지 못한 채 실천에 얽매여 왔음을 부인할 수 없다. 이제는 우리가 달려온 길을 되돌아볼 뿐만 아니라, 가능하면 한국 교회교육의 구조적, 실제적인 문제점을 파악하고 이를 극복할 수 있는 대안을 찾아야 할 때가 온 것이다.

또한 우리 사회는 OECD(경제협력개발기구) 회원국이 된 이후에, OECD회원국들이 교육의 질 관리 목적과 교육자들의 책무성 제고 목적으로 평가적 접근 방법을 활발하게 활용하고 있음을 적극적으로 인지하게 되었고, WTO(세계무역기구) 체제하에서 국가경쟁력을 제고시키기 위한 목적으로 교육 전반에 걸쳐 평가적 방법을 적용해야 한다는 시대적 요구에 접하고 있다. 이와 때를 같이 하여 교계에서도 영락교회를 비롯한 몇몇 교회에서 교회를 진단하고 평가하는 작업이 이루어졌다. 이러한 분위기는 다른 교회들도 교회교육을 중심으로 자신이 행하고 있는 일들에 대하여 점검하고 평가하고자 하는 요구를 불러일으켰다. 따라서 이 시점에서 교회교육에 대한 평가가 교회교육 발전을 위한 대안적 제시의 한 방편으로 자리매김할 수 있을 것으로 본다.

2. 교회교육 평가의 목적

평가가 교회 내적으로, 성경적으로, 기독교교육학적으로, 시대적 요청 등으로 필요하다면, 교회에서 "평가가 어떤 목적으로 활용될 수 있겠는가?"라는 질문은 평가의 의미를 보다 구체적으로 이해하는 데 직접적인 도움을 줄 수 있다.

사실상 평가는 다양하고 복합적인 의미를 지닌 역동적인 활동이라고 할 수 있다. 그러므로 평가의 어느 한 정의 양식에 집착하여 특정 평가 목적만을 강조하거나 어떤 평가 기능만을 중시하여 어느 한 차원만을 강조한다면 평가의 본질적인 의미를 제대로 파악할 수 없게 될 것이다. 다음에서는 가장 많이 알려진 평가 모형들을 중심으로 평가의 목적을 크게 네 가지로 분류하였다.

1) 목표 달성 정도를 알아보기 위한 목적

평가에 대한 목표 중심적 접근은 교육평가의 가장 고전적인 모형으로서 지금까지도 교육의 모든 현장에서 지속적인 영향을 미치고 있는 것이다. 이러한 입장에서 평가의 과정은 본질적으로 교육목표가 교육과정과 교육에 의하여 실제로 어느 정도나 구현되고 있는가를 결정하는 과정이다. 여기서 교육목표는 인간에게 일어나게 되는 변화이다. 즉, 교육에서 추구하려고 하는 목표는 학생의 행동 유형에 바람직한 변화를 생산하는 것이다. 그렇게 볼 때, 교육평가는 이러한 행동 변화가 실제로 어느 정도나 발생하고 있는가를 결정하는 과정이다.[13] 일반적으로 이와 같은 평가의 시점은 총괄 평가(summative

---

13) Ralph W. Tyler, *Basic Principle of Curriculum and Instruction*(Chicago: The University of Chicago Press, 1949), pp.105~106.

evaluation) 차원에서 교육이 다 진행된 후 실시되며, 평가의 준거는 미리 설정하여 놓았던 목표가 된다.

교회의 프로그램들의 교육목표가 모두 측정 가능하고 구체적 행동으로 표현될 수는 없다. 또한 반드시 그럴 필요도 없을 것이다. 그러나 기독교교육도 넓은 차원에서 교육의 기본 전제[14]들을 수용한다고 볼 때, 설정한 목표에 따라 의도대로 실시되고 있는가를 확인하는 작업은 교육을 하는 사람의 기본적인 책무성과 관련된다고 볼 수 있다. 그러므로 이상에서 언급한 교육평가의 목적은 우리들로 하여금 지금보다 교육의 목표를 구체화시켜야 하고 책임있는 진술을 구성해야 하며 나아가 설정한 목표들이 달성되도록 실천하기 위해서 노력할 것을 요구한다고 판단된다.

2) 의사 결정을 하는 데 정보를 제공하기 위한 목적

때때로 평가는 교육과 관련된 적절하고 정확한 의사 결정을 하는 데 필요한 정보를 제공하는 데 활용될 수 있다. 의사 결정적 접근을 하는 대표적 학자로는 CIPP모형[15]을 제안한 스터플빔(Daniel L. Stufflebeam)이 있다. 그는 교육적 의사 결정은 네 가지 유형(계획 단계, 구조화 단계, 실행 단계, 결과 단계)에 따라 이루어져야 함을 제안한다. 먼저 계획 단계에서는 목표를 확인하거나 선정하는 일과 관련하여 상황 평가를, 구조화 단계에서는 목표 달성에 적합한 절차

---

14) 정범모, 『교육의 교육학』(서울: 배영사, 1968), p. 18에서, 교육은 '인간 행동의 계획적 변화'라고 정의하고 있다. 이 정의는 교육 속에 포함되는 기본적인 요인을 갖추고 있으며 또한 교육인 것과 아닌 것의 구별도 명백하게 지어 주는 것으로 교육학 전반에서 통용되는 개념이다.
15) CIPP모형은 상황 평가(Context evaluation), 투입 평가(Input evaluation), 과정 평가(Process evaluation), 산출 평가(Product evaluation)의 첫 글자를 따서 만들어진 것이다.

나 절차를 설계하는 일에 투입 평가를, 그리고 실행 단계에서는 구조화 단계에서 결정된 절차나 전략을 행동으로 옮기는 것과 관련된 과정 평가가 이루어질 수 있음을 제시한다. 끝으로 결과 단계에서는 목표가 달성된 정도를 판단하고 재순환에 관한 의견을 제시하는 데 산출 평가가 도움을 줄 수 있다고 말한다.[16] 교육의 목적과 비교하여 결과의 파악을 중시하는 첫번째 입장과는 달리, 이 관점의 특징은 교육의 과정 자체를 개선하는 데 평가의 목적을 두는 형성 평가(formative evaluation)를 중시한다는 점이다.

교회에는 다양한 교육 프로그램이 있을 뿐만 아니라 여러 가지 지원 사업을 비롯하여 직·간접적으로 연계되는 활동들이 많이 있다. 따라서 교회 지도자나 행정 담당자는 프로그램의 재투입 여부, 프로그램에 대한 자원 지원의 증감, 프로그램의 개선 여부나 개선점의 확인, 조직 체계의 변화 여부, 대안의 선택 여부 그리고 평가 결과의 유용한 활용 등 여러 가지 국면에서 의사 결정을 해야 하는 어려움이 있다. 이와 같은 사항에 대하여 평가는 합리적이고 타당한 결정을 내릴 수 있도록 근거를 제시해 줄 수 있다.

3) 가치 및 장점을 판단하기 위한 목적

두 번째 입장처럼 평가는 의사 결정자가 바른 판단을 할 수 있도록 여러 단계에서 자료를 수집하여 제공해야 하는 측면도 있지만, 그러한 활동을 통하여 최종 판단까지 하는 보다 평가자의 전문적 판단을 강조하는 세 번째 입장[17]도 있다. 다시 말하자면, 교육 평가는 학

---

16) D. L. Stufflebeam, "An introduction to the PDK book: Educational evaluation and decision-making", in B. R. Worthen & J. R. Sanders eds., *Educational evaluation: Theory and practice*(Belmont, CA: WadsWorth Publishing Company, Inc.), pp. 128~142.

생, 교사, 교육 프로그램, 성경공부 교재, 교육 정책 등 교육과 관련된 대상의 질이나 가치를 판단하는 행위로서 앞의 두 입장에 비하여 교육 평가 현상을 설명하는 가장 포괄적이고 핵심적인 접근 방법이다.

이러한 접근의 특징은 프로그램의 목적 및 내용 구성의 체계성, 연계성, 논리성에 대한 양호도와 추구하는 목적에 준거한 적절성, 타당성 등과 같은 속성을 중시하며 프로그램의 가치나 장점에 관하여 내재적 또는 외재적 기준에 초점을 두고 있다. 따라서 미리 설정된 목표만을 기준으로 하여 목표의 실현 정도를 판단하는 평가를 벗어나서 목표 이외의 다른 유용한 기준도 반영해서 교육의 과정에서 발생하는 기타 부수적인 결과까지도 종합적으로 판단해야 함을 주장한다. 이는 새로운 프로그램 개발의 목적, 기존 프로그램의 개선 목적, 프로그램의 이해 및 홍보 목적, 프로그램의 기술 및 연구 목적 등에 유용할 것이다.

4) 효과나 영향을 사정하고 판단하기 위한 목적

이것은 프로그램의 실시로 인한 효과나 영향을 사정 및 판단하는 일에 초점을 두며, 이 경우 프로그램을 일종의 독립 변인(처치 변인, 조작 변인, 실험 변인)으로 간주한다는 점이 주된 특징이다.[18] 19세기 후반부터 대민 봉사활동(public service)을 포함한 공공사업의 성공을 입증하기 위한 수단으로 활용된 것이다. 따라서 이러한 입장은

---

17) 대표적 학자로는 M. Scriven(탈목표 평가모형: goal-free evaluation)과 R. E. Stake(판단 중심의 평가모형: Countenance evaluation, Responsive evaluation)가 있다.
18) 배호순, 『프로그램 평가론』(서울: 원미사, 1994), p.16.

실험 연구적 방법의 추론방식인 인과론을 활용하여 프로그램의 효과를 정확하게 파악하기 위한 것이다.

장점으로는 과학적인 방법을 활용하여 체계적으로 신뢰성과 타당성을 확보하는 가운데 프로그램의 효과를 측정하고 파악할 수 있다는 것이다. 특히, 대중과의 관계를 중시하고 공식적으로 요청되는 평가 과정 및 결과에 대한 논란을 예방하고 최소화할 수 있어 일반 정책 프로그램이나 기업에서 활용하고 있는 방법이다.

그러나 교육적인 상황에 적용하는 과정상의 문제점은 통제 집단의 선정 및 통제가 어렵다는 점, 프로그램 목적 중심의 편견이 작용하여 의도한 효과에만 치중하고 의도하지 않은 효과를 파악하기 곤란하다는 점, 결과 중심의 측정에만 치우칠 가능성이 있어 프로그램 계획 및 그 수행 과정에 대한 형성적 평가가 어렵다는 점을 들 수 있다. 그리고 겉으로 드러난 표면적 행동 이외의 경험이나 태도, 가치관의 변화 등을 평가하기 위해서는 측정 중심의 접근만으로는 한계점이 있다는 것이다.[19] 이처럼 교회교육과 관련하여 측정하기 곤란하고 또한 숫자가 모든 것을 설명해 줄 수 없다 할지라도, 지극히 주관적이고 일시적인 지금의 교회평가 현실을 감안할 때, 이러한 평가의 기능은 부분적이라 할지라도 분명 우리에게 주는 정보가 있다는 것을 간과하지 말아야겠다.

III. 우리 나라 교회교육 평가의 상황

한국 교회에서 교육에 관심을 갖기 시작한 것은 선교의 초기 단계

---

19) Ibid., p. 112.

부터이다. 1888년 1월 15일 12명의 여학생과 3명의 부인이 스크랜톤 부인의 지도 아래 성경공부를 시작하였는데 이것이 이화학당이다. 이는 한국 교회에 있어서 문헌에 나타난 최초의 교회학교가 된다.[20] 이렇게 시작된 교회학교는 그동안 신앙교육뿐만 아니라 교회의 급속한 성장에도 결정적인 기여를 해 왔다. 그러나 1950년대 말까지는 체계적인 교육 프로그램은 물론이요 인적, 물적 자원이 절대적으로 부족한 가운데서 그야말로 열심과 기도로 이루어진 하나님의 역사 그 자체였다고 볼수 있다.

1960년대에 들어와서야 비로소 해외에 나가 유학 중이던 기독교교육학자들이 귀국길에 오르면서 교회교육은 전환기에 접어들게 되었으며, 당시 산업 사회의 도래는 한국 교회에 새로운 변화를 예고했다. 60년대에 약 130만 명으로 집계되었던 기독교인들의 숫자는 매년 20만 명씩 그 수(數)가 증가하였으며, 그 이후에도 성장은 계속되었다.[21] 이러한 교회의 급속한 성장 속에서 기독교교육 단체와 각 교파들은 보다 체계적인 교회교육의 중요성을 인식하기 시작하였다. 그리하여 1970년대를 시작으로 다양한 연구와 개발이 이루어졌을 뿐만 아니라 동시에 기독교교육학자들을 중심으로 초보적인 평가 형태의 평가적 노력이 있었다. 아마도 이러한 평가적 노력이 그 이후 1980년대 중반에 이르기까지 교회학교의 부흥기를 이루는 데 절대적인 기초가 되었다고 확신한다.

그러나 이러한 노력은 계속해서 이어지지 못하였다. 1980년대 중반 이후부터 교회교육 전반에 급속한 성장세가 둔화되더니 급기야 1990년대에 접어들면서 정체 상태로 이어지다가 교회학교의 유·초

---

20) 변종호, 『한국 기독교사(개요)』(서울: 심우원, 1959), p. 86.
21) 이종윤, 전호진, 나일선, 『교회 성장론』(서울: 정음출판사, 1983), p. 261.

등부나 중·고등부 학생수가 1994년을 기점으로 계속 감소하기 시작하였다.[22] 물론 교회학교의 성장을 단순히 숫자로 표현하는 데는 분명히 여러 원인들을 밝혀야 하는 한계가 있다. 그럼에도 불구하고 이러한 성장의 둔화는 우리로 하여금 현재 이루어지고 있는 교회교육의 반성과 원인 분석을 하도록 자극함에는 틀림없다. 교회학교 성장의 둔화는 1990년대를 지나면서 아직은 미미하지만, 개교회 차원에서의 평가적 노력을 강구하기 시작하였고 교회 성장 이론에 기초하여 사회과학적인 방법론이 활용되기 시작하였다.

따라서 본 연구자는 한국 교회교육의 평가적 시기를 먼저 1970~1980년대 말까지로 나누었다. 이것은 교단이 연합하여 교회교육의 평가를 실시한 첫 시기로서 평가의 결과는 그 이후 교회 부흥에 절대적인 영향을 미친 것이 주요한 특징이다. 다음 1990~현재까지로 구분한 것은 평가의 인식이 점차 확대되면서 연합 교단 차원에서가 아니라 개 교회 차원에서 진단 평가 성격의 평가적 활동이 시작된 것을 그 특징으로 구분하였다. 두 시기에 이루어진 평가적 노력을 간단히 살펴보면 다음과 같다.

1. 1970년대 이후

가장 초기의 평가적 활동으로는 1973년으로부터 1975년까지 감리교 신학대학 기독교교육 연구소가 실시한 실험교육(experimental education)이 있다. 1975년 감리교 신학대학 기독교교육 연구소는

---

22) 이것은 최근 10년 동안의 교세 통계를 참고하였고 또한 노치준(90년대 한국 교회 교인증감 추세 연구, 《목회와 신학》, 11월호, 1997)과 이용윤("한국 어린이 교회학교의 발전을 위한 교사교육 과정의 한 연구", Liberty Theological Seminary 박사학위 논문)의 조사 결과와도 일치한다.

"교회교육 연구실험교육 종합보고서"²³⁾를 발표하였는데, 보고서는 서울시와 경인 지역의 15개 감리교회와 실험교육 협약을 맺고 '실험 교재의 발간과 실험', '교사 훈련의 새로운 모형 실험' 및 '클래스룸의 변화'라는 세 영역에 대해 3년간에 걸쳐 실시한 연구, 실험교육, 평가 그리고 대안에 관한 결과를 제시하고 있다.

다음으로는 한국 교회학교 교육 실태에 관한 연구 보고서가 있다. 1980년에 정웅섭, 오인탁, 정우현 교수는 "한국 교회학교 교육실태 조사"²⁴⁾라는 공동 연구 보고서를 제출했다. 이 연구는 앞서 언급한 실험교육과는 달리, 10여 개 교단의 약 500교회를 대상으로 실시한 44개의 문항을 가진 질문지에 의해서 당시 교회학교의 현황을 정리한 것이다. 즉, 교회의 교육행정 및 조직, 교회학교 교사의 특성 분석, 교사의 자질, 교사의 교육관, 교육 방법, 교사 교육 및 교육 환경에 대하여 보고하고 있다. 그동안 일부 교파적, 지방별 조사가 있었을 뿐, 광범위한 초교파적이고 전국적인 교회학교 진단이 이루어지지 않은 현실을 고려할 때, 이러한 연구는 당시로서는 상당한 수준의 평가 설계와 객관적 조사였다고 판단된다.

마지막으로 한국 교회 실정에 맞는 교사 양성 프로그램의 모델을 개발하기 위한 기초 연구가 있었다. 이것은 1985~1987년 사이에 기독교교육협의회 주관(김재은, 오인탁, 은준관, 정웅섭 교수)으로 6개 교단 153개 교회를 중심으로 이루어졌다. 결과는 1987년에 "교회학교 교사훈련 실태조사"²⁵⁾ 보고서로 나타났는데, 연구 내용은 크

---

23) 은준관, 『교회교육 연구실험교육 종합보고서』(감리교신학대학 기독교교육 연구소, 1975).
24) 정웅섭, 오인탁, 정우현, 『한국 교회학교 교육실태 조사』(한국기독교교육연구원, 1980).
25) 오인탁·정웅섭, 『교회 교사교육의 현실과 방향』(서울: 대한기독교출판사, 1987).

게 교사의 선발과 교육, 교사의 자아 이해, 교회학교의 교사 관리 등 세 영역에 관한 것이었다. 교사의 선발과 교육의 영역에서는 교사의 모집과 선발, 예비 교육과 계속 교육이, 교사의 자아 이해 영역에서는 교사가 된 동기, 신앙과 자질, 자아 향상의 노력, 그리고 만족도가 조사되었다. 끝으로 교회학교의 교사 관리 영역에서는 교회의 교회학교 지원 상태, 교육 자료 현황, 각 교육부서간의 관계, 교사 배치의 합리성 등이 조사되었다.

2. 1990년~현재

1994년대에 장로회신학대학 기독교교육연구원은 대한예수교장로회 총회교육부의 위탁을 받아 총회교육부가 주관하는 "교사대학 프로그램"을 평가하였다.[26] 이것은 그동안 교육부에서 개발되어 사용해 오고 있던 교사교육과정(교사대학 1, 2, 3단계, 1985년부터 개발하기 시작하여 1992년에 완료하였다) 중 교재에 대한 평가였다. 1994년 당시 353교회에서 교사 양성을 위하여 이 교재를 활용하였는데, 평가 내용은 대략 프로그램 운영 전반, 교육 내용(유익도, 흥미도, 난이도), 과목의 수, 교재 내용과 실제 강의와의 상관성 등에 관한 것이었다.

다음으로 개교회 차원의 교육 진단과 관련된 평가 연구는 장신대 기독교교육연구원을 통하여 이루어졌다. 1994~1996년 사이에 연동교회, 덕수교회, 영락교회가, 1999년에는 이문동교회가 교회교육의 진단과 평가를 받은 바 있다. 이들 교회들은 모두 교사교육에 관

---

26) 장로회신학대학교 기독교교육연구원, 『총회교육부 교사대학 교재평가를 위한 설문조사 연구』(미간행, 1994).

한 것뿐만 아니라 교육 전반에 관한 현황을 진단 평가 차원에서 실시하였다.[27]

마지막으로 평가 관련 가장 최근의 연구 보고로는 1998년 이용윤에 의하여 조사된 것이 있다. 그는 "한국 어린이 교회학교의 발전을 위한 교사교육 과정의 한 연구"[28]에서 한국 교회의 교사교육 실태를 파악하기 위하여 초교파(장로교, 감리교, 성결교, 침례교, 순복음, 기타) 차원에서 1교회 1응답을 원칙으로 설문조사를 하였다. 조사 내용은 주로 교회학교의 학생 수 증감에 관한 사항, 교사의 전문성 현황, 개교회의 교사훈련 실태에 관한 것이다.

그 외에 최근 몇 년 간 교회 지도자들에게 관심과 호응을 얻고 있는 자연적 교회 성장(NCD)이 있다. 이것은 1994년부터 1996년까지 약 3년에 걸쳐 전 세계 6대주 32개국의 1000여 개 샘플 교회에서 교회 성장 원인을 조사 연구하여 제작한 교회 건강 설문지를 통한 교회 평가의 한 방법이다. NCD가 제공하는 교회 평가서의 신뢰도(Cronback α)는 .75~.89 정도이다. 이것은 그동안 교회가 평가를 한다거나 교회에 과학적인 방법을 도입하는 것에 심한 거부감을 느껴 왔던 상황에서 획기적인 일이라고 볼 수 있다. 더군다나 범세계적으로 1188교회의 3만 5천 명이 넘는 사람을 상대로 보편 타당한 설문지를 만들기 위해 수집한 자료의 양과 시간은 교회 역사상 최초라

---

27) 장로회신학대학교 기독교교육연구원, 『영락교회 교회교육 진단과 개선 방안에 관한 연구: 연구보고서』(서울: 장로회신학대학교 기독교교육연구원, 1995).
장로회신학대학교 기독교교육연구원, "이문동 교회교육 : 설문조사 통계 분석 보고서"(미간행, 1999).
대한예수교장로회총회교육부, 『평생교육 커리큘럼의 이론과 실제』(서울: 한국장로교출판사, 2000).
28) 이용윤, "한국 어린이 교회학교의 발전을 위한 교사교육 과정의 한 연구"(미간행, Liberty Theological Seminary 박사학위 논문, 1998).

고 볼 수 있다. 신뢰롭고 타당한 과학적인 방식을 도입했다는 공헌점 외에 이 설문지는 질적 특성을 측정할 수 있는 도구를 개발했다는 데에도 큰 의의가 있다고 할 수 있다. 그밖에 최소치 요소를 측정하여 이것을 교회 문제 해결의 중요한 단초로 활용한다는 개념은 매우 의미 있는 통찰이라고 판단된다.[29]

그러나 설문은 반드시 해당 기관을 통하여 구입한 후 해야 하는 절차로 인하여 구체적인 내용을 알 수 없음은 물론 개교회에서 혹은 교회 내 한 부서에서 이것을 자체적으로 활용하는 데는 어려움이 있다. 또한 이것은 교회의 성장과 관련하여 구성된 것이기 때문에 교회교육프로그램을 평가하는 측면에서 활용하는 데는 한계가 있다고 본다. 그렇지만 여기서 제시하고 있는 기본적인 여덟 가지 질적 특성은 교회교육을 평가하기 위한 하나의 평가 준거로서의 통찰을 제시해 준다.

지금까지 살펴본 것처럼 한국의 교회교육 평가 관련 내용은 30년이 넘는 역사를 가지고 있다. 이미 1970년대부터 이러한 노력들이 있었다는 것은 평가에 대한 인식이 극히 부족하였던 당시의 상황을 고려해 볼 때, 획기적인 접근 방법이었으며, 평가의 필요성에 대한 관심을 새롭게 불러일으켰던 주요한 연구들로 판단된다. 그러나 이상에서 언급한 평가적 노력이 교회 현실에 대한 실태 파악이나 초보적인 진단 평가 수준에서 이루어졌다고 할지라도, 그것이 계속해서 이어지면서 발전되지 못한 아쉬움이 있다.

---

29) C. A. Schwarz, 윤수인 외 3인 역, 『자연적 교회 성장』(서울: 도서출판 NCD, 1999).
크리스티안 A. 슈바르츠 · 크리스토퍼 샤크, 이준영 · 오태균 역, 『자연적 교회성장 실행지침서』(서울: 도서출판 NCD, 2000) 참고.

그리고 1990년대 이후로 실시된 몇몇 중대형 교회를 중심으로 시작한 평가적 노력은, 1990년대 중반부터 세계화를 대비하는 교육 개혁안이 공포되고 정보화 사회에 걸맞는 선진 교육으로의 전환을 꾀하는 사회적 분위기와 맞물려 이루어지면서 점차 교회로 하여금 평가에 대해 긍정적인 입장을 갖게 하고 또한 교회 안에서 사회과학적인 방법을 활용하는 것에 대하여 적극적인 입장을 가지도록 한 공헌점이 있다. 그러나 무엇을 평가하려는 것인지 필요성이나 목적이 좀 더 분명하고 구체화되지 않은 점과 평가 설계의 부족 등이 지적된다. 따라서 주어진 시간과 예산은 정해져 있는데 백화점식으로 접근함으로써 평가 결과도 각론이 부족하고 총론 차원에서만 언급한 것으로 보여진다. 앞으로 교회 현장의 다양한 평가 요구를 만족시키기 위해서는 보다 타당하고 논리적인 평가 설계와 평가 준거에 기초한 다양한 평가적 노력이 필요할 것으로 판단된다.

Ⅳ. 교회교육 평가에 따른 예상되는 문제점과 그 대처 방안

고사성어 중에 '타산지석(他山之石)'이라는 말이 있다. 이것은 '다른 산에서 나는 보잘것없는 돌이라도 자기의 옥(玉)을 가는 데 소용이 된다'는 뜻으로 다른 사람의 하찮은 언행일지라도 자신의 학덕을 연마하는 데 도움이 됨을 비유한 말이다. 기독교교육이 학문으로 자리잡기 시작한 것이 불과 1세기 전부터이며, 그 주된 관심도 기독교 교육사(敎育史)나 교육 방법 및 학습자 이해 등에 초점이 맞추어져 왔다. 그런 점에서 교회에서의 평가에 관한 논의는 이제부터가 시작이라고 볼 수 있다. 앞서 평가의 필요성에서 살펴본 것처럼 교육평가가 이제 더 이상 논외로 놓여질 수 없다면, 평가의 도입과 활용은 철저한 준비와 이해 위에 받아들여야 할 것이다.

따라서 평가를 받아들임에 있어서 우리보다 평가 부분에서 많은 실제의 경험과 시행 착오를 거쳐온 일반 교육 평가의 현황을 숙지하고 비평적 시각으로 받아들인다면, 교회교육에서 평가의 분야는 보다 신속히 정착되고 많은 부분에서 인간의 무지와 실수로 인하여 발생하는 교회교육의 문제들을 해결하는 데 도움을 줄 수 있을 것이다. 나아가 1970년대의 반성적인 고찰이 눈부신 교회 성장에 밑거름이 된 것처럼, 이러한 평가적 노력들은 앞으로의 교회교육의 질적, 양적 성장에 도움을 줄 것으로 예상된다.

1. 예상되는 문제점

교육 평가가 정착하는 데 예상되는 부작용이나 문제점은 크게 네 가지 측면에서 접근할 수 있다. 평가에 관한 이해의 부족 현상, 평가 시행과 관련된 문제, 평가 관련 전문성과 전문가 부재 현상, 평가 결과의 활용 측면 등이다.

1) 교회교육 평가에 관한 인식의 부족 현상

교회에서 평가하려고 하는 것은 하나님이 하시는 일에 대한 평가가 아니라, 하나님의 일을 감당해 나감에 있어서 사람이 계획하고 준비한 일에 대하여 인간이 할 수 있고 검증 가능한 일에 대한 평가를 의미한다. 그러나 이것을 마치 인간이 하나님의 일을 평가하는 것으로 오해하여 불경스런 일로 간주하는 경향이다.

이것에 대해 Lee는 다음의 두 가지를 주요 원인으로 제시한다. 첫째, 교회교육의 영적 성격과 성령(Holy Spirit)이 학습을 일으킨다는 믿음이 종교교육에서 평가가 부적절하고 부적당하다고 인식하도록 만들었다는 것이다. 둘째, 교회교육은 영적이기 때문에 평가의 영역 밖에 있다고 생각하며 따라서 종교교육의 결과(산출)는 사실상 측정될 수 없다고 암묵적으로 혹은 명시적으로 인식하는 문제를 말한다.[30]

또한 평가 자체에 대한 부정적인 생각이다. 지금까지도 평가라는 작업을 거치지 않고도 잘 해 왔다는 생각을 갖고, 평가에 대한 정확하지 않은 인식에 바탕을 둔 막연한 거부감이다. 이러한 현상은 현재 여러 분야에서 이루어지고 있는 일련의 평가 과정 중, 부분적이지만 평가의 순기능보다 역기능이 부각되면서 나타나는 현상에도 그 책임이 있다고 보여진다.

그밖에 평가 본질에 관한 인식의 부족 현상으로 누군가에 의해 평가를 받는다는 사실로 인하여 생기는 과도한 긴장감이나 불안감을 들 수 있다. 이러한 심리적 부담은 피험자 효과[31]와 같은 피평가자 효과로 나타날 수 있다. 그리고 평가에 대한 부담감은 교인이나 교사들뿐만 아니라 교회 지도자들에게도 있는 것으로 보고된다.[32]

2) 교회교육 평가의 시행과 관련된 문제

평가활동이 진행되는 과정에서 발생할 가능성이 많은 문제점 중 대표적인 것은 평가를 위한 평가 현상, 다시 말하자면 행사 위주의

---

30) James M. Lee, *The flow of religious instruction*(Birmingham, Alabama : Religious Education Press, 1973), p. 275.
31) 피험자 효과란 피험자들이 실험 대상자로 지명되었다는 사실 때문에 더 잘하려는 노력으로 실험 효과를 높이게 되는 것이다. 마찬가지로 피평가자가 되었다는 사실이 그들로 하여금 평가 자체에 대해 과잉 반응을 나타나게 할 수 있다.
32) N. L. DeMott & J. W. Blank, *Evaluation in adult religious education*(Religious Education, Vol 93 No 4) p. 479.

평가 현상이다. 평가를 자발적으로 하지 않고 수동적으로 마지못해 실시할 경우, 외형적인 평가 활동에만 소극적으로 참여하게 되는 것이다. 따라서 평가 자체를 하나의 행사로 인식하여, 평가 결과를 어떻게 활용할 것인지에 대한 문제나 새 프로그램을 계획하는 데 활용하는 문제 등에는 전혀 관심을 두지 않고 의무적으로 대하는 현상이다. 예를 들면, 교회에서 여름 행사를 치르고 나면 대부분의 교회에서는 자체적으로 평가를 하는데, 그 평가 결과를 기록 보관하여 다음 해 여름 행사에 활용하는 교회가 드문 현실이 이것을 증명한다.

두 번째는 숫자나 외형적인 면만을 강조하는 평가 내용이다. 우리는 어떤 현상을 설명하고자 할 때 언어로 표현하는 것보다는 숫자로 나타내면 더 정확하고 믿을 만한 정보를 얻을 수 있다고 믿는다.[33] 또한 우리가 교육의 실제에 대해 정의적인 면을 중시하면 지적 영역이 약화된다는 신화[34]를 갖고 있는 것처럼, 학생들의 정서, 느낌 및 하나님에 대한 이해 및 가치관의 변화는 평가할 수 없다는 신화가 있는 것 같다. 그러나 교육의 모든 것이 숫자로 표현되어질 때, 오히려 의미 없는 차이가 과장되어 나타날 수 있고, 서로 비교될 수 없는 다른 속성이 한 가지 척도 위에 서열지워질 수도 있다는 것을 기억해야 한다. 마찬가지로 교회교육은 외형적 평가만을 고집할 때 예를 들면 교회의 출석률로만 신앙의 성숙 정도를 설명하려는 태도는 깊이 있는 내면적 측면들의 변화를 파악할 수 없게 한다.

세 번째는 평가 시기에 관한 것이다. 학교교육의 장면에서 평가는 얼마 전까지도 일정 기간 동안에 전개된 교육 활동이 종결되었거나

---

33) 허숙, 『인간교육을 위한 교육평가의 방향 탐색』(인천교육대학교 논문집, 제29집 제1호, 1995), pp. 425~426.
34) A. W. Combs, 이성호 역, 『교육신화』(서울: 정음사, 1985), pp. 215~221.

종결되려는 시점에서 학습 성과가 어느 정도인가에 관한 최종적인 판단을 내리는 과정으로 이해되어 왔다. 따라서 이러한 영향은 교회교육에서도 평가를 받아들인다고 할 때, 프로그램이 종결된 후 종합평가 차원에서 활용할 가능성이 높다. 그 예로서 때때로 교회에서 필요에 따라 실시하는 평가는 그 시기가 대부분 프로그램 종결 후라는 점이다. 만약 그 결과가 만족스럽고 성과가 긍정적인 것이었다면 다행이겠지만 불만족스럽고 부정적인 결과가 나왔다고 할 때, 적어도 이 프로그램에 참여한 대상자 당사자들은 시기적으로 회복할 기회가 없거나 어렵다고 봐야 한다.

3) 교회교육 평가 관련 전문성과 전문가 부재 현상

교육 평가를 실시하려고 할 때, 가장 현실적이고 실질적인 어려움은 평가를 수행하는 데 필요한 기본적인 지식과 방법론을 갖고 있지 못한 점이다. 아울러 평가에 대한 전문성을 갖춘 전문가가 일반 교육 평가 상황에서는 부족하다고 본다면, 교회교육의 현실은 전혀 없다고 할 수 있다. 이러한 전문성과 전문가의 부재 현상은 자연히 평가 활동의 부작용과 문제점과 직접적으로 관련된다. 또한 평가 관련 연구 활동의 활성화를 저해하는 직접적인 원인으로 작용할 수 있으며, 장기적으로는 교회교육에서 평가가 정착하고 성장하지 못하게 하는 주요 요인으로 작용할 것이다.

평가는 앞장의 목적에서 나타나는 바와 같이 교육의 과정에서 어느 한 부분만이 아니라 일어나는 모든 활동과 관련된다. 이런 점에서 평가는 교육 활동의 중요한 위치를 갖는다. 그럼에도 불구하고 기독교교육을 전공하는 학생들조차도 유독 평가와 관련하여서는 전혀 교육을 받지 않고 있다. 또한 다른 학문도 마찬가지이지만 특히 평가는 이론만이 아니라 충분한 현장의 경험도 필요하다는 점을 인식해야 한다.

4) 교회교육 평가 결과의 활용면

교육 평가의 결과를 어떤 목적으로 어떻게 활용하느냐는 문제와 평가로 인하여 생겨나는 부작용은 깊은 관련을 맺고 있다고 할 수 있다. 평가의 본질을 중시하고 프로그램의 질적 개선과 교육 효과 증대를 중시하는 데 초점을 두고 평가를 한다면 평가의 부작용을 최소한으로 줄일 수 있다.

그러나 평가 결과를 특정인이나 단체의 은밀한 목적에 활용할 경우, 평가 전반에 대한 불신이 증대되고 나아가 평가 관련 정책의 실효성이 감소될 가능성이 있다. 바이스(Weiss)는 평가가 은밀한 목적으로 활용되는 것을 다음과 같이 제시한다. 첫째는 평가를 이용하여 중대한 의사결정을 지연시키려는 목적, 둘째는 평가 결과를 책임을 회피하는 근거 자료로 활용하려는 목적, 셋째는 프로그램의 약점을 평가를 이용하여 숨기려는 목적, 마지막으로 프로그램의 실패를 은폐하려고 피상적이거나 부분적인 평가만을 하는 경우 등이다.[35]

또한 평가하는 과정이 공정하지 못하거나 편협된 시각으로 치우쳐 자료를 수집하거나 비전문가에 의해 평가가 이루어질 때, 평가 결과에 대한 객관성이나 신뢰도는 떨어지게 된다. 그로 인하여 평가 결과에 대한 불신은 당연히 그것에 대한 활용도와 유용도를 떨어뜨리는 결과를 낳으며, 결국 평가 전반에 대한 불신 현상을 유발할 수 있다.

---

35) C. H. Weiss, "Evaluating social programs: What have we learned?", Society, 25, pp. 40~45; 배호순, 『교육과정 평가 논리의 탐구』(서울 : 교육과학사, 2000), p. 215로부터 재인용.

2. 대처 방안

1) 교회교육 평가에 대한 올바른 인식의 필요성

평가라는 영역이 교회교육에 있어서도 필수적인 부분임이 분명함에도 불구하고, 그동안 구호만 있었지 실제로 이것을 위한 실증적이고 구체적인 움직임이 부족하였다. 이런 점에서 본 연구와 같은 시도가 하나의 의미 있는 출발이 될 수 있으며, 나아가 교회에서 평가에 대해 좀더 활발한 논의를 하기 위한 좋은 시발점이 될 수 있다. 무엇보다 평가에 대한 올바른 인식을 위해서는 평가가 이루어지기 전에 평가의 필요성 및 목적, 이유에 대하여 정확하게 홍보하고 평가 참여자들이 이것을 적극적으로 수용하고 협조할 수 있는 여건을 조성해야 한다. 특히 교회 현장에서는 평가의 성경적, 신학적, 교육학적 측면에서의 필요성과 목적을 이해시키는 노력이 필요하다.

또한 평가에 대한 막연한 불안감이나 과도한 긴장감은, 이 평가의 결과가 어디에 활용될 것인지 평가 결과의 유용성, 활용 용도, 평가를 통한 유익 등을 충분히 인지시킴으로써 줄일 수 있다.

2) 교회교육 평가 개념 확대의 필요성

평가 활동이 진행되는 과정에서 발생할 수 있는 많은 문제점들은 기존의 초보적이고 좁은 의미의 평가 개념들을 확대 이해함으로써 극복될 수 있다. 또한 이것은 최근의 평가의 동향과도 그 맥을 같이 한다.

먼저 행사 위주의 평가 현상은 평가의 주체가 반드시 외부 기관이어야 한다는 생각을 수정함으로써 해결될 수 있다. 즉 외부 지향적인 평가 활동에서 교사 자신, 교회가 방관자가 아니라 주체가 되어 보다 자발성을 띤 평가 활동이 되도록 하는 것이다. 평가 활동은 누구를 위한 평가가 아니고 교사 자신을 위하고, 우리 교회의 교육 효과를 증대시키기 위한 것으로 교육 활동의 하나라는 인식의 전환이 요구된다.

또한 평가에서 숫자나 외형적인 측면의 강조는 평가의 본질적 개념의 확대로 해결될 수 있다. 평가 활동 속에는 측정(measurement)이 적지 않은 비중으로 포함되는 것이 사실이다. 그러나 평가는 바로 측정이라는 생각은 평가의 개념을 바르게 파악하지 못한 결과이다. 왜냐하면 평가는 가치 판단의 가장 핵심적인 활동이므로 단순히 숫자나 통계적인 수치만의 강조보다는 관찰, 면담, 작품 평가 등 다각적인 접근 활동을 통하여 이루어질 때, 고등 정신 능력의 변화를 읽어낼 수 있기 때문이다.

평가의 시기와 관련하여서는 어느 한 시점의 평가 이해에서 다양한 시점으로의 평가 이해로 확대해 나가야 한다. 다시 말하자면 평가는 프로그램이 시작되기 전에 프로그램에 투입되는 요인, 참여자의 준비 상태와 경험 유무, 학습 정도 등을 파악하기 위한 목적의 진단 평가로부터 프로그램이 진행되는 과정 중에 이루어지는 질적 개선을 위한 형성 평가가 있다. 또한 프로그램이 종료되는 시점에서 프로그램의 효과나 그로 인한 영향을 파악하기 위한 총괄 평가와 프로그램이 종료된 후, 얼마간의 시간이 경과한 후 실시된 프로그램이 여전히 교육적 효과가 있었는지에 대한 정보를 얻기 위한 추수 평가도 있다. 따라서 평가의 시점은 평가의 목적과 활용도에 따라 한두 시점에서 실시할 수도 있고, 프로그램을 따라가며 전 시점에서 실시될 수 있다고 하는 의미에서 평가 시점의 확대가 필요하다.

3) 교회교육 평가 관련 전문성 확보 및 전문가 훈련 방안

교회 현장에서 평가들이 활성화되고 체계화되기 위해서는 기독교

교육학 분야에서 신학적 기초와 교회 현장에 기반을 둔 평가 이론의 정립과 평가 모형 개발의 연구가 필요하다. 그러기 위해서는 무엇보다 먼저 각 신학대학과 신학대학원에서 평가 관련 과목이 개설되고 교회 현장과의 연계성 속에서 평가 작업을 실질적으로 적용하기 위한 노력이 필요하다. 동시에 교역자 집단을 중심으로 평가의 필요성에 대한 인식과 평가의 전반적인 이해를 위한 체계적이고 지속적인 교육이 요구된다.

4) 교회교육 평가 결과 활용의 활성화

평가 결과가 활용될 수 있어야 한다. 즉, 평가 결과는 교육 정책, 교육 목회 계획, 교육 프로그램이나 교육 과정 등에 질적 개선이나 교육 효과 증대를 위하여 직·간접적으로 투입되어야 한다. 평가 결과가 적절하게 활용되기 위해서는 먼저 평가 결과가 은밀한 목적에 활용되지 못하도록 평가의 본질을 중시하며, 궁극적으로는 교회를 돕고 사람을 세우는 일에 활용되도록 평가의 목적을 분명히 하는 작업이 필요하다.

평가 과정이 객관적이고 공정하도록 되기 위해서는 사전에 비교적 상세한 평가 설계안을 마련하는 일이 요구된다. 또한 평가의 전 과정에 평가 핵심관련자(stakeholder)[36]들이 적극 참여하도록 분위기를 조성하여 이 평가가 우리를 위한 것이라는 주인 의식을 심어 주

---

[36] 평가 핵심관련자(stakeholder) : 평가 핵심관련자란 평가 발주자, 후원자, 참여자 그리고 평가의 결과로 영향을 받는 개인, 단체, 기관 등을 포괄하는 개념이다. 즉, 평가 대상 프로그램과 밀접한 관련을 맺고 있으며 프로그램의 성패를 좌우하는 노력을 지지하고 그로부터 혜택을 입는 자라고 정의할 수 있다. 그러므로 평가대상 프로그램이나 부서와 직접적인 관련을 맺고 있는 목사, 전도사, 제직자, 교사, 학생 및 성도들이다.

는 것이다. 이것은 결과적으로 평가 결과를 신뢰하게 만드는 길이며 평가 결과의 활용을 높이는 길이다. 그리고 교회에서 평가의 문제는 단지 교회학교와 관련하여서 뿐만 아니라 교육 목회적 차원에서 접근하는 노력이 필요할 것이다. 예를 들면, 예배와 예전, 말씀 선포와 전도, 교제와 친교 및 봉사와 선교 분야로도 그 영역을 확장할 필요가 있다. 또한 교회의 전반적인 질적·양적 성장과 관련하여서는 물론 교인 개개인의 신앙적인 성숙의 문제, 기타 교회의 다양한 모임(예: 남·여 선교회 등)의 건실한 발전을 위하여서도 평가관련 연구들이 요구된다. 그러므로 평가를 목회 활동의 전반으로 확대하여 연구하는 노력이 필요하다.

V. 결론(교회교육 평가에 관한 전망)

앞으로 교회교육 평가에 대한 전망은 매우 긍정적이다. 지난 1세기가 뒤돌아볼 겨를도 없이 교회가 양적 성장을 한 시기였다면, 앞으로의 시기는 질적 성장으로 교회교육이 다시 한 번 도약할 수 있는 중요한 시점이라고 판단된다. 이러한 인식이 몇몇 교회 지도자와 교육자들의 생각만은 아니라는 사실이 분명하다.

그 증거로 간헐적이지만 교회교육을 진단하고 평가하려는 움직임이 몇몇 중대형 교회를 중심으로 시작되었고, 또 교회교육의 질적이고 양적인 발전을 이루기 위해 교사교육 세미나나 교사대학을 효과적으로 움직이기 위한 여러 가지 연구와 고민들이 개교회와 총회 차원에서 이루어지고 있는 것도 사실이다. 우수한 교회교육 현장 경험자들과, 경험 있고 실천적인 교수들의 강의에 대한 열의가 큰 것도 사실이다. 부단히 변화하며 최첨단을 달리고 있는 현대사회 속에서 교육의 질을 한 단계 끌어올리려는 수많은 노력과 시행착오들이 지금도 반복되고 있다. 그러나 교회교육은 센세이셔널리즘으로 끝나서는 안 되며, 장기적이고 꾸준한 투자와 계획과 노력이 선행되어야만 참된 성공을 기할 수 있을 것이다.

이런 노력들이 효력을 발휘하고 더욱 효율적으로 적용되기 위해서는 체계적이고 구체적인 기독교교육의 평가 철학과 평가 논리의 정립이 우선되어야 한다. 이와 동시에 평가에 대한 올바른 인식에 기초한 평가 문화에 대한 적극적인 수용 분위기를 조성해야 하며, 나아가 교회 현장에서의 평가의 다양한 활용과 평가 결과의 활용을 유도하는 방향으로 나아가야 한다.

III 기독교교육과 심리

8. 청소년기 회심과 자아정체성 형성에 관한 연구
   - 이규민 | 미국 Princeton 신학교(Ph.D.) | 호남신학대학교 교수

9. 교회교육으로서의 인지행동적 부부 의사소통 프로그램
   - 이현숙 | 서울여자대학교(Ph.D.) | 숭실대학교 겸임교수

8 청소년기 회심과 자아정체성 형성에 관한 연구[1]

이규민 교수
호남신학대학교

I. 들어가는 말
II. 에릭슨의 심리사회적 발달론과 청소년의 자아정체성 형성
   1. 에릭슨의 심리사회적 발달론의 특징
   2. 청소년의 자아정체성 형성
   3. 에릭슨의 발달론 비판
III. 청소년기의 회심
   1. 회심의 의미
   2. 청소년기 회심
IV. 회심과 청소년의 자아정체성 형성의 상관성
   1. 기능적, 사회적, 자아정체성 대 실존적, 존재론적 자아정체성
   2. 자아정체성 형성을 위한 회심의 전환촉매적 역동성
V. 기독교교육을 위한 함축 및 시사점
   1. 기독교교육의 방법론
   2. 기독교교육의 내용
VI. 맺는 말

I. 들어가는 말

  청소년기는 한평생 주기 중에서도 가장 급격한 변화가 이루어지는 시기이다. 2차 성징의 발현, 급격한 신체적 성숙, 추상적 사고에의 본격적 진입, 사회 윤리 의식의 정착 등 인간 개인 및 공동체, 사

---

[1] 본 연구는 1998년도 계명대학교 비사 연구 기금으로 이루어졌음.

회적 차원에서의 변화 외에도 지금까지 부분적, 간헐적 관심을 보였던 종교 및 신앙의 문제에 대한 관심 및 구체적 헌신을 표명하는 시기이기도 하다.

에릭 에릭슨(Erik Erikson)은 청소년기의 가장 중요한 과제로 자아정체성 형성을 제시한다. 신체적으로 아동과 성인의 중간 단계에 놓여 있을 뿐 아니라, 사고 역시 아동기에서 성인기에로의 성숙의 중간 단계에 놓여 있고, 사회성 및 도덕적 판단 역시 중간 과도적 단계에 놓여 있는 청소년의 제반 상황은 당사자로 하여금 자신의 정체성에 혼란을 느끼게 만든다. 이러한 상황에서도 자신의 정체성을 발견할 수 있을 때 성인 단계를 위한 긍정적 토대를 마련할 수 있는 반면, 정체성을 정립하지 못하게 되면 건강하고 생산적인 성인 단계로 나아가는 데 심각한 어려움과 장애를 겪게 된다는 것이 청소년기 특성에 대한 에릭슨의 관찰이다.

에릭슨은 자아정체감의 의미를 청소년의 심리 내적 실재와 청소년을 둘러싼 가족, 친구, 이웃 및 사회와의 심리적 상호작용을 중심으로 다루고 있다. 한편 신학이나 기독교교육학에서는 가족, 친구, 이웃, 사회 등의 내재적, 수평적 실재는 물론 삼위일체 하나님으로 대표되는 초월적, 수직적 실재를 학문적 논의와 실천의 주어진 공리(公理)로서 다룬다. 그렇다면 기독교교육학에서 에릭슨의 발달론을 신학적으로 책임 있고 타당하게 그리고 교육학적으로 효율성 있게 수용, 활용하려면 에릭슨의 자아정체성 논의를 수평적 차원은 물론 수직적 차원에서 비판적으로 성찰해 보아야 할 것이다.

기독교 신학 및 기독교교육학적 입장에서 볼 때, 기독교인으로서의 자아정체성 형성은 객관적 기독교 진리 및 신앙이 자신의 것으로 내재화, 내면화될 때 비로소 가능하다고 할 수 있다. 기독교 진리 및 신앙의 내재화, 내면화가 가장 극명하게 드러나는 때가 곧 회심의 역동적 순간임을 생각할 때, 기독교인의 자아정체성 형성에 있어 에릭슨의 심리사회적 발달론과 기독교적 회심의 역동성은 상호 어떤 관련이 있는가 연구해 볼 만한 과제임에 틀림없다.

본 논문은 에릭슨의 심리사회적 발달론 및 청소년기 자아정체성 형성의 발달론적 특성을 고찰하고, 회심이 청소년기의 자아정체성 형성에 어떠한 영향을 미치는가에 관해 비판적으로 살펴보고자 한다. 또한 회심과 청소년기 자아정체성 형성간의 상호 역동성에 대한 이해가 기독교교육 이론 및 실천에 어떠한 함축 및 시사점을 제시하는가에 관해서도 살펴보게 될 것이다.

II. 에릭슨의 심리사회적 발달론과 청소년의 자아정체성 형성

1. 에릭슨의 심리사회적 발달론의 특징

에릭슨은 프로이드(Sigmund Freud) 정신분석학 이론의 통찰을 수용하면서 인간 발달을 심리사회적(psycho-social) 관점에서 관찰, 분석, 설명하고 있다. 그는 인간의 심리사회적 발달을 여덟 단계로 나누어 설명한다.[2]

그것은 기본 신뢰 대 불신(영아기), 자율성 대 수치와 회의(유아기), 주도성 대 죄책감(유년기), 근면성 대 열등감(아동기), 자아정체성 대 역할 혼미(청소년기), 친밀감 대 소외(성인기), 생산성 대 침체

---

2) Erik Erikson, *Childhood and Society*(N.Y.: W. W. Norton & Co., 1963), pp. 247~274; *The Life Cycle Completed*(N.Y.: W. W. Norton & Co., 1982), pp. 32~34.

(중년기), 자아통전 대 절망(노년기) 등이다. 출생 후 시간의 흐름에 따라 발달 과제 및 발달 위기가 순서대로 나타나는 기본 원리를 이름하여 '후성설(epigenesis)'이라 한다. 이 후성설의 특성을 에릭슨은 다음과 같이 설명한다.

> 성장하는 생물은 일정한 기본 계획을 그 속에 지니고 있다. 이 기본 계획으로부터 각 부분이 생겨나게 되는데, 그 각 부분에 따라 그 부분이 나타나고 성숙되는 특별한 시기가 있다. 이 모든 부분들의 성장과 성숙은 종국에는 하나의 기능적 전체(全體)를 형성하게 된다.[3]

후성설에 대한 통찰은 유기체의 생명이 태 속에서 어떻게 자라나는가에 대한 관찰로부터 생겨나게 되었다. 태 속에서 자라나는 유기체의 각 기관은 특정 시기에 나타나 성숙되는 것을 볼 수 있다. 특정 기관이 특정 시기에 형성, 성숙하지 못하면 그 기관은 후에 많은 시간이 지나도 결코 완전히 발달하지 못하게 된다. 그 이유는 시간이 지남에 따라 다른 기관의 형성, 성숙을 위해 에너지가 다른 기관으로 전환되기 때문이다. 결국, 이전 시기의 불완전한 기관 성숙은 그 다음 시기의 기관 성숙에 장애를 초래한다. 에릭슨은 이러한 태내 기관 발달의 상관적 역동성이 출생 후 가족 및 사회환경 속에서 인간 자아가 심리사회적으로 적응, 발달, 성숙해 나가는 과정에도 그대로 나타난다고 주장한다.[4]

에릭슨의 발달론에 의하면, 사람은 누구든지 인생을 충분히 살기만 하면 총 여덟 단계에 걸친 심리사회적 성숙 및 발달 과정을 거치

---

3) Erik Erikson, *Identity, Youth, and Crisis*(N.Y.: W. W. Norton & Co., 1968), p. 92.
4) Ibid., pp. 92~95.

게 된다고 한다. 이러한 과정은 누구나 경험하는 것이다. 하지만 문제가 되는 것은 그 과정을 어떤 방식으로 어떻게 거치는가 하는 것이다. 자아의 특정한 심리사회적 기능이 발달, 성숙되어야 할 시기가 되었을 때 가장 중요한 것은 그 자아와 관계하는 주위 환경 및 대상이다. 에릭슨은 자아의 특정 심리사회적 요소가 발달, 성숙되어야 할 결정적 시기를 가리켜 발달론적 '위기(crisis)' 라는 용어를 사용한다. 구체적으로 에릭슨은 위기를 다음과 같이 정의한다.

> 발달론적 의미에서 사용되는 용어로서의 위기는 파국의 위협을 뜻하는 것이 아니라 일종의 전환점을 뜻하는 것이다. 여기에서 전환점이란 말은 매우 취약한 결정적 시기, 고양된 잠재력, 특정 세대의 힘과 부적응 등의 계통적 근원을 의미한다.[5]

발달적 위기는 그 사람의 삶에 관점의 변화를 가져오며 이러한 위기 및 관점 변화는 당사자의 심리사회적 발달과 성숙을 위해 반드시 필요하다고 에릭슨은 주장한다. 각각의 심리사회적 단계를 통해 자아는 그 자신에 대한 새로운 감각과 느낌을 형성하게 된다. 각 사람은 자아 형성의 형태에 대해 의식적 객관화를 시도하기보다는 사회적, 문화적 맥락 속에서 자아에 대한 감각과 느낌을 경험적으로 확인해 보고자 시도한다. 이러한 과정을 통해 점차 그 발달 단계에 맞는 안정된 자아를 형성해 나가게 된다.

하지만 이처럼 특정 단계에 맞게 형성된 자아는 신체 성장, 자아 능력의 성숙, 주변 환경의 변화 등에 따라 이에 대응하는 보다 상위의 발달된 자아로 성숙하든지 아니면 그러한 변화가 주는 압력에 적

---

5) Ibid., p. 96.

응하지 못해 생기는 부정적 요소에 압도되는 위기에 직면하게 된다. 발달과정상 한 단계가 제시하는 위기에 성공적으로 대응하게 되면 그러한 성공이 다음 단계의 위기 대응에 긍정적인 힘을 실어 주게 된다. 반면, 전 단계의 위기에 올바로 대응하지 못할 때 다음 단계의 위기 대응에 부정적 영향을 미치게 된다. 이처럼 심리사회적 발달의 각 단계들은 상호 유기적으로 긴밀한 관계를 지니고 있다.[6]

2. 청소년의 자아정체성 형성

청소년기는 아동기를 마감하는 시기이다. 청소년이 자신을 아동으로 인식해 오던 아동과의 자기동일시(ego identification)를 포기하고, 이제 하나의 책임 있는 성인으로 자신을 인식하는 성인과의 자기동일시가 시작될 때 비로소 청소년기는 끝나게 된다. 성인과의 자기동일시가 이루어질 때, 어린아이 같은 장난기나 청소년 같은 실험정신은 점차 사라지고 대신 삶을 위한 헌신과 구체적 직업 발견과 같은 일들이 진행된다.[7]

언어학적으로 정체성(identity)과 동일시(identification)는 같은 어원을 가지고 있다. 그러나 그렇다고 한 사람의 정체성이 곧 그가 과거 이래 축적해 온 동일시의 축적이라는 뜻은 아니다. 동일시된 상(像)들 중에는 부정적이고 병적인 내용들이 많이 들어 있으며, 이러한 부정적, 병적 동일시는 그 사람의 정체성 형성에 많은 어려움과 장애를 초래한다. 건강한 정체성 형성을 위해 이러한 부정적, 병적 동일시는 치유되어야 하고 변형되어야 할 필요가 있음을 에릭슨은

---

6) Ibid.
7) Erik Erikson, *Identity and the Life Cycle*(N.Y.: W. W. Norton & Co., 1980), p. 119.

인정한다.

청소년기를 통해 확립되는 정체성은 과거에 그가 가졌던 어떠한 동일시보다 중요한 역할과 의미를 지닌다. 자아정체성은 모든 중요한 동일시들을 포함하되 그것들을 독특하고도 비교적 통일성 있는 전체(Gestalt)로 변형시켜 준다.[8]

에릭슨은 아동의 전 성장 과정에 걸친 의미 있는 대상과의 지속적 상호작용과, 내사(introjection), 투사(projection), 동일시 등의 심리작용을 통해 자아에 대한 인식, 곧 자아정체성이 형성된다고 주장한다. 자아정체성은 '한 사람의 자아동일성, 자아 안에 존재하는 지속적 동질성, 그리고 다른 사람들과 지속적으로 함께 나눌 수 있는 자신의 본질적 성격'[9]을 의미한다.

아동기의 동일시는 의미 있고 신뢰할 만한 역할 체계와의 만족할 만한 상호작용을 통해 생겨나며, 이러한 동일시 및 역할 체계는 보통 가정 내에서 구성원들간의 상호작용 속에서 진행된다. 이렇게 얻어진 동일시의 상들이 더 이상 과거와 같은 효능을 발휘할 수 없게 될 때, 그때가 곧 자아정체성 형성이 시작되는 때이다. 정체성은 아동기에 동일시된 상들의 취사 선택을 통해 이루어진다. 취사 선택된 동일시의 상들은 하나의 일관성 있는 전체(configuration)로 나타난다. 이처럼 동일시의 여러 상들이 일관성 있는 전체의 모습으로 나타나기 위해서는 아동이 가족, 친구, 이웃, 학교, 사회 등으로부터 자신이 가진 동일시의 모습에 대한 칭찬과 인정을 받을 수 있어야 한다. 청

---

[8] Ibid., p. 121.
[9] Ibid., p. 109.

소년기에 자아정체성을 형성하지 못하면 그 반대축에 해당하는 정체성의 혼미에 빠지게 된다.[10]

에릭슨의 자아정체성 이론에 기초한 경험 및 통계적 연구는 마르시아(J. E. Marcia)의 자아정체성의 성취 여부 및 정도에 따라 다음과 같은 네 가지 수준의 정체성 유형을 보여 준다.[11]

1) 정체성 조기 형성(identity foreclosure): 정체성 조기 형성의 범주에 드는 사람은 자아정체성 위기를 아직 겪지 않은 사람이라 할 수 있다. 이들은 자신의 자아정체성을 형성하기 보다는 부모님의 선택에 따라 정체성을 구축한 경우이다. 이들은 자기 나름대로 자신의 직업이나 사상에 대한 헌신을 가지고 있다. 그러나 이러한 헌신은 그들 자신의 결단에 의한 자율적 과정을 거쳐 이루어진 것이 아니라 부모님이나 권위 인물들이 그들 대신 내려 준 결정에 기초하고 있다. 이렇게 얻어진 정체성은 일종의 '유사정체성'이라 할 수 있다. 이러한 유사정체성은 앞으로 닥쳐올 인생의 다양한 위기에 대응하기에는 너무 수동적으로 고착, 경직된 것이기에 위기를 맞으면 쉽게 깨어진다. 그렇지 않으면 자신의 주체적 삶이 아닌 부모나 권위 인물의 대리적 삶을 사는 모습으로 나타난다.

2) 정체성 확산(identity diffusion): 정체성 확산을 겪고 있는 사람은 어떠한 직업이나 사상에 대해서도 분명한 헌신과 결단을 내리지 못하는 사람이다. 이 사람은 정체성 위기를 과거에 이미 경험했거나, 현재 경험하고 있지만 아직 그러한 위기에 대해 성공적인 대처를 하

---

10) Ibid., p. 122f.
11) J. E. Marcia, "Development and Radiation of Ego Identity Status", *Journal of Personality and Social Psychology* Vol. 3, No. 5, pp. 551~558.

지 못한 채 정체성 형성에 실패한 상태에 놓여있는 것이다.

3) 정체성 유예(identity moratorium): 이 사람은 자신이 어떤 직업, 어떤 사상을 위해 헌신할 것인가 끊임없이 모색하면서도 아직 아무런 결단도 내리지 못하고 있다. 이 사람은 일종의 정체성 위기를 경험하는 중에 있으며 이러한 위기 앞에서 어떠한 결단을 할 것인가 대안을 찾는 과정 중에 놓여 있는 것이다.

4) 정체성 확립(identity achieved): 이는 자신의 직업 및 사상에 대해 의식적이고도 분명한 자기 결단을 내린 상태를 의미한다. 이러한 결정은 자율적이고도 자유로운 상태에서 내린 것이어야 하며 이러한 결정은 그 결정을 한 사람의 특성 및 내적 확신을 올바로 반영하는 것이어야 한다.

3. 에릭슨의 발달론 비판

1) 중간 단계의 실종

에릭슨의 인생 주기 이론에 대해 키건(Robert Kegan)은 다음과 같은 문제를 제기한다. 그것은 곧 4단계 근면성 대 열등감의 단계와 5단계 자아정체성 대 역할 혼미 단계 사이에 들어있는 중간적 단계를 놓치고 있다는 것이다. 키건은 소속(affiliation) 대 유기(abandonment)의 단계를 그 중간 단계로 제시한다.[12] 이 소속 대 유기의 단계는 키건에 의해 제시된 자아발달의 세 번째 단계, 즉 '관

---

12) Robert Kegan, *The Evolving Self: Problem and Process in Human Development*(Cambridge: Harvard Univ. Press, 1982), p. 87f.

계적(interpersonal) 자아'와도 서로 상통한다.

에릭슨을 비판하는 키건의 요지는 다음과 같다. 근면성 대 열등감의 단계는 학령기 아동의 자아가 자신의 열심과 근면을 통해 아동적 세계를 구축해 나가는 시기로서 이때의 자아는 다분히 제국적, 자기중심적, 독립적이라는 것이다. 키건은 이러한 자아를 '제국적(imperial) 자아'라고 부른다. 자아의 독립을 향한 추구는 사춘기 후기 또는 성인 초기에 이르러 보다 성숙한 모습으로 나타나게 되는데 이 때의 자아는 제국적 자아에 비해 훨씬 객관성과 상호존중의 형태를 띠게 된다. 키건은 이러한 자아를 가리켜 '제도적(institutional) 자아'라고 부른다. 이 제국적 자아가 제도적 자아로 성숙, 분화되기 위해선 그 중간 단계인 '상호관계적(interpersonal) 자아'의 단계를 거쳐야 한다는 것이다.[13] 이 시기가 바로 사춘기 전기에 해당한다.

키건에 따르면, 상호관계적 자아 단계는 "연결, 포함, 그리고 상호성의 시기로서, 이 시기는 이전 시기 즉 잠복기의 독립지향적 시기와 이후 (초기 성인) 자아정체성 형성 시기의 중간 단계에 해당한다."[14] 키건은 자신의 이러한 주장을 뒷받침하기 위해 다른 발달론자들 역시 이러한 중간 단계, 즉 소속 대 유기에 해당하는 단계들을 설정하고 있음을 예시한다. 예를 들면, 콜버그(L. Kohlberg)의 '상호관계적 일치 지향 단계', 뢰빙거(J. Loevinger)의 '순응 단계', 매슬로우(A. Maslow)의 '애정 및 소속 단계', 맥클럴랜드(D. McClelland)와 머레이(H. Murry)의 '소속지향의 단계' 등이 이에 해당한다.[15]

이러한 중간 단계는 자아의 독립성이 아동적 단계에서 성인 초기

---

13) Ibid., pp. 86~87.
14) Ibid., p. 87.
15) Ibid., pp. 86~87.

단계로 발전, 분화되도록 돕는 과도적 역할을 담당한다. 즉, 제국적 자아가 놓치고 있는 상호의존적, 상호관계적 역동성을 제국적 자아 속에 계발하는 단계인 것이다. 이러한 상호의존적, 상호관계적 역동성은 아동적 자아에 나타나는 지나치게 주관적인 축을 객관적인 축으로, 지나치게 자기중심적인 축을 타자지향적 축으로 중심을 잡아주는 역할을 한다. 이러한 중간 단계, 즉 상호 관계적 자아를 통한 균형 없이는 자아의 보다 성숙한 독립성을 담보하는 성인 초기 단계, 즉 제도적 자아로의 진전이 이루어지지 않는다. 개인의 자아는 근면성 대 열등감을 축으로 한 제국적, 자기중심적, 독립적 단계로부터 벗어나 상호의존적, 상호관계적 역동성을 향해 자아가 충분히 성숙, 개방된 후에야 비로소 진정한 의미의 자아정체성 형성이 가능할 수 있기에 에릭슨의 정체성 형성론에 있어 상호관계성 및 상호친밀성의 중요성이 크게 부각되지 않은 점은 비판받을 수 있는 여지를 남기고 있다.

혹자는 에릭슨의 8단계 이론의 틀은 그대로 두고 제5단계 자아정체성 대 역할 혼미 단계와 제6단계 친밀감 대 소외의 단계 순서를 서로 바꾸면 이러한 문제가 해결되지 않겠는가 하는 질문을 제기할 수 있다. 하지만 이러한 단순한 상호 도치만으로는 에릭슨의 발달론에 나타난 근본적 문제가 해결되지 않는다는 데에 논의의 중요성이 있다.[16] 그 이유는 청소년기의 대인관계는 상호관계성의 초기 단계일 뿐 아직 에릭슨에 의해 정의된 친밀의 단계에 이르지 못하기 때문이다. 키건 역시 청소년기의 상호관계적 균형에 대해 다음과 같이 언급한다.

---

16) 이것은 여성발달론자들의 주장과도 일치한다. Carol Gilligan, *In a Different Voice: Psychological Theory and Women's Development*(Cambridge: Harvard Univ. Press, 1982), pp. 11~15.

이러한 [청소년기의] 균형은 상호관계적일 뿐 친밀한 것은 아니다. 여기에서 친밀이라는 뜻은 자아가 지향하는 목표라기보다는 자아의 근원을 의미한다. [청소년기에는] 아직 서로 나눌 수 있는 독립된 자아가 완전히 형성되어 있기 보다는 독립된 자아를 형성하도록 요청받고 있다. 자아의 융합은 결코 친밀이라 할 수 없다. 제국적 균형의 단계에서 자아가 다른 자아에 의해 일방적으로 조종당하는 것처럼 느낀다면, 상호관계적 균형 단계에서는 자아가 다른 자아에 의해 삼키워져 융합되는 것처럼 느낄 수밖에 없기 때문이다.[17]

소속 대 유기의 단계는 청소년기 2차 성징 출현 시기와도 일치한다. 이러한 발달론적 위기는 청소년으로 하여금 소년의 성적 정체성으로부터 벗어나 성인의 성적 정체성을 향해 나아가도록 촉구한다. 십대 청소년들은 성인 정체성을 자기 나름대로 모색하고자 하되 개별적 노력에 의한 개별정체성(individual identity) 측면보다는, 마음을 나눌 수 있는 또래를 중심으로한 일종의 그룹정체성(group identity) 측면이 훨씬 강하다. 따라서 에릭슨의 단계론을 단순한 순서 도치의 방법으로 수정, 보완하려는 시도보다는 키건에 의해 제시된 대로 소속 대 유기의 단계를 4단계와 5단계 사이에 삽입함으로써 발달 경험상보다 적합하고 타당한 이론으로 보완될 수 있다.

2) 갈등 해결 방식의 문제점

에릭슨의 심리사회적 발달론은 또한 각 위기에 나타나는 갈등 해결 방식에도 문제가 있다. 에릭슨은 1단계에서 4단계까지는 긍정적 자아 기능과 부정적 자아 기능이 함께 공존해야 하는 상호 공존의 필

---

17) Robert Kegan, op. cit., pp. 96~97.

요성을 강조하는 반면, 이러한 모든 경험의 중간 결산이라 할 수 있는 5단계에서는 자아정체감 대 자아정체감 혼미라는 대극(對極)을 상정함으로써 자아 발달 상황이 둘 중 하나에 귀결되는 것으로 설명한다. 이것은 1~4단계의 설명 논리의 급작스런 단절을 뜻하는 것임에도 불구하고 그에 대한 적절한 설명이나 설득력 있는 해명을 놓치고 있다. 에릭슨은 정체성(identity)과 동일시(identification)를 상호 구분하면서, 정체성이 단순 동일시의 축적은 결코 아님을 강조한다. 또한 자아와 동일시된 내용 중에는 병적이고 왜곡된 내용들이 무수히 많으며 이러한 왜곡들은 변형, 치유되어야 할 필요성이 있음을 인정한다. 결국 그는 자아와 부정적, 병적으로 동일시된 내용들이 변형, 치유될 때에야 진정한 비로소 자아정체성 형성이 이루어질 수 있음을 은연중 암시하고 있음을 볼 수 있다.

정신 분석의 과제는 병적이고 과도한 동일시들을 보다 바람직한 동일시들로 대체하는 것이라고 생각된다. '보다 바람직한' 동일시는 새롭고 독특한 전체에 종속되는 경향이 있으며, 새롭고 독특한 전체는 각 부분의 합을 뛰어넘는 실재이다. … 아동들은 그들 발달의 각 단계에 걸쳐 그것이 현실이든 환상이든 그들을 사랑해 주는 사람들의 어떤 부분들과 자신을 동일시하게 된다.[18]

1~4단계 까지는 헤겔식의 변증법적 통합, 즉 긍정적 축과 부정적 축의 적절한 통합을 단계과제의 해결로 제시해 오다가 갑자기 5단계에 이르러서는 변증법적 통합보다는 양자택일의 과제로 기본틀이 전환되는 이유에 대한 설득력 있는 설명이 에릭슨의 단계 이론 속

---

18) Erik Erikson, op. cit., p. 121.

에 결여되어있다는 데에 논의의 중요성이 있다. 이것은 또한 이후 6, 7단계에 들어 또다시 변증법적 통합을 지향하다가 마지막 단계에 해당하는 8단계에 들어와서는 또다시 자아 통합과 절망 중 하나로 귀착되는 모습을 보인다.

에릭슨은 왜 이처럼 일관성 없는 해결 방식을 제시하는 것일까? 그의 다른 모든 단계에서는 내재적, 연속적 과제 해결을 제시하다가 가장 결정적인 두 시기, 즉 발달 단계의 중간 결산과 총 결산에 해당하는 5단계와 8단계에 와서는 그때까지 누적된 긍정적, 생산적 요소는 물론 부정적, 파괴적 요소들마저도 창조적으로 변형, 초월해냄으로써 자아정체성 형성 또는 자아통전성 형성으로 귀결되든지 아니면 이러한 창조적 변형과 초월에 실패함으로써 정체성 혼미(identity diffusion) 또는 절망(despair)의 나락으로 떨어질 수밖에 없음을 인정한다. 에릭슨에게서 나타나는 이러한 논리적 단절과 불연속성은 무엇을 의미하는 것일까? 그것은 인간 발달이 헤겔식의 절충식 문제 해결을 통해 이루어지기보다 무언가 보다 창조적이고 초월적인 역동성을 통해 누적된 부정적, 파괴적 요소들이 긍정적, 생산적 차원으로 변형, 초극될 수 있는 가능성을 자신도 모르게 인정하고 있는 것은 아닐까?

그러나 인간 발달 과정에 나타날 수 있는 창조적 변형과 초월의 가능성에도 불구하고 에릭슨은 그러한 가능성에 대해 별다른 관심을 기울이지 않는다. 오히려 에릭슨의 위기 이론과 그 위기에 따른 갈등의 해결 방식은 전적으로 헤겔식의 변증법, 즉 절충식 해결 방법을 따른다.

[에릭슨의 발달이론에 따르면] 긍정적 자아 상태, 즉 성공적 갈등 해결은 긍정적 측면과 부정적 측면이 늘 종합되는 모습으로 나타난

다. 따라서 자아의 부정적 측면마저 해결해야 될 과제라기보다는 적응을 위해 필요한 요소로 전환되는 것을 볼 수 있다.[19]

3) 발달론적 위기 해결을 위한 분명한 대안 부재

한편 에릭슨은, 발달론적 위기는 '한 사람의 관점에 혁신적인 변화'를 가져오며 발달론적 위기 해결을 위해 자아는 '자기에 대한 새로운 감각'을 가질 수 있어야 한다고 주장한다.[20] 여기에서 에릭슨은 '감각'이란 용어를 과학적, 학문적 개념이라기보다 다분히 감상적인 개념으로 사용하고 있음을 볼 수 있다. 대상관계이론은 '감각'이란 개념을 보다 과학적, 학문적으로 사용한다. 대상관계이론가 중에서도 애나-마리아 리주토(Ana-Maria Rizzuto)는 에릭슨의 발달 이론을 비판적으로 수용하는 학자로 알려져 있다. 그녀는 한 사람의 '자기에 대한 감각'은 '자기의 표현'을 통해서만 심리적으로 느낄 수 있다고 주장한다.[21] 이러한 대상 표현과 자기 표현은 '모든 시기, 모든 단계에 걸쳐 나타나는 복합 기억 과정'이다.[22] 과정으로서의 대상 표현과 자기 표현은 대상 및 그 대상을 표현하는 사람 사이에 나타나는 역동적 상호작용을 포함한다. 기억으로서의 대상 표현과 자기 표현은 '이러한 기억들이 나타나도록 돕는 사건들이 형성되는 순간, 자기 자신의 표현은 물론 필요, 희망, 애정, 환상'[23] 등에 의해 형성되는 복합적 사건들의 새로운 표현인 것이다.

---

19) James Loder, "Developmental Foundations for Christian Education", Marvin Taylor ed., *Foundations for Christian Education in an Era of Change*(Nashville: Abingdon Press, 1976), p. 57.
20) Erik Erikson, op.cit., p. 57.
21) Ana-Maria Rizzuto, *The Birth of the Living God: A Psychoanalytic Study*(Chicago: The Univ. of Chicago Press, 1979), p. 54.
22) Ibid.

이러한 기억들은 꼭 과거에 실제 있었던 사건들을 뜻하는 것은 아니며, 대상 표현들은 현재의 심리적 균형 감각을 유지할 수 있도록 돕기 위해 필요하다.

기억 및 자기 표현과 관련된 2가지 논지는 리주토의 이론을 이해하는 데 매우 중요하다. 첫째, "타당한 자기 표현과 자기 감각을 유지하려는 노력의 일환으로, 우리는 우리 대상에 대한 복합 기억들이 우리가 어떠하다고 생각하거나, 우리가 어떠하다고 생각하기 원하는 것과 일치되도록 하기 위해 부단히 노력한다." [24]고 리주토는 주장한다. 둘째, "두 번째 과정이 우리가 할 수 있는 최고의 상태에서 지속될 때 우리는 전체 대상 표현을 다룰 수 있게 된다. 이러한 전체 대상 표현 속에서는 대상의 다중적이거나 모순적 측면들마저 함께 포용된다." [25] 더욱이 리주토가 말하는 기억들은, 상징적 힘을 지닌 개념적, 언어적, 인지적 기억만을 뜻하는 것은 아니다. 기억은 또한 신체적, 감각운동적, 직관적, 초상적(肖像的)인 측면을 지니고 있기 때문이다.

리주토에게 있어 대상 표현은 그 자체로 존재하는 실재가 아니다. 대상 표현은 '마음에 떠오르는 복합기억과정이거나 개인의 방어 및 적응을 위해 억압된 복합기억과정' [26]인 것이다. 대상 표현은 자기와 대상간의 상호작용을 기억할 수 있는 능력인 동시에 현재의 심리적 적응을 위해 과거의 자기와 대상간의 상호작용을 새롭게 평가하는 수단인 것이다.

인간이 경험하는 심리적 불균형에 대해 리주토는 이러한 불균형

---

23) Ibid., p. 55.
24) Ibid.
25) Ibid., p. 57.
26) Ibid., p. 83.

을 초래하는 두 가지 부조화에 대한 설명을 제시한다.

1) 현재 자신의 모습과 자신이 되어야 하는 모습 사이의 부조화. 이 것은 자기이상(self-ideal)과 관계를 맺게 마련이다. 이러한 자기 이상은 주위 환경에 따라 변화되는 임시적 구조일 뿐 영속적 구조 라 생각되지는 않는다.

2) 현재 대상의 실제 행동과 그 대상이 마땅히 해 주었으면 하는 행 동 사이의 부조화. 여기에서 대상이 해 주었으면 하는 행동은 주 체가 안녕, 안전, 행복감을 느낄 수 있도록 그 대상이 말하고 실천 하는 것을 의미한다.[27]

에릭슨의 심리사회적 발달 이론은 인간발달과정에 수반될 수밖에 없는 심각한 심리적 불균형과 부조화에 대해 충분한 숙고 및 분명한 대안을 제시하지 못하고 있다. 이러한 불균형과 부조화가 극복되고 원만히 해결되기 위해서는 자기 자신은 물론 대상 표현 또는 대상 관 계 역시 올바른 방향으로 새롭게 변형 및 재형성될 필요가 있다. 이 러한 변형 및 재형성을 위해 가장 중요한 것은 자신에 대한 자기 감 각의 변화이다. 자기 감각이 변화되려면 무엇보다 자기와 가장 중요 한 관계를 맺고 있는 일차 대상과의 상호작용의 내용과 질이 변화되 어야 한다. 왜냐하면 자기 감각은 일차 대상과의 지속적 상호작용에 의한 결과로서 나타나는 것이기 때문이다.

---

[27] Ibid., p. 55.

III. 청소년기의 회심

1. 회심의 의미

1) 성경적 의미의 회심

회심을 나타내는 히브리어는 'שוב(shubh)'이다. שוב의 문자적 의미는 '돌이키다(turn about)', '되돌아오다(return)'란 뜻으로서 이스라엘 백성이 하나님께로 되돌아오는 것을 지칭할 때 주로 쓰여졌다. 즉, 범죄로 인해 하나님으로부터 분리되었다가, 그 단절이 다시 회복되는 것을 의미하며 주로 예언서에 많이 나타난다(렘 8:4; 겔 33:19).

회심을 의미하는 헬라어 동사는 'επιστρεφω(epistrepho)'이다. επιστρεφω의 문자적 의미는 '다시 돌아오다', '제자리로 돌아오다'란 뜻이다(마 13:15; 눅 22:32; 행 15:19; 벧전 2:25). 벌코프는 이 επιστρεφω란 신약 언어는 '구약의 빛' 속에서 읽혀져야 한다고 주장한다. 그 이유는 επιστρεφω가 담고 있는 '돌아오다'의 의미는 하나님께로 '되-돌아(re-turning)' 오는 것을 의미하기 때문이다. 창조자 하나님께로 되돌아오는 것은, 마치 이스라엘 백성이 그들의 기업되신 하나님께 돌아오는 것과 같은 맥락에서 이해될 수 있다. 이러한 회심이 의미하는 것은 단순히 마음이나 정신의 변화 차원이 아니고 지식, 정서, 의지의 전 인격적 변화를 의미하는 것이다. 따라서 이러한 전 인격적 변화로서의 회심은, 하나님과의 관계에 있어서 철저한 갱신을 의미한다.

기독교 신앙을 설명함에 있어서 회심이란 용어는 흔히 회개와 밀접한 관련 속에서 사용될 뿐 아니라, 이 두 단어는 가끔 동의어 비슷하게 사용될 때도 있다. 그러나 성경 속에서 회심은 거의가 '회개

(בחם, μετανοια)' 보다 광의의 개념으로 쓰인다.[28] 회심은 '회개'와 동시에 그 속에 '믿음'의 요소를 내포하고 있다. 즉, 성경 전체를 통해 회심이란 말 다음에는 믿음이란 말이 나오지 않지만, 회개란 말 뒤에는 거의가 믿음이란 말이 함께 나오는 것을 볼 수 있다(막 1:15).

회개는 하나님 앞에서 자신의 죄에 대한 깨달음과 뉘우침으로부터 우러나오는 마음, 정서, 헌신 등의 심각한 내적 변화를 의미한다. 이러한 회개가 하나님을 향한 믿음으로 연결될 때, 그 사람의 내적 변화가 외적 결단으로 나타나게 되는데, 이러한 내적 변화와 외적 결단을 포괄하는 개념이 곧 회심이며, 그것은 곧 죄로부터 자신을 돌이켜 하나님께 돌아오는 일련의 과정을 의미한다.

2) 유사회심 vs. 참된회심

회심을 의미하는 'שוב'와 'επιστρεφω'의 용례를 보면 단지 외적, 신체적인 돌이킴(turn about)은 물론 부정적인 쪽으로 마음을 돌이키는 것까지 포함할 만큼 용어의 사용이 포괄적인 것을 볼 수 있다. 인간이 마음을 긍정적인 방향으로 돌이키는 경우에도 처음엔 그럴듯해 보여도 나중에는 회심의 역동성을 완전히 잃어버리는 경우가 있다. 이러한 회심은 일종의 유사회심으로서 참된회심과는 구별될 필요가 있다.[29]

모세, 여호수아, 사사 시대에 걸쳐 이스라엘은 하나님을 떠나 패

---

28) 회개를 나타내는 בחם이나 μετανοια 역시, 많은 경우 내적 변화와 동시에 외적 태도의 변화를 그 속에 포함하기도 한다. 그러나 회심을 나타내는 שוב나 επιστρεφω에 비해, 그 외적 결단으로까지 연결되는 면에 있어 일관성이나 완결감이 다소 약한 경향이 있다. Everett Harrison ed., *Baker's Dictionary of Theology*(Grand Rapids: Baker Book House, 1988), p. 444 참조. 그러나 회개와 회심은 상호 밀접한 관련성 속에 놓여 있기 때문에 이 개념을 지나치게 구획짓고자 하는 시도는 다소 무리가 있다 하겠다.

29) L. Berkhof, *Systematic Theology*(Grand Rapids: WM. B. Eerdmans Pub. Co., 1941), pp. 482~483.

역한 생활을 하다가 그들의 죄를 깨닫고 돌이켜 하나님께로 돌아오곤 하였다. 히스기야 시대 유다 왕국의 회심이 있었으며, 요나의 외침을 들었을 때, 니느웨 백성 전체가 회개하며 하나님께로 돌아오는 회심이 있었다(욘 3:10). 그러나 이러한 집단적 회심 속에는 진정한 회심과 유사회심(pseudo-conversion)이 뒤섞여 있게 마련이다. 비록 이러한 집단 회심은 그 중에 소수의 진정한 회심을 체험한 사람에 의해 주도되었을 가능성이 많지만, 시간이 지남에 따라 점차 옛날 모습으로 돌아가든지 아니면 후에 등장하는 사악한 지도자에 의해 집단 전체가 다시 죄악 속으로 빠져드는 것을 볼 수 있다.

예수님은 씨 뿌리는 자의 비유 중, 돌짝 밭에 떨어진 씨앗에 대해 이렇게 설명한다: "기쁨으로 받되 그 속에 뿌리가 없어 잠시 견디다가 말씀을 인하여 환난이나 핍박이 일어나는 때에는 곧 넘어지는 자요"(마 13:20, 21). 이러한 회심은 잠시 회심의 상태가 나타나는 것 같은 감정적 흥분만 있을 뿐, 곧 모든 것이 무효화되어 버림을 의미한다. 심지어 단순한 무효화가 아니라, 회심 이후 악한 상태로 변질되어 버리는 경우도 성경에 나타나고 있다. 사도 바울은 후메내오와 알렉산더를 언급하며 "그들은 믿음에 있어서는 파선하였느니라"고 선언한다(딤전 1:19, 20). 그 외에도 바울을 버리고 떠난 데마가 있으며(딤후 4: 10), 또한 히브리서에는 '하늘의 선물을 맛보고 성령을 받고도 떨어져나간 사람들' (히 6:4~6)이 있음이 기록되어 있다. 이 외에도 딤후 2:17, 18, 요일 2:19 등에 일시적 회심의 예들이 나타나 있다. 이러한 종류의 회심은 모두 일시적, 부분적이기에 유사회심의 범주에 들어갈 수밖에 없다.

한편, 참된회심 속에는 기본적으로 두 가지 움직임(movements)이 있다. 하나님은 회심의 주체로서 인간에게 회개와 믿음을 불러일으키신다. 이것은 곧, 회심의 능동적, 주체적 측면이라 부를 수 있다.

또한 이러한 하나님의 선취적 행동에 대한 응답으로서, 회심자는 회개와 믿음을 통해 하나님께로 돌아오게 된다. 이것은 곧, 회심의 수동적, 객체적 측면이라 하겠다. 이러한 두 가지 움직임의 결과, 회심자는 그의 생각, 사고, 정서, 욕망, 의지 등, 그의 전 삶의 방향과 목적에 질적인 변화를 가져오게 된다(예: 왕하 5:15; 대하 33:12, 13; 눅 19:8, 9; 요 9:38 등). 이러한 질적 변화는 자아에 의해 구축된 자기 중심적 삶으로부터 해방되어 자아가 놓여야 하는 근본 터전으로서의 삼위일체 하나님을 고백하고 그 위에 자아 및 자신의 삶을 구축함으로써 하나님과 이웃을 향한 사랑의 실천이 가능할 수 있도록 역동화됨을 의미한다. 본 연구에서 지칭하는 회심은 앞에 언급된 두 가지 회심, 즉 유사회심과는 구분된 참된 회심(conversis actualis prima)을 의미한다.[30]

2. 청소년기 회심

1) 회심의 최적기로서의 청소년기

청소년기에 이르면 출생 이후 경험한 모든 긍정적 경험, 수용 경험과 더불어 그때까지 축적된 모든 부정적 경험과 거부 경험들로 인한 상처가 누적되어 일종의 포화상태에 이르게 된다. 부정적 경험과 거부 경험의 축적된 상태가 너무 심할 경우 자아는 이것을 스스로 해결할 수 없는 상태에 빠진다. 이런 상태가 될 때, 자아는 심리사회적

---

30) 본 논문에서 언급하는 회심은 스트롱(A. Strong)이나 벌코프(L. Berkhof)처럼 회심이 유일회적이거나 배타적이기보다는 칭의와 성화 전 과정을 통한 지속적 일깨워짐(awakening)으로 봄으로써 보다 포괄적이고 통전적인 회심 이해의 입장을 견지한다. 이러한 입장은 바르트(K. Barth)의 칭의와 성화 이해와도 일맥상통한다. Karl Barth, *Church Dogmatics*(Edinburgh: T. & T. Clark, 1958), pp. 555~567.

발달의 축에서 벗어나게 된다. 즉, 자아는 이제 스스로 주인의 자리에서 내려오게 되고 보다 본질적, 근원적, 절대적 존재인 하나님을 자아의 주인으로 인정하게 된다. 이러한 경험을 가리켜 회심이라 부르는 것이다.[31]

회심 체험을 통해 자아는 이기적, 자기중심적, 소아적 틀에서 벗어나 이타적, 하나님 중심적, 대아적 틀에 의해 새롭게 변형된다. 이것은 자아의 전적인 새로운 경험인 것이다. 이러한 새로운 경험은 일종의 코페르니쿠스적 전환으로 나타나기에 강력한 힘과 파장을 자아에 각인처럼 남기게 된다. 각자의 특성에 따라 이러한 각인의 힘이 비교적 끈기 있게 지속되는 사람, 일정 기간 고양과 침체 주기가 반복되는 사람, 일정 기간 강력한 힘을 행사하되 이후 그 힘을 잃어버린 채 옛날 모습으로 되돌아가는 사람 등 회심 이후에도 다양한 모습이 나타난다. 그런데 한 가지 분명한 사실은 회심에 나타난 변형의 힘은 일회적으로 끝나거나 완성되는 것이 아니라 평생에 걸쳐 위기의 순간, 인생의 전환기마다 새롭게 나타남으로써 그 사람의 삶을 성숙, 완성시켜나간다는 것이다. 이를 가리켜 '성화의 과정'이라 부른다.

인간의 삶은 지구의 역사, 우주의 역사의 흐름 중 한 점, 한 순간에 불과하다. 자기중심적, 소아적 관점에서 벗어나 지구적, 우주적, 대아적 관점에서 바라보게 될 때 비로소 자기 인생이 역사 속에 차지하는 위치와 의미를 올바로, 객관적 입장에서 발견할 수 있게 된다. 그렇다면 회심은 바로 이러한 관점의 전환, 인식의 전환을 가능케 해 주는 하나님의 은총의 사건이라 할 수 있다. 하나님은 인간으로 하여

---

31) James Loder, *The Transforming Moment*(Colorado Springs: Helmers & Howard, 1989), p. 4f.

금 회심을 통해 역사와 우주의 주관자를 발견함으로써 그분의 형상대로 지음받은 자신의 참모습을 발견하고, 그러한 깨달음에 따라 개인과 공동체의 삶을 건설하도록 도전, 안내, 인도하신다.32)

청소년기는 이러한 전환, 회심이 일어날 수 있는 최적의 시기이다. 위에 언급한 갈등과 위기들이 자아의 한계성을 실존적으로 경험하도록 할 뿐 아니라, 형식적, 추상적 사고가 가능해짐에 따라 인생의 의미와 목적, 죽음에 대한 인식과 죽음 이후의 세계에 대한 관심이 본격적으로 생겨나는 시기이기 때문이다.

2) 청소년기 회심의 특성

청소년기 회심은 일종의 실존적 체험이라 할 수 있다. 자아가 일종의 위기 의식을 느낄 때 자아가 자신의 한계를 경험함으로써 자신이 아닌 절대 타자로서의 하나님과의 만남이 이루어지는 순간이 곧 회심의 순간인 것이다. 청소년은 아동기가 끝나는 시기, 곧 태어나서 지금까지 구축된 질서가 해체되고 새로운 질서가 요청되는 시기에 이 새로운 질서의 근본축이 될 수 있는 사건, 만남, 인격적 관계를 필요로 한다.

이처럼 청소년기의 새로운 질서 형성을 위한 사건, 만남, 인격적 관계에 있어서도 일종의 감정적 회심 또는 보상심리적 회심이 나타날 수도 있다. 특별히 정서적으로 민감하고 상처받기 쉬운 상태에 있는 청소년의 회심은 여러 가지 왜곡과 일탈의 모습이 동반될 수 있다. 그렇다면 청소년기의 회심을 감정적 회심, 보상심리적 회심으로부터 구별할 수 있는 참된 회심의 기준은 무엇일까? 제임스 로더(James Loder)는 그의 저서 『삶이 변형되는 순간』(The

---

32) Ibid., pp. 64~65.

Transforming Moment)에서 진정한 회심의 신학적, 심리적 기준을 다음과 같이 제시한다.[33]

(1) 참된 회심의 신학적 기준
① 그리스도에 의해 시작된 체험이어야 한다.
② 회심의 내적 경험에 대한 증언은 외적, 객관적 표현과 전달을 필요로 한다.
③ 통전성과 함께 나타나는 자기 희생적 사랑의 속성이 나타나야 한다.
④ 미래의 창조적 가능성을 열어 주는 체험이어야 한다.
⑤ 그리스도 임재의 연속성이 드러나야 한다.
⑥ 코이노니아 형성을 위한 움직임이 나타나야 한다. 즉 친교공동체, 나눔공동체 형성을 통한 증언, 양육 및 강화가 나타나야 한다.

(2) 참된 회심의 심리적 기준
① 회심 체험 당사자의 전 존재를 열어 주고 회복시켜 주는 것이어야 한다.
② 회심 당사자로 하여금 역사로부터 도피하거나 은거하기보다 역사 속에 능력 있고 책임 있게 참여하도록 돕는 것이어야 한다.
③ 참된 회심은 강요하거나 강압하기보다 회심 당사자의 자기 결정 및 선택의 자유를 존중해 주는 것이어야 한다.
④ 참된 회심 체험은 과거의 심리적 억압과 왜곡을 치유, 회복시켜 주는 힘을 지닌다.

---

33) Ibid., Chapter 7.

⑤ 참된 회심 체험은 당사자로 하여금 자신에게 솔직, 투명할 수 있도록 계속해서 자아를 열어 주며 건설적인 방향으로 자아를 발달시켜 준다.
⑥ 참된 회심 체험은 당사자 속에 지속적인 사랑을 불러일으킨다.

참된 회심 체험은 처음 회심의 역동성이 그대로 유지되기보다는 계속해서 새롭게 적응되고, 새롭게 표현될 때 점점 자아의 변형 및 성숙이 심화될 수 있다. 특히 청소년기 회심 체험은 매우 놀랍고, 새로운 인생의 시작과 더불어 이루어지기 때문에 회심 체험 이후 세심한 배려와 돌봄이 뒤따라야 한다. 이를 위해 적절한 영적 안내, 지도, 상담 등을 제공할 수 있는 개인 및 돌봄 공동체가 필요하다.

IV. 회심과 청소년의 자아정체성 형성의 상관성

1. 기능적, 사회적 자아정체성 대 실존적, 존재론적 자아정체성

인간이 피할 수 없는 죽음이라는 숙명 앞에서 인간 삶의 문제, 삶의 의미와 목적의 문제에 대한 답을 발견할 수 있을 때 비로소 인간의 실존적, 존재론적 정체성 형성이 가능하다. 에릭슨은 죽음 앞에서의 일종의 실존적, 존재론적 의미와 목적에 대한 성찰을 인생의 마지막 단계인 노년기의 과제로 제시한다. 하지만 실제의 삶은 죽음에 대한 인식, 죽음의 문제에 대한 성찰이 이미 형식적, 추상적 사고가 가능한 청소년기에 나타남을 보여 준다. 그 대표적인 예를 종교개혁자 마틴 루터에게서 찾아볼 수 있다.

마틴 루터는 청소년 후기에 갑작스런 뇌우로 인한 임사(臨死)체험

앞에서 자기 삶의 궁극적 의미와 목적 문제를 그의 존재를 건 화두(話頭)로 삼게 된다. 그 결과 그는 그때까지 권위의 근거 역할을 해 왔던 아버지의 기대에 따라 법학을 지원하지 않고, 수도원에 들어가 신학을 공부하기로 결정하게 된다. 이후 그의 삶과 신앙은 한 개인은 물론, 당시 독일과 유럽, 이후 세계 역사에 일대 변혁을 일으키는 역사적 사건, 종교개혁이라는 구심점을 향해 그의 삶의 궁극적 의미와 목적이 구조화되고 수렴되는 것을 볼 수 있다.

에릭슨은 『청년루터』(Young Man Luther)라는 그의 저서를 통해 에릭슨의 삶을 그의 심리사회적 발달론의 관점에서 다음과 같은 논지의 분석을 시도한다.[34] 루터는 그의 성장 환경으로 인해 청소년기 위기, 즉 자아정체성 위기를 가장 극심한 형태로 경험하게 되었다. 루터가 역사적 인물이 된 것은 그가 청소년기 시절에 경험한 정체성 위기와 그 극복이 당대의 역사적 위기를 대변하는 역할을 하였기 때문이라고 에릭슨은 주장한다. 즉 루터는 평범한 사람이었으나 당시 유럽이 급격한 패러다임의 전환을 필요로 하는 상황이었으며 루터에게 일어난 심리적 변화가 당시 유럽이 필요로 했던 변화와 일치하였기에 루터가 역사적 인물이 될 수 있었다는 해석인 것이다.

그러나 루터에 대한 에릭슨의 해석에는 간과할 수 없는 불일치가 드러난다. 에릭슨은 기본적으로 루터의 삶과 행위를 지극히 평범한 한 인간 또는 정체성 위기를 심하게 겪은 한 청년으로 보는 동시에, 루터의 삶이 에릭슨에 의해 제시된 여덟 단계 심리사회적 자아 발달의 단계에는 들어맞지 않는 예외적 인물로 또한 평가하고 있기 때문이다. 루터는 자신의 자아정체성 위기, 즉 "나는 누구인가"를 묻는 시기에 "나는 왜 존재하는가"를 가지고 씨름했기에 5단계의 위기 해

---

34) Erik Erikson, *Young Man Luther*(New York.: W. W. Norton & Co., 1962) 참조.

결을 위해서는 인생의 마지막 과제인 8단계 위기, 즉 "통전성 대 절망"의 과제 앞에서 자신의 삶의 의미와 목적 발견을 발견해야만 했던 '종교적 인간'(homo religiosus)이었음을 인정한다.

> 평범한 사람들이 인생의 마지막 단계에 경험하는 통전성의 위기가 종교적 인간에 있어서는 일생 전반에 걸쳐 씨름해야 하는 평생의 위기로 다가온다.[35]

에릭슨은 예수, 간디, 노자 등 종교적 지도자들은 이러한 종교적 인간의 범주에 속하는 사람들이었다고 진술한다.

프로이드에 비해 에릭슨은 인간을 운명론적, 결정론적 체계 속에 가두지 않는다. 또한 자기 이론 체계에 속하지 않는 종교적인 사람들에게 '종교적 인간' 이란 명칭을 부여함으로써 병리적이기보다는 종교적 독특성을 지닌 사람들로 인정한다. 이처럼 에릭슨이 종교의 독특성에 대해 어느 정도 개방적이고 수용적인 점은 높이 살만하다. 하지만 종교적 인간의 특성을 소수의 종교적 지도자나 종교적 천재들에게만 국한시킴으로써 여전히 자기 이론 체계의 보편적 타당성을 유지하고자 한다.

'통전성 대 절망'의 문제, 인생의 궁극적 의미와 목적의 문제를 삶의 전 과정 속에서 다양한 모습으로 경험하는 것은 소수의 종교적 천재들만의 전유물은 아니다. 인간은 누구나 비록 어느 정도의 차이는 있을망정 인생의 위기의 순간마다 인생의 분명한 한계를 경험하게 될 때, 그 위기 앞에서 자아 통전과 동시에 끝없는 절망의 가능성을 경험한다. 물론 이 문제가 극명하게 드러나는 것은 죽음을 눈앞에

---

35) Ibid., p. 261.

둔 인생의 마지막 시기일 수 있다. 하지만 갑작스런 질병, 뜻하지 않은 사고 등 다양한 무(無)와 허무(虛無)의 경험 앞에서 죽음이 그 추한 얼굴을 순간 순간 내보이고 있음을 생각할 때, 이러한 실존적 문제를 단순히 시간(chronos)적 문제나 나이(age) 문제만으로 다루는 것은 인간의 역설적 실존을 단선적, 평면적 구도로 환원시키는 우(愚)를 범하기 쉽다.

기독교 신학 및 신앙의 관점에서 볼 때, 한 사람이 그리스도를 자기 인생의 주인, 메시아로 고백하고 영접하는 순간, 즉 회심적 사건이야말로 자기에 대해 죽고 그리스도에 대해 사는 일종의 신앙적, 실존적 자기 죽음 선포의 사건이라 할 수 있다. 육체적 죽음과 영적 죽음의 심각성을 절감하면서 그리스도 안에서 다시 사는 중생 체험을 통해 통전성은 물론 인생의 궁극적 의미와 목적을 새롭게 발견하는 것, 이것이야말로 참된 회심의 모습이라 할 수 있다. 참된 회심은 회심 당사자로 하여금 자기가 무엇을 위해 살아야 하고 무엇을 위해 죽어야 할 것인가를 발견케 해 준다. 회심 사건은 그 당사자로 하여금 인생의 궁극적 의미와 목적을 발견할 수 있도록 역동화시켜 줄 뿐 아니라 그 발견된 의미와 목적 앞에서 자신이 누구인지, 비로소 자신의 실존적 정체성을 발견할 수 있도록 인도된다.[36]

이러한 일련의 논의는 에릭슨의 발달론에 대해 어떠한 도전과 교정을 제시하는 것일까? 에릭슨은 피아제나 콜버그 등과 같은 구조주의자들보다는 단계에 덜 고착되어있지만, 여전히 단계 이론(stage theory)의 한계를 벗어나지 못하고 있음을 보여 준다. 하지만 인간의 실제 삶은 특정 단계에 정적으로 머물러 있기보다는 한 단계에서

---

36) James Loder, *The Knight's Move*(Colorado Springs: Helmers & Howard, 1992), p. 139f.

다음 단계로 이동 중에 있으며 단계적 고착, 정지의 끌어당기는 힘보다는 이행의 과정, 역동적 변형의 힘에 의해 인간 발달 및 성숙의 지속적 순례를 계속한다. 따라서 에릭슨에 의해 제시된 여덟 단계는 각 단계가 인간의 현 존재가 일시적으로 머물러 있는 단계적 터전이라기보다는 그 다음 단계를 향해 나아가도록 올려 주는 일종의 도약대(spring board) 또는 이정표, 경계선으로 이해하는 것이 인간 발달 및 성숙의 실재에 보다 부합하는 것이라 하겠다.

인간 발달의 시간표, 즉 양적 시간(chronos)의 관점에서 볼 때 청소년기는 일종의 기능적, 사회적 정체성 확립이 요청되는 시기이다. 그러나 인간 발달의 역동성, 즉 질적 시간(kairos)의 관점에서 볼 때 청소년기는 에릭슨에 의해 최초의 과제로 제시된 신뢰성(trust)과 최후의 과제로 제시된 통전성(integrity)이 함께 발달 과제로 부상되는 시기라 할 수 있다.

> 후기 사춘기의 위기는 이후에 따라오는 위기들에 대한 예견은 물론 인생 최초의 위기, 즉 존재 자체에 대한 신뢰와 불신의 위기에로 소급될 수 있다. 인생 최초의 위기와 최후의 위기가 청소년기 정체성 형성기에 집중되어 나타나는 것은, 종교나 예술적 창조성을 지닌 사람들이 왜 [청소년기에] 정신병적 증후를 앓게 되는지 그리고 후에는 인간 삶의 총체적 의미(a total meaning)를 전달하는데 어떻게 그렇게 뛰어난 재능을 발휘하는지를 설명해 준다.[37]

청소년기 정체성은 그때까지 축적된 경험의 영향력과 앞으로 남은 삶이 던지는 도전이 맞닥뜨리는 치열한 생존의 한복판인 것이다.

---

37) Erik Erikson, loc,cit.

"전부인가 전무인가?", "사느냐 죽느냐?"하는 실존적 위기, 존재론적 위기 앞에서 단순한 기능적, 사회적 정체성은 너무 피상적이고 부분적일 수밖에 없다. 이러한 위기는 "나는 누구인가?"하는 물음 속에 이미 "나는 왜 존재해야 하는가?"에 대한 질문을 내포하고 있다. 누구(Who)와 왜(Why)를 묻는 질문은 기능적, 사회적 정체성을 묻기보다는 실존적, 존재론적 정체성을 묻고 있다. 이러한 의미의 전체성, 삶의 궁극성의 위기 앞에서 맞게 되는 회심은 그 회심 당사자로 하여금 자신이 누구인지 그리고 왜 살아야 하는지를 깨닫게 함으로써 기능적, 사회적 정체성을 넘어 실존적, 존재론적 정체성을 발견하도록 역동화시켜 준다.

2. 자아정체성 형성을 위한 회심의 전환촉매적 역동성

키건에 의하면 청소년기의 전환촉매제는 단짝 친구이다.[38] 이 단짝 친구와의 대화를 통해 청소년은 자신의 자아정체성을 발견해 나가고자 한다. 또한 대화는 청소년이 자신과 세계 사이에 놓여 있는 간격을 극복해 보려는 노력의 일환이기도 하다. 즉, 청소년에게 있어 친구와의 대화는 자신의 존재 의미를 보장해 주는 영원한 얼굴의 상실로 인한 공허를 부분적으로 메워주는 일종의 전환촉매제 (transitional object) 역할을 담당한다.

인간 존재는 그 존재의 근원에 실존적 공허를 지니고 있다. 이러한 공허는 인간에게 끊임없는 불안과 두려움을 불러일으킨다. 이러한 인간 실존의 공허, 불안, 두려움으로부터 잠시 도피하거나 잠시라도 잊기 위해 인간은 끊임없이 말하고 듣고, 끊임없이 무엇인가 해야

---

38) Robert Kegan, op, cit., Chapter 7.

만 할 것 같은 강박의식에 사로잡힌다.

특별히 청소년들은 성인 교육자, 상담자, 안내자 등과의 신뢰와 솔직성을 바탕으로 한 대화를 필요로 한다. 그들의 현재의 급격한 신체적, 심리적 변화와 충동들에 대해 있는 그대로 수용, 용납해 주고 성인들 역시 그 과정을 거쳐 현재의 안정된 모습, 안정된 자리에 오게 되었음을 진솔하게 전달, 설명해 줄 때, 청소년들은 그들의 현재와 미래에 대한 신뢰와 안심하는 마음을 가질 수 있게 된다.

청소년들은 정도의 차이는 있지만 거의가 일종의 자기 도취(narcissism) 상태에 빠져 있다고 해도 과언이 아니다. 이들은 특히 일종의 지적, 정서적 나르시시즘에 빠진 나머지 자신의 모습을 객관적으로 볼 수 있는 안목을 충분히 갖추기 이전 사고의 경직성 또는 확산을 경험한다. 사고의 경직성은 곧 부모, 교사, 사회 등 권위적 인물 또는 권위적 대상의 가르침이나 사상에 전적으로 동의, 동화됨으로써 생겨난다. 이것은 콜버그(Lawrence Kohlberg)의 인습적 도덕 판단의 단계나 파울러(James Fowler)의 인습적 신앙의 단계와 일치한다.[39] 또한 또 다른 극단은 사고의 확산으로서, 이러한 상태에서는 자기 인생의 목표나 사상의 구심점을 전혀 갖지 못한 채 방황, 표류하는 모습을 띠게 된다. 사고의 경직성은 권위주의적 생활방식을 형성시키는 반면, 사고의 확산은 끊임없이 표류하는 부초(浮草) 같은 생활방식을 형성하게 된다.

즉, 지나치게 경직된 권위도 문제가 되지만 한편 권위의 중심점을 잃어버리는 권위의 확산(diffusion) 역시 자아정체성 형성을 어렵게

---

39) Lawrence Kohlberg, "The Child as a Moral Philosopher", *Readings in Developmental Psychology Today*(Del Mar, CA: CRM Books, 1970); James Fowler, *The Stages of Faith*(San Francisco: Harper & Row Pub., 1981) 참조.

할 뿐 아니라 삶의 목표를 잃고 표류할 수밖에 없는 문제를 야기한다. 인간은 어떠한 종교, 사상, 삶의 태도이든 최소한 한 가지 삶의 방식을 택하도록 요청받는다. 아무것도 택하지 않는 것 또한 일종의 부정의 선택인 것이다. 권위의 문제 역시 어디에, 무엇에, 누구에게 권위의 중심을 둘 것인가에 따라 그 사람의 삶의 방식이 결정된다. 진정한 권위, 절대적 권위를 특정 인간이나 사회제도 사상에 두기보다 인간의 삶 속에 내재하는 동시에 인간의 한계를 초월하는 하나님께 둘 때, 인간의 자유와 창의성을 억압하는 권위주의나 권위의 왜곡을 예방할 수 있다. 하나님의 절대 권위에 대한 순종과 하나님 사역에의 참여를 통해 경험되는 하나님의 신적 권위는, 이제 또한 자기 속에 임재하는 하나님의 권위에 대한 확신의 모습으로 나타나야 한다. 그 때 비로소 하나님의 권위에 대한 신뢰와 확신이 곧 하나님의 뜻을 따라 청종하는 자신의 내적 삶에 대한 신뢰와 확신으로 나타날 수 있게 된다. 이러한 내적 신뢰와 확신은 권위의 경직성이나 권위의 확산이라는 왜곡으로부터 벗어나 자기 한계 및 오류의 위험성을 인식하는 동시에 자신의 잠재력과 가능성에 대한 신뢰에 기초한 건강한 자아정체성 형성이 이루어지게 된다.

한편, 기독교적 회심은 무조건적 사랑(agape)과 용납의 하나님, 죄인의 친구되신 예수 그리스도, 위로자 및 상담자되시는 성령 하나님을 인정하고 받아들임으로써 삼위일체 하나님의 전능성과 동시에 사랑, 용서, 용납을 자신을 위한 것으로 받아들이는 사건이라 할 수 있다. 그렇다면 회심은 청소년으로 하여금 그리스도, 성령을 그들의 삶에 받아들임으로써 그리스도와 성령이 자신의 과거, 현재 및 미래를 이끌고 안내하는 전환촉매 역할을 할 수 있도록 자신을 개방하는 사건으로 자리매김된다.[40] 회심은 이처럼 회심 당사자로 하여금 하나님의 권위에 대한 신뢰와 확신을 가지게 함으로써 건강하고 온전한 자아정체성을 형성할 수 있도록 전환촉매적 역동성 또한 지니고 있음을 주목해야 한다.

V. 기독교교육을 위한 함축 및 시사점

청소년기의 자아정체성 형성과 회심의 상관성에 관한 지금까지의 논의와 성찰은 기독교교육이 신학적 통전성(theological integrity)과 교육적 효율성(educational efficiency)을 함께 추구할 수 있도록 하는 데 어떠한 함축과 시사점을 제공하는지 기독교교육 방법론과 내용을 중심으로 살펴보도록 하자.

1. 기독교교육의 방법론

기독교교육의 학문적 성격이 신학과 교육학, 심리학, 철학 등, 신학과 인문사회과학 사이의 학제간 연구임을 생각할 때, 기독교교육 이론 및 실천이 신학적 통전성 및 교육적 효율성을 담지하려면 우선 기독교교육을 위한 학제간 연구방법론에 관한 성찰이 선행되어야 할 것이다.

윌리엄 로저스(William Rogers)는 학제간 연구를 수행하는 방법을 환원, 직렬, 수정, 평행-추상, 건설-관계 방법 등의 다섯 가지로 분류, 정리하고 있다.[41]

첫째, 환원모델은 타 학문 분야에 나타나는 특정 현상을 다른 학

---

[40] 이규민, 「청소년을 위한 기독교 상담」, 기독상담연구회, 『복음과 상담』 Vol. 2, pp. 17~22.

문의 자체 관점 내에서 해석해내는 것을 의미한다. 이러한 방법은 타 학문분야의 독립성과 중요성을 축소시키는 우(愚)를 범하게 된다.

둘째, 직렬모델은 환원모델이 지니는 축소적 우를 범하지 않는다. 각각의 학문 분야는 자체의 언어, 이론, 방법론을 지니고 있음을 인정하며 그 독립성과 통전성을 존중해 준다. 하지만 이런 방법은 본질적으로 하나의 통일된 현상을 각각의 학문적 관점에서 분석해 냄으로써 각 관점의 근본적 통일성을 잃고 파편화시킬 위험이 있다. 에드워드 팔리(Edward Farley)는 계몽주의 이후의 신학교육이야말로 이러한 파편화를 가속시켜 왔다고 비판한다.

셋째, 수정모델은 환원모델의 축소화와 직렬모델의 파편화를 지양한다. 이 모델은 자기 분야의 방법론에 충실하면서 타 분야의 통찰을 흡수, 반영하는 방법을 취한다. 하지만 이러한 방법은 일방적으로 한 쪽에서만 도움을 얻을 뿐 상호 비판을 통해 상대 분야에도 도움을 주는 진정한 의미의 양방향적 대화가 되지 못한다는 한계를 가지고 있다.

넷째, 평행-추상모델은 참여하는 학문들 사이에 동등한 지위와 자격을 부여한다. 이처럼 동등한 지위를 가진 학문 분야들은 상호 비판과 도전을 주고받는다. 하지만 이러한 대화 방식은 경험적 실재, 구체적 삶으로부터 벗어나 추상적, 사변적 대화에 그치고 만다는 한계를 지닌다.

다섯째, 건설-관계모델은 평행-추상모델처럼 상호 동등한 지위를 가진 학문 분야들 사이에 상호 비판, 도전, 교정, 비옥화를 시도한다. 하지만 이 모델은 평행-추상모델과는 달리 관찰하고자 하는 특

---

41) William Rogers, "Interdisciplinary Approaches to Moral and Religious Development" in *Toward Moral and Religious Maturity*(Morris Town, NJ: Silver Burdett Co., 1980), pp. 11~50.

정 현상에 대해 일차적이고도 집중적인 관심을 기울임으로써 새로운 통찰과 창의성이 생겨날 수 있도록 건설적 시도를 수행한다. 또한 대화에 참여하는 학문들 사이에 긴밀한 상호 관계성을 유지함으로써 이러한 대화가 생산적이고도 통전적인 나눔이 될 수 있도록 기여한다. 학제간 대화에 참여하는 학문의 통전성을 존중하는 동시에 상호 비판, 교정, 비옥화를 위해 개방적이고 양방향적 입장을 취하고 있기 때문에 건설-관계모델은 학제간 연구로서 가장 바람직한 입장이라 할 수 있다.

청소년기의 자아정체성 형성과 회심과의 상관성에 관한 연구는 기본적으로 심리학, 교육학, 신학 간의 학제간 연구라 할 수 있다. 보다 구체적으로는 에릭슨의 심리사회적 발달론과 회심에 대한 성경적, 신학적 이해 사이의 학제간 연구라 하겠다. 이때 에릭슨의 발달론을 아무런 비판이나 검증없이 기독교교육에 무조건적으로 수용하거나, 반대로 에릭슨의 기본 전제, 인간 이해, 목표가 기독교교육학의 전제, 인간 이해, 목표와 다르다고 해서 무조건적으로 배척하게 되면 환원모델의 오류에 빠지게 된다. 둘째, 에릭슨의 발달론은 세속적 자아의 발달에 관한 이론인 반면, 회심이론은 기독교적 신앙의 역동성에 관한 이론이라는 각각의 독립된 분야를 연구한 것이기에 상호 비교, 상호 비판할 수 없다는 입장은 직렬모델의 오류에 빠지게 된다. 셋째, 회심을 통한 신앙 발달을 이해하기 위해 에릭슨의 자아정체성 형성에 관한 이론을 참고하고 일부 반영하는 자세는 수정모델의 오류에 빠진다. 넷째, 루터의 회심 체험이나 기독교 공동체에서 경험되는 구체적 회심 사건에 대한 연구보다 인간론, 구원론, 세계관 등 막연하고 추상적인 주제를 중심으로 학제간 연구를 시도한다면 그것은 평행-추상모델의 오류에 빠지는 결과를 낳게 될 것이다.

이러한 오류들로부터 벗어나 진정한 의미의 학제간 대화를 시도하려면 건설-관계모델의 방법론을 채택하되 다음과 같은 점들을 유의해야 할 것이다. 에릭슨의 심리사회적 발달론 및 회심에 대한 성경적, 신학적 이해가 지닌 학문적 통전성과 독자성을 존중하되 청소년기의 자아정체성 형성과 청소년기의 회심 체험 사이에는 상호 유기적 관계성이 있음을 인정해야 한다. 자아정체성이 자아가 주위 환경과의 지속적 상호작용을 통해 축적된 다양한 경험 및 자원들로부터 자신의 생존과 적절한 역할 수행을 위해 취사선택하여 찾아낸 일종의 자아동일성, 자아동질성이라면, 회심은 자아가 자신의 철저한 한계에 부딪혀 자아 스스로 자기 삶의 터전이 될 수 없음을 깨닫고 하나님을 자아의 근거요 터전으로 인정함으로써 자아가 새롭게 변형되도록 자아를 내려놓는 사건이다. 즉, 에릭슨의 자아정체성은 자아가 주체가 되는 사건 및 과정이라면, 기독교의 회심은 자아가 절대자 하나님 앞(coram Deo)에서 그의 피조물로서 객체화되는 사건 및 과정인 것이다. 이처럼 자아정체성과 회심은 질적 차이와 동시에 자아를 중심으로 그리고 자아를 대상으로 이루어지는 내적 움직임이라는 심리역동적 공통점을 지니고 있다.

청소년기의 자아 정체성 형성이라는 주제를 학교나 교회에서 학문적, 실천적으로 다루고자 할 때 기독교교육 기관이나 기독교교육자는 위에 언급된 건설-관계모델의 학제간 방법론의 맥락에서 회심, 발달, 성숙, 성화 등의 주제와 상호 연결시켜 청소년기 자아정체성 형성을 이해, 교육, 실천, 안내할 수 있도록 해야 할 것이다.

2. 기독교교육의 내용

본 연구를 통해 청소년기 자아정체성 형성은 출생 및 성장 과정 속에서 의미 있는 돌봄과 만남을 제공한 주변 환경 및 주위 사람들로부터 자신의 것으로 동일시한 상(像)들을 중심으로 이루어진다는 사실을 깨닫게 되었다. 청소년 시기에 건강한 자아정체성 형성이 가능하려면 긍정적이고 진취적이며 바람직한 상들이 청소년의 심리 내면에 뿌리내릴 수 있도록 최적의 교육 환경을 조성하는 것은 매우 중요하다. 이를 위해 부모 교육, 교사 교육은 물론 아동 및 청소년들 마음속에 건강한 동일시를 유발할 수 있는 유익한 만남, 현장 학습, 탐방 등을 적극 장려하는 교육 계획과 커리큘럼이 개발되어야 한다. 예를 들면 환경보호 활동, 불우이웃 돕기, 봉사단체 활동, 음악회, 체육경기, 예술 문화 활동, 박물관 견학, 전시회 참가, 산업현장 견학 등 다양하고 건설적인 체험과 만남을 통해 아이의 마음에 자기도 그렇게 되고 싶다는 동기부여와 자극이 풍부히 일어날 수 있도록 배려되어야 한다.

하지만 앞에서 이미 논의한 것처럼 이러한 동일시의 장려, 육성은 필요하되 이것만으로는 실존적, 존재론적 정체성 형성까지는 기대할 수 없다. 실존적, 존재론적 자아정체성 형성을 위해서는 다음과 같은 교육적 배려가 또한 뒤따라야 한다. 첫째, 아이들에게도 불안, 스트레스, 죄책감, 절망, 죽음에 대한 두려움의 문제가 늘 있기에 긍정적 측면은 물론 이처럼 실존적 무와 공허의 어두운 측면도 교육의 중요한 과제, 대상으로 삼을 필요가 있다. 이러한 어두움의 실재를 예배, 설교, 성경공부, 기도, 대화, 상담 등을 통해 다루어 주되 어두움을 무조건 없애고 부정적 측면을 무조건 경감시키려 하는 것은 실존적, 존재론적 정체성 형성을 위해서는 바람직하지 않다. 이러한 어두움의 현존은 자아의 연약성과 한계를 드러내어 주는 순기능을 그 속에 지니고 있기 때문이다. 오히려, 이러한 어두움이 어디서 오는가, 어두움이 무엇을 의미하는가, 이 어두움에 어떻게 대처해야 하는가를 기독교적 관점에서 그러나 아이들의 눈높이와 수준에 맞게 이해시키고 납득시키는 것이 대단히 중요하다. 자아와 실존의 한계를 인식, 인정, 수용하고 그에 대한 성경적, 기독교적, 신앙적 대안을 찾아나가는 훈련은, 청소년기 위기를 맞아 자아에 불어닥치는 뇌우(雷雨) 속에서 자아를 하나님 앞에 내려놓는 회심을 경험케 하고 회심은 실존적, 존재론적 자아정체성을 형성하도록 촉진시키는 촉매제 역할을 하게 될 것이다.

따라서, 기독교교육은 단순히 인간 자아, 지성, 성품 개발 등에만 관심을 쏟을 것이 아니라 인간 영혼 및 변형의 역동성에 또한 관심을 기울여야 한다. 그때에야 비로소 기독교교육이 단순한 인간의 사역이 아니라 삼위 하나님의 인도와 임재하에 이루어지는 교육이 될 수 있으며 회심 및 변형이 교육을 통해 촉진, 안내, 준비될 수 있다.

기독교교육이 할 수 있는 최선은 주의 오시는 길을 예비하는 것이다. 기독교교육은 인간의 영과 실존의 모습을 드러내어 보여 줄 수 있어야 한다. 인간이 자신을 온전히 이해하고 알 수 있는 것은 하나님과의 만남을 통해 가능해진다. 이러한 하나님과의 만남을 통해 인간은 또한 과거 발달 과정 속에서 생겨난 상처의 치유를 받게 되고, 그 결과 중지되거나 위축된 발달이 다시금 회복을 향해 새로운 가능성이 열리게 된다.

기독교교육은 교육대상자로 하여금 일종의 심리적, 영적 유예기간(moratorium)을 가질 수 있도록 배려해야 한다. 이러한 유예기간은 당사자의 자아정체성 발견을 위해 영적 탐색 및 실존적, 신앙적 모색을 할 수 있는 장(場)을 준비시켜 준다. 또한 "나는 누구인가?"를 묻는 자아정체성의 문제는 "나는 왜 존재하는가?"를 묻는 존재의 이유와 목적의 문제와 직접 연결되어 있다. 따라서 기독교교육의 중심 주제는 자아의 발달이나 자아정체성의 문제 못지 않게 존재의 이유와 목적이 무엇인지 깨닫도록 하는 존재론적 주제에도 관심을 기울여야 할 것이다.

기독교교육의 주요 과제는 교육대상자로 하여금 건강한 자아, 잠재력이 발현된 자아뿐 아니라 2차원에서 4차원으로 확장된 자아, 즉 변형된 자아를 형성, 심화, 발전시켜나가도록 돕는데 있다.[42] 이것은 곧 하나님 나라 건설 및 확장을 위해 참여하며 헌신할 수 있는 사람을 만드는 것을 의미한다.

자아가 하나님과의 만남을 통해 2차원에서 4차원으로 확장, 변형될 때, 자아는 인간 스스로는 피할 수 없는 두 가지 두려움으로부터 해방된다. 그것은 곧 자아 흡수의 두려움(fear of ego-absorption)과 자아고립에 대한 두려움(fear of ego-alienation)을 뜻한다. 여기에서 자아흡수는 관계성 유지를 위해 자신의 뜻과 의지를 포기함으로써 하나님 및 타인과의 관계성에서 자아가 흡수, 상실되는 것을 의미한다. 이와 반대로, 자아 고립은 자신의 뜻과 의지를 관철하고자 노력한 나머지 하나님 및 타인과의 관계성에서 자아가 고립되는 것을 의미한다.

그리스도는 인간과의 만남에 있어 인간의 자아를 흡수하기보다는 자아의 올바른 기초, 즉 하나님과의 관련 속에 정위(正位)시킴으로써 자아의 본래의 잠재력과 가능성을 회복, 극대화시킨다. 이것은 곧 자아가 자아 중심, 이기주의, 소아(小我)로부터 벗어나 하나님 중심, 이타성, 대아(大我)로의 변형과 성숙을 향해 나아가도록 도와줌을 의미한다.

---

42) James Loder, *The Transforming Moment*, Chapter 3.

VI. 맺는 말

지금까지 에릭슨의 심리사회적 발달론을 중심으로 청소년기의 자아정체성 형성 과정의 역동성에 관해 고찰하였다. 또한 회심은 청소년기 자아정체성 형성과 어떠한 상관관계가 있는가에 관해 살펴보았다. 그리고 이러한 상관관계가 신학적 통전성과 교육적 효율성을 담지할 수 있는 기독교교육 방법론 및 내용을 위해 어떠한 함축, 어떠한 시사점을 제공하는지에 관해 살펴보았다.

본 연구를 통해 귀결된 기독교교육학 방법론은, 신학과 비신학 학문 분야 사이에 서로의 통전성과 독특성을 인정, 존중하되 청소년의 정체성 형성 같은 특정 주제에 대한 관점, 이해, 통찰의 유사성과 차이점을 상호 비교, 비판함으로써 그 주제에 대해 보다 심도 있고 포괄적인 이해를 촉구하는 건설-관계모델의 맥락을 따라 형성되었다. 이러한 방법론 위에서 청소년의 기능적, 사회적 정체성 형성을 촉진하기 위한 교육과 동시에 실존적, 존재론적 정체성 형성을 촉진하기 위한 교육이 함께 이루어질 때 온전한 기독교교육의 목적 달성을 향해 한걸음 더 가까이 나아갈 수 있음을 밝히게 되었다.

결론적으로, 청소년기 자아정체성 형성과 회심의 상관성에 대한 연구를 통해 발견되는 교육 원리는 다음과 같다. 청소년기 자아정체성 형성을 위한 기독교교육이 신학적 통전성과 교육적 효율성을 담지하려면 "나는 누구인가?"에 대한 물음이 "나는 왜 존재하는가?"라는 근원적 물음의 바탕 위에서 제기되도록 안내, 도전, 자극, 격려해야 한다. "나는 왜 존재하는가?"에 대한 응답 없는 정체성은 자아의 기능을 위한 것일 뿐 자아의 참된 기초와 지향점을 보여 주는 정체성은 될 수 없기 때문이다. 한편, "나는 왜 존재하는가?"에 대한 응답은 반드시 "나는 누구인가?"라는 물음으로 또한 연결되어야 한다.

회심을 통해 발견된 삶의 궁극적 의미와 목적은 구체적인 삶의 자리에서 실제적 방법으로 표현되고 실천될 때 비로소 구현되는 것이기 때문이다.

　청소년기 자아정체성 형성과 회심은 어느 하나가 다른 하나를 주도, 통제, 억압하는 것이 아니라 상호 보완, 상호 교정, 상호 비옥화를 통해 서로가 지향하는 목적과 잠재력을 극대화시킬 수 있어야 한다. 이것은 기독교교육의 양대 주제, 즉 회심과 양육을 상호역동적으로 연결시켜 주는 고리(link)와도 같다. 자아정체성 형성을 위한 자아의 돌봄과 양육은 회심의 역동적 사건을 통해 자아의 구조가 2차원에서 4차원으로 변형, 확장될 때 비로소 자아 발달의 최종점에 이를 수 있음을 보여 준다. 기능적 정체성과 동시에 실존적 정체성(existential identity), 사회적 정체성과 동시에 존재론적 정체성(ontological identity)을 함께 확립할 수 있을 때 비로소 인간의 참된 인간화(humanization)가 실현될 수 있기 때문이다. 자아정체성 형성과 회심, 회심과 자아정체성 형성, 이 두 축은 인간의 참된 구원과 인격 성숙을 위해 서로를 필요로 할 뿐 아니라 상대방 없이는 자신의 잠재력과 가능성을 온전히 구현할 수 없는 일종의 필요충분조건과도 같은 상호관계성 속에 놓여 있는 것이다.

9 교회교육으로서의 인지행동적 부부 의사소통 프로그램

이현숙 박사
숭실대학교 겸임 교수

I. 서론
II. 이론적 배경
   1. 교회 부부 교육
   2. 결혼 만족
III. 인지행동적 부부 의사소통 프로그램
   1. 목표
   2. 내용
   3. 방법
   4. 내용의 조직
IV. 결론

I. 서론

현대의 결혼 관계는 제도적 결혼 관계에서 우애적 결혼 관계로 이동하면서 많은 변화를 가져 오고 있다. 이혼율의 변화는 이 중 하나로, 통계청 자료(통계청, 2001. 5)에 의하면, 1991년부터 2000년 사이에 이혼이 2배 이상 증가하였으며, 2000년 한해 동안 334,000쌍의 남녀가 결혼하고, 120,000쌍의 부부가 이혼을 한 것으로 나타났다. 이것은 1일 평균 329건의 이혼이 발생하고, 세 가정이 탄생할 때 한 가정은 해체되었다고 추정할 수 있는 수치이다. 이혼의 사유 또한 변화하였는데 고부 갈등, 경제적 빈곤 등은 감소하는 반면, 부부 당사자들 관계에서 발생하는 심리, 정서적인 문제가 증가하고 있다.

이와 같은 현상은 가족관계의 변화로 가정의 안정성이 떨어지는 것을 보여 준다.

이에 한국 교회는 가정의 존재 의미를 일깨우고 기독교 가정의 정체성 회복을 목회의 우선 과제로 삼게 되었다. 즉, 현대의 우애적 결혼 관계에서 요구되는 결혼 만족에 관련된 요인을 규명하여 부부들에게 제공해 주어야 할 필요가 생긴 것이다.

교회는 교인들이 모여 삶의 전 영역에 걸쳐서 그리스도의 제자로서 살아가며 신앙을 고백하는 신앙공동체이며, 제자로서의 삶과 신앙을 통합하기 위하여 학습하는 교육공동체이기 때문이다.

급격한 사회 변화와 가족 관계의 불안정성을 경험하면서 교회는 교인들의 가족 관계를 올바로 세워 주어야 할 사명을 새롭게 부여받고 있는데, 이것은 문화 창조에 대한 하나님의 명령과 기독교 복음이 지닌 구원의 전체성의 차원을 고려할 때, 교회가 가정의 회복을 위해 역사적 소명에 응답하는 과정이라고 하겠다.

이에 본 연구자는 교회에서의 부부 교육의 필요성을 교회의 교육적 사명과 시대적 요청에의 응답으로 받아들이면서 부부들을 위한 실제 교육을 마련할 필요를 느꼈다. 수년간 교회 현장에서 결혼 준비 교육, 신혼부부 교육, 부부 성장 교육, 그리고 소그룹 부부 집단 프로그램 등을 직접 개발하고 시행해 온 현장의 경험과 학문적인 이론을 바탕으로 교회의 부부들에게 제공할 수 있는 인지행동적 부부 의사소통 프로그램을 제시하고자 한다.

II. 이론적 배경

1. 교회 부부 교육

가정을 위한 교회의 목회적 돌봄의 사역은 현대에 들어 더욱 요청되고 있다. 왜냐하면 요즈음 가족의 가치관 변화로 가정의 안정성이 떨어지고 있기 때문이다. 이러한 때에 교회는 부부들이 친밀한 관계를 통해 안정감과 만족성의 필요를 피차 충족받고, 세상 속에 현존하는 하나님 나라의 문화를 기독교 가정의 삶을 통해 보여 주도록 할 시대적 소명을 받고 있다.

그럼에도 불구하고, 교회는 가정을 돌보는 실제적인 프로그램 제공을 등한시하고 있다는 지적을 받고 있다(고용수). 교회 목회자는 교인들에게 가정에서의 청지기적 헌신과 충성을 설교와 가르침으로 요구하지만, 실제로 교인의 가정 사역에 도움이 될 영적 자원과 실제적인 삶의 기술을 목회 프로그램 속에 개발하며 제공해 주지 못하고 피상적인 사역을 해오고 있는 실정이다. 대부분 교회의 전통적인 성인 대상 교육은 교리 및 전통을 전수하는 일로 현재의 삶과는 관련이 없이 행해지는 성경연구에 그치고 있다. 즉 교회와 가정, 신앙과 생활 사이를 이어 줄 실제적 매체인 프로그램을 제공하는 것은 등한히 하였다. 1년 중 5월, 가정의 달을 맞아 가정에 관련된 설교와 세미나 정도가 있을 뿐, 목회적 차원에서 가족의 내적 구조를 튼튼히 할 수 있는 실제적이며 전문적인 프로그램을 교회가 제공해 주지 못하고 있는 것이 사실이다. 그러므로 가정 사역에서 실제로 채워야 할 필요 부분을 교인들은 교회 밖의 선교단체나 기독교 가정 사역 단체에서 제공하는 세미나의 참여를 통해 충족하고 있다.

가정의 불안정성이 증가하는 현실 속에서 가정을 위한 한국 교회의 목회적이고, 교육적인 사명은 무엇일까? 레온 스미드는 이것을 '가정목회(family ministry)'라고 부른다. 즉 창조의 질서이며, 은총의 매체인 가정과 교회가 역동적 상호 침투의 관계를 갖는 것을 말한다(Leon Smith).

인류 역사에 있어서 하나님이 직접 개입하여 변혁을 일으킨 가장 큰 사건, 두 가지 카이로스적인 사건을 든다면, 첫째는 창조 사건이요, 둘째는 십자가를 통한 구속 사건이다. 이 두 사건을 우리가 주목해 보면, 첫번째 창조 사건의 완성이 인간 창조요, 이 인간 창조의 절정으로 가정의 탄생을 보게 된다. 그리고 두번째 사건인 십자가를 통한 구속의 완성이 곧 교회의 탄생으로 이어진다. 하나님의 형상을 따라 하나님을 닮은 존재로 지음받은 고귀한 인간 형성과 성숙을 위해 창조주 하나님께서는 의도적으로 인간교육의 통로로 가정과 교회라는 공동체를 세우신 것이다.

예수 그리스도를 주로 믿고 고백하는 신도들로 구성된 교회는 예수 그리스도의 피로 연결된 인격적 결합 관계에서 볼 때, 영적 의미에서 가정이라 할 수 있고, 그리스도인들로 구성된 가정은 하나님의 영이 자리한 언약 공동체로서 작은 교회라고 할 수 있다. 이렇게 볼 때, 넓은 의미에서 하나님의 가족이라는 한 울타리 안에 교회도 가정도 함께 자리한다.

기독교 가정은 축소된 교회요, 교회는 확대된 가정으로 이해되는 유기적 통일성을 지닌다. 따라서 하나님께 속한 가정과 교회는 동전의 양면과 같은 밀접한 관계성을 지닌다. 그러므로 하나님께서 의도하시는, 교육신학적 관점에서 볼 때, 가정과 교회는 결코 분리될 수 없는 통합적인 단위로 보아야 할 것이다(Charles Sell).

이 점에서 가정과 교회는 본질상 별개의 것일 수 없다. 따라서 가정 사역과 교회 목회 역시 불가분의 관계를 지니고 있다. 이러한 교육신학적 취지에서, 본 연구자는 부부 대상 교육 과정을 다음과 같은 이론적 기초 위에서 마련하고자 한다.

첫째, 교회의 교육공동체로서의 특성을 살리고자 함이다. 사회가 점점 조직화되어 감에 따라 삶의 의미를 나눌 수 있는 자발적인 모임이 소홀해져 가며 공교육의 대표적인 기관인 학교는 지식 교육에만 주로 관심을 두고 있어서, 개인의 만족과 도덕적 품성 교육 등이 소홀해지기 쉬운 시대에, 교회는 자연스럽게 교육공동체의 특성을 살릴 수 있다.

예수님의 지상 명령은 "내가 너희에게 분부한 모든 것을 가르쳐 지키게 하라"(마 28:20)이고, 바울은 "내가 이를 때까지 읽는 것과 권하는 것과 가르치는 것에 착념하라"(딤전 4:13)고 권하고 있다. 교회는 교인들이 그리스도의 장성한 분량에 이르도록 가르칠 의무가 있다.

둘째, 교회교육의 대상을 확장하여 성인 대상의 교육 기능을 활성화한다. 교회교육은 넓게는 인간을 구원시키려 하시는 하나님의 전체적인 교육적 활동을 망라하며, 좁게는 개교회의 교육목회 전체를, 더 좁게는 주일학교에서 이루어지는 계획적이고 의도적이며, 지속적인 교육활동을 의미한다. 근래에 들어 교회교육은 종래의 교회의 하위 문화 영역이라는 이해를 벗어나 교회학교의 차원에서, 그리고 더 나아가서 교회의 목회 전체적인 차원에서 받아들여지고 있는데, 이것은 교육공동체로서의 교회의 관점에서 지극히 바람직한 현상이다. 교회는 연령층이 다양하고 한 개인의 전 일생의 과정을 망라할 수 있기 때문이다. 스마트는 이미 교회의 교육적 사명을 강조하면서 특히 성인 교육에 대한 언급에서, 그리스도의 제자가 되게 하는 교육은 일생 그치지 말고 지속되어야 할 과제임을 언급하였다(James

Smart).

셋째, 현재의 삶과 연결시키는 신앙 교육을 한다. 급격히 변화해 가는 현대 사회의 가치관 속에서 교인들은 크리스천의 정체성을 찾고 싶어 한다. 교권에 눌린 기독교 교육과 인간을 기술화의 도구로 전락시킨 일반교육의 현실 앞에 기독교적 도전이 필요하다. Westerhoff는 내용 지식에만 의존하고 있는 교회교육에 대하여 비판하면서 신앙 교육의 내용이 삶과 연결될 때에 비로소 크리스천의 정체성이 형성된다고 하였다(John Westerhoff III).

니버는 그리스도와 문화 사이의 다섯 가지 관계 유형 중에서 문화를 변혁하는 자로서의 그리스도를 가장 바람직한 방법으로 이해하고 지적한다. 문화의 변혁이 교회의 궁극적인 목표는 아니지만, 그것은 인간화를 최대한으로 가능케 하는 하나의 방편이 될 수 있기 때문이다. 즉, 교회는 교인들에게 문화 속의 섬기는 종으로서의 자각과 함께 신앙을 삶에 어떻게 구현해 갈 수 있는지 계속적으로 교육하여야 한다.

교회는 교육의 과정에서 문화 유산의 보존자요 전달자이면서, 가치(문화) 창조 내지 변혁을 위한 하나의 도구로 봉사해야 한다. 교회 내의 유산은 인간 경험의 내면에 논리적 관계로 잘 연결할 수 있는 적절한 표현의 언어 체계를 수립하고, 지속이 가능하도록 해야 한다.

넷째, 교회를 위한 커리큘럼은 합리적인 이론적 기초 위에서 형성되어야 한다. 제임스 마이클 리는 교회교육의 위기가 사회과학적 접근에 의한 교육의 전문화가 되어지지 않음에서 왔다고 하였다(James Michael Lee). 지나치게 신학에만 의존하고 있는 것이 교회교육의 과학화 혹은 전문화를 저해하는 요인이 되었다는 것이다. 왜냐하면 교회교육은 신학 및 사회과학의 확고한 기초 위에서 형성되어야 하기 때문이다. 교회는 인간의 영적 발달뿐 아니라, 도덕적, 정서적, 사회적, 지적 발달을 촉진함에 있어 가능한 잠재력과 효과적인 힘을 지니고 있다. 따라서 교회는 의식하든, 그렇지 않든 간에 이미 하나의 교육과정을 지니고 있다. 교육이 의도적인 활동이라면, 교회는 인간 계발을 위해 교육하는 기관으로서 보다 적극적인 자세로 교회를 위해, 보다 합리적인 교육과정의 기초 이론을 형성할 교육적 과제가 요청된다.

교회교육이 철저한 검증과 연구의 방법을 지닌 그 결과 사회과학에 의하여 그 근거와 과정이 재구성되어야 전문화(professionalism)가 될 수 있다고 하였다.[7]

2. 결혼 만족

가족 관계가 가부장적인 제도적 가족 구조에서 부부 중심의 우애적 가족 구조로 이행되면서, 부부간의 결혼 만족에 관한 관심은 날로 증가하고 있다.

만족이란 한 개인이 자신의 행동 목표와 욕구를 어느 정도 달성했는가 하는 주관적이고 개인적인 상태를 의미하는 것으로, 결혼 만족도는 결혼생활 전반에 대한 지극히 개인적이고 주관적으로 경험되는 선호의 정도를 의미한다. 이 선호의 정도는 만족에서 불만족에 이르는 연속선상의 태도로 나타난다고 할 수 있다. 결혼 만족도 연구 분야의 대표적인 학자인 Lewis와 Spanier(1979)는 부부간의 의견의 일치, 신뢰도, 응집력, 애정 표현 등이 결혼 만족도를 구성한다고 하였다. 결혼 만족도는 많은 연구자들에 의해 조금씩 다르게 정의되었으며, 결혼 행복도, 결혼 적응도, 결혼 성공도 등과 같이 다양한 용어로 불려져 왔다.

이러한 다양한 용어와 개념 정의에도 불구하고, 부부 중심 가족 구조에서 결혼 만족에 관련된 요소에 대한 연구는 공통적으로 우애성을 그 특징으로 내세운다(Havemann, 1986). '우애성'이란 주종 관계가 아닌 동반자적 관계이며, 규범에 따른 역할 수행이 아닌 친밀함에 의거한 동지적 관계이며, 상호 성취적 관계인 것이다. 따라서 부부 중심 가족 구조에서 부부는 자신의 목표를 추구하면서 배우자의 목표를 배려하는 가운데 부부가 함께 상호 협동해 가는 관계일 때, 결혼만족을 얻을 수 있다.

따라서 부부 중심 가족 구조에서 결혼 만족의 요소는 긍정적인 의사소통 기술과 상호 협력적 갈등 대처의 기술이라고 할 수 있다. 의사소통 기술이나 갈등 대처 기술은 사용하는 사람의 능동적 인지적 결단 과정에 따라 그 효율성이 좌우되기 때문에, 기술을 습득한 사람의 합리적인 인지 또한 중요한 요소가 된다고 하겠다(Fitzpatrick & Badzinski, 1985).

따라서 본 연구자는 결혼 만족에 영향을 주는 요인을 갈등 대처 능력과 의사소통의 기술, 그리고 합리적 인지의 세 가지 측면에서 다루고자 한다.

1) 갈등 대처와 결혼 만족

부부 관계의 특성상, 끊임없는 상호작용과 한 사람의 욕구, 욕망을 절충하려는 스트레스 및 친밀한 관계에서 나타나는 취약점 때문에, 항상 부부간에는 갈등이 일어날 가능성이 존재한다(Coser, 1979). 이처럼 갈등은 부부 상호작용 과정에서 필연적인 것이다. 단지 대처 방법에 따라 결혼 관계의 결속력이 강화되기도 하고, 약화되기도 한다. 따라서 긍정적인 갈등 대처는 결혼 만족의 중요한 요소가 된다.

결혼 만족도는 갈등의 존재 여부에 영향을 받는 것이 아니고, 갈등 대처 방법에 영향을 받는다. 실제로 결혼 만족도가 높은 부부와 낮은 부부간의 비교에서, 갈등의 존재 여부는 유의미한 차이가 없고, 갈등 대처 방법에서 유의미한 차이가 났다(Yelsma, 1984).

부부간에 갈등이 생겼을 때 긍정적 대처 방법은, 갈등 상황에서 부부 중 어느 누구도 자신의 입장만을 내세우지 않고 서로 상대방의 의견을 존중하며 적극적이고 개방적으로 자신을 변화시키는 것이 상호간에 만족을 주는 대처 방법이다. 반면에 부정적 대처 방법은 갈등 자체 혹은 갈등으로 인해 발생한 감정을 부인하며 갈등 상황을 회피하거나, 자신의 입장만을 고집하며 파괴적으로 갈등에 대처하는 것이다. 그러므로 갈등 사건이 해결되지도 않고, 상호간에 혹은 한쪽에게 불만족을 준다. 갈등에 긍정적으로 대처하게 될 때 부부는 그들 공동의 과제, 즉 개인적인 욕구를 이루면서 또한 배우자에 대해 배려하고 책임을 지니는 공동의 과제를 수행하게 되어 결혼 만족이 향상되는 것이다.

갈등 대처 방법에 사용되는 기술은 외현적 측면에서의 의사소통 기술 향상과, 내현적 측면에서의 인지 재구조화라는 두 가지 측면으로 설명된다.

먼저 갈등대처는 의사소통 기술의 활용 능력과 깊은 관계가 있다. 효과적인 의사소통은 배우자의 입장을 이해하고 경청하며, 배우자의 감정을 상하게 하지 않고 자신의 주장을 전달하면서 서로의 욕구를 고려하기 때문에, 타협이나 협력의 양식과 관계가 있다. 반면에 비효과적인 의사소통은 상대방의 입장을 무시하거나 간과하며 자신의 입장을 경쟁적으로 주장하거나 강요하는 등의 강압 양식, 그리고 자신의 입장을 밝히지 않고 회피하거나 상대방의 입장에 순응하는 양식과 관계가 있다(Bolton, 1984; Filley, 1974; Folger & Poole, 1984; Johnson, 1990; McFarland, 1988). 의사소통 기술 훈련은 타협이나 협력 양식 사용은 증가시키고, 강행, 순응, 회피 양식 사용은 감소시켜 준다.

한편 갈등 대처는 부부들이 배우자에 대해서 가지고 있는 신념과 관계가 있다(Dana, 1990; Eidelson & Epstein, 1982; Ellis, 1977). 부부간의 갈등은 실제적 사건의 문제라기보다는 그 사건을 어떻게 보고 생각하느냐의 문제이며, 갈등 대처 행동도 개인의 신념에 따라서 달라진다고 하는 연구 결과가 이를 지지한다(Baucom, Epstein, Sayers & Sher, 1989; Eidelson & Epstein, 1982; Johnson, 1990). 인지론적 입장은 사람들의 감정과 행동은 개인적 신념이나 사고방식과 같은 내적 인지과정에 의해서 매개된다고 본다. 갈등 상황에서 부부들이 가지고 있는 인지적 대처 전략이 부적절하고 비합리적일 경우에는, 배우자에 대해 역기능적 감정이나 행동을 유발하여 강경한 대응이나 무조건적인 회피 등의 비합리적 행동으로 상호작용하게 된다. 그러나 합리적인 신념은 기능적 감정이나 행동을 유발하여 협력과 타협을 통한 합리적이고 바람직한 갈등 대처 행동으로 반응한다.

2) 의사소통과 결혼 만족

의사소통은 두 사람간의 상호 교류 과정으로서, 의미를 창출해 내고 공유하는 과정이다(Galvin, 1989). 따라서 부부는 의사소통을 통하여 서로의 관계에서 일어나는 행동을 해석하고 평가하며 일련의 의미를 만들어 간다(Minuchin, 1974). 어떤 행동은 부부 서로에게 공통된 의미를 제공해 주기도 하지만, 어떤 행동은 상이한 의미를 제공해 준다. 의미를 공유하는 과정에서 공통된 해석은 부부 서로의 이해를 증진시켜 결혼 만족에 기여하겠으나, 상이한 해석은 부부 서로의 오해를 야기하여 결혼 만족도를 낮추게 된다. 따라서 결혼만족을 유지하기 위하여 부부간에 교환되는 의미를 명료하게 하기 위한 과정이 필요하다. 즉 부부 서로에게 공통되는 의미를 공유하기 위하여 부부간에 명료한 의사소통 기술의 활용이 필요하다.

부부 의사소통을 기능성으로 분류하면, 기능적 유형과 역기능적 유형으로 나눌 수 있다. 기능적 의사소통은 상대방에게 바라는 것, 두려운 것, 기대하는 것 등을 분명하고 솔직하게 그리고 활기 있고 자발적으로 의사소통하는 것, 새로운 변화에 민감하고 반응을 잘 하는 것 등을 의미한다. 또 온정적이고 긍정적인 표현을 하고 상대방에게 식별 있는 기대를 하는 것들을 말한다. 반면 역기능적 의사소통이란 상대방의 의견을 경청하지 않는 것, 긍정적인 말을 하지 않는 것, 새로운 상황에서 적절하게 행동하지 못하는 것, 서로 훼방하거나 투사하는 것, 거의 관계하지 않으며, 고집스럽고 의미 없고 불명확하며 애매모호한 것을 말한다(Glick & Kessler, 1980).

결혼 만족이 낮은 부부와 결혼 만족이 높은 부부 간에는 의사소통 유형에 차이가 있는 것으로 나타났는데, 결혼 만족이 낮은 부부들은 역기능적인 의사소통 방법을 사용한다. 그들은 자신들의 감정, 소망을 나타내는 표현 등을 적게 한다(Hahlweg, Reisner, Kohli, Vollner, Schindler and Revenstrof, 1984). 또한 어떤 문제에 봉착했을 때, 객관적으로 잘못을 찾으려 하지 않고, 상대방에게 원인을 돌리는 단점 찾아내기, 서로 불평하기, 문제 부추기기, 교착 상태, 끼어들기, 단정적인 언어 표현, 문제 돌리기 등이 나타난다(Bornstein & Bornstein, 1989). 부정적 행동은 많이, 긍정적 행동은 적게 교환하고, 간접적이거나 불분명하며 덜 효과적인 방법, 그리고 적대적이며 비판적인 대화를 하고, 덜 효율적인 문제 해결 방법으로 문제를 해결하려고 한다. 그리고 배우자의 행동을 고쳐 주기 위하여 강압적인 방법을 사용한다.

반면 결혼 만족도가 높은 부부들은 기능적인 의사소통 방법을 사용한다. 나-전달법, 공감적 경청, 요약하기, 열린 질문, 긍정적 환류 등을 나타낸다. 대화하고, 개인적인 문제를 논의하는 데 보다 많은 시간을 보내며, 갈등을 갖는 시간이 적은 것으로 나타났다(Kirchler, 1989). 동의, 인정, 찬성, 유머, 웃음 등의 보상은 보다 많이 하고, 비난, 불평, 신랄한 경고 등의 벌은 보다 적게 주고받았다(Noller & Fitzpatrick, 1990). 즉 기능적 의사소통 행동은 높은 결혼 만족과 관련이 있고, 역기능적 의사소통은 낮은 결혼 만족과 관련이 있다고 말할 수 있다.

3) 결혼 관계 신념과 결혼 만족

결혼 관계 신념은 부부의 역할, 혹은 결혼 관계에 대하여 가지는 인지 구조이다. 인지 구조는 사물이나 사건을 범주화하고, 문제를 풀어 가고, 사건의 정당성을 평가하고, 어떤 목표를 달성하기 위하여 행동을 하기 위한 규칙을 고려하는 내면화된 표현이다. 결혼 관계 신념이 결혼 만족에 기여하는 것은, 부부 중의 한 사람이 배우자에 대하여 나타내는 감정적, 행동적 반응이 그 사건에 대하여 그가 갖는 특별한 해석에 의하여 형성되기 때문이다.

Ellis(1977)는 불만족한 결혼 관계는 부부가 자기 자신이나 자신의 배우자에 관해 비합리적인 신념을 갖기 때문이라고 한다. 즉, 현실에 대해 부정확하게 지각하고 해석하며, 논리적 추리상의 비논리성을 포함한다. 정보의 내용을 왜곡하여 받아들여 정보를 수집하고, 정보를 사용하는 과정에서 문제를 발생시킨다. 비합리적인 신념은 성가신 잔소리나 불평과 같은 비생산적인 행동뿐 아니라, 분노 등의 부정적인 정서를 동반한다.

이제 결혼 만족에 관련된 인지의 요소를 살펴본다.

Beck(1979)은 부부 치료의 임상적 경험을 근거로 결혼 만족에 관련된 인지의 요소를 선택적 지각(perceptions), 귀인(attributions), 기대(expectancies), 가설(assumptions), 기준(standards) 등으로 설명하였다.

첫째, '지각'은 적극적이며 자발적인 과정으로, 사람들은 관찰자의 입장에서 자신이 처한 상황에 있는 정보 중에 선택하여 주의를 기울인다. 만족한 결혼 관계에 있는 부부들은 배우자의 장점에 대하여 주의를 기울이고 인정해 주지만, 결혼 관계가 만족스럽지 않은 부부들은 배우자의 단점에 대하여 주의를 기울이고 판단하는 태도를 취한다(Beck, Rush, shaw, & Emery, 1979). 또한 결혼 만족이 낮은 부부들은 배우자의 부정적인 행동을 잘 비난하는데, 이들은 배우자가 부정적인 행동을 하지 않을 때에도 이러한 부정적인 행동을 선택적으로 기억하여 결혼 만족에 연결시킨다. 반면, 결혼 만족이 높은 부부들은 배우자의 부정적인 행동에 대하여 관대할 뿐 아니라, 비난할 만한 일이라도 이것을 결혼 만족에 연결시키지 않았다.
결혼 만족도가 낮은 부부들은 그들이 좋은 대화 방법을 몰라서가 아니고 배우자와 대화할 때 나쁜 대화 방법을 선택하고 있음이 밝혀졌다. 결혼 만족도가 낮은 부부들은 배우자 외의 사람과는 대화를 잘 하더라도, 배우자와는 대화를 잘 하지 않고 있었다(Birchler et al. 1975 ; Vincent et al. 1975).

둘째, '귀인'은 사건에 대하여 원인을 돌리는 방법을 말한다. 결혼 만족도가 높은 부부들은 결혼 만족도가 낮은 부부들에 비해서 배우자의 긍정적인 행동을 일반적이고 안정된 귀인으로 돌린다. 반면에 결혼 만족도가 낮은 부부들은 배우자의 부정적인 행위를 일반적이고 안정된 귀인으로 돌리며, 결혼 생활에서 생기는 부정적인 사건에 대해서 상대방을 비난한다. 따라서 이러한 귀인의 태도는 결혼 만족도가 높은 부부들의 경우에는 긍정적인 방향으로 관계가 순환하고, 결혼 만족도가 낮은 부부들은 부정적인 방향으로 관계가 순환되는 결과를 낳는다(Epstein, Pretzer, & Fleming 1987; Fincham, Beach, & Nelson, 1987; Fincham & Bradbury 1988; Pretzer, Epstein, & Fleming, 1985). 즉, 결혼 만족도가 낮은 부부들은 불만을 유지하는 쪽으로 귀인을 함으로써 결혼 만족을 향상시키는 귀인을 하지 않는다. 결혼 만족도가 낮은 부부들이 결혼 만족도가 높은 부부들에 비하여 배우자의 부정적인 행동에 대하여 보다 많이 귀인하는 이유는 그들이 배우자의 부정적인 행동에 대해 보다 많이 선택적으로 지각하기 때문이기도 하다(Holzworth-Munroe A. & Jacobson N. S., 1985).

셋째, '기대'는 자신의 경험을 통하여 얻어지는 정상적인 학습 과정으로, 사람들은 과거의 경험에 비추어 어떤 사건이 미래에 일어날 가능성에 대한 기대를 갖는다(Bandura, 1977; Rotter, 1954). Burr(1971)의 역할 기대가 결혼 만족에 미치는 효과에 대한 연구 결과, 부부간에 역할 기대와 역할 행동 사이의 불일치가 감소하면 할수록 결혼 만족이 높은 것으로 나타났다. Ort(1950)는 결혼 만족이 배우자에 대한 기대와 그 배우자의 실제 행동 사이의 상호 일치와 관련된다고 하였다. 그는 50쌍의 부부의 기대치와 실제 행동을 비교해 보고, 결혼에 대한 만족이 기대와 행동 사이의 차이인 역할 갈등과 부적 상관이 있다고 밝혔다(Ort, 1950). Grafton(1980)은 결혼 기대와 결혼 만족과의 관계에 대한 연구에서, 배우자에 대한 기대와 배우자의 행동 사이의 불일치는 불만족스러운 부부에게서보다 만족스러운 부부에게서 현저하게 적게 나타난다고 보고하였다. 부부가 상대 배우자에게 대하여 갖는 기대는 대부분 정확한 것이지만, 때로는 왜곡될 수도 있다. 사람들은 끊임없이 그들이 기대하는 방향으로 행동하기 때문에, 배우자에 대한 부정확한 기대는 배우자의 역기능적 행동을 유발하여 긍정적인 갈등 대처를 방해하게 되고 결국 이것은 결혼 만족을 낮추는 결과를 초래한다.

넷째, '가설'은 한 개인이 사물을 보는 관점으로, 세계가 실제로 어떠하다고 생각하는 것이다. 가설은 사물이나 사건을 범주화하고, 문제를 풀어 가고, 사건의 적당성을 평가한다든지, 어떤 목표를 달성하기 위하여 행동을 하기 위한 규칙을 고려하는 데에 있어서 내면화된 표현이다. 결혼 관계에 있어서 부부는 서로의 역할에 대한 가설을 가지고 있다. 합리적인 가설은 개인의 과거 경험으로 하여금 그들의 배우자에 대한 현재의 이해와 상호작용을 유발한다. 그러나 비합리적인 가설은 결혼 문제에 역기능적인 행동을 초래한다(Jordan & McCormick, 1987).

Epstein과 Eidelson(1981)은 결혼 만족이 낮은 부부가 갖는 가설을 다음과 같이 말하였다. 첫째, '부부간에 의견이 일치하지 않는 것은 바람직하지 않다.' 둘째, '배우자의 생각이나 행동은 앞으로도 좀처럼 변하기 어려울 것이다.' 셋째, '남자와 여자는 다르게 태어났기 때문에 서로 이해하기 어렵다.' 등이 있다고 하였다. 이와 같이 역기능을 하는 가설은 갈등 상황에서 건설적인 대처를 위한 적극적인 시도를 하지 않게 되어 결혼 만족을 높이는 일을 방해한다.

다섯째, '기준'은 한 개인이 배우자나 또는 관계에 관하여 믿는 성격이다. 기준은 인간관계에 있어서 필요한 것이다. 윤리적이고 도덕적인 기준은 인간관계에 있어서 매우 기능적으로 작용한다. 그러나 기준이 비현실적으로 지나치게 윤리적이거나 도덕적일 때 역기능적으로 작용하게 된다. 지나치게 윤리적이고 도덕적인 기준을 인간관계에 적용하려고 할 때 결혼 만족은 낮아진다(Jordan & McCormick, 1987). 많은 경우, 사람들은 결혼 관계에 있어서 현실에서 일어날 수 없는 극단적이거나 비합리적인 기준을 갖는다고 한다. Epstein과 Eidelson(1981)은 그 예로 첫째, '부부는 서로 말하지 않아도 배우자의 마음을 읽을 수 있어야 한다.' 둘째, '성관계를 통하여 부부는 완벽한 만족감을 얻어야 한다.'

이러한 기준은 외현적인 의사소통 없이도 배우자의 내면 세계를 잘 알고 있어야 한다고 생각하여, 적극적인 의사소통을 통해서 배우자의 입장이나 요구를 파악하려고 노력하기보다는 소극적이고 회피적으로 의사소통할 가능성이 높다. 또한 명확하게 자신의 의사를 표현하지 않고, 배우자가 자신이 원하는 대로 하지 않을 때, 자신의 감정을 명확히 표현하지 못하여 부부 사이에 실망, 오해, 갈등의 결과를 낳아 결혼 만족을 방해하게 된다(Jacobson & Margolin, 1979; Lederer & Jackson, 1968).

III. 인지행동적 부부 의사소통 프로그램

결혼 관계의 향상을 위하여, 인지행동적 접근은 유용한 방법을 제시한다. 우선 행동주의적 접근은 명확한 목표를 구체화시키고 목표를 달성하기 위하여 도구적으로 쓰이는 구체적 절차들을 기술하며, 가시적인 촉진 피드백을 주는 우수한 방법론을 제공한다. 한편 인지주의적 접근은 인지, 행동, 감정 간의 관련성을 인식하고, 왜곡된 인지를 합리적 인지로 대체하도록 인지의 재구조화를 목표로 한다(Bradbury & Fincham, 1987; Segraves, 1982). 따라서 인지 행동적 부부 의사소통 프로그램은 의사소통 기술의 훈련과 합리적 인지 요인의 습득이 상호작용하여 결혼 만족의 향상을 도와준다.

이제 인지행동적 부부 의사소통 프로그램의 실제를 제시한다.

1. 목표

인지 행동적 부부 의사소통 프로그램의 목적은 부부 상호간의 인지와 행동을 변화시킴으로써 자신에 대한 자각을 높이고, 배우자에 대한 배려를 높이며, 부부 갈등에 효과적으로 대처할 수 있도록 돕는 것이다. 부부간의 의사소통 기술을 훈련하고, 인지 요소를 재구조화함으로써 부부 갈등의 대처 능력을 향상시키고, 궁극적으로는 결혼 만족을 향상시키도록 한다는 데 있다.

본 프로그램의 목표를 상위 목표와 하위 목표로 나누어 제시하면, 상위 목표는 부부들의 결혼만족도를 높이는 것이며, 하위 목표는 의사소통을 긍정적으로 변화시키기, 상호 협동적으로 갈등에 대처하기, 그리고 결혼 관계 신념을 합리적으로 바꾸기 등이다. 이와 같은 하위 목표는 각각 다음과 같은 세부적인 목표로 구성된다.

1) 부부들의 의사소통이 긍정적으로 변화되도록 한다.
- 스스로 자각하며 말하도록 한다.
- 명료하게 말하도록 한다.
- 배우자를 배려하며 듣도록 한다.
- 스스로가 기대하는 의사소통 기술 활용에 대한 기대와 실제 행동 사이의 차이를 줄이도록 한다.

2) 부부들의 갈등 대처가 상호협동적으로 변화되도록 한다.

- 긍정적인 갈등 대처 기술을 습득한다.
- 자신의 영역, 배우자의 영역, 그리고 부부 사이의 관계 영역을 확인한다.

3) 부부들의 결혼 관계 신념이 합리적으로 변화되도록 한다.
- 부부 사랑의 본질을 이해한다.
- 부부의 역할 기대를 이해한다.
- 결혼 생활, 배우자, 관계에 대한 실제적인 기대를 갖게 한다.

2. 내용

본 프로그램의 목표인 결혼 만족을 증가시키기 위하여 인지행동적 접근에서 구체적인 강화 기술로 필요한 것은, 인지 재구조화와 의사소통 행동 수정이다(Baucom & Epstein, 1990). 인지적 측면에서 인지적 사고 과정과 사고 내용을 합리적으로 재구성하도록 하고, 행동적 측면에서는 의사소통 기술과 갈등 대처 기술을 학습하도록 한다. 인지 재구조화 훈련은 부부들의 표적 문제를 경감시키고, 의사소통 기술 훈련은 부부들의 직접적인 행동 변화를 가져오는 훈련으로 인지적 측면과 행동적 측면을 통합적으로 학습하도록 한다.

1) 인지적 측면
인지적 변화를 위하여 필요한 것이 인지적 사고 과정과 사고 내용의 합리적 재구성이다. 본 프로그램에서는 '자기 관찰 기록지'와 '자각의 수레바퀴'(Miller, 1972) 도구를 이용하여 인지적 사고 과정을 훈련하고, 합리적 결혼 관계 신념을 학습함으로써 인지의 내용을 재구성한다.

(1) 인지적 사고 과정

인지적 사고 과정을 훈련하기 위하여 본 프로그램에서는 '자기 관찰 기록지'와 '자각의 수레바퀴'를 도구로 사용한다.

먼저, '자기 관찰지'의 기술을 훈련시킨다. '자기에게 말하기 과정'을 기록하도록 한다. 배우자의 행동에 대하여 느끼는 감정과 그 때의 사고를 함께 기록하면서 인지, 행동, 감정의 연관성을 자각하도록 훈련한다.

다음, 말하기와 듣기의 훈련에 '자각의 수레바퀴'와 '듣기 주기'를 사용한다. '자각의 수레바퀴'는 의사소통 기술과 갈등 대처 기술을 효율적으로 훈련할 수 있는 학습 도구로, 인지적 사고 과정의 훈련 도구이다(Millier, 1972). '듣기 주기'는 듣기의 요소를 인지하며 배우자를 배려하면서 들을 수 있도록 돕는 도구이다.

'자각의 수레바퀴'는 상황에 대한 정보 구조를 나타내는 심리적인 구조로서 문제, 감각, 사고, 감정, 소망, 그리고 행동의 6가지 영역으로 되어 있다. 각 영역은 정보가 서로 구별되지만, 동시에 함께 통합적이고 광범위한 전체를 구성한다. 따라서 '자각의 수레바퀴'를 이용하여 의사소통의 기술을 훈련함으로써 부부는 자신이 선호하는 영역과 또 각 영역을 상호 연결하는 부분들이 어떻게 나타나고 있는가를 파악할 수 있다. 프로그램 훈련 과정에서 부부들은 자신에게 말하기, 자신의 이야기를 전달하기, 배우자의 이야기 듣기 등의 과정에서 '자각의 수레바퀴'를 활용한다. 즉 의사소통 기술훈련 시 심리적 도구인 '자각의 수레바퀴'를 활용함으로써 부부들은 상황을 분석하고 보다 효과적으로 문제 해결을 진행시켜 그들 상호간의 관계를 향상시키는 데 구체적인 도움을 받을 수 있다. 자각의 수레바퀴를 이용할 때 말하는 사람과 관찰자간의 일치율은 90%에 달하기 때문에 부부 상호간에 있어서 어떤 문제든지 철저히 정보 처리가 가능하게 된다. 따라서 배우자들은 관계성 속에서 자율적인 자기 유지를 증진시 킴으로써, 건강한 자기 초점과 개인적 발달을 유지한다.

(2) 인지적 사고 내용

많은 사람들이 결혼의 실체를 모르고 결혼생활을 하고 있다 (Jorgensen, 1986). 대개 영화나 매스컴 등을 통하여 보여지는 결혼생활을 보면서 결혼에 대한 비현실적인 기대를 하는 경우가 많다. 따라서 부부 스스로 가지고 있는 배우자에 대한 역할 인지나, 배우자가 자신에 대하여 가지고 있는 역할 인지에 대한 충분한 이해는 결혼 만족에 중요하다.

본 프로그램에서는 결혼 관계에 대한 비합리적 신념을 합리적 신념으로 바꾸어 주기 위하여 강의와 설문을 통하여 부부들의 신념을 파악한다.

구체적인 내용은 다음과 같다.

첫째, 부부가 서로 가지고 있는 부부 역할에 대한 기대와 평가를 파악한다.

둘째, 감정을 잘 표현해 내는 것은 결혼 만족 향상의 중요한 요소이다.

셋째, 남녀의 차이에 대하여 이해한다.

넷째, 갈등 상황에 대하여 상호 협력적으로 대처한다.

다섯째, 부부의 사랑은 변화해 가는 것이고, 부부가 서로 노력함으로써 결혼 만족이 유지되는 것이다.

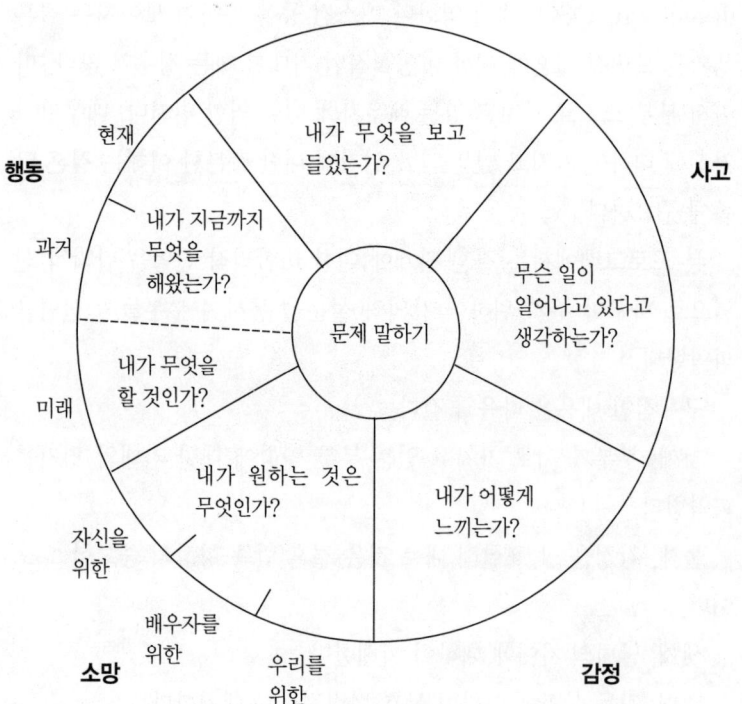

출처 : 미네소타 부부 대화 훈련(Miller, 1972)

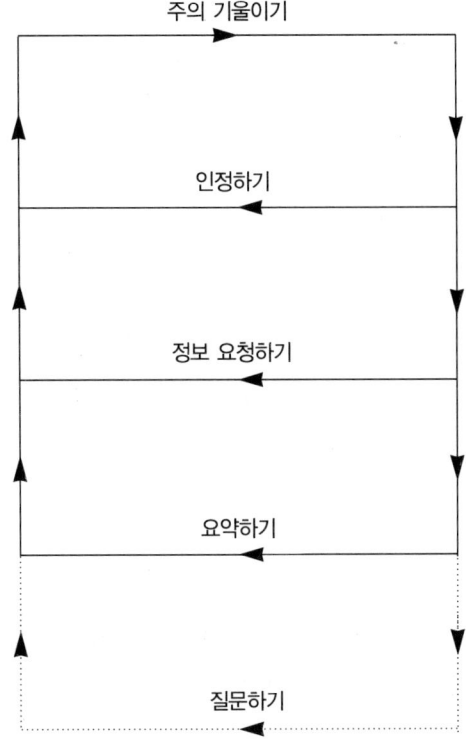

출처: 미네소타 부부 대화 훈련(Miller 외, 1972)

2) 행동적 측면

행동적 측면에서 포함되는 프로그램의 내용은 의사소통 기술 훈련과 부부가 함께 계약하기 그리고 과제 해 오기 등이다.

첫째, 의사소통의 기술을 훈련하여야 한다. 결혼 관계에서 부부는 서로의 요구를 파악하고, 맞추어 나가야 한다. 따라서 프로그램 실시자는 부부 서로의 만족을 향상시킬 수 있는 기술을 훈련시켜야 한다.

둘째, 부부가 함께 상호 계약을 맺는 내용은 행동적 측면의 수정을 위하여 필요하다. 부부가 함께 공동의 계약을 맺음으로써 부부의 행동 수정의 방향이 일치되어 효과를 얻을 수 있다.

셋째, 과제 해 오기는 행동 수정을 위한 좋은 내용이다(Stuart, 1969). '과제 내주기'의 한 가지 좋은 방법으로 '돌보는 날' 정하기가 있다. '돌보는 날'을 정하여 그 날은 두 사람이 그들이 같이 한 가장 좋은 날인 것처럼 여기고, 부부가 서로에게 전하고 싶은 가장 좋은 것을 표현하도록 한다.

3. 방법

프로그램의 실시 방법은 크게 전체 프로그램 차원에서 고려되는 프로그램의 운영적인 측면과, 단위 학습 차원에서 고려되는 교수-학습 측면으로 나눌 수 있다.

1) 프로그램 운영

프로그램은 전체가 8주 과정으로 1주 2회 평일 저녁시간 모임을 원칙으로 하고, 1회 모임의 시간은 2시간 30분 단위로 하여 전 과정의 총 교육 시간은 20시간이다.

프로그램 실시는 전문가가 그의 배우자와 함께 실시할 수 있다면 바람직하다. 부부가 함께 프로그램을 운영하면 실시자 부부가 참가 부부 그룹과 인간적인 공감대가 형성되고 참가 부부들의 경험에 공감할 수 있어 동일시할 수 있다는 점에서 모델링할 수 있는 장점이 있다(Framo, 1973 ; Alger, 1976b; Liberman, Wheeler, and Sanders, 1976). 그러나 본 프로그램은 전문가 1인이 실시한다.

프로그램 참여 단위는 부부 단위로 한다. 부부 교육의 효과를 비교할 때 부부가 함께 참여하는 형태가 한 쪽 배우자만이 참여하여 교육받는 형태에 비하여 효과에서 우수하다고 발표되고 있다(Levant, 1984, 1987).

2) 교수-학습 활동

교수-학습의 형태는 실시자가 자신의 능력, 학습 내용, 참가자의 특성, 교육 환경 등의 상황을 고려하여 이에 적합한 학습 형태, 교수 기술과 학습 장치를 선택한다.

본 프로그램에서 활용하는 학습 형태, 교수 기술, 학습 장치는 다음과 같다.

(1) 학습 형태

학습 형태는 부부 집단 단위로 실시하는 형태를 주로 취한다. 여러 부부가 모인 그룹에서 다른 부부를 관찰할 기회를 갖고, 또 부부 간에 공통의 관심, 공통의 언어, 공동 연습, 공동 접근의 기회를 갖도록 한다.

(2) 교수 기술

교수 기술로는 강의와 실습을 병행하며, 개인별 실습, 부부 토의, 시범 보이기, 기술 훈련 등을 사용하되, 숙제를 첨가한다.

① 강의

프로그램 실시자는 주제 강의를 과정의 초반이나 후반부에 제시한다. 단, 집단원들이 실시자에게 의존하거나, 집단의 흐름을 방해하지 않도록 한다.

② 개인 활동

실시자의 지시에 따라 설문지를 작성하거나 도표를 완성하는 활동이다. 이러한 활동은 본 주제를 다루기에 앞서 개별적으로 행해지는데 참가자들이 진지하게 임하도록 격려해 준다.

③ 부부활동

본 프로그램에서 부부 활동이 갖는 의미는 매우 크다. 매 회에 부부 활동이 포함되는데, 이는 전 활동에서 중심 부분이다. 개인 활동 후 그 내용을 부부끼리 나누거나 실시자의 지시에 따라 부부가 함께 활동한다. 부부간의 작업을 통해 배우자에 대한 이해가 증진되고 더욱 친밀해진다.

④ 소집단 활동

전체 집단을 소집단으로 나누어 집단별로 공동 과업을 한 후 다른 집단 앞에서 발표하거나 활동 후에 소감을 나눈다. 본 프로그램에서는 남편 그룹과 부인 그룹으로 나누어 소집단활동을 한다. 이 소집단 활동은 참가자들로 하여금 그들의 배우자를 객관적으로 이해하는데 도움을 줄 수 있다.

⑤ 전체 활동

참가자 전원이 모여 서로의 감정과 생각을 나누고 피드백을 교환하는 활동이다. 이 활동은 주로 회기의 마지막 부분인 소감 나누기에 해당되는데, 회기를 통해 자신이 체험한 바를 나누고 정리함과 동시에 다른 참가자들의 이야기를 들으면서, 자신이 미처 인식하지 못했던 부분을 새롭게 인식하도록 한다.

4. 내용의 조직

학습 내용의 조직은 학습의 효율성과 관련된다. 따라서 계속성, 계열성, 통합성의 원칙을 지키되 융통성을 가지고 참가자들의 흥미와 관심을 고려하여 조직한다. 학습 경험의 배열 시에는 쉬운 것에서 어려운 것으로, 친숙한 것에서 생소한 것으로, 구체적인 것에서 추상적인 것으로, 단순한 것에서 복잡한 것으로 조직하며, 흥미 있는 논제들을 프로그램의 전과정에 분산시킨다. 본 프로그램의 내용의 조직은 다음과 같다.

〈과정 1. 소개하기〉
목적 : 친밀감 형성
　　　학습 동기 부여
내용 : 프로그램을 시작하는 첫 과정이다. 참가자의 배우자 소개와 결혼한 동기와 참가 동기, 실시자의 과정에 대한 오리엔테이션, 그리고 설문지 작성이 포함된다. 과제로는 '자기 관찰 기록지'를 작성하도록 한다.
　　　첫 단계에서 참가자로 하여금 배우자 서로에 대한 소개와 결혼하게 된 동기를 말하게 하는 것은 프로그램을 여는 첫 작업으로 매우 중요하다. 참가자들은 스스로 말을 함으로써 긴장된 분위기에 대처하는 효과를 얻을 수 있고, 실시자는 참가자들이 말하는 모습과 내용을 통하여 결혼 관계의 만족도를 평가하여 앞으로 진행될 과정에 반영할 수 있다.
　　　설문지 작성을 과정에 포함시키는 것은 오리엔테이션을 겸한다는 목적이 있다. 즉 설문지를 작성해 가면서 참가자들은 자신의 모습을 평가하고, 학습 동기를 얻을 수 있다.

'자기관찰 기록지'를 작성해 오게 하는 것은 과제를 통하여 부부가 서로 관찰자의 모습이 되도록 인지 과정을 훈련시키기 위함이다. 기록을 해 가는 동안에 부부는 인지 과정의 다양성을 체험하게 된다.

〈과정 2. 자각하며 말하기〉
목적 : 자각하며 말하기의 중요성을 파악하여, 자신에 대해 표현하는 것을 익힌다.
내용 : 자각하며 스스로 말하여 보기를 훈련한다.
긍정적/부정적 의사소통의 특징과 영향에 대하여 정리한다.
말하기의 요소(문제, 감각, 사고, 감정, 소망, 행동의 6요소)를 활용한다.
'자각의 수레바퀴' 활용에 대해 안내를 받는다.

〈과정 3. 배려하며 듣기〉
목적 : 배우자 배려의 중요성을 파악하여, 상대 배우자의 말을 듣는 것을 익힌다.
내용 : 우애적 부부 관계의 성격 파악
경청적/반응적 듣기의 특징과 영향에 대하여 정리한다.
듣기의 요소(주의 기울이기, 인정하기, 정보 요청하기, 요약하기, 질문하기)를 훈련한다.

〈과정 4. 갈등 대처하기〉
목적 : 갈등의 불가피성을 인식하고 긍정적 대처 방법을 훈련한다.

내용 : 부부의 갈등 대처 유형과 그 영향에 대하여 파악한다.
갈등에 관여하는 부부의 역할 기대에 대한 인지를 파악한다.
'자각의 수레바퀴'를 이용하여 부부가 함께 '갈등 대처'를 훈련한다.

〈과정 5. 분노 대처하기〉
목적 : 분노에 대한 자각과 이에 인지적으로 대처하는 것을 훈련한다.
내용 : 감정 표현의 필요성과 그 표현 방법에 대하여 파악한다.
부부의 분노 표현 유형을 파악하고, 분노 수준을 측정한다.
'자각의 수레바퀴'를 이용하여 부부가 함께 분노 표현하기를 훈련한다.

〈과정 6. 남녀 대화 유형〉
목적 : 남녀의 차이에 대하여 인식한다.
내용 : 남녀 차이에 대하여 생리적, 사회적 역할, 사회화, 언어 표현의 측면에서 인식한다.
'자각의 수레바퀴'를 이용하여 배우자에게 자신이 소망하는 것을 표현한다.

〈과정 7. 부부사랑 가꾸기〉
목적 : 부부 사랑은 노력하여 가꿀 필요가 있음을 인식한다.
내용 : 부부 사랑의 요소(열정, 헌신, 친밀감)를 균형 있게 유지하고, 잘 가꾸도록 결단하게 한다.
부부 성생활에 대해 합리적/비합리적 인지를 구별, 부부

생활에 작용하도록 한다.
'자각의 수레바퀴'를 이용하여 배우자에 대하여 자신이 소망하는 것을 표현한다.

〈과정 8. 사랑 고백하기〉
목적 : 배우자를 위하여 새롭게 헌신한다.
내용 : 부부 삶의 여정을 회상하고, 미래의 삶을 계획한다.
서로에 대한 감사를 사랑의 고백으로 표현한다.
사후 설문지를 작성한다.

Ⅳ. 결론

본 연구는 교회에 속한 부부들의 결혼 만족을 향상시켜서 온전한 기독교 가정의 모습을 지켜 가도록 인지행동적 부부 의사소통 프로그램을 제시하고자 하는 목적으로 쓰여졌다. 구체적으로 인지적 변화와 행동 수정 방법을 통합하여 의사소통의 기술을 습득하여 갈등에 긍정적으로 대처하도록 돕는 것이다.

이미 102쌍의 교회 부부들에게 시행되어 프로그램의 효과가 입증이 되었다. 그리하여 한국 교회의 부부들에게 확산되어도 좋다고 검증이 된 시점에서, 본 프로그램의 한국 교회의 부부교육에 대한 기여도 및 보충할 점을 제언하고자 한다.

첫째, 부부가 함께 참여하는 과정으로 만들어진 프로그램으로, 특히 남편들이 부부 교육에 참여하게 됨으로써 부인만 참여하는 프로그램에 비해 교육의 효과를 많이 높일 수 있었다.

둘째, 구체적이며, 전문적인 기술을 가지고 의사소통과 갈등 대처의 기술을 익혔다는 점이다.

원론적인 교육에서 탈피하여, 실제적으로 '자각의 수레바퀴' 도구를 활용하여 실용적인 도구를 익힐 수 있었다.

셋째, 결혼 관계에 대해 가지고 있는 부부들의 자칫 비합리적이고, 비현실적인 신념이 결혼 만족을 방해하였음을 깨닫고, 합리적이고 현실적인 신념의 필요성을 깨닫게 되었다.

사회과학적 방법론으로 전문화된 부부 프로그램이 별로 개발 보급되지 않은 한국 교회 실정에서, 본 프로그램이 교회 부부들의 결혼 만족을 높임이 검증을 통하여 입증된 점은 본 연구자에게 많은 격려가 되었다. 그럼에도 불구하고, 본 프로그램은 신학적 검증이 후속적으로 보충되어져야 할 것이다. 교회의 교육 프로그램에 사회과학적 방법론과 신학적 방법론이 계속 통합 발전되어져 갈 때, 교회는 교육 공동체이자 신앙 공동체의 정체성을 유지해 갈 수 있기 때문이다.

<인지행동적 부부 의사소통 프로그램의 개요>

회기 및 제목	목적	내용 및 방법	준비물
1 소개하기	· 친밀감 형성 · 교육 동기 부여 과제: 배우자에 대하여 고마웠던 일과 그때의 기분을 적어오게 한다. K-MSI 작성해 오기	· 개인의 신상과 배우자 소개 · 참가 동기 소개 · 참가 서약서 작성 · 사전 설문지 작성	이름표, 배경음악, 교재, OHP, 참가 서약서, 사전 설문지 (DAS, RBI)
2 자각하며 말하기	· 부부대화 파악 · 긍정적 의사소통의 중요성 · 말하기의 6가지 요소 파악 과제: '자각의 수레바퀴'를 활용하여 배우자에게 고마운 점을 말로 표현하기	· 설문지를 작성하며 대화의 현실 파악 · 자각하며 스스로 말하기 훈련 · 긍정적/부정적 의사소통의 특징과 영향 · 문제 진술하기, 감각정보, 사고, 감정, 소망, 행동의 6요소 파악	사전 질문지 (MCCP, CPQ) 자각의 수레바퀴
3 배려하며 듣기	· 배우자 배려의 중요성 · 듣기의 장애 원인 · 듣기의 요소 연습 과제: '자각의 수레바퀴'를 연습하여 부부가 함께 말하기, 연습하기	· 우애적 부부관계 형성의 중요성 강의 · 경청적/반응적 듣기의 특징과 영향	'부부대화의 현실 진단' 설문
4 갈등 대처하기	· 갈등의 불가피성 인식 · 갈등 유형 평가 · 긍정적 갈등대처 습득 과제: '자각의 수레바퀴'를 하여 부부가 함께 갈등대처하기를 연습하기	· 역할기대와 역할수행 평가의 차이 강의 · 부부의 갈등사례를 내어 놓고 유형 평가 · 갈등대처의 방법을 강의하고 '자각의 수레바퀴'를 활용하며, 갈등대처	'결혼관계 신념' 설문지
5 분노 대처하기	· 분노에 대해 자각해보기 · 분노에 대한 대처방법 익히기 과제: '자각의 수레바퀴'를 이용하여 부부가 함께 분노 표현하기를 연습하기	· 부정적 감정의 종류와 표현에 대한 태도 강의 · 부부의 분노 수준 측정 · 부부의 분노 유형 파악	'분노 수준/공격성 수준' 설문지
6 남녀 대화유형	· 남녀의 차이 인식하기 · 배우자의 기대 파악 과제: '자각의 수레바퀴'를 이용하여 부부가 함께 서로의 기대 맞추어 주기	· 남녀그룹을 분리하여 서로 배우자에 대한 기대 표현 · 남녀 차이에 대한 인식(생리적 차이, 사회적 역할의 차이, 사회화의 차이, 언어 표현의 차이)	남녀별로 분리할 수 있는 방과 캔트지와 매직펜
7 부부사랑 가꾸기	· 부부사랑의 요소 파악 · 부부사랑 가꾸기 인식 과제: 부부사랑 가꾸기를 위하여 결단한 내용 실천하기	· 열정, 친밀감, 언약의 요소 강의 · 부부사랑의 변화성 파악 · 성생활에 대한 합리적/비합리적 인지 구별	'성생활'에 대한 신념 설문지
8 사랑 고백하기	· 부부사랑의 확인	· 삶의 여정 회상하기 · 사랑의 고백 · 사후설문지 작성	배경음악과 수료증

Ⅳ 기독교학교 교육

10. 포스트모던 시대의 학교 발전을 위한 새 학습 모델
- 권택조 | 미국 Biola University(Ph.D.) | 아세아연합신학대학교 교수

11. 한국 기독교대학의 정체성 확립을 위한 과제와 정책
- 김광률 | 계명대학교(Ph.D.) | 한남대학교 교수

12. 기독교대학의 통전적 교육을 위한 교육사상적 기초
- 김기숙 | 총신대학교(Ph.D.) | 서울여자대학교 교수

10 포스트모던 시대의 학교 발전을 위한 새 학습 모델

권택조 교수
아세아연합신학대학교

I. 서론
  1. 연구의 필요성과 목적
  2. 연구의 방법 및 범위
II. 21세기의 특성: 포스트모더니즘
  1. 포스트모더니즘의 개념과 배경 및 영향
  2. 죄성(罪性)
III. 복음주의적 기독교교육
  1. 복음주의적 기독교교육의 정의
  2. 복음주의적 기독교교육의 영향력
IV. 새 학습 모델(A new learning model)
  1. 의미학습(meaningful learning)
  2. 새 학습 모델: '의흥미학습(意興味學習, meanteresting learning)'
V. 결론

I. 서론

1. 연구의 필요성과 목적

학교 발전 문제는 21세기에 대한민국의 모든 학교들이 직면하고 있는 심각한 문제다. 그것은 삼중적 심각성을 지니고 있다. 첫째의 심각성은 입학지원자 수가 줄어든다는 점이며, 둘째의 심각성은 학생들이 학교교육을 중요시하지 않는다는 점이고, 셋째의 심각성은 학생들이 교사를 존경하지 않는다는 점이다. 학교 내에서 발생하는 문제를 가지고 상담을 함에 있어서 교사를 상담 대상에서 제외시키겠다는 학생들이 주류를 이루고 있다.[1] 이런 삼중의 심각성은 학교의 운영을 어렵게 만드는 것은 물론 교육의 질을 떨어뜨린다는 의미를 내포하고 있다.

이에 대한 해결책으로서 교육부 당국과 각 학교에서 여러 가지 대안을 제시하고 있다. 홍보활동을 강화하며 멀티미디어(multimedia)를 최대한으로 개발하고 사이버스쿨(cyberschool)이나 홈스쿨(homeschool)을 운영하는 방법을 연구하고 있다.

그러나 이런 노력만 가지고는 21세기의 학교교육의 위기를 극복할 수 없다고 본다. 왜냐하면 이런 것들은 교육의 하드웨어(hardware)에 국한되는 대안들이기 때문이다. 이와같은 하드웨어적인 대책과 더불어 소프트웨어(software)적 교육 개발이 병행되어야 한다고 본다. 학교 밖을 향한 노력과 더불어 교실 내에서의 학습의 질을 높이기 위한 연구가 필요하다고 본다. 교육은 궁극적으로 교사와 학생의 만남, 즉 인격 대 인격의 만남을 통해서 이루어지기 때문이다.

본 연구는 교실 내에서의 학습의 질을 높이는 방법으로서 의미 학습(meaningful learning)을 보안하여 새로운 학습 모델을 제시한다. 이 모델은 포스트모던 시대를 살아가는 젊은이들에게 잘 적용될 수 있는 학습모델이라고 본다. 이는 학습의 질을 높임과 동시에 학습의 의욕을 불러일으키는 효과적인 학습방법이 될 것으로 기대된다.

---

[1] 박윤근, "인성교육의 이해와 실제",『교육연구』, 20(5)(서울: 교육연구사, 2000), pp. 100~103. 이 조사에 의하면 학내에서 일어나는 자신들의 문제를 놓고 상담 대상자를 고를 때에 교사는 제외시키겠다는 학생들이 74%를 차지하고 있다.

2. 연구의 방법 및 범위

본 연구는 교육심리학의 이론을 신학과 접목시켜 효과적인 신학 교육의 방법을 모색한다. 먼저 교육의 대상인 학생을 연구함에 있어서 그들이 가지고 있는 사고방식에 대한 철학적 심리학적 배경을 탐구하고, 그런 배경을 가지고 살아가는 젊은 세대를 효과적으로 교육하기 위한 학습방법을 모색한다.

본 연구는 학교 발전을 위하여 광범위한 방법들을 탐구하지는 않는다. 21세기의 학교 발전을 위한 다양한 방법들을 제시하는 것이 아니라, 21세기의 교육에서 가장 적합한 학습 방법 중의 하나라고 여겨지는 의미 학습(meaningful learning)이라는 교육심리학적 이론을 소개하고 이를 보완하여 새로운 학습 모델을 제시한다. 의미학습 이론에 심리학적, 신학적 의미를 접목시켜 보다 효율적인 학습 방법을 모색하고자 한다.

II. 21세기의 특성: 포스트모더니즘(postmodernism)

본 연구는 포스트모더니즘을 21세기의 특성으로 간주한다. 포스트모더니즘이란 무엇이며 그 영향력은 어떠한가? 그것이 기독교에 미치는 영향력은 무엇인가? 본 장에서는 먼저 포스트모더니즘의 개념을 논의하고 포스트모더니즘의 배경을 탐구함으로써 포스트모더니즘을 근본적으로 이해하는 데 도움을 주고자 한다. 그 다음 포스트모더니즘의 영향을 논의함으로써 그 심각성을 지적하고, 이와 관련하여 인간의 죄성(罪性)에 대한 논의를 통하여 포스트모던 시대에 효과적으로 적용될 수 있는 교육 방법을 추구하는 데 도움을 주고자 한다.

1. 포스트모더니즘의 개념과 배경 및 영향

포스토모더니즘(postmodernism)은 문자 그대로 '후기(post) 현대(modern)'의 사조다. 혹은 '후기 근대'의 사조라고도 할 수 있을 것이다. 'modern'이 '현대'라고 번역되기도 하고 '근대'라고 번역되기도 하기 때문에 '후기현대주의' 혹은 '후기근대주의'라고도 번역될 수 있을 것이다. 혹은 '탈현대주의'나 '탈근대주의'로도 번역될 수 있을 것이다. 현대주의(modernism)를 르네상스로부터 서구 세계를 지배해 온 이성주의(rationalism)라고 한다면 탈현대주의(postmodernism)는 현대주의를 벗어나고자 하는 시대 사조로서 이성주의를 극복하고자하는 탈이성주의라고 할 수 있을 것이다.[2] 이성주의는 이성적 사고와 증명을 통하여 객관적 사실을 중요시하기 때문에 객관성과 획일성 형성의 뿌리가 되고, 탈이성주의는 그 반대의 사상적 패러다임을 형성하기 때문에 주관성과 다양성의 뿌리가 된다.

따라서 포스트모더니즘은 주관주의(subjectivism)와 다원주의(pluralism)를 낳게 되었고, 주관주의와 다원주의는 개인의 선택의 자유(freedom of choice)를 신성시하게 되었다. 이런 주관주의와 다원주의적 사고방식에는 아무리 객관적으로나 이성적으로 잘못 되었다고 해도 자신의 유익을 위하여 자신이 선택하는 일에 대해서는 일체의 간섭을 용납하지 않는 경향성이 팽배해 있다. 자기중심적 이기주의가 포스트모더니즘에 깊이 뿌리박고 있다.[3] 그럼 이와같은 포스트모더니즘의 배경은 무엇인가?

---

2) 윤평중, 『포스트모더니즘의 철학과 포스트마르크스주의』(서울: 서광사, 1992), pp. 53~55; 목창균, "포스트모더니즘과 포스트모던 신학", 『서울신학대학 교수 논총』, 제9집(서울: 서울신학대학 출판부, 1998), p. 113.

포스트모더니즘의 배경을 현대의 도덕성 퇴보의 원인에서 찾을 수 있을 것이다. 포스트모더니즘과 도덕성 퇴보는 현대사조와 현상학적 특성을 이루고 있기 때문이다. 미국의 발달심리학자이며 교육학자인 토마스 리코나(Thomas Lickona)는 가치 교육(values education)을 강조하는 많은 저서를 집필하면서 도덕성 몰락의 원인을 '다윈주의(Darwinism)'에서 찾는다.[4] 다윈주의는 인간의 근원을 물질로 귀착시키기 때문에 인격(person)이나 도덕성(morality)에 가치를 두지 않는 결과를 초래케 했다. 인간은 하나님의 형상대로 피조된 존재라는 것을 부인하고 인간을 자연에서 진화된 존재로 보기 때문에 '다윈주의(Darwinism)'는 '다원주의(pluralism)' 및 상대주의(relativism)로 이어진다.[5]

다원주의와 상대주의는 절대적 가치(absolute value)를 부인하기 때문에 도덕 교육 등 가치관 교육을 인정하지 않는다. 신학교육은 가치관 교육을 핵으로 하는 교육이기 때문에 다원주의와 상대주의를 받아들이면 신학교육은 몰락하고 만다. 이것이 자유주의 신학이 끼친 부정적 영향이라고 할 수 있다.

리코나는 도덕성 퇴보의 두 번째 원인을 상대성 원리(theory of relativity)에 대한 오해에서 찾는다. 아인슈타인(Einstein)의 상대성 원리 자체가 도덕성 몰락의 원인이 된 것이 아니라 상대성 원리에 대

---

3) 중앙일보의 "2000년을 맞는 특집 여론조사"에 의하면(젊은이들을 대상으로 한) '난 이기적 … 그래도 인기는 캡'이라는 항목을 택한 사람이 54%를 차지한다(1999년 12월 14~28일까지의 여론조사: 대상자 수-6,553; 표본 오차-95% 신뢰 수준에서 플러스 마이너스 3.46%). 이 조사에서 우리는 포스트모더니즘의 영향권 내에 살고 있는 젊은이들이 개인주의와 이기주의에 감염되어 있다는 것을 알 수 있다.
4) Thomas Lickona, *Educating for Character: How Our Schools Can Teach Respect and Responsibility*(New York: Bantam Books, 1991), p. 7.
5) Ibid.

한 오해가 도덕성 몰락의 원인이 되었다는 것이다. 상대성 원리는 물리적 법칙이다. 물리적 세계에서 적용되는 상대성을 의미하는데 아인슈타인의 상대성 원리가 유명해지면서 많은 사람들은 이 물리적 법칙을 물리적 법칙으로 한정시키지 않고 도덕적 행위(moral behaviors)에 적용시키게 되었다는 것이다.[6] 많은 사람들은 객관적 도덕적 행위를 상대적으로 평가하면서 주관주의(subjectivism)가 발달하게 되었다.

이에 따라 사람들은 자기중심적으로 가치를 평가하게 되었고 객관적 절대적 가치는 존재하지 않는다는 생각에 귀착된 것이다. 리코나가 지적하는 또 하나의 도덕성 퇴보의 원인은 논리적 실증주의(logical positivism)다.[7] 논리적 실증주의는 가치(value)보다는 사실(fact)에 초점을 맞춘다. 도덕적 가치는 개인적 감정에 의존하기 때문에 사실과는 거리가 있다는 것이다. 그러므로 가치판단(value judgment)은 일 개인의 견해에 불과한 것으로 여겨질 수밖에 없게 된 것이다. 이런 현상이 1960년대부터 개인주의(personalism)라는 옷을 입고 등장한 것이다. 이런 입장에서 보면 모든 가치는 상대적이기 때문에 절대적 가치를 인정하지 않게 되고 다원주의가 절대적 진리인 것처럼 여겨지게 되었다.[8] 이런 사고방식이 포스트모더니즘의 토양이 되었다고 볼 수 있다.

포스트모더니즘은 다양성에 대한 문호를 넓게 개방해야 한다고 주장한다. 다양한 삶의 양태들에서 비롯되는 다양한 생각이나 가치

---

6) Ibid., pp. 7~10.
7) Ibid.
8) 포스트모더니즘은 다원주의를 절대적 가치인 것처럼 생각하는데 이는 자체 모순이 아닐 수 없다. 다원주의의 논리는 절대적 가치를 용납하지 않기 때문에 다원주의 자체도 상대적 가치가 되어야 하기 때문이다.

관들을 폭넓게 받아들여야 한다는 것이다. 고도의 견해차(a high degree of differentiation)를 수용해야 한다는 것이다. 절대적 가치가 없기 때문에 모든 견해를 그대로 수용해야 한다는 입장이다.[9] 그러므로 이런 사조는 현대인들의 삶 속에서 일치를 위한 공통분모와 공통인수를 제거시킨다.[10] 공통분모가 없기 때문에 통분이 되지 않아 정답이 나오지 않고, 공통인수가 없기 때문에 인수분해가 되지 않아 정답을 찾을 수 없게 되었다. 다양한 사람들의 다양한 견해를 수용하는 것도 중요하지만 그 다양한 가치들을 통합할 수 있는 핵심적 가치가 없다면 문제가 되는 것이다. 이런 문제가 바로 포스트모더니즘이 현대인들에게 끼치고 있는 부정적 영향이다. 포스트모더니즘의 입장에서는 절대적 가치가 인정되지 않기 때문에 기독교의 중심진리인 예수 그리스도의 보혈을 믿음으로써만 구원을 받을 수 있다는 주장을 거부한다.

복음인 것 같으나 복음과 정 반대의 입장에 있는 해방신학(liberation theology)이 진정한 복음전파의 걸림돌이 된 것도, 바로 해방신학 속에 있는 상대주의적 진리관 때문이라고 할 수 있을 것이다. 포스트모더니즘이 20세기의 정신사조에 끼친 부정적 영향들 중에서 가장 심각한 영향을 끼친 분야는 해방신학이라고 할 수 있을 것이다. 앤더슨(Victor Anderson)은 해방신학과 포스트모더니즘이 우주적 보편적 진리(universal truth)를 배제한다는 점에서 양자를 같

---

9) T. F. Lyotard, *The Postmodern Condition: A Report on Knowledge* (Minneapolis: University of Minnesota Press, 1984), pp. 200~201; Lisa Tsoi Hoshmand, *Creativity and Moral Vision in Psychology: Naratives on Identity and Commitement in a Postmodern Age*(Thousand Oaks: Sage Publications, 1998).
10) P. Selznick, *The Moral Common Wealth*(Berkeley: University of California Press, 1992), p. 201.

은 맥락으로 이해한다.[11]

포스트모더니즘이 끼친 영향은 신학에만 국한되지 않는다. 많은 분야의 학문과 많은 현대인들의 사고방식에 지대한 영향을 끼치고 있다. 포스트모더니즘은 어떤 진리도 절대화하지 않는다. 절대적 진리(absolute truth)는 존재하지 않고 오직 하나의 절대적 진리를 말하자면 "세상에는 절대적 진리가 없다(There is no ansolute truth)"는 명제뿐이라는 것이다.[12]

이런 사고방식에 영향을 받은 사람들은 선택(choice)을 신성화한다. 모든 진리는 상대적이기 때문에 각 개인이 선택하는 것이 그에게 가장 타당한 것이라고 본다. 이런 견해를 가진 미국의 교육가들은, 가치관 교육은 불가능하며 해서도 안된다고 주장한다. 이는 각 개인의 선택을 침해하는 것이기 때문이라는 것이다.[13] 신학 교육은 가치관 교육이다. 절대적 진리인 성경을 주 교재로 하여 되어지는 가치관 교육이 신학 교육의 핵심이다. 그러므로 신학 교육은 모든 교육 분야

---

11) Victor Anderson, "Liberation Theologies, Postmodernity, and the Americas", David Batstone, Eduardo Mendieta, Lois Ann Lorentzen, and Dwight N. Hopkins, eds., *The Journal of Religion*, October 1999, Vol 79, No 4, pp. 677~679.
12) Clive Calver, "Postmodernism: An Evangelical Blind Spot?", *Evangelical Missions Quaterly*, October 1999, Vol. 35, No. 4, pp. 430~431. 세상에 존재하는 단 하나의 절대적 진리는 "이 세상에는 절대적 진리가 없다는 것이다."는 명제는 포스트모더니즘의 대 전제를 부정하는 주장이다. 포스트모더니즘은 모든 진리를 상대적으로 보기 때문에 "이 세상에는 절대적 진리가 없다."는 주장도 진리가 아니다. 이 주장은 자체적으로 논리적 모순에 빠져 있다.
13) 필자는 미국에서 공부하는 동안 미국의 공립학교에 도덕 교육 커리큘럼이 빠져 있음을 발견하고 세미나실에서 학자들과 학생들에게 도덕 교육의 중요성과 가능성을 주장했으나 공감을 얻은 적이 많지 않다. 현실적으로 불가능하다는 의견들이 지배적이었다. 누구의 도덕 이론을 교재에 넣어야 하느냐는 주장이었다. 그런 생각 자체가 '가치의 상대화' 라는 입장에 있는 포스트모더니즘의 영향 때문이라고 여겨진다.

들 중에서 포스트모더니즘의 도전을 가장 많이 받는 교육이라고 할 수 있을 것이다.

2. 죄성(罪性)

포스트모더니즘에서 중요시하는 주관주의(subjectivism)는 개인의 주관적 생각과 느낌을 지나치게 존중하고 이런 생각과 느낌을 통해서 결정되는 개인의 선택(individual choice)을 절대화함으로써 문화와 역사를 초월하는 절대적 가치를 부인하게 된다. 이것은 절대적 가치를 인정하지 않는 다원주의적 사고에서는 높게 평가받을 수 있는 주장이다. 개인의 의견을 존중함으로써 인간의 존엄성을 중요시하는 삶의 자리를 형성할 수 있다고 보기 때문이다.

그러나 성경을 절대적 가치로 믿고 그 절대적 가치를 통하여 죄인인 인간을 변화시킴으로써 죄를 통하여 잃어버린 하나님의 형상을 회복시키고자 하는 복음주의적 신학의 입장에서 보면 그와 같은 포스트모더니즘의 영향을 배제하는 것이 중요한 과제가 아닐 수 없다. 성경은 모든 인간을 죄인으로 진단한다.

그러면 어떠하뇨? 우리는 나으뇨? 결코 아니라. 유대인이나 헬라인이나 다 죄 아래 있다고 우리가 이미 선언하였느니라. 기록한 바 의인은 없나니 하나도 없으며 깨닫는 자도 없고 하나님을 찾는 자도 없고 다 치우쳐 한 가지로 무익하게 되고 선을 행하는 자는 없나니 하나도 없도다(롬 3:9~12).

성경의 인간론은 죄론으로부터 시작된다. 인간 속에 흐르는 죄성은 인간이 가지고 있는 가장 심각한 문제이기 때문에 죄론은 인간론의 핵심이다. 죄로 말미암아 하나님과의 분리가 시작되었고(창세기 3장), 죄를 통하여 첫째 사망과 심판 및 둘째 사망이 오기 때문에(롬 6:23; 히 9:27; 계 21:8) 인간이 이와 같은 사망과 심판을 면하려면 죄의 사함을 받아야 한다.

그러나 포스트모더니즘은 인간의 죄 문제에는 전혀 관심을 두지 않는다. 인간의 심령 깊은 곳에 있는 죄성으로 말미암아 잘못된 선택을 하게 되고, 잘못된 선택을 통하여 잘못된 길을 걸어가며, 잘못된 길을 감으로써 잘못된 결과를 초래하게 될 사람들을 향하여 "그들의 개인적 생각과 느낌 및 선택을 중요시해야 한다"라는 주장을 한다면 이 주장은 인간에게 해를 끼치는 주장임에 틀림없다. 피상적으로는 인간존중의 주장 같지만 실제적으로는 인간 파멸을 방조하는 주장이 될 수밖에 없다.

그러면 성경에 나타난 인간 존중 사상에 대한 문제를 어떻게 해야 할 것인가? 성경은 한 인간을 천하보다 귀한 존재라고 강조한다(마 6:26, 16:26). 예수 그리스도는 죄인들을 용납하고 사랑하고 격려하셨다. 칠계를 범하여 돌에 맞아 죽게 되어 있는 여자까지 그 인격을 존중하여 그를 살리셨다. 타인들이 자신을 버리고 자신도 자신을 버린 수많은 죄인들을 예수 그리스도는 받아들이고 그들의 인간의 존엄성을 살려 주셨다. 예수 그리스도의 십자가의 죽음은 바로 죄인들을 위한 희생이었다.

인간의 존엄성을 귀하게 여기는 것과 인간을 죄인으로 진단하는 것은 결코 모순이 되지 않는다. 하나님의 형상대로 지음을 받은 귀한 인간이 죄로 말미암아 하나님의 형상이 파괴되었기 때문에 죄 문제를 드러내고 그것을 해결함으로써 참된 인간성 회복을 가능케 한다. 이것이 성경의 주장이다. 그러나 포스트모더니즘은 인간의 가장 큰 문제인 죄 문제를 간과하고 무조건 인간의 개인적 선택을 존중해야 한다는 입장이기 때문에 심각한 문제를 야기시키는 것이다.

인간의 죄성을 간과하고 무조건적으로 개인의 선택을 중요시하는 태도의 심각성은 자기중심주의(self-centeredness)가 죄성의 뿌리가 된다는 점에 있다.[14] 자기중심주의 혹은 이기주의가 마음을 지배하는 상태에서 결정된 선택은 존중되어서는 안 될 잘못된 선택이다. 선악과를 따먹은 사건이 원죄이며 그토록 심각한 사건이라는 것은 그것이 자기중심주의에 뿌리를 박은 사건이었기 때문이다. 선악과를 먹지 않음으로써 하나님과의 약속을 지키고, 하나님과의 약속을 지킴으로써 하나님 중심적인 삶(God-centered life)을 살아야 의로운 삶이고 복된 삶이었는데, 아담과 이브는 자기중심주의에서 기인된 잘못된 선택을 한 것이다. 그러므로 자기중심주의라는 원죄를 다루지 않고 무조건 개인의 선택을 신성시하는 포스트모더니즘의 주장은 인간을 위한 주장이 아니라, 오히려 인간을 해롭게 하는 잘못된 주장이 되고 마는 것이다. 여기에 포스트모더니즘의 모순성과 위험성이 있다.

III. 복음주의적 기독교교육

본 장은 복음주의적 기독교교육을 정의하고 복음주의적 기독교교육이 끼칠 수 있는 영향력을 논의한다. 복음주의적 기독교교육이 무엇이며 그런 교육이 포스트모더니즘의 부정적 영향력에 어떤 영향

---

14) 권택조, 『영성발달: 신학적 교육심리학적 통합 모델』(서울: 예찬사, 1999), pp. 95~101; D. D. Webster, *A Passion for Christ: An Evangelical Christology*(Grand Rapids: Zondervan Publishing House, 1987), p. 97.

력을 줄 수 있을 것인가를 논의한다.

1. 복음주의적 기독교교육의 정의(definition)

복음주의(evangelicalism)는 성경을 하나님의 말씀으로 받아들이고 성부 하나님의 절대주권(sovereignty of God)과 성자 예수 그리스도의 주되심(lordship of God the Son)과 성령의 능력(power of the Holy Spirit)을 강조함으로써 죄인을 구원하여 하나님의 자녀들이 되게 하는 초교파적 신앙 운동이다.[15] 그러므로 복음주의적 기독교교육은 성경 말씀과 하나님의 능력과 인간 구원을 강조하는 교육이다.

워너(Grandorf Werner)에 의하면 기독교교육이란 성경에 근거하며(Bible-based) 성령의 능력으로(Holy Spirit-empowered) 가르치고 배우는 과정(teaching-learning process)으로서 그리스도 중심적(Christ-centered) 사역이다.[16] 또한 죽(Roy Zuck)에 의하면 기독교교육이란 사람들을 그리스도에게 인도하고 그들을 영적으로 성장시키기 위하여 성령의 능력(power of the Holy Spirit)으로 하나님의 말씀을 전달하는 성경에 기초(Bible-based)를 둔 그리스도 중심적(Christ-centered) 사역이다.[17]

디종(Norman DeJong)은 기독교교육을 관계 회복에 초점을 맞추어 해석한다. 기독교교육이란 인간과 하나님과의 관계, 인간과 인

---

15) R. V. Pierard, "Evangelicalism" in W. A. Elwell, ed. *Evangelical Dictionary of Theology*(Grand Rapids: Baker Book House, 1984), pp. 379~382.
16) Werner Grandorf, *Introduction to Biblical Christian Education*(Chicago: Moody Press, 1981), p. 16.
17) Roy B. Zuck, *Spiritual Power in Your Teaching*(Chicago: Moody Press, 1972), p. 9.

간과의 관계, 그리고 인간과 물질과의 관계를 회복시키고 발전시키는 것이라고 한다.[18] 인간과 하나님과의 수직적 관계(vertical relationship with God) 및 인간과 인간과의 수평적 관계(horizontal relationship with people)를 회복시키고 발전시키는 것을 기독교교육의 주된 내용으로 보는 DeJong의 견해는 영성(spirituality)의 개념과 일치한다고 볼 수 있다.[19]

파즈미노(Robert Pazmino)는 기독교교육을 기독교 신앙과 일치하는 지식과 가치와 태도 및 행위를 나누기 위한 하나님과 인간의 공동 활동으로 본다.[20] 파즈미노의 기독교교육에 대한 관심의 초점은 기독교교육은 기독교신앙과 일치하는 내용을 다루어야 한다는 점이다. 그러므로 기독교교육은 신학을 전제로 한다. 신학과 교육학의 접목이 곧 기독교교육임을 알 수 있다. 그러므로 복음주의적 기독교교육이 이루어지기 위해서는 복음주의적 신학이 전제되어야 한다.

2. 복음주의적 기독교교육의 영향력

위에서 언급된 복음주의적 기독교교육의 개념 속에는 다음과 같

---

18) Norman DeJong, *Education in the Truth*(Nutley: Presbyterian & Reformed, 1969), p. 118.
19) Tack Joe Kwon, *An Integrative Model for Spirituality Development in Three Domains of Learning Theory*. Ph. D. Doctoral Dissertation.(La Mirada: Biola University, 1997), pp. 102~107. 이런 점에서 기독교교육과 영성 발달은 깊은 관계를 가지고 있다. 기독교교육은 영성을 발달시키는 도구가 되어야 하고 영성 발달을 위해서는 기독교교육이 필수적이다. 기독교교육이 없는 영성 발달은 비성경적 신비주의에 빠질 가능성을 내포하고 있다. 또한 영성 발달을 가능케 하지 못하는 기독교교육은 성령의 능력을 상실한 인간 활동에 지나지 않는다고 볼 수 있다.
20) Robert Pazmino, *Foundational Issues in Christian Education: An Introduction in Evangeical Perspective*(Grand Rapids: Baker Book House, 1988), p. 81.

은 여섯 가지의 기독교교육의 영향력이 내포되어 있다. 복음주의를 떠난 기독교교육은 포스트모더니즘에 대한 영향력을 발휘하기 어렵지만 복음주의적 기독교교육은 포스트모더니즘에 큰 영향력을 발휘할 수 있다고 본다.

첫째, 복음주의적 기독교교육은 성경을 하나님의 말씀으로 믿고 교육하기 때문에 큰 영향력을 미칠 수 있다. 자유주의적 기독교교육은 성경을 문화의 산물로 보기 때문에 성경을 상대적 가치로 평가절하하는 경향이 있다. 따라서 그런 기독교교육은 포스트모던 사회에 사는 사람들에게 큰 영향을 줄 수 없다. 성경을 하나의 상대적 가치로 보는 것으로 끝나기 때문이다. 그러나 복음주의적 기독교교육은 성경을 절대적 진리로 믿고 가르치기 때문에 포스트모던 시대의 사람들에게 도전을 줄 수 있다. 그리고 성경 자체에 능력이 있기 때문에 성경은 사람들을 변화시킬 수 있다.

둘째, 복음주의적 기독교교육은 하나님의 절대 주권을 중요시하기 때문에 교육 자체에 구심점이 있고 능력이 있다. 하나님의 절대 주권에 순종함으로써 인간의 변화가 일어나기 때문에 복음주의적 기독교교육은 인간의 변화의 가능성을 항상 기대할 수 있다.

셋째, 복음주의적 기독교교육은 예수 그리스도의 대속적 죽음을 강조하기 때문에 인간의 내면적 변화를 야기시킨다. 인간의 가장 심각한 문제인 죄 문제를 해결하기 위하여 그리스도가 보혈을 흘렸다는 것을 가르침으로써 심령의 변화를 야기시킬 수 있다.

넷째, 복음주의적 기독교교육은 성령의 능력을 강조하기 때문에 인간을 변화시킨다. 성령은 거룩한 교사(divine teacher)[21]로서 진정한 심령의 변화는 성령을 통해서만 가능하다. 예수께서 제자들에게 예언한 대로(요 14:26) 성령이 오심으로써 초대 교회의 성도들은 전인적 변화를 체험하게 되었다(사도행전 2장).

다섯째, 복음주의적 기독교교육은 영혼 구원(salvation)을 강조하기 때문에 큰 영향력을 발휘할 수 있다. 중생(conversion)의 체험을 통한 영혼 구원의 역사는 그것을 체험한 사람이 다른 사람들에게 큰 영향력을 발휘하게 된다. 자유주의적 기독교교육은 중생을 강조하지 않기 때문에 그런 교육을 통해서는 구원의 확신이 가능하지 않지만, 복음주의적 기독교교육은 영혼 구원을 강조하기 때문에 거듭나는 체험을 많이 하게 되고 거듭난 체험을 한 사람들은 다른 사람들에게 영적 영향력을 크게 미치게 된다.

여섯째, 복음주의적 기독교교육은 구원과 성화(sanctification)를 강조하기 때문에 인간 변화에 큰 능력을 발휘한다. 복음주의적 기독교교육에서 많이 언급되는 영성 형성(spiritual formation)이나 영성 발달(spiritual development) 혹은 영적 성숙(spiritual maturity) 등은 구원과 성화를 강조하며 크리스천을 영적으로 변화시키는 데 크게 이바지하고 있다.[22]

위에서 언급된 복음주의적 기독교교육의 여섯 가지 강조점들을 요약하면 복음주의적 기독교교육은 절대적 진리를 강조함으로써 구심점이 형성되기 때문에 상대주의적 허무감에 빠져 있는 포스트모던 시대의 사람들을 변화시킬 수 있는 능력이 있다는 것이다.

또한, 복음주의적 기독교교육은 포스트모더니즘의 특징을 이용할 수 있다. 복음주의적 기독교교육은 포스트모더니즘의 특성인 개방성(opnenness)과 선택의 자유(freedom of choice)를 활용해야 한다. 폐쇄된 사회엔 교육적 접근이 어렵지만 개방된 사회엔 접근이 용

---

21) R. Habermas and K. Issler, *Teaching for Reconciliation*(Grand Rapids: Baker Book House, 1992), p. 132; 권택조, 「교사론」(서울: 생명의말씀사, 2000), pp. 211~214.
22) 권택조, 「영성발달: 신학적 교육심리학적 통합 모델」, pp. 53~54.

이한 점을 활용하여 전도 및 교육의 기회로 삼아야 한다. 개인의 선택을 용납하지 않는 전체주의적 분위기 속에서는 교육적 접근이 어렵지만 개인의 선택의 자유를 중요시하는 포스트모더니즘의 분위기 속에서는 선교적 교육적 접근이 용이하다. 포스트모더니즘의 이와 같은 특성들을 잘 활용한다면 복음주의적 기독교교육은 포스트모더니즘에 큰 영향력을 발휘할 수 있을 것이다.[23]

그러므로 아무리 시대가 변한다고 해도 복음주의적 기독교교육은 시대를 변화시키는 역할을 할 수 있다. 다만 문제가 되는 것은 교육 방법이다. 우리가 전하는 복음의 내용(message)은 변하지 않지만 복음을 전하는 방법(method)은 달라져야 하는 것처럼 새 시대의 교육은 새 시대에 맞는 방법을 택해야 한다. 그러므로 포스트모더니즘이라는 새로운 사조를 타고 그것을 잘 이용하여 효과적으로 교육할 수 있는 새로운 학습 이론이 요구된다.

IV. 새 학습 모델(A new learning model)

본장은 포스트모던 시대에 살고 있는 젊은이들을 효과적으로 교육하는 데 도움이 되는 새 학습 모델을 제시한다. 먼저 '의미학습'을

---

23) Elizabeth A. Tebbe, "Postmodernism, the Western Church, and Missions", *Evangelical Missions Quaterly*, vol. 35, no. 4, October 1999, pp. 426~429; Jonathan Campbell, "Postmodernism: Ripe for a Global Harvest-but is the church ready?", *Evangelical Missions Quaterly*, vol. 35, no. 4, October 1999, pp. 432~439; David J. B. Anderson, "Robin Gill: Moral Leadership in a Postmodern Age", *Scottish Bulletin of Evangelical Theology*, vol. 17, no. 1, Spring 1999, pp. 61~63. 여기에서 필자들은 교회가 포스트모더니즘의 특성을 활용할 수 있고 또 활용해야 한다고 강조한다.

소개하고 그것을 보완하여 새로운 학습 모델을 이론화한다.

1. 의미학습(meaningful learning)

'의미학습(meaningful learning)'이란 지식을 주고받는 데서 그치는 기계적 학습이나 주입식 학습이 아니라 정보를 주고 받는 과정에서 학습자가 의미를 느끼게 함으로써 학습의 효과를 증진시키고자 하는 학습 이론이다.[24] 개인의 선택의 자유가 중요시되고 남용되는 포스트모던 사회에서 학생들이 학교를 떠나는 이유 중의 하나가 주입식 교육이라고 한다면 주입식 교육과 반대되는 입장에 있는 의미학습이야말로 21세기의 학교 교육의 위기를 극복하게 하는 데 중요한 역할을 할 수 있다고 본다.

교수-학습 과정(teaching-learning process)을 통하여 학생들로 하여금 의미를 갖게 해야 한다고 강조한 학자들 중에 브루너(Jerome Bruner)와 오슈벨(David Ausubel)을 들 수 있다.[25] 브루너는 '발견학습(discovery learning)'이라는 학습 모델을 통해 의미학습의 방법을 제시했고 오슈벨은 '의미수용학습(meaningful reception learning)'이라는 학습 모델을 통해 의미학습의 방법을 제시했다.[26]

브루너의 발견학습은 학생 중심의 학습 방법으로서, 학생들이 자발적 활동을 통하여 의미를 발견하도록 하는 것이다. 학생들이 적극적으로 학습 활동에 참여함으로써 그들 스스로 해답을 찾으며 문제를 해결하는 방법을 배우고, 그런 과정을 통하여 많은 의미를 찾게

---

24) Robert F. Biehler and Jack Snowman, *Psychology Applied to Teaching*(Boston: Houghton Mifflin Company, 1997), pp. 325~328, pp. 359~367.
25) Ibid., pp. 359~365.
26) Ibid.

된다는 것이다. 발견학습은 교사가 얼마나 많은 지식을 일방적으로 학생들에게 전달하느냐는 데에는 관심이 없다. 학생들로 하여금 해답을 찾고 문제를 해결하기 위하여 생각하도록 도와주는 것이 교사의 중요한 역할이다.27) 학생 스스로의 자발적 사고를 통하여 해답을 찾고 문제를 해결함으로써 학생들은 학습에 대한 의미를 느끼게 되는 것이다.

오슈벨의 의미수용학습은 의미를 발견하게 만든다는 점에서는 발견학습과 공통점이 있지만 방법상의 차이가 있다. 오슈벨은 브르너의 발견학습을 비판하고 그 대안으로서 의미수용학습 모델을 제시했다. 학생들 스스로에게 너무 많은 것을 맡겨 놓으면 그들에겐 충분한 정보와 지식이 부족하기 때문에 스스로 문제를 해결할 수 없다는 것이다. 학생들은 많은 경우에 무엇이 중요하고 무엇이 적합한 것인가를 알지 못한다는 것이다. 그러므로 교사는 학생들에게 설명적 교수(expository teaching)를 해야 한다는 것이다. 강의를 하되 학생들이 필요로하는 지식을 잘 설명해야 한다는 것이다.28) 학생들이 이미 알고 있는 것(the known)에 아직 학생들이 모르는 것(the unknown)을 연결시켜 줌으로써 의미를 발견하도록 해야 한다는 것이다.29)

발견학습이나 의미수용학습은 모두 학생들에게 의미를 부여할 수 있는 좋은 학습 모델이다. 그러나 발견학습을 한다고 항상 의미가 부여되는 것도 아니고 의미수용학습을 한다고 해서 항상 의미가 부여되는 것도 아니라고 본다. 발견학습의 경우에 학습하게 될 정보가 학

---

27) William R. Yount, *Created to Learn: A Christian Teacher's Introduction to Educational Psychology*(Nashville: Broadman & Holman, 1996), pp. 199~201.
28) Ibid., p. 200.
29) Biehler and Snowman, op. cit., pp. 362~363.

습자 자신에 의해 확인되지 못할 때엔 학습자는 그 정보를 암기하는 것으로 끝나게 되고 그런 경우에 그 학습은 기계적 학습이 되며 그 의미를 상실하게 된다.[30] 의미수용학습의 경우에도 기계적 학습이 이루어질 수가 있다는 것이다. 학습하게 될 정보가 어떤 체계를 갖추지 않은 단편 지식이 될 때에 학습자는 그 정보를 암기해 버리고 마는데 이런 경우엔 의미가 부여되지 않는다는 것이다.[31] 발견학습이 유의미(有意味)한 학습이 되려면 학습자에게 제공된 정보가 학습자에 의해 독자적으로 확인되어야 한다고 한다. 그 때에 그 학습자는 자기가 이미 알고 있는 지식에 새로운 지식을 연관시켜 하나의 지식적 체계를 갖추게 된다.[32] 의미수용학습이 유의미한 학습이 되기 위해서는 학습자에게 정보가 논리적으로 제공되어야 한다. 그 때에 학습자는 새로운 지식을 기존의 지식에 연결시켜 체계적 지식을 갖게 되고 그것을 통하여 학습자는 의미를 부여받는다.[33]

이상의 비판은 발견학습이나 의미수용학습 자체에 대한 비판이 아니라 그런 학습방법들을 잘못 사용했을 때에 야기될 수 있는 요소들이다. 그러므로 발견학습을 통하여 의미를 찾게 하고 의미수용학습을 통하여 의미를 찾게 하는 교수 방법은 바람직한 모델들이라고 여겨진다.

본 연구자는 이 학습방법들은 과목에 따라 적용되어야 한다고 본다. 예컨대, 문학이나 철학이나 윤리 등등의 인문과목들의 경우엔 발견학습을 많이 사용하는 것이 바람직하고, 물리나 화학 등등의 자연과학과 수학의 경우엔 의미수용학습을 적용하는 것이 좋다고 본다.

---

30) 안범희 외, 『교육심리학』(서울: 교육과학사, 1998), p. 122.
31) Ibid.
32) Ibid.
33) Ibid.

왜냐하면 전자는 개인의 의견과 견해가 중시되어야 하는 과목들이고, 후자는 객관적 사실이 중시되는 과목들이기 때문이다.

신학의 경우엔 이 두 가지 방법을 다 사용하는 것이 바람직하다. 왜냐하면 신학은 객관성과 주관성을 다 요구하기 때문이다. 신학은 성경에 나타난 절대적 가치를 전달해야 하므로 '설명적 교수(expository teaching)'가 있어야 하기 때문에 의미수용학습(meaningful reception learning)을 필요로 하며, 신학은 또한 지식을 수용하는 사람이 그 지식을 자기의 삶 속에 적용하기 위하여 자발적으로 참여해야 하기 때문에 발견학습(discovery learning)을 필요로 한다.

2. 새 학습 모델: '의흥미학습(意興味 學習, meanteresting learning)'

1) 새 학습 모델의 필요성

브르너의 발견학습과 오슈벨의 의미수용학습은 학생들로 하여금 의미를 찾게 하기 때문에 학습 동기를 부여하게 되고 이에 따라 학습 의욕을 불러일으키는 역할을 한다. 인간은 의미를 추구하는 존재이기 때문에 의미를 발견할 때에 지적 만족을 느끼게 된다. 프랭클(Victor Frankl)은 인간의 의미 추구는 삶의 제 일차적 동기(the primary motivation)라고 강조한다.[34] 프랑스의 한 여론조사 기관의 연구 조사에 의하면 응답자의 89%가 삶의 의미를 찾는 것이 가장 중요하다고 응답했다고 한다.[35] 잔스 하프킨스(Johns Hopkins) 대

---

34) Victor Frankl, *Man's Search for Meaning*(New York: Washington Square Press, 1984), p. 121.

학의 사회과학자들의 연구 조사에 의하면, "삶에서 무엇이 가장 중요한가?"에 대한 질문에 대하여 78%의 미국 대학생들이 '삶의 목적과 의미를 찾는 것'이라고 대답했다고 한다.[36] 이처럼 인간은 강렬한 의미 추구의 욕구를 가지고 있다. 그러므로 의미학습은 학습 동기유발을 위해 매우 효과적인 교육 방법이 아닐 수 없다.

그러나 포스트모던 시대의 젊은이들은 의미 추구의 욕구와 더불어 강한 흥미 추구의 욕구를 가지고 있다. 포스트모더니즘은 이성보다 감성을 중요시하기 때문이다. 포스트모더니즘은 이성적 판단을 통한 객관적 사실에서 의미를 찾는 것보다는 오히려 주관적 느낌을 통한 감성적 선택이 행동의 방향을 결정하게 만드는 경향이 크다. 그러므로 학습자가 의미를 부여받는 것만 가지고는 포스트모던 시대의 젊은이들을 효과적으로 교육할 수 없다고 본다. 왜냐하면 포스트모더니즘의 시대적 사조는 그 안에 사는 사람들로 하여금 '의미'를 갖는 것만으로는 만족하지 못하게 하기 때문이다. 포스트모더니즘은 사람들로 하여금 '흥미있는 삶'을 추구하게 만든다.

그러나 만약 흥미 있는 삶이 바람직한 삶이 아니라면 흥미를 만족시키는 교육은 교육이 아닐 것이다. 그러나 '흥미있는 삶(interesting life)'은 인간다운 삶의 기본이라고 할 수 있다. 만약 "나는 내 인생에 아무 흥미가 없습니다."라고 누가 말한다면 그 사람을 향하여 "그 사람 참 의미 있고 보람 있는 인생을 살고 있다."라고 말하지 않을 것이다. 흥미는 삶에 의욕을 불어넣는 맛을 가지고 있다. 의미에 흥미가 결합될 때에 그 의미는 증폭될 수 있지만 의미는 있지

---

35) Ibid., pp. 121~122.
36) Ibid., p. 122. 48개의 미국 대학에 다니는 학생들 중 7,948명을 대상으로 한 조사임. 삶에서 가장 중요한 것은 돈이라고 응답한 학생들은 16%에 지나지 않았다고 한다.

만 흥미가 없을 때에는 의미가 삶 속에 뿌리를 내리지 못한다. 왜냐하면 인간은 지성과 더불어 감성을 가지고 있기 때문이다. 그러므로 흥미 본위의 교육은 바람직하지 않지만, 의미에 흥미가 결합된 교육은 바람직한 교육이라고 할 수 있다.

'의미(意味)'를 '뜻(意)'에서 나는 맛(味)' 혹은 '지성(知性)의 작용을 통해서 나는 맛(味)' 이라고 한다면, '흥미(興味)'는 '흥(興)에서 나는 맛(味)' 즉 '감성(感性)의 작용을 통해서 나는 맛(味)' 이라고 할 수 있을 것이다. 인간은 지성과 감성을 가지고 있기 때문에 양자를 동시에 만족시켜야 한다.[37]

2) 새 학습 모델(A New Learning Model)

이상의 논의를 통해서 포스트모던 사회에 살고 있는 젊은이들에게 적합한 학습 모델은 의미와 흥미가 접목된 것이어야 한다고 본다. 의미도 없고 흥미도 없는 학습이나 의미가 없이 흥미만을 조장하는 흥미 본위의 학습은 참된 의미의 교육이라고 할 수 없기 때문에 본 연구의 모델 형성에서 제외시킨다. 그림 1은 의미는 있지만 흥미가 없는 학습 모델이다. 이 학습은 내용 있는 교육을 가능케 한다. 그러나 학습 동기 유발이라는 관점에서 바람직한 모델은 못 된다. 학습에서 의미를 찾지만 흥미가 없기 때문에 학습 효과도 감소한다고 본다.

그림1: 의미(meaning)는 있지만 흥미(interest)는 없는 학습

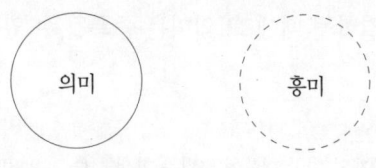

---

37) 권택조, 『교사론』, p. 193.

그림 2는 의미(meaning)와 흥미(interest)가 접목된 학습 모델이다. 본 연구는 '의미 있는(meaningful)'이라는 영어 단어와 '흥미있는(interesting)'이라는 영어 단어를 접목시켜 '의흥미학습(Meanteresting Learning)'이라는 한 개의 새로운 개념의 신조어(a coined word)를 만들어 쓴다. 의미와 흥미가 동반되는 교육이 포스트모던 사회에 적합한 교육이라고 생각되기 때문이다. 의흥미학습 모델은 학생들로 하여금 의미있고도 흥미롭게 공부하게 할 뿐 아니라 교육의 질적 효율성도 높아진다고 본다. 의흥미학습의 효율성에 대하여는 뒤에서 자세히 논의하기로 한다.[38]

그림2: '의흥미 학습(meanteresting learning)'

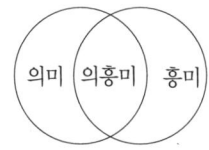

3) 새 학습모델과 두뇌의 기능

본 연구는 의미와 흥미가 접목된 학습 원리를 새 학습 모델로 제시한다(그림 2). 효과적인 교육을 위하여 의미와 더불어 흥미의 중요성을 증명하기 위하여 인간의 두뇌의 기능에 관한 논의를 하고자 한다. 20세기 중반부터 학자들은 두뇌의 역할에 대하여 많은 연구를

---

[38] 어떻게 하면 의미와 흥미가 접목된 교육을 할 수 있는가에 대한 연구는 별도로 하도록 하고 여기에선 포스트모더니즘의 영향권 내에 살고 있는 현대의 젊은이들에게 잘 적용되고 교육의 효율을 높일 수 있는 학습 방법으로서의 '의흥미 학습'을 새로운 학습 모델로 제시한다.

하였다. 1981년에 스페리(Roger Sperry)가 두뇌의 역할에 관한 연구를 통하여 노벨상을 받은 이후 인간의 좌뇌와 우뇌의 기능에 관한 연구가 활발하게 진행되고 있다.[39]

인간의 대뇌는 좌뇌(左腦)와 우뇌(右腦) 및 간뇌(間腦)로 구성되어 있는데, 좌뇌의 주된 기능은 논리적 사고(logical thinking)를 통하여 사물을 분석(analysis)하는 것이고, 우뇌는 감각적 작용을 통하여 사물을 종합(synthesis)하는 기능을 가지고 있으며 간뇌(corpus callosum)는 좌뇌와 우뇌를 연결하는 교량 역할을 한다.[40] 좌뇌는 지성(cognition/thinking)을 지배하고 우뇌는 감성(emotion/feeling)을 지배하며, 간뇌는 지성과 감성을 연결시킨다. 미국의 저명한 의사이며 신경과학자인 슐즈(Mona Lisa Schulz)는 많은 문헌을 인용하며 좌뇌는 이성을 지배하고 우뇌는 감성을 지배한다는 이론을 전개한다.[41]

그러므로 지성뿐 아니라 감성도 동시에 발달시키는 것을 강조하는 '전인교육(全人敎育)'의 차원에서도 의미와 흥미가 결합된 교육

---

39) James Kalat, *Introduction to Psychology*(Pacific Grove: Brooks/Cole Publishing Company, 1996), p. 115.
40) P. M. Davis, *Cognition and Learning: A Review of the Literature with Reference to Ethnolinguistic Minorities*(Dalas: The Summer Institute of Linguistics, 1991), p. 80.
41) Schulz, *Awakening Intuition*(New York: Three River Press, 1998), pp. 57~69. Schulz는 1960년대부터 진행된 우뇌와 좌뇌의 기능 연구에 관한 많은 문헌들을 인용하며 좌뇌는 지성(cognition)을 지배하고 우뇌는 감성(emotion)을 지배한다는 것을 강조한다: J. Semmes, "Hemispheric Specialization: A Possible Clue of Mechanism," *Neuropsychologia* 6(1968): pp. 11~26; E. Kaplan, "A Process Approach to Neuropsychological Assessment," *in Clinical Neuropsychology and Brain Function*(Washington, D. C.: APA Press, 1988), pp. 127~167; E. Zaidel, "Hemispheric Monitoring," in D. Ohoson, ed., *Duality and Unity of the Brain*(New York: Plenum Press, 1987).

방법이 모색되어야 한다고 본다. 1990년대부터 예일대학의 Peter Salovey나 뉴햄프셔대학의 John Mayer나 하버드대학의 Daniel Goleman 등의 학자들에 의해서 교육계에 큰 관심을 불러일으키는 EQ[42]는 감성지능(Emotional Intelligence) 계발의 중요성을 말하는 개념이다. 즉, 교육이 지성 혹은 지능(Intelligence) 계발에만 초점을 맞추지 말고, 지성과 더불어 감성(emotion/affection) 계발도 동시에 이루어져야 한다는 것이다.[43] 이와같이 교육에 있어서 감성이 차지하는 위치는 대단히 중요함을 알 수 있다.

4) 새 학습 모델과 학습 목표(learning objectives)

의미와 흥미가 접목된 교육의 중요성은 학습 목표(learning objectives)의 설정 이론에서도 나타난다. 학자들은 학습목표를 세 가지 영역(three domains)으로 분류(taxonomy)한다. 첫 번째 목표가 인지적 영역(cognitive domain)인데, 학습을 통해서 지적인 변화가 있어야 한다는 것이다.[44] 이 분류는 1956년에 Benlamin Bloom, Max Englehart, Edward Furst, Walker Hill, David Krathwohl 등에 의하여 이론화되었다.

두 번째 목표는 정서적 영역(affective domain)으로서 학습을 통해서 정서적 변화를 도모해야 한다는 것이다. 이것은 지성적 변화와

---

42) 'EQ'는 '감성지수'라고 번역되는데 사실은 '감성지능지수'라고 번역하는 것이 좋다. 왜냐하면 EQ는 'Emotional Intelligence(감성지능)'를 재는 숫자이기 때문이다. 즉, EQ는 감성과 지성을 동시에 발달시켜야 한다는 개념이다. 이것을 두뇌학적으로 말하자면 좌뇌(지성)와 우뇌(감성)를 동시에 발달시켜야 효과적인 교육이 된다는 뜻이다.
43) Daniel Goleman, *Emotional Intelligence: Why It Can Matter More Than IQ*(New York: Bantam Books, 1995), p. 39.
44) Biehler and Snowman, op. cit., pp. 241~244.

더불어 감성적 변화가 동반되어야 함을 강조한다. 이 분류는 1964년에 B. Bloom, D. Krathwohl, B. Masia에 의하여 이론화되었다.[45]

세 번째의 학습 목표는 행위적 영역(psychomotor domain)으로서 학습을 통해서 행동의 변화가 나타나야 한다는 것이다. 이것은 1972년에 E. Simpson에 의해서 자세히 분류되었는데 알고(knowing) 느낀 것(feeling)을 행동화함으로써(doing) 학습이 완성된다는 것이다.[46]

안 것을 실천에 옮기는 데 있어서 중요한 역할을 하는 것이 느낌이다. 안 것에 대한 좋은 느낌을 가지고 있을 때에 그것을 시도해 보려는 의욕이 생기기 때문이다. 흥미 없는 일은 실천에 옮기려 하지 않지만 흥미 있는 일은 하지 말라고 해도 시도하는 것이 인간의 기본적 심리다. 믿음의 지식은 있으나 실천에 옮기지 못함으로써 그 믿음이 죽은 믿음이 되는 현실 속에서 정서적 영역은 매우 중요한 역할을 하고 있다. 흥미 없게 배운 지식은 실천에 옮겨질 가능성이 희박하고 흥미롭게 배운 지식은 실천 가능성이 높다고 본다면, 행함이 있는 믿음을 요청하는 성경적 명령을 실천하기 위해서도 기독교교육은 의미와 흥미가 접목된 '의흥미학습'이라는 새로운 모델을 필요로 한다고 본다.

5) 새 학습 모델의 유익

본 연구에서 제시한 의미와 흥미가 접목된 '의흥미학습'은 다음과 같은 일곱 가지의 유익을 지니고 있다고 볼 수 있다. 첫째, 의미와 흥미가 접목된 학습은 좌뇌를 발달시킨다. 그 학습을 통하여 흥미진

---

45) Ibid., pp. 244~246.
46) Ibid., pp. 246~247.

진하게 의미를 깨달았다는 것은 그 원리를 논리적으로 파악했다는 뜻이며 이 논리적 작용은 좌뇌의 기능이기 때문이다.[47]

둘째로, 의미와 흥미가 결합된 학습은 우뇌를 발달시킨다. 의미와 더불어 흥미를 느낀다는 것은 그 학습을 통하여 감성을 주관하는 뇌인 우뇌가 활발하게 작동되었다는 것을 말해주기 때문이다. 이것은 이구 동성으로 강조되고 있는 '전인교육'이나 '인격교육'이나 '인성교육' 등의 차원에서 매우 중요한 의미를 갖는다.[48]

셋째, 의미와 흥미가 결합된 학습을 통해서 얻은 정보는 장기 기억장치(LTM: Long-Term Memory)에 저장된다. 정보를 입수하는 과정에서 감성이 개입되면 어두움 속에서 생생하게 물건이 보이는 것처럼 두뇌에 선명한 기억(flashbulb memory)이 남아 있게 되는데, 그 이유는 감정이 개입되는 순간 에피네프린(epinephrine)과 바소프레신(vasopressin) 등의 호르몬이 생성되기 때문이라고 한다.[49] 정서적으로 매우 강력한 정보에 대해서는 그와 관련된 조그마한 일이라도 자세하게 오래 기억된다고 한다.[50] 그러므로 학습은 흥미롭게 진행되어야 한다.

넷째, 의미와 흥미가 결합된 학습을 통해 얻은 지식은 실천으로 옮겨질 가능성이 매우 높다는 것이다. 의미 있는 지식을 흥미롭게 공급받았기 때문에 그 원리를 실천해 보고 싶은 의욕이 강하게 작용하기 때문이다. 흥미로운 것은 시도해 보고 싶은 욕망이 그만큼 강하기 때문에, 의미와 흥미가 접목된 의흥미학습은 실천을 전제로 하는 기독교교육에서 매우 중요한 의미를 갖게 된다.[51]

---

47) 권택조, op. cit., pp. 193~194.
48) Ibid., p. 194.
49) Ibid., pp. 194~195.
50) 윤영화 외, op. cit., p. 68.

다섯째, 의미와 흥미가 접목된 학습은 학습자에게 학습 동기를 불러일으키게 한다. 의미있는 내용을 흥미 있게 배운 학습자는 그 학습 내용이 좋아지며, 따라서 그 분야에 대하여 더욱 알아보고 싶은 의욕을 갖게 되는 것이다. 아무리 중요한 내용이라도 의미를 깨닫지 못하고 흥미를 느끼지 못한 경우엔 그 분야에 대한 연구를 계속하고 싶은 의욕이 떨어지지만 진지하고 흥미롭게 배운 분야에 대하여는 학습 동기가 더욱 크게 작용하기 마련이다.[52]

여섯째, 의미와 흥미가 접목된 학습은 학습자의 마음을 열어 주며 이 열려진 마음(open mind)은 새로운 지식을 계속 받아들이는 데 필요한 준비성(readiness)의 토대를 닦아 준다. 또한 열려진 마음을 가지고 학습이 이루어지기 때문에 그 학습자는 그 학교를 좋아하게 되어 학교의 분위기를 좋게 만드는 학생이 될 수 있다.[53]

일곱째, 의미와 흥미가 접목된 학습은 교사와 학생간의 좋은 인간관계를 형성시키는 데 도움을 준다. 의미 있는 내용을 흥미 있게 배운 학생은 교사에 대하여 호감을 갖게 되기 때문에 교사와 학생간의 원만한 인간관계가 형성될 수 있다.[54] 의미 있고 흥미롭게 전개되는 학습을 통하여 학생과 교사 사이에 지성적 정서적 공감대가 형성되어 스승과 제자간의 유대가 강화되고 이런 교육을 통하여 전인교육이 가능해진다.

---

51) 권택조, op. cit., p. 196.
52) Ibid., p. 196~197.
53) Ibid., p. 198.
54) Ibid., p. 198~199.

V. 결론

개인의 자유와 주관적 선택이 중요시되는 포스트모더니즘은 획일성을 거부하기 때문에 권위주의적 지식주입식 교육을 용납하지 않는다. 지금 한국의 교육위기는 획일성이 주류를 이루는 전통적 학습 방법으로는 극복될 수 없다고 본다.

본 연구는 21세기가 포스트모더니즘이 지배하는 사회라는 것을 진단하고 그에 대한 대책으로서 의미와 흥미가 접목된 '의흥미학습'을 대안으로 제시했다. 복음주의적 기독교교육의 입장에서 의미와 흥미가 접목된 학습 방법을 사용하여 교육한다면 교실은 의미와 더불어 흥미진진한 분위기 속에서 뜻깊고 즐거운 장소가 될 것이며 이런 분위기 속에서 진정한 교육이 이루어진다고 할 수 있을 것이다.

'의흥미학습'(meanteresting learning) 모델은 기독교교육에서는 물론 일반 교육에서도 적용될 수 있는 보편적 원리라고 생각된다. 왜냐하면 의미와 흥미는 사람의 좌뇌와 우뇌를 동시에 만족시키기 때문이다. 어떻게 하면 의미가 있고도 흥미가 있는 학습을 할 수 있을 것인가에 대한 후속적 연구가 요청된다.

11 한국 기독교대학의 정체성 확립을 위한 과제와 정책

김광률 교수
한남대학교

> I. 시작하는 말
> II. 한국 기독교대학의 정체성 위기
>   1. 기독교대학의 정체성
>   2. 기독교대학 정체성의 위기
>   3. 21세기 지식·정보화 사회와 기독교대학의 정체성 확립
> III. 한국 기독교대학의 정체성 확립을 위한 과제
>   1. 신앙과 학문의 연계
>   2. 학원 선교의 구조와 활동
> IV. 한국 기독교대학의 정체성 확립을 위한 정책
>   1. 총회와 대학의 협력
>   2. 지역교회와 대학의 협력
> V. 맺는 말

I. 시작하는 말

학교를 통한 교육 선교는 우리 나라에 기독교가 전래된 초기부터 지금까지, 기독교 지도자 양성을 통해 그 시대마다의 가장 절실한 시대적 요구에 부응하여 왔다. 그리하여 교회의 성장과 부흥 그리고 역사 발전에 크게 이바지해 왔다. 특히 고등교육 기관으로서의 기독교대학이 교회와 사회, 우리 민족에 끼친 영향은 매우 지대하다고 볼 수 있다.

그런데 21세기 지식·정보화 사회를 맞으면서 또한 교회와 사회의 여러 문제들을 놓고, 교회의 지도자들은 이러한 어려움을 극복해 나가

는 데 있어 지도자 문제를 생각하게 되었다. 특히 기독 지도자를 양성하는 기독교대학에 많은 관심을 갖게 되었는데, 그들은 한결같이 "오늘날 우리 나라에 참된 지도자를 양성하는 기독교대학다운 대학이 있는가?"라는 회의 섞인 질문을 한다. '기독교대학다운 대학'이란 말 속에는 기독교대학의 정체성을 찾으려는 의미가 담겨 있다고 본다.

이와 함께 우리는 가끔 '기독교대학의 정체성 위기'라는 말을 듣게 된다. 그렇다면 일반 대학과 기독교대학을 구분하는 정체성은 무엇일까? 여러 가지로 논할 수 있겠지만 일반적인 면에서 그 동안 기독교대학이 학문적 수월성(academic excellence) 추구를 통해 사회 발전에 기여해 왔지만 그러나 기독교대학으로서의 독특한 사명인 영적-윤리적 수월성(spiritual-ethical excellence)에 소극적 관심을 보여 온 것이 아닌가를 자성해 보아야 한다.

이 글에서는 한국 기독교대학의 정체성 확립을 위한 과제를 모색하기 위해, 정체성의 위기와 정체성을 이루는 두 과제, '신앙과 학문의 연계'와 '학원 선교의 구조와 활동'을 고찰해 보고자 한다. 그리고 정체성 확립을 위한 정책을 1) 총회와 대학의 협력, 2) 지역교회와 대학의 협력 관계에서 모색하려 한다. 이를 통해 한국의 기독교대학들이 새로운 방향을 찾아 그 본래적인 사명을 감당하도록 총회·지역교회와 학교가 협력할 수 있는 방안을 찾는 것이 이 논문의 목적이다.

II. 한국 기독교대학의 정체성 위기

1. 기독교대학의 정체성

기독교대학이란 무엇인가? 이 물음에 대해 은준관은 기독교학교의 정체성을 '제도적 유형'에서 찾기보다는 그 틀과 형식을 무시하지 않은 채 '이념적이고 신학적인 근거에 더 큰 비중을 두고 정체성'을 찾을 것을 주장한다.[1] 제도적 유형론에서 보는 기독교대학은 선교재단 또는 교단에서 세운 학교로서, 목사나 장로 중심의 총장, 교목, 세례교인 교사, 성경과목과 채플이 기독교대학으로 규범화되는 공통적 요소들이다. 그러므로 단순한 제도적유형에서 기독교대학의 존재 이유를 찾기는 어렵기에, 우리는 '이념적이고 신학적인 근거에 더 큰 비중을 두고 정체성'을 찾을 필요가 있다. 그것은 '기독교적인 것'과 '학교적인 것'의 의미를 바르게 확인하는 것이다.

여기에서의 '기독교적인 것'이 계시적이고 신앙적인 차원이라면, '학교적인 것'은 분석적이고 탐구적이며 과학적인, 학문을 의미하는 것인데, 기독교대학은 이 둘의 관계를 종합한다는 것이 기독교대학의 독특성이다.

이러한 면에서 기독교대학의 정체성, 즉 일반대학과는 다른 독특한 기독교대학의 이념과 학문과 신앙의 관계 정립에 관한 답을 찾는 시도는 여러 면에서 이루어질 수 있다. 그러나 장로교의 전통에서 볼 때, 아래 몇 개 모델이 되는 대학들의 교육정신을 알아보는 것이 도움이 될 것이다.

첫째, 칼빈이 세운 제네바 아카데미(The Academy at Geneva)이다. 칼빈은 일반적으로 종교개혁가라고 알려져 있지만, 그의 사역을 자세히 관찰해 보면 그의 계획들과 목적들이 근본적으로는 교육개혁이었음을 알게 된다.[2] 그의 교육정신과 교육과정은 1541년 11

---

1) 은준관, "한국의 근-현대화와 기독교학교의 역할: 기독교학교의 존재 이유와 역할을 중심으로", 『기독교사상』, 447, pp. 11~12.
2) W. S. Reid, "Calvin and founding of the Academy at Geneva", *The Westminster*

월 20일에 법령화된 '교회헌법'에 잘 나타나 있다. "교육은 영적인 질서의 한 부분으로 생각한다. 학교는 배움만을 위해서 있는 것만이 아니라 그리스도의 통치를 실현하는 수단이 된다."[3] 또한 그는 1538년 1월 12일에 발표한 '제네바학교를 위한 시안(Plan for the school of Geneva)'에서 "하나님의 말씀은 모든 배움의 토대가 된다. 인문학은 하나님 말씀에 대한 지식을 주기에 그것을 경시해서는 안 된다. 그리고 이 학교는 성직자가 되기 위한 준비와 바른 시민이 되기 위한 준비를 위해 조직되어야 한다."고 말하고 있다. 이러한 이념 아래에서 공부한 이 학교 출신들은 제네바를 하나님의 뜻이 이루어지는 도시로 변화시켜 나갈 수 있었다.

둘째, 1636년에 미국에 세워진 하버드(Harvard) 대학이다. 이 대학의 설립 정신은 칼빈의 제네바 아카데미의 정신을 이어 받은 것[4]으로, 하버드는 신앙과 학문을 하나의 공동체 안에 통합한 기독교대학의 모형이 되었다. "하나님을 알고, 영원한 생명을 얻으며, 나아가서는 미국이라는 광활한 개척지에 '거룩한 나라(holy common wealth)'를 건설하는 데 있다."라는 목적하에 3가지 권위-국가의 질서를 대변하는 '법학', 교회를 대변하는 '신학', 그리고 이성과 합리성을 대변하는 '과학'-의 교육을 통해 폭넓고 우수한 지성, 학문,

---

Journal of Theology, 18, p. 1.
3) R. Ulich, *A History of Religious Education*(New York: NY University Press, 1968), p. 123.
4) 1541년 칼빈이 규례에서 밝힌 '교회를 우리 자손에게 황무지로 남겨 주지 않기 위해 내일의 씨앗을 키울 필요성'과 '이 사역을 위해 젊은이들을 준비시킬 의무'에 대한 글이 하버드 대학의 설립 문서에 반영되었다. J. T. McNeil, "존 칼빈:교회의 교사", ed., D. K. McKim 저, 이종태 역, 『칼빈신학의 이해』(서울: 생명의말씀사, 1991), p. 17.

그리고 과학까지를 포용하면서 역사와 사회를 창조하고 변혁시키기 위한 신앙 지도자 양성에 초점을 두었다.

셋째, 한국의 기독교대학들이다. 1897년에 설립된 숭실학당(현재 숭실대학교)이나 20세기 중엽에 설립된 계명, 한남 그리고 서울여자대학교 같은 우리 교단 대학들의 설립 배경과 취지는 거의 비슷하다.
○○대학교의 사례를 보자. ○○대학교의 설립 주체인 미국 남장로교 선교부는 1893년부터 한국의 호남지역을 중심으로 전도, 의료, 교육의 3대 사업 활동으로 선교해 왔다. 특히 이 지역에 많은 기독교 초·중·고등학교들을 설립하여 교육선교활동을 활발히 전개하였다. 1945년 한국이 일본의 식민 통치로부터 해방되면서, 교계에서는 교회와 사회를 이끌어 나갈 지도적 인물의 부족을 통감하게 되었다. 당시 중등교육까지 기독교교육을 받은 많은 기독교 학생들은 기독교대학에서 계속 공부를 할 수 없어 일반 대학에 진학할 수밖에 없게 되었다. 이 때, 교회와 사회를 위한 기독교 지도자의 양성을 위해 기독교대학 설립이 절실히 요구되어졌는데 그것은 중등교육만으로는 시대적 욕구에 충족할 수 없었기 때문이다.
이러한 뜻에서 1948년 전주에서 열린 선교회 연차대회에서 기독교대학을 설립하기로 결의하였는데 여기에는 분명한 목적을 지니고 있었다. 한국의 장래 지도자는 과학을 공부한 사람이어야 한다는 강력한 의지를 가지고, 단순한 신앙 중심의 기독교대학이 아닌 신앙을 바탕으로 하되 과학을 중요시하는 대학을 설립하는 데 그 목적을 두었던 것이다.
○○대학교의 건학이념은 다음과 같다. "기독교 원리하에 대한민국의 교육 이념에 따라 과학과 문학의 심오한 진리 탐구와 더불어 인간 영혼의 가치를 추구하는 고등교육을 이수시켜 국가와 사회와 교

회에 봉사할 수 있는 유능한 지도자를 배출함을 목적으로 하는 것이다"(정관 1조).

이상의 3대학의 모델을 통해 우리는, 기독교대학은 기독교 신앙을 근거로 인문·사회과학의 학문을 통해 새로운 역사 창조를 가능케 하는 기독교적 지식인을 양육하는 데 있다는 것을 확인할 수 있게 된다.

2. 기독교대학 정체성의 위기

기독교대학의 정체성 위기는 어떻게 나타나는가? 유럽과 미국, 그리고 한국의 기독교대학의 정체성 위기의 원인을 찾아보자.

먼저 유럽과 미국의 경우에 대해서 김영한은 다음과 같이 그 원인을 밝힌다.[5]

첫째는 17세기 계몽주의에 의한 기독교대학의 학문의 변화는 계몽주의에 의해서이다. 계몽주의는 지식의 목표를 확실성으로, 지식에 도달하는 방법을 회의로, 도달하는 수단을 모든 권위와 전통의 편견에서 해방된 이성으로 간주했다. 따라서 계몽주의 사상가들은 신앙의 진리 주장을 신뢰될 만한 지식 영역으로부터 제외시켰다. 그리하여 신앙과 지식, 계시와 이성 사이의 중세적 종합이 깨트려졌다. 더욱이 계몽주의는 실험실에서 실험을 통한 검증이 진리를 가장 확고한 기초 위에 정립한다고 믿었다. 계몽주의는 보편적 이성의 능력을 믿었고, 인간 이성이 자연과학이나 사회과학과 인문과학의 확고

---

5) 김영한, "21세기와 기독교대학의 이념",
http://www.c3tv.co.kr/seminar/sob7.htm.

한 기반이 될 수 있으며, 선과 악을 도덕적으로 분간하는 기반이 될 수 있다고 생각했다. 이러한 계몽주의 전통은 종교와 학문을 분리시키고, 종교는 의미를 묻고, 학문은 진리를 묻는다는 가설을 남겼다. 그리하여 학문에 신앙을 개입시키면 진리의 왜곡으로 간주되었고, 종교가 지식의 영역을 취급하면 독단으로 간주되었다. 이러한 유럽 대학 내에서의 계몽주의 학자들의 대두는 유럽대학을 점차 탈 기독교화 하도록 했으며, 학문적 연구에 있어서 신앙은 독단이며 진리를 왜곡시키는 요인으로 간주하게 했다.

둘째는 유럽 대학의 세속화는 점차 미국 대학의 세속화로 이어진다는 점이다. 1915년 실용주의 철학자 존 듀이(John Dewey)가 창설한 미국 대학교수 협의회(The American Association of University Professors, AAUP)는 미국 대학에서 학문과 종교적 입장을 분리시키는 결정적 역할을 했다. 이러한 학문의 흐름의 영향을 받게 된 기독교 정신 위에 세워진 미국 대학의 변화는, 개신교 신앙으로부터 불신앙으로의 변화라고 볼 수 있다.

셋째, 이계준은 한국의 기독교대학에 위기를 야기한 대내외적 요인을 다음과 같이 지적한다.[6]

대외 요인으로는 첫째, 실력만을 강조하는 한국 사회의 교육 풍토, 둘째, 30년간의 군사 독재하의 획일적이고 통제적인 교육 정책, 그리고 셋째, 교육 재정 확충의 문제와 관련된 건학 이념을 무시하는 물질 지상주의적 발상에서 야기되는 문제들을 든다. 그리고 대내적인 요인들로는 첫째, 대학 이념의 수호자인 동시 운영 방향을 제시하는 이사회가 바른 기능을 수행하지 못하는 문제, 둘째, 기독교대학에 대한 교단 또는 교회의 무관심의 문제, 셋째, 일반 학문과 기독교의

---

6) 이계준, "기독교대학의 정체성 위기와 확립", 「기독교사상」, 447, pp. 23~27.

분리 현상의 문제 등을 들고 있다.

한국의 기독교대학 정체성 위기를 정리하기 위해 아래에 제시된 두 학자의 견해들을 살펴보자.

첫째로 은준관은 '기독교적인 것'과 '학교적인 것'의 4가지 관계 유형을 통해 위기를 말한다.[7] 그가 제시한 첫째 유형은 '학교적인 것'에 군림하는 '기독교적인 접근'으로 학교 존재 이유가 기독교인 만드는 것이다. 이는 학문의 수월성은 약화되거나 무시된다. 둘째 유형은 '학교적인 것'에 '기독교적인 것'이 소멸되어 가는 형태이다. 학문의 수월성을 위해 '기독교적인 것'을 장애물로 여기고, 그 의미와 영향력을 말살하려는 형태이다. 셋째 유형은 '기독교적인 것'과 '학교적인 것'이 피차 간섭하거나 관계도 맺지 않은 공존(coexistence)의 관계에 머무는 형태이다. 넷째 유형은 '기독교적인 것'과 '학교적인 것'의 초월적, 궁극적 근거와 목적을 찾는 것이다. 이것은 '기독교적인 것'은 하나님의 창조 구원 완성을 예수그리스도의 사건과 역사의 진행에서 분별하는 신앙의 눈과 증언을 위한 헌신으로 보고, '학교적인 것'은 과학이 기초가 되는 학문을 탐구하면서 하나님의 창조와 구원 그리고 역사 통치의 한 부분임을 겸손히 받아들이는 학문적 자세를 의미한다. 기독교대학의 정체성의 위기는 기독교적 권위주의의 이름으로 학문의 수월성을 소멸하거나, 학문의 이름으로 기독교적 유산을 배제하거나, 둘 사이에 공존 관계만을 유지하려는 안일주의에서 온다고 볼 수 있다.

둘째로, 기독교대학의 행정 책임자였던 이종익은 다음과 같이 말한다.[8]

---

7) 은준관, op. cit., pp. 13~20.

"한국에서의 대학 교육은, 사립대학의 숫자나 학생 수가 전체 대학의 2/3를 차지하고 있으며, 기독교대학인 연세대, 이화여대를 비롯하여 숭실대 등 사립의 명문대학들이 그 선구자적 역할을 하여 왔다. 또한 이 나라 대학교육과 현대사의 신문화운동을 이끌어 온 민족사학으로서 많은 기독교 지도자를 배출하여 왔다. 그러나 이들 기독교대학들이 설립 당시 목표로서의 기독교정신에서 동떨어진 신문화, 신교육의 기회를 제공하는 것에만 만족하여 차츰 세속화되어 온 것이 사실이다."

이상을 종합해 볼 때 기독교대학의 정체성의 위기는 '기독교적인 것과 학교적인 것의 분리', '일반 학문과 기독교의 분리 현상', 그리고 '신문화, 신교육의 기회를 제공하는 것에만 만족'하며, '세속화' 즉 기독교대학 나름대로의 건학 이념을 무시한 것이라 볼 수 있다.

3. 21세기 지식·정보화 사회와 기독교대학의 정체성 확립

20세기 말에서 시작된 지식 정보화의 과정 속에서 대학의 기능은 지식을 전수하고 발전시키는 것에서 새로운 지식의 개발 즉 정보의 생산이 중요 관심이 되어 왔다. 이와 함께 순수한 인문과학보다는 자연-기술과학과 응용사회과학 분야에서 그 효율성이 더 중요시되는 대학으로의 변화를 가져오게 되었다.
이러한 변화는 사회가 요구하는 것이 대학으로 하여금 정보 생산과 전문적인 기능인에 초점을 맞추게 됨으로 신학과 윤리가 약화되

---

8) 이종익, "기독교대학과 세계선교",
http://www.daeyangchurch.or.kr/15.htm.

어 '탈 종교적 상황'으로 나아가 전인교육이 어려워 질 수밖에 없게 되었다.

이러한 사실에 대해 김영한은 다음과 같이 지적한다.[9]

"오늘날 대학은 연구 기능이 강조되고 실용적인 응용 지식을 요구하는 학생들의 수요가 증가하는 데다 정부의 표준화된 관리와 통제 속에서 기술과 물질주의와 시장 논리에 무비판적으로 쉽게 종속될 위험을 안고 있다. 이러한 현실에서 대학은 인간성 함양의 교육보다는 실용성과 시장성 지향의 지식을 파는 정보 시장으로 쉽게 전락할 수 있다."

따라서 기독교대학이 선택할 수 있는 미래는 다음의 3가지이다.

첫째는 '대학의 세속화'이다. 이는 기독교 신앙과 관련 없는 대학의 세속화 과정-즉 지식, 정보의 생산, 전문적인 기능인 양성-을 역사의 운명과 필연으로 수용하려는 태도이다. 이때, 채플은 의무에서 자유로 진행되다가 차츰 사라지고, 기독교 교과목도 줄어들며, 기독교적 영향은 없어지는 현상이 나타날 것이며, 이 길의 선택은 기독교대학이기를 포기하는 것이다.

둘째, '대학의 교회화'이다. 세속의 도전에 대해 기독교대학을 다시 철저한 교회의 통제와 기독교 지식인 양성을 위한 기관으로 복귀시키려는 노력이다. 이는 대학을 종파화하는 것으로 역사의 후퇴, 역사의 진행으로부터 기독교대학을 단절시키는 위험성을 내포하게 된다.

마지막 셋째는 '건학 이념의 강화'이다. 이는 신앙으로 학문을 수

---

[9] 김영한, "21세기 아시아와 기독교대학", 국제학술 심포지움, 1998. 10. 8~9, 숭실대학교, p. 158.

용하며, 기독교대학의 오늘날의 선교적 사명을 모색하는 것이다. 이 사실에 대해 맥코이(McCoy)는 다음과 같이 말한다.[10]

"기독교대학의 지탱은 기독교대학의 종교적 뿌리로부터의 분리가 아니라 오히려 그것과의 보다 깊은 연관성을 갖고 과학과 학문의 우수성을 추구해야 하며, 나아가 현대 문명의 운명을 적극적으로 도와주는 일에 헌신하는 데 있다."

이는 기독교학자들은 자기 전공 분야를 기독교적인 관점에서 해석하고 그 의미와 가치를 연구함으로 학문과 신앙을 역동적으로 연계시켜야 한다. 기독교대학에서의 이러한 학문 가능성을 모색하는 세미나가 국내에서 개최되어 왔는 바, 그 중요한 세미나는 1995년에 한남대학교가 한국기독교대학교목회와 함께 개최한 "21세기를 향한 기독교대학 정체성 확립"과 1998년 숭실대학교에서 열린 "21세기 아시아와 기독교대학"의 세미나 등을 들 수 있다.

기독교대학에서의 학문과 신앙 연계는 무엇을 의미하는가? 그것은 '하나님 중심 세계관'을 갖고 연구하고 교육하는 것이다.

모든 지식과 지혜의 근원이신 하나님 중심으로 교육이 돌아오지 아니하면 참된 인간 교육이 이루어질 수 없기에 기독교학교의 사명은 지대하다. 하나님께 대한 신앙은 종교적이고 추상적이지만, 그러나 가장 현실적이고 구체성을 가지고 있다. 하나님을 신앙할 때만이 자연과 역사관을 바르게 가질 수 있다. 그것은 자연을 무시무종(無始無終)한 영원한 실재로 보고 경배의 대상으로 삼지 아니하고, 피조물로서 인간의 이해의 대상으로 보게 되며, 인간을 자연의 일부인 미생

---

10) C. C. McCoy, *The Responsible Campus*, 은준관, "학원선교" p. 509에서 재인용.

물로부터 진화한 동물이 아니라, 하나님의 형상대로 특별하게 창조된 인격을 가진 존재, 그러나 원죄를 지닌 생애(a living soul)로 보게 된다. 또한 자연에 대해 약탈과 파괴의 대상이 아닌 관리의 책임을 인간이 가진 것을 알게 되며, 역사는 하나님의 시간 속에서 사람을 소명(calling)하여 섭리하는 곧 시작(origin), 과정(process)과 목적지(goal)가 있음을 알게 되기 때문이다.

곧 하나님 중심 세계관은 자연관, 인생관, 역사관뿐 아니라 물질관, 가정관, 사회관, 정치관, 선악관, 교육관 등 모든 '관'의 근본이 된다. 이런 관들이 바르게 성립되어야 사람이 바르게 사물을 판단하고 바르게 행동할 수 있다. 기독교교육에서는 과학, 역사, 사회 등 모든 과목의 밑바닥에는 하나님 중심 세계관을 기초로 한 자연관, 인간관, 사회관, 가정관, 역사관 등을 학생들의 마음에 심어 주는 노력이 있어야겠다는 것이다.[11]

이런 면에서 오늘의 시대의 기독교대학 정체성 확립은 기독교와 학문의 만남 즉 신앙과 학문의 연계와 건학 이념을 살려 나가는 학원선교 활동을 통해 살펴보아야 할 필요가 있다.

Ⅲ. 한국 기독교대학의 정체성 확립을 위한 과제

기독교대학이 정체성을 살려 나가는 일은 주로 두 가지 영역에서 이루어진다. 첫째는 교과과정을 통한 교육 활동이며, 둘째는 학원 선

---

11) 이원설, "기독교대학과 학원선교",
  http://www.8387.org/imr/minister/09sungo/miss/14.htm.

교의 구조와 교수, 직원, 학생들의 신앙 활동이다. 먼저 교과과정에서 가장 중요한 것이 앞에서 언급한 바와 같이 신앙과 학문의 연계를 모색하는 일이다.

1. 신앙과 학문의 연계(the integration of Christian faith and learning)

1) 기독교대학 교수들의 소명 인식

기독교대학의 정체성을 이루어 나가는 데 있어 중요한 자원은 교수들이다. 이에 대해 우리는 제네바 아카데미의 개교 강연에서 베자가 한 다음의 말씀을 되새길 필요가 있다.

> "학원에 근무하는 것은 단지 가르치는 것만을 위해서라거나, 더욱이 옛 희랍인들이 자기들의 짐나지움에서 그랬었듯이 덧없는 이득을 보기 위한 것이 아니고, … 하나님의 영광을 위해 일하며, 자신의 본분을 위해 자신의 사명에 합당한 군사들이 되는 것입니다."[12]

그러한 점에서 기독교대학 교수들은 자신의 전공 학문 이전에 먼저 철저한 신앙인이어야 하며, 기독교대학에서의 자신의 소명을 인식해야 한다. 이 소명은 자신이 추구하는 학문성이 궁극적으로는 하나님의 영광을 드러내는 것이며, 또 그 영광이 드러나는 자리는 역사에 있다는 비전에서 일하는 것이다. 그러기에 그는 기독교대학을 통해 하나님께서 이루시려는 선교에 동참하기 위해 자신의 지성, 인격,

---

12) Towns, E. L, 임영금 역, 『인물 중심의 종교교육사』(서울:한국장로교출판사, 1984), pp. 252~253에서 재인용

영성을 끊임없이 성장시켜 나가게 된다. 이러한 면에서 오늘날 일부 기독교대학에서 학문의 우월성에 우선을 두어 비 신앙인(때로 타종교인)들을 교수로 채용하는 일들은 기독교대학이기를 포기하는 염려스러운 행동이라고 본다.

2) 신앙과 학문의 연계 연구

과학주의 사고가 주도하는 대학에서 기독교대학이 학문을 통해 기독교대학의 정체성을 살릴 수 있을 것인가? 이를 위해 구미의 기독교대학들은 오래 전부터 '학문과 신앙의 연계'(interdisciplinary studies)에 대한 연구와 교육을 해 오고 있다.

지금 미국에서도 13개 대학이 '기독교 신앙과 학문'을 연계시키기 위한 consortium을 조직하였고, 또 82개 대학이 같은 목적으로 coalition을 조직하여 History through the eyes of Faith(『성경과 역사』), Literature through the eyes of Faith(『성경과 문학』) Psychology through the eyes of Faith(『성경과 심리학』), Biology through the eyes of Faith(『성경과 생물학』) 등의 교재를 발간했다.[13] 비교적 이 활동에 앞장서고 있는 Wheaton College의 경우, 일반전공 교수들로 하여금 신학과에서 정규 교육을 받도록 권장하고 있다. 그리하여 한 학기 한 과목 정도씩 수강하며 신학으로 문학석사 과정을 마치는 경우가 많다는 것이다. 이는 신학을 전공하지 않은 일반학과의 교수 개인들에게만 유익이 있는 것이 아니라 대학 공동체를 하나의 신학사상으로 묶어 주는 중요한 역할이 이루어진다는 유익이 있다.[14]

---

13) 이원설, op. cit., 이상의 교재들 중 6권이 한국기독교대학협의회와 한국기독학생회 출판부(IVP)를 통해 출판되었다.

국내에서 비교적 일찍이 이 문제에 관심을 둔 대학이 있다. ○○대학은 대학 설립 초기부터 교과 과정에 많은 성경 과목들을 두어 교육해 왔으며, 1985년 8월부터 기독교 문화 연구소를 두고 신앙과 학문의 연계의 가능성을 연구하며 교육을 시도해 왔다. 그 동안 "기독교 대학의 학문적 사명", "기독교적 세계관", 그리고 "기독교 세계관에 기초한 학문적 연구는 가능한가?" 등의 심포지엄을 통해 『성경과 학문』 발간을 시작으로 하여 『기독교와 문학』, 『성경과 과학』, 『기독교적 경제학』, 『기독교와 법』 등이 책으로 출판되었으며, 계속 연구되어지고 있는 것은 매년 '기독교문화연구' 논문집으로 발간되고 있다.

3) 교과 과정의 채택과 교육

이렇게 연구된 결과들은 학부생들의 기독교교과목과 목회자의 계속 교육을 통해 가르쳐지고 있다.[15]

첫째, 학부생들을 위해 기독교에 대한 이해를 넓히고 기독교 세계관 형성에 도움이 되는 교과 과정으로 결정된다. 그 과목으로는 1학년 교양필수과목으로 3학점인 '현대인과 성경'이 있고 기타 교양 선택 과목으로 '기독교 세계관', '기독교교육의 이해', '문학과 기독교', '성경과 과학', '경제윤리', '법과 종교', '기독교 음악의 이해' 등이다. 학문과 신앙의 연계 연구를 통해 개발된 이러한 교과목 교육을 통해 학생들은 기독교적 세계관을 형성하며 신앙에 눈을 뜨는 기회를 갖게 된다.

둘째, 교회 목회자들의 계속 교육의 일환으로 학제(學制)신학대학

---

14) 양승훈, "위튼 대학의 신학과 세계관", 『통합연구』, 16, p. 106.
15) 졸고, "기독교정신으로 참 인재를 양성하는 한남대학교", 『교육목회』, 12, pp. 272~283을 참고.

원(The Graduate School of Theological Interdisciplinary Studies)을 두어 이 일을 감당하고 있다. 학제신학대학원은 기독교 신학과 일반 학문을 연계하고 학제적 연구 및 교육을 통하여 유능한 기독교 지도자(목회자, 평신도)를 양성, 국가와 사회 및 교회의 발전에 기여함을 목적으로 1997년 11월 교육부로부터 인가를 받아 1998년 3월에 개원되었다. 본 대학원은 교육 특성화로 신학과 목회 현장, 목회 신학과 일반 학문의 접목을 통하여 교회 지도자들에게 국제적 안목을 갖추는 데 실제적인 도움이 되는 교육을 실시하려고 노력하고 있다.

과목 중에는 '학제간 연구 세미나 I, II', '기독교세계관', '기독교과학사', '정치와 기독교', '경제와 기독교', '문학과 기독교', '법과 기독교', '기독교와 문화' 등이 있다. 이런 과목을 통해 목회자들이 목회현장에서 직면하는 여러 문제들을 신앙과 학문 연계에서 얻게 된 지식을 통해 능동적으로 대처해 나갈 수 있도록 돕고 있다.

최근에는 '해외지도자 과정'을 통해 필리핀에서 활동하는 한국에서 파송된 약 800여 명의 개신교 선교사들을 대상으로 이러한 학문의 정신을 전하려는 계획을 추진 중에 있다.

셋째, 신앙과 학문의 연계 과목을 통해 기독교적 세계관 확립을 도와주지만, 더욱 중요한 일은 이 시대에 기독교대학의 특성을 살릴 수 있는 것은 기독교적 인성을 갖도록 하는 일이다. 이 과제에 대한 사례 중 하나는 진리·자유·봉사를 근간으로 한 인성을 갖도록 돕는 ○○대학이 시도한 교과목 '현대사회와 인성' 교육이며, 이 과목은 1학년 교양필수 과목으로 3년간 실험 실시한 바 있다. 아래는 수업을 들은 한 학생의 수업 소감이다.[16]

비록 짧은 기간 동안의 수업이었지만 이 수업은 나에게 있어서 우리가 세상을 살아나가는 데 있어서 필요한 기본적인 인간적 소양들의 중요성과 그 가치를 다시 한번 일깨워 주었다. 우리 대학이 기독교 정신에 입각한 학교인 까닭도 있겠지만, 매 시간 주입된 사랑과 봉사의 정신은 그야말로 앞으로 살아가면서 항상 나보다는 남을 먼저 배려하고 양보할 줄 알며 서로 사랑하면서 원만한 대인관계를 이루어 나가는 데 큰 도움이 될 것으로 생각된다. 교재의 내용 또한 아주 적절한 것 같다. 매주 계속된 예습과 그에 알맞은 과제를 하는 과정에서 자기 존중감도 가질 수 있게 되었고, 나 자신은 물론 주변의 여러 상황도 이해할 수 있게 되었다. 또한 올바른 가치의 기준이나 적극적 자유 의식의 함양 등 많은 것을 얻을 수 있었던 것 같다. 또한 4명씩 한 조를 이루어 행하여진 토의 방식의 수업으로 인해 나와는 약간 다른 생각을 가진 다른 사람의 의견을 무조건 비난하는 것이 아니라 올바로 이해하고 수용하는 능력도 기를 수 있었다. 그룹 형식으로 수업을 했기 때문에 자칫하면 형식적일 수 있는 학우들과의 관계도 친밀해질 수 있었고, 발표식의 수업이었기 때문에 머릿속의 생각을 차분히 정리해서 남 앞에서도 논리 정연히 설명할 수 있는 발표력도 키워 주었다. 교재 내용에 따라 행해진 적절한 시청각교육으로 인해서 지루하게만 느껴질지도 몰랐을 수업시간의 흥미를 더해 주었고, 그 시청각자료의 내용 또한 인간의 마음속에 내재되어 있는 기본적인 양심과 정에 호소하는 내용이어서 '인성 교육'이라는 수업의 주제에 알맞은 수업이 될 수 있었던 것 같다. … 앞으로 점점 더 기계화 형식화되어 가는 우리의 사회 속에서 절대로 가볍게 여겨서는 안 될 인성을 강조하는 수업이었기에 더욱더 유익한 수업이 될 수 있었고, 항상 강조된 양보와 사랑을 실천해 나가는 따뜻한 심장을 가진 사람의 한 명이 되기 위해 노력할 것이다.

---

16) 2000년 1학기 '현대사회와 인성' 수업 후 한 학생의 수업 소감문.

2. 학원 선교의 구조와 활동

　기독교대학은 교과 과정을 통해 이념을 실현시켜야 하지만 그에 못지 않게 중요한 것이 교수, 직원, 학생들의 신앙 성장을 통해 학원 자체를 선교적 공동체로 변화시키는 일이다. 이 일을 수행하기 위해 기독교대학들은 설립 당시부터 교목실을 두어 대학 내의 모든 구성원들로 하여금 대학공동체 속에 기독교 신앙을 바탕으로 한 설립 이념을 구현할 수 있도록 돕는 것을 목적으로 활동해 왔다.
　대학을 기독교공동체로 이루는 일은 어떻게 할 때에 가능할까? 은준관은 이 과제에 대해 다음과 같은 의견을 제시한다.[17]
　대학 자체를 구조적으로 변화시키기 위해서 대학을 구성하고 있는 인격들의 변화와 대학의 분위기와 정책과 이념의 변화를 가져오게 하는 '양면의 구조적 선교'를 학원 목회에 적용시켜야 한다. 이 일을 위해 교목실은 학생 교직원들의 신앙 성숙과 봉사 활동을 돕는 활동과 함께 대학의 정책이 설립 이념에 따라 진행되도록 해야 한다. 무엇보다 학원 선교는 교목만의 일이 아니며, 교목, 행정을 맡은 이들 그리고 모든 기독교인, 교수 직원, 학생들이 의식적으로 이루어 가는 참여에서만 가능한 것이다. 이를 위해서는 교수, 직원, 학생 모두를 학원 선교의 동역자로 삼아야 하며, 기독교학교 자체가 하나의 신앙공동체가 되어야 한다.
　이 사실에 대한 최근 기독교교육 접근 중의 하나가 신앙공동체 접근이며, 그것을 주장하는 학자는 웨스터호프(J. H. Westerhoff Ⅲ)이다. 일반적으로 신앙은 기독교 가정, 교회, 그리고 기독교학교에서

---

17) 은준관, "기독자 교수와 학원 선교", 학원 선교 세미나 자료집(1985. 2. 8~9), pp. 14~15.

성경 지식이나 교회의 역사, 기독교 윤리 등을 가르치는 활동을 통해 이루어진다고 믿어 왔다. 그러나 신앙공동체 이론에서는 신앙은 어떠한 교수법을 사용해서도 완전히 가르쳐질 수 없으며, 가르침으로써 얻을 수 있는 것은 종교로서의 기독교 내용임을 지적하고 마음을 열고 그것에 따라 행동하며 살아가는 방법을 제공할 수 있는 신앙공동체 형성을 주장한다. 웨스터호프는 다음과 같이 말한다.[18]

"신앙은 생생하게 맥박치는 공동체 안에서 자연스럽게 불러일으켜지고 자각되는 일은 있어도, 소유물인 양 그에게서 다른 사람에게 전수되는 것은 아니다. 오히려 신앙은 역사 속에서 신잉의 선통을 담당하여 살아가는 공동체와 연결되어 지금 여기에서 그 같은 믿음을 서로 나누는 사람들에 의해 단적으로 표명되고, 개혁되며, 새로운 의미를 획득해 갈 수 있다."

1) 학원 선교를 위한 교직원들의 신앙 성숙과 봉사를 돕는 활동

(1) 교수, 직원의 기독교대학인의 인식을 돕는 활동

기독교 정신으로 교육한다는 것은 학생들로 하여금 전문 지식과 함께 기독교적 인격을 지닌 지도자를 양성하는 것이며, 효과적으로 이 일을 감당하기 위해서는 먼저 교직원들의 지성, 인격 그리고 영성의 함양이 요구된다. 이를 위해서 신임교직원 오리엔테이션, 교직원 예배, 교직원 성경공부와 영성 훈련의 기회를 제공하는 것이 요구된다.

교목실에서 주관하는 신임 교수 오리엔테이션과 영성 훈련에 참

---

18) J. H. Westerhoff Ⅲ, *Will Our Children Have Faith*. 정웅섭 역, 『교회의 신앙교육』 (서울: 대한기독교교육협회, 1983), p. 54.

가했던 이들의 소감을 소개한다.[19]

"이 모임에서 신임교원 상호 간의 벽을 없애는 데 많은 도움을 주었다고 생각합니다. 또한 기독교정신을 바탕으로 하는 학생 지도 및 학사 일정은 현대사회의 등불이 될 수 있는 좋은 이념이라 생각합니다."

"…제가 원해서 지원을 했고 또한 하나님의 뜻이기에 대학공동체 속에 ○○대학교로 오게 되었다고 확신합니다. … 오늘 오리엔테이션을 통해 미국에서 등한시했던 저의 신앙생활을 이 곳에서 꼭 해보겠다는 생각이 듭니다."

"혼자서 기도하고 묵상할 때에는 모든 문제를 대부분 나도 모르는 사이에 내 입장에서 거론하고 억지부리고 떼를 쓰게 되지만, 이 프로그램은 내 입장이 아니라 우리라는 입장에서 스스로를 돌아보게 하는 묵상의 시간이었다. 그리고 하나님은 사람들의 마음속에 참으로 여러 형태로 살아 계심을 다시 한번 확인하는 시간이었다. 10여 분의 교직원이 누가 시키지 않았는데도 가식 없이 있는 그대로를 보여주는 2박 3일의 시간 속에서 나는 놀라기도 했고 부끄러워 혼자 울기도 했다. 학문을 하는 신앙인의 자세가 무엇인지를 느끼게 되었고, 신앙을 가진 교수가 해야 될 교육이 강의 이상의 무엇인지를 알게 되었다. 또한 ○○이라는 공동체 속에서 내가 해야 할 일이 무엇인지를

---

19) 아래 인용은 교목실 아시아고등교육국(United Board)의 지원을 받아 1992년에 신임교수를 위한 신앙공동체 훈련과 기존 교수들의 2박 3일의 신앙공동체 훈련 후의 소감문이다. Han Nam University Chaplain's office. *Annual Report to the United Board for Christian Higher Education in Asia*, 1992.

생각하게 되었고, 또 하지 말아야 할 일이 무엇인지를 알게 되었다. 짧은 시간이었음에도 불구하고 참가했던 분들이 서로 잘 알게 된 것은 물론이고 나 역시 그 분들과 정이 들었다. 이 모든 것이 교목실의 노력에 기인된 것이니 교목실의 필요성이 새삼 확인되어진다. 다만 교목실은 구체적인 학교 운영에 관여하는 것이 아니라, 이번 프로그램과 같이 개인의 신앙이나 구성원의 이해를 위한 노력, 나아가 ○○이 찾고자 하는 공동 목표에 대한 정신적인 지주로서 계속 남아 주기를 기대한다."

(2) 학원 선교의 신앙 지도자로서의 사역을 돕는 활동

기독인 교수가 학생들의 신앙 성장을 돕는 활동은 아래 몇 가지로 진행할 수 있다.

첫째, 학과별 신앙공동체를 통한 신앙 지도 활동이다. 학과별 신앙공동체는 학과의 교수들이 과의 학생들과 함께 주 1~2회 모여 성경 공부와 봉사를 주로 하는 모임으로 과의 특성을 살려 진행한다. 예로 일문학과는 일어, 영문학과는 영어성경공부와 같은 것이다. 기독교대학에서 가르치고 있는 이로서 독특한 소명으로 이 모임을 지도할 수 있다. 이러한 모임은, 선후배의 연결을 통한 지도도 되고, 참여한 학생들이 열심히 공부하는 계기도 된다. 그리고 한 학기에 한두 번씩 전도하고자 하는 친구를 저녁 식사에 초대하여 함께 시간을 갖기도 하고, 과의 학생 중 어려운 이들이 있을 때 앞장서서 도움을 줄 수도 있다.

둘째, 위와 같은 성격이나 교수가 동아리의 지도교수로 참여할 수 있다. 현재 대학의 기독동아리들은 학외와 학내 동아리들로 나뉘어진다. 학외는 CCC, DFC, UBF, SFC와 같은 선교 단체에 소속된 동아리들이며, 학내는 학교 자체에서 시작된 외국어 성경 공부(영어,

일어)반, 봉사를 주로 하는 동아리 등이다.

학원복음화는 학과별 신앙공동체와 각종 기독동아리들의 신앙공동체가 활성화될 때 가능하며 대학생들이 이러한 활동에 참여함으로 대학 시기에 그들이 경험해야 할 관습적 신앙에서 개인 고백적 신앙으로의 변화를 체험할 수 있게 된다. 교목실은 이들을 지도하는 교수들, 공동체의 간사들, 그리고 학생 대표들과의 긴밀한 연결과 도움을 통해 이 활동을 격려할 수 있다.

(3) 교직원들의 봉사를 돕는 활동

기독교대학의 교수들의 신앙생활은 학교 안에서 그들이 출석하는 교회 안에서도 가능하지만 자신의 전공을 살려 지역사회와 국가 세계를 위해 봉사할 때, 그 봉사하는 모습과 거기서 형성된 인격이 학생들에게 강한 그리스도의 모습을 심어 줄 수 있게 된다.

연구년을 활용하여 자신의 전공 학문을 갖고 후진국에 가서 돕는 일, 국내 여러 사회봉사단체에서 전공 학문을 통해 봉사하는 일, 또는 월 일정 금액을 내어 불우한 이들을 돕는 단체에서 활동하는 일 (그 예로 '한 밀알회'는 150명의 교직원들이 월 5,000원을 내어 소년소녀 가장 및 불우한 이들을 돕고 있다. 봉사하는 한 직원 그룹은 물질과 노력 봉사로 장애인 단체를 돕기도 한다.) 등을 할 수 있다.

2) 기독교대학 분위기를 위한 활동들

(1) 선교의 구조화를 위한 정책세미나의 정례화

기독교대학의 정신은 이사회와 행정책임자인 총장 그리고 교목실이 중요한 역할을 감당하게 된다. 이 일을 위해 이사회의 대표들, 총장 그리고 교목들이 함께하는 정책세미나를 매년 개최하여 대학의 이념의 실천을 진단하고 매년 계획을 세우는 일들을 함께해 나갈 수 있다.

(2) 대학이 배출한 인물을 연구하고 본받기

한국의 기독교대학들은 그 동안의 역사를 통해 교회와 사회, 국가 그리고 세계적 지도자들을 수 없이 배출했다. 각 대학이 배출한 위대한 인물들 특히 기독교대학 이념을 실현하신 분들을 연구하고 책으로 출판하여 모든 구성원들이 본받도록 하는 활동은 정체성을 살려 나가는 데 있어 아주 중요한 교육의 기회가 된다.

이 일은 각 대학이 '자랑스런 동문'을 선정하여 시상을 통해 널리 알릴 수도 있겠지만 보다 효과적인 방법 중의 하나는 학생 12명과 몇 분의 목사, 교수들이 함께 1박 2일 정도 수양관에서 프로그램을 진행할 수 있다.

한남대학의 경우 설립 정신을 실천했던 대표적 인물 중 한 분이고 정성균 선교사로서, 그는 1986년 4월 15일 개교 30주년을 기념하여 '우리 대학의 설립 정신을 실천했던 대표적 동문'으로 선정되었고 그분이 가슴에 품고 고귀하게 목숨을 다했던 "사랑의 빚"에 대한 정신을 기리기 위하여 본교 솔밭 동산에 기념비를 세웠다. 그는 1967년 본교 영문학과를 졸업하고, 1971년 장신대학에서 신학을 통한 선교사의 수업을 마친 후 1974년부터 1984년까지 방글라데시, 파키스탄에서 선교사로 활동하였으며, 1984년 7월 숨을 거두는 순간까지 그 땅의 사람들에게 복음을 전하기에 혼신의 힘을 다하였던 것이다.

그분에 대한 전기 『사랑의 빚을 갚으련다』를 발간하여 모든 한남인이 읽음으로 그 정신을 오늘에 이어가고 있다. 그리고 교목실에서는 매년 그분에 대한 선교 기념 강좌를 통해 선교의 열정을 학생과 지역 교인들에게 심어 주고 있다. 또한 그분의 이름으로 장학금을 조성하여 선교사가 되려는 학생들을 격려하고 있다.

(3) 대학교회를 통한 선교활동

학원 선교에 있어 대학교회가 갖는 역할은 아주 크다. ○○대학의 경우, "캠퍼스의 복음화는 우리 시대에 주어진 성령의 놀라운 가르침이다"라는 취지에서 1979년에 시작된 대학교회는 주일 오전 11시 예배와 대학생들과 졸업생들을 대상으로 하는 대학청년부의 성경공부와 봉사활동 등으로 젊은이들의 신앙 성장을 돕고 있다. 생활관에 있는 학생들이 집을 떠나 신앙이 해이해지지 않도록 지도하며, 채플, 기독교 과목, 상담을 통해 불신자들을 대학 교회에 인도하여 신앙적으로 도움을 받도록 지도하기도 한다. 장학금 지급, 자취생들을 위한 김치 제공, 중간·기말 시험 때 도서관에서 공부하는 학생들에게 컵라면 및 차를 제공하는 봉사도 하고 있다. 지방에서 신앙생활을 하다가 기숙사에 입사한 학생들, 기독교에 대한 더 깊은 경험을 갖기를 원하는 모든 이들에게 열려진 교회로서 기독교대학이라는 특수한 장(場)에서 선교를 감당하게 된다.

(4) 이단 종파의 침투를 막는 활동

기독교대학의 기독교 신앙을 가진 대학생들이라고 할지라도 많은 젊은이들이 아직 개인적·고백적 신앙을 확고하게 갖지 못하고 그들이 그 동안 갖고 온 신앙에 대해 회의적이다. 이단 종파들이 이들과 아직 신앙을 갖고 있지 않는 대학생들에게 접근하여 그들의 종파로 인도하는 일들에 온갖 힘을 기울이고 있다. 과거에는 통일교와 전도관 같은 종파들이 활발하게 접근하였으나, 오늘날에는 민족의 종교임을 강조하면서 침투해 오는 종파들이 대학생들을 유혹하고 있다.

어떻게 보면 교회와는 달리 기독교대학은 그들에게 열려진 무방비의 장소가 될 수가 있다. 때문에 많은 신앙인 대학생이 어려움을 당하고 있는 것이 사실이다. 하나님께서 허락하신 학원선교의 귀한 장(場)에서 우리 안에 있는 양이나 우리 밖의 양들을 지켜야 할 책임이 기독교대학 모든 구성원들에게 주어져 있다. 이를 위해 교목실은 어려움을 호소하는 이들을 상담하는 일뿐만 아니라 이단종파 이해에 대한 특강을 교직원과 기독동아리 학생들을 대상으로 하여 보다 적극적으로 대처해 나가야 한다.

Ⅳ. 한국 기독교대학의 정체성 확립을 위한 정책

우리 교단 기독교대학들이 이 시대의 기독교대학으로서의 선교적 사명을 감당하려면 총회와 지역교회가 협력할 수 있는 정책적 배려가 절실히 요구된다.

1. 총회와 대학의 협력

우리 교단 기독교대학들의 설립 배경은 약간의 차이가 있다 하더라도 모두가 총회와의 관계 안에서 지금까지 이르고 있다. 그러나 현재의 관계보다 보다 밀접한 협력 관계가 요구되기에 몇 가지로 나누어 생각하려 한다.

1) 현재의 관계와 문제점
현재 총회의 구조상 학원선교는 전도부 소관이며, 기독교계 학교의 교육 관련 정책 업무는 교육부 소관으로 되어 있고, 전도부 안에

'학원선교위원회'와 '학원선교후원회' 그리고 '교목전국연합회'가, 교육부 안에 '기독교대학연구위원회'가, 그리고 총회의 특별 및 자문위원회 내에 '기독교대학위원회'가 조직되어 활동하고 있다. 또한 총회는 각 대학 이사회에 이사를 파송하여 대학의 이념을 지도하고 있다.

대학의 입장에서 볼 때, 이사 파송을 통한 활동은 이루어지고 있으나 정책을 세워 영향을 미치는 일이나 후원회 활동은 활발하지 못하며, 교목전국연합회의 경우 중고등학교의 교목활동은 이루어지고 있으나 교단 중심으로의 대학의 교목 활동은 미미한 편이다.

2) 앞으로의 협력 관계

(1) 우리 교단 산하 기독교대학협의회의 구성이 필요하다. 현재 우리 나라의 기독교대학들은 기독교학교연맹, 한국기독교대학 교목회 등에 가입되어 활동하고 있다. 그러나 교단 신학과 선교 방향을 고려한다면 우리 교단 산하 대학 협의회가 요구된다. 특히 기독교적 세계관을 가진 선교적 인간을 양성하기 위하여 우리 교단 기독교대학들은 상호협력 의존과 새 작업을 위하여 연합(consortium)이 필요하다는 것이다.

(2) 총회 교육부와 위 협의회를 통해 신앙과 학문 연계 연구를 위한 모임을 결성해야 한다. 이 모임은 미국의 '기독교 신앙과 학문'을 연계시키는 대학 구성체들과 긴밀히 연결하며, 한국 상황에 맞는 연구가 이루어지도록 해야 할 것이다.

(3) 이사를 파송하는 것만이 아닌 보다 더 적극적인 협력을 위한 방안 모색이 요구된다.

예로 매년 각 대학의 신앙과 학문에 연구와 가르침에 대한 것과 교목실을 중심으로 이루어진 선교 활동 보고를 통해 평가하고 도움을 주는 정책이 세워져야 할 것이다.

앞으로 국내의 많은 대학들이 위기를 맞게 될 것이며, 기독교대학들로 예외가 아니다. 참고로 미국의 경우를 보자.[20]

"1962년 미국의 기독교대학은 817개였으나 10년 후에는 100개 대학이 줄어들었다. 그 이유는 재정난으로서, 1976년 통계를 보면 기독교대학은 거의 예외 없이 해마다 31.4%의 결손을 감수하였다. 그러자 등록금을 올리게 되고 등록금이 상승함에 따라 우수한 학생들은 모두 주립대학으로 옮기게 되어 학생들은 줄어들게 되고 그 결과 기독교대학 중에서 명문을 제외하고는 점점 저질 학교로 전락하게 되었다. 따라서 기독교교육의 이념 이전에 생존 문제의 위협이 그들의 관심이 되었다."

한국의 대학들도 이제 '고등 교육 인구의 감소'[21]로 위기를 맞게 되는데 그 중 하나가 2003년에 대학 입학 정원이 약 72만 명에 비해 고교졸업생이 약 67만이라는 점이다. 어쩜 기독교대학들이 정체성을 살려 학문의 수월성과 기독교적 인성 함양을 강조하지 않으면 생존 자체가 어려워질 수도 있을 것이다.

(4) 학원선교 활동은 특별한 목적 의식과 그 방면에 전문화된 자질을 갖춘 교목이 우선 요구된다. 군목, 선교사 등의 양성을 위해 총회와 신학교가 협력하듯이, 신학교에서 교목 지원자들을 미리 훈련할 수 있는 정책이 마련되어야 한다. 그러한 학생들은 교목실에서 인

---

20) 은준관, op. cit., p. 10.
21) 2003학년도에는 고교 졸업생이 7만 명 줄어 사상 처음으로 대학 정원보다 적어지는 등, 2006학년도까지 고교 졸업생 수가 지속적으로 감소하다가 2010학년도에야 다시 대학정원 보다 많아지게 된다(조선일보 2002. 7. 4. 사회면).

턴 과정의 경험을 쌓도록 지도할 수 있을 것이다.

(5) 기독교대학들이 해외 선교사들을 교육적인 면에서 지원하며, 특히 안식년 기간에 기독교대학에서 자신의 선교 경험을 교수와 학생들에게 나누며 자신이 계속 교육의 기회를 갖는 일, 그리고 선교사 자녀들의 교육을 기독교대학에서 감당할 수 있다.

(6) 통일을 준비하며, 북한에 기독교대학 설립과 운영에 대한 연구를 할 수 있다.

2. 지역교회와 대학의 협력

기독교대학이 그 지역에 있다는 것은 지역교회와 대학의 협력을 통해 그 지역의 선교적 사명을 이루어 나갈 수 있는 기회이다. 몇 가지로 그 협력 관계를 모색할 수 있다.

1) 대학과 지역교회 대표들과의 학원선교협의회의 구성

이 협의회에서 할 수 있는 일들은 다음과 같이 다양하게 이루어질 수 있다.

(1) 교수, 직원, 학생들이 지역교회 등록과 신앙생활을 독려한다.

(2) 생활관에 와서 전도 봉사할 수 있는 기회를 개 교회가 갖도록 협력한다.

(3) 모 기독교대학에서는 학원 선교를 위한 CELC(Campus Evangelization by Local Churches) 프로그램을 운영한다. 학원 선교를 위해 기독교대학과 지역교회가 상호협력 체제를 구축하는 것으로 1교회와 1개 학부의 결연을 통해 진행된다. 그 중요한 활동은 학부행사 시 또는 교회행사 시 상호 참여, 세례받은 학생의 교회 연계, 교회행사 시 학교 무료 개방, 군입대 학생에게 교회 청년부 등에

서 선교편지 보내기 및 신앙후견인 제도의 운영 등이다.

2) 대학이 위치한 지역 노회들과의 협의회 구성

우리 교단에 소속된 기독교대학들로 하여금 대학이 위치한 지역 노회와 협의회를 구성하여 아래 몇 가지의 일들을 함께할 수 있을 것이다.

(1) 현재 신학생의 지도는 신학대학 지원자들로부터 노회에서 지도하고 있다. 가톨릭의 경우 사제 양성은 고등학교 이전부터라는 점을 감안하면, 목회자 및 기독교 지도자가 될 학생들을 이 협의회에서 학교로 추천 장학금으로 지도받을 수 있도록 할 수 있다.

(2) 대학이 지역교회 목회자와 장로들을 위한 프로그램을 제공한다. 그것들은 목회자 세미나, 장로세미나, 교회지도자를 위한 무료 인터넷 강좌, 상담 강좌 등이 될 수 있다.

(3) 뜻있는 교회에서 생활관(예를 들어 교회 이름의 학사, 지역 노회의 학사)을 제공하고 교목들과 함께 이 곳에서 학생들을 전인적으로 지도할 수 있다.

(4) 대학에 전도 목사를 파송하여 노회와 대학이 함께 학원 선교를 이루어 나갈 수 있다.

V. 맺는 말

오늘날 기독교대학의 과제는 변화라는 시대적 요청에 부응하면서 기독교학교로서의 정체성을 어떻게 살려 나갈 수 있는가의 문제이다. 일반 대학의 3대 기능은 새로운 지식을 창출하고 연구하는 연구

기능, 지식을 전수하는 교육의 기능, 그리고 사회 봉사이다. 기독교대학은 일반대학의 기능을 감당하되 설립 이념에 따른 독특한 교육을 해야 할 사명을 지니고 있다. 그 독특한 사명을 감당하지 못하게 하는 것이 정체성의 위기이다. 이 위기는 외적, 내적으로 다가온다. 외적인 요인 중에 중요한 것이 변화하는 사회가 요구하는 지식, 정보, 과학주의 및 전문 기능인과 함께 정부의 획일적인 교육 방침이다. 내적인 요인은 이러한 도전에 대해 기독교대학의 정체성을 포기한 세속화이다. 이때 기독교대학은 그 정체성을 신앙과 학문의 연계와 구조적인 학원선교 활동을 통해 확립해 나갈 수 있다.

이 일은 이 시대에 주어진 기독교대학과 교단의 책임이며, 이 일을 정책적으로 잘 감당해 나갈 때, 우리 시대에 교육 선교적 책임을 바로 감당해 나가는 길이라 본다. 다시 한번 우리는 "기독교대학이 그 근본적인 이념도 목적도 망각한 채 사회적 요청(지식 우선, 기능주의)만 만족시키는 역할을 수행함으로써 그 사명을 다하는가?"라는 질문 앞에서 자성과 함께 독특한 정체성 회복의 사명 수행을 위한 과제를 찾아야 한다.

12 기독교대학의 통전적 교육을 위한 교육사상적 기초
― 신앙과 학문의 통합을 중심으로 ―

김기숙 교수
서울여자대학교

> I. 문제 제기
> II. 기독교대학의 문제
> III. 코메니우스의 범지사상
>   1. 코메니우스는 누구인가?
>   2. 코메니우스의 '범지혜(汎智慧, Pansophie)' 사상에서 본 '통전적' 개념에 대한 이해
>   3. 통전적 사고가 현대 기독교대학 교육에 주는 의미
> IV. 결론

I. 문제 제기

 기독교대학의 정체성 위기에 관한 논의는 어제 오늘의 일이 아니다. 이 정체성에 관한 논의는 대략 기독교대학이 일반대학과 변별되는 교육내용을 제공하고 있지 않다는 것과 설령 그러한 교육내용을 가지고 있다 하더라도 교육환경, 즉 기독교대학의 행정이 그것을 능동적으로 지지하지 못한다는 것으로 요약된다. 그러나 최근에 이르러서는 이러한 논의조차 빛을 잃어가고 있는 듯하다. 그것은 오늘날 기독교대학이 정체성에 관한 문제에 대하여 더 이상 질문하고자 하지 않기 때문이다. 정체성에 관한 기독교대학의 무관심 그리고 반성의 결여는 결국 기독교대학에서조차 인간성 교육에 앞서 전문인을

양성하는 학원으로 전락하는 세속화의 길로 치닫게 하였다.

오늘날 기독교대학 내에 팽배해 있는 세속화의 가장 뚜렷한 특징으로 우리는 신앙과 삶의 분리를 들 수 있다. 장신대 총장인 고용수 박사는 2002년 전국신학대학협의회지의 권두언에서 21세기 한국교회의 위기는 한 마디로 '분리' 현상이라고 지적한 바 있다. 여기서 '분리'란 신앙과 생활의 분리, 신앙과 신학의 분리, 목회와 신학의 분리, 목회와 교육의 분리 등을 말한다. 이러한 분리 현상은 기독교대학의 세속화를 여실히 보여 주고 있는데, 구체적으로 기독교대학 내에서 전공 영역의 학문 활동이 신앙과 무관하게 이루어지고 있다는 것이 그것이다. 특별히 신학은 여타의 학문과 관계없이 연구, 교수되고 있으며, 과학과 종교는 서로 다른 전제에서, 서로 다른 목표를 지향하고 있다. 그 결과 우리 시대의 전문화·세분화된 지식은 지식의 모체를 가지지 못한 채 서로 관련 없이 우위를 주장하기도 하고, 일관성 없는 단편적인 지식으로 남아 있어 지식과 삶을 유리시키게 된 것이다.

그렇다면 기독교대학이 정체성을 가진다는 것은 무엇을 의미하는가? 물론 이 질문은 각자의 철학적 신학적 입장에 따라 다르게 해석될 수 있는 것이기 때문에 간단하게 답변할 수는 없지만, 기독교대학의 정체성은 대학이 학문의 자유와 수월성을 보장하면서 진리의 통전성과 실용성을 동시에 추구할 수 있는 교육 내용을 제공함으로 기독교 전인교육을 추구해야 한다는 것과, 대학에서 이루어지는 모든 활동이 기독교적인 조망 안에서 이루어져야 하며, 기독교적인 잣대로 평가되고, 기독교적인 방향으로 기울어져야 하는 데서 찾아야 한다는 것은 이론의 여지가 없을 것이다. 그러나 오늘날 많은 대학이 그러하듯이 실제는 기독교대학 역시 인간성 교육보다 전문인 양성에 주력하고, 신앙과 학문의 통합을 위한 시도에 대해서는 등을 돌리고 있으며, 신학과 타학문, 지식과 지식과의 관련성에 대한 대화의 장을 열지 못하고 있다. 이러한 현상들은 오늘날 기독교대학이 기독교대학으로서의 존재 의미를 상실해 가고 그 정체성을 잃는 위기에 처해 있음을 보여 주는 것들이다.

이에 본 고는 기독교대학으로서의 정체성 확립을 위한 교육의 사상적 기초를 코메니우스(John Amos Comenius)의 범지사상을 통하여 얻고자 한다. 코메니우스의 교육사상에서 기독교대학의 정체성을 위한 이론과 실제의 기초를 얻으려 하는 것은 한 사람의 특정한 철학적 개념이니 획정된 지식 체계를 빌려 기독교대학의 교육철학 이념을 폐쇄적인 구조 안에 고착시키고자 하는 것이 아니다. 그것은 미래에 대하여 개방적이어야 하는 교육 본래의 성격과도 맞지 않을 뿐 아니라, 코메니우스의 사상에도 어긋나는 일이다. 오히려 이러한 시도는 세계와 역사의 미래에 개방적인 모습을 보인 그의 사고에서 오는 시대를 위한 기독교대학의 미래지향적 발전 방향을 위한 통찰력을 얻고자 함이다.

Ⅱ. 기독교대학의 문제
- 신앙과 학문의 분리 -

이미 서론에서 본 고는 기독교대학의 정체성을 약화시키는 가장 큰 요인이 신앙과 학문의 분리임을 명시한 바 있다. 실제로 오늘날 기독교대학이 정체성을 잃게 된 큰 요인 중의 하나는 신앙과 학문의 분리, 속된 것과 신성한 것의 분리, 세속적인 영역과 영적인 영역의 분리에서 왔다고 해도 과언이 아니다. 이러한 분리는 하나님이나 어떤 신성한 것에 대한 부인이 아니라 세속적인 것과 신성한 것을 구분하고, 일상의 지식과 종교적인 신앙을 분리하는 데 그 특징이 있다. 이런 맥락에서 분리는 세속주의와 깊은 관계가 있다고 말할 수 있을 것이다. 세속주의는 하나님에 대한 믿음을 배척하지 않는다. 그것은 개인을 위한 정당한 선택으로서의 종교적인 믿음의 정당성은 인정하지만 이러한 믿음을 일상사의 세속적인 영역으로부터 분리된 인간 경험의 정신적인 영역으로 돌린다.[1] 홈즈는 이러한 분리 현상을 과거에 교회를 괴롭혀 온 영지주의의 또 다른 형태라고 말하고 있다.[2]

분리 현상은 역사적으로 볼 때 기독교가 문화 전반을 지배했던 서양의 중세 시대에도 존재했던 것을 알 수 있다. 중세학교에서 연구되었던 과목을 살펴볼 때, 중세인들은 그것을 세속적인 것과 신령한 것, 혹은 이것과 상응하는 명칭으로 구분하고 있었다. 여기서 소위 '세속적'이라고 일컬어지는 영역의 연구는 그 기원이 분명치 않지만 5세기 기독교학교에서 널리 알려진 '일곱 교양과목(seven liberal arts, 문법, 수사학, 변증학, 산수, 음악, 기하학, 천문학)'에 근거한다.[3] 주지하는 바, 중세교육에서 대학은 이례적으로 성직자에 의해서 그리고 성직자를 위해서 존립했다. 그러한 기독교 중심의 문화와

---

1) Stuart Fowler, "Contours of a Transformational Scholarship", *Marginal Resistance(ed) John H. Kok*(Iowa: Dordt College, 2001), p. 132.
2) 아더 홈즈, 박진경 역, 『기독교대학의 이념』(서울: 기독교대학설립동역회출판부, 1992) p. 22. 그는 자연적인 것과 영적인 것, 세속적인 것과 신성한 것, 세상과 교회의 이분화는 전자를 삶에서 악의 근원으로 정의하고, 후자를 근본적으로 전자와 병립할 수 없는 것으로 여긴다는 측면에서 분리 현상의 영지주의성을 말한다

사회적 여건이 조성되어 있었음에도 불구하고, 교육의 기본 활동인 교양교육 안에 어떤 종교 과목도 포함되지 않았다는 사실에 기독교 교육학자인 쉐릴(L. Sherrill)은 놀라움을 표한다. 이러한 사실은 다름 아닌 당시 중세 교회가 교육의 세속화라는 씨를 뿌렸고, 그 결과 기본적인 학문으로 간주되었던 교양 과목이 기독교 과목과 분리되었다는 사실을 말해 주고 있다.[4]

이러한 분리 현상은 계몽주의 이후 두드러지게 나타났다.[5] 계몽주의 이후, 종교적 권위가 모든 활동을 지배하던 중세와는 달리 과학이 모든 분야에 압도적으로 영향을 미치게 되었다. 경험과 관찰에 의한 과학적이며 객관적인 방법은 학술 작업을 위해서 필수적이며, 그 외의 일체의 종교적인 시항은 배제되어야 한다는 사상이 일반적인 태도였다. 종교와 과학이 분리되어야 한다는 이러한 사상은 급기야 종교는 비과학적이므로 학문 활동을 하는 데 있어서 종교적 관점이 배제되어야 한다는 주장이 우세한 쪽으로 기울어지게 되었다. 실제로 이러한 생각은 기독교인임을 자처하는 기독교대학의 교수들이 오늘날에 이르기까지 가지고 있는 통념이라고 해도 과언이 아니다. 결국 과학적 지식은 보편적인 지식이며 종교와 아무런 관계를 가지고 있지 않고, 오히려 종교에 기반을 둔 신앙은 편협하고 교파적이며 분열을 초래한다는 생각, 그리고 종교적 관점은 본래 비과학적이라고 보는 과거의 편견이 학문 영역에서 여전히 영향력을 유지하고 있는 것이다.[6]

조지 마스덴(George M. Marsden)은 이러한 현실 속에서 기독

---

3) 루이스 조셉 셰릴, 이숙종 역, 『기독교교육의 발생』(서울: 대한기독교서회, 1994), p. 301.
4) Ibid., p. 310.
5) 졸고, "정보화 사회와 인간성 교육", 『기독교교육정보』(서울: 한국기독교교육정보학회, 2001, 3집), pp. 82~87.

교대학의 많은 기독교인 교수들은 대학 문화가 반드시 종교에 적대적인 것은 아니지만, 이제는 종교적 신앙이 교육과 아무런 관련을 맺고 있지 않은 것처럼 행동해야 대학 문화에 온전히 수용될 수 있다고 결론지은 후, 가급적이면 그들의 학문 연구에서 종교적인 접근을 회피하거나 그들의 종교적 관점에 대해서 침묵하고 있다고 분석한다.[7]

이렇게 종교가 과학에 밀려 자리를 잃게 된 것은 종교에 대하여 가지는 이들의 편견 때문이라고 보는 마스덴은 그 편견에 대하여 다음과 같은 이유로 그것의 부당함을 지적하고 있다.[8]

첫째, 자연 과학의 경험론적 모형을 다른 학술 영역에까지 확대하여 적용하려는 시도는 사회와 인간관계에 관한 문제에서 사람들을 통합하는데 성공하지 못했다. 다시 말하면 경험과학은 인생의 더 넓은 문제에 대하여 확실한 답변을 제공하지 못했다는 것이다.

둘째, 학술적 신념의 기반이 경험적이어야 한다는 원칙은 다른 입증 불가능한 신념들에 대해 일관되게 적용되고 있지 않다는 점이다. 예컨대 오늘날 대학에서 많은 경우 성이나 인종에 관계없이 평등하게 취급해야 한다는 신념은 과학적 논증으로부터 나온 것이 아니라 현대의 많은 공동체에서 일반화된 도덕적 판단이라고 할 수 있다. 그런데 공동체와 연관된 학자들은 이러한 도덕적 관점을 자신의 학문적 활동에 적용시키고 있는 것이다. 실제로 학자들은 이러한 가치들에 대한 신념을 지지하기 위하여 경험적인 논증을 할 수도 있는 것이다. 이런 맥락에서 볼 때 종교적 신념도 같은 범주에 속한다고 할 수 있을 것이다. 신앙인은 우주의 광대함을 보고 그것을 창조주에 대한

---

6) 조지 마스덴, 조호연 역, 『기독교적 학문연구@현대 학문 세계』(서울: IVP, 2000), p. 48.
7) Ibid., p. 43.
8) Ibid., pp. 48~50.

자신들의 믿음을 확증할 수 있는 증거로 여길 수는 있지만 경험적으로 그것을 증거할 수는 없다. 반면 어느 누구도 그 반대의 사실을 증명해 보일 수 없는데도, 흔히 학문적인 영역에서는 이와 마찬가지로 입증될 수 없는 주장인 "창조주는 없다"는 가정이 수용되고 있는 것이다. 그러므로 학계의 원칙으로는 반드시 모든 신념이 경험적인 근거를 가져야 하는 것도 아니며, 따라서 종교에 기반을 둔 신념 역시 '경험적이지 않다'는 이유로 배제될 수 없는 것이다.9)

셋째, 그러한 원칙은 철저하게 지켜질 수 없다. 왜냐하면 기독교인 학자들이 가지고 있는 그들의 종교적 신념은 그들의 학술적 영역에 필연적으로 영향을 줄 수밖에 없기 때문이다. 그럼에도 불구하고 대학의 학자들이 마치 신앙이 학문과 무관한 것처럼 행동해야 하는데, 그것은 종교적 신념은 특별히 비경험적인 범주에 속하는 것으로써 학자들은 그에 대해 침묵을 지키고, 그 신념과 학문의 실제적인 연관 관계를 생각하지 말도록 강요당하고 있는 것이다.

넷째, 순수하게 자연주의적 전제에 기반을 둔 학문이 과도하게 존중받고 있다는 점이다. 이런 원칙 자체는 경험적인 연구의 결론이 아니다. 오히려 이런 전제가 많은 대학에서 특권적인 지위를 차지하고 있기 때문에, 사실상 학자들은 연구 자체에서 좀더 그러한 전제에 기반을 둔 연구로부터 결론을 이끌어내는 경우가 허다하다는 것이다.

이렇듯 종교와 학문의 분리에 대한 부당함을 제시함에도 불구하고 그러한 논쟁이 벌어질 때마다 대학은 언제나 과학적이라고 불리우는 방법을 선호했고, 이들의 바로 이러한 태도가 오늘날까지 학문

---

9) 이에 대하여 파울러는 종교적인 문제를 학문적인 삶의 주류로부터 배제하고자 하는 것은 세속적 환상이라고 말한다. 즉 신격화된 세속적인 힘이 종래의 신을 대체하였고, 세속적인 권위에 대한 믿음이 종래의 종교적 믿음을 대체했다는 것이다. Stuart Fowler, op. cit., p. 136.

활동 영역에서는 종교적인 면이 배제되어야 한다는 주장을 견지하게 했다. 이러한 분리 현상은 우리 사회가 다원화되면서 더욱 심화되어 가고 있다. 다원주의적 사회는 그것이 특별히 기독교가 아니더라도 그 어느 것도 지배적인 위치를 차지하는 것을 부정한다. 이러한 흐름은 특별히 종교와 학문을 분리하는 사상과 맞물려 '다문화주의'라는 이름으로 기독교를 포함한 몇몇 주요한 하부 문화를 침묵시키고 있다. 이에 대하여 마스덴은 그가 경험하는 미국 문화의 중심에 다양성이라는 총체적인 이상과 관련하여 그 다양성에 매우 모호한 측면이 있음을 지적하면서, 과연 목표는 '통합'인가, '다양성'인가? 라고 질문한다. 왜냐하면 학문과 종교의 분리, 다양성을 주장하면서도 종교 문제에 이르면 사실상 다양성을 억누르는 것이 현실이기 때문이다.[10] 그러나 종교와 학문의 분리를 주장하는 이들의 입장을 구체적으로 살펴본다면 사실 종교가 학문의 방법론상 비과학적이라는 이유 외에도 현실적으로 다원화된 집단 혹은 사회에서 종교적인 관점(기독교대학 내에서는 기독교적인 관점)을 도입하는 것은 누군가의 감정을 상하게 할 것이라는 것을 지나치게 우려하고 이것을 염두에 두기 때문이라는 지적을 피하기는 어려울 것이다.

II. 코메니우스의 범지사상

1. 코메니우스는 누구인가?

코메니우스는 17세기에 구라파에서 활동했던 프로테스탄트 교회

---

10) 마스덴, op. cit., p. 59.

의 고전적인 인물이며, 지금까지 일반교육학에서는 교육학 최초로 교육의 방법론을 제시한, 특히 그의 『대교수학』을 통하여 학교교육에서의 교수방법론을 제시한 현대 교육의 아버지로 알려져 있다. 그러나 최근에 7권으로 된 그의 미완성의 유작품[11]이 발견되면서 코메니우스의 교육사상에 대한 새로운 해석과 평가가 이루어졌다. 그에 대한 새로운 해석의 초점은 코메니우스의 교육사상을 이해하기 위해서는 그의 철학과 신학에 대한 근본적인 이해 없이는 불가능하다는 것과, 그의 교육학이 실천신학으로 명명되어야 한다는 것으로 모아질 수 있을 것이다.[12] 특별히 범지혜에 기초한 종합적 지식체계를 가지고 교육을 논한 코메니우스의 사상은 정체성 위기를 경험하고 있는 현대 기독교대학의 새로운 방향 설정을 위한 이론적 배경이 되기에 충분하다. 그의 사상을 통하여 기독교대학의 정체성을 논하고자 하는 것은 코메니우스 생존 시 그가 가장 원했던 것이 그가 지녔던 사상과 철학을 구체화시킬 수 있는 기독교학교를 운영하는 것이었다는 사실과 무관하지 않다. 즉 그는 자신의 교육사상과 교수방법론을 실제로 적용할 수 있는 대학(범대학) 설립을 구상했다. 그가 당시 범대학 설립을 비롯하여 기독교학교에 관심을 가졌던 것은 교육

---

11) Johannes Amos Comenius(1592~1670), 1935년 취체브스키에 의하여 독일의 할례, 프랑케 도서관에서 7권으로 된 책의 원고 『인간 사물의 개선을 위한 일반적 제언』(de rerum humanarum emendatione catholica consultatio)가 발간되면서, 그의 사상은 새롭게 알려지기 시작하였다. 그는 단순한 교육학자가 아니라 보헤미아, 모라비아의 형제단 교회를 이끌었던 교회의 목사요 감독이었으며, 그리고 교육학자요 신학자였다. 특별히 그의 교육사상은 신학적인 배경 없이는 해석할 수 없다는 것이 밝혀졌으며, 그의 신학은 역시 실천신학으로 명명되고 있다. 참고, Hennig, Schröer, "Panorthosia: Comenius Entwurf einer praktischen Theologie" K. Goßmann und C. T. Scheike(Hrgs.), in: Jan Amos Comenius 1592~1992: Theologische und Pädagogische Deutungen(Guntersloh Verl. Hans Mohn, 1992), p. 85.
12) Ibid.

을 통한 선교의 중요성을 깨달았기 때문이었고, 그의 사상을 구현하고자 했던 의지의 표출이기도 하였다.

기독교대학이 정체성을 가지기 위해서 무엇보다도 그 대학은 뚜렷한 교육철학을 가져야 하고, 그 철학은 기독교 세계관에 기초한 기독교 철학이어야 할 것이다. 이때 그 철학은 대학이 나아가야 할 방향을 제시하고, 공동체를 위한 행동 양식을 도출하게 하는 원리로 작용한다는 측면에서 매우 중요한 역할을 한다. 이것이 바로 코메니우스의 사상으로부터 오늘날 기독교대학이 정체성을 가지고 과제를 수행할 수 있는 사상적 근거와 틀을 발견하고자 하는 이유이다.

나아가 본 고에서 종교개혁 시대를 살았던 한 사람의 신학자의 사상을 통해서 오늘날 기독교대학의 사상적 기초를 위한 통찰력을 얻고자 하는 것은 기독교대학을 특정 교파나 교단의 교리에 고착시킴으로 교조주의를 조장하는 것도 아니고, 대학의 학문적 자율성과 개방성을 제한하고자 함도 아니다. 오히려 그것은 기독교대학의 교육철학 확립의 관건이라고 여겨지는 학문과 신앙의 통합을 위한 사상적 기초를 코메니우스의 범지혜 사상 안에서 발견하고, 이를 발전시키기 위해서이다. 즉 기독교대학이 학문과 신앙의 통합을 전제로 하는 교육철학을 확립함으로 기독교대학과 일반 대학과의 차별화를 이룰 수 있는 기초를 가질 때, 기독교대학은 정체성 위기에서 벗어나 기독교대학으로서의 위상을 다시 찾을 뿐 아니라, 오히려 기독교가 창의적으로 사회와 세계를 주도해 나가는 적극적이고 능동적인 자세를 확립하고, 기독교대학이 정체성을 가져야 할 필연성과 가능성과 용이성[13]을 천명하게 될 수 있을 것이라 믿기 때문이다.

2. 코메니우스의 '범지혜(汎智慧, Pansophie)' 사상에서 본 '통전적' 개념에 대한 이해

기독교대학의 정체성 위기의 주된 현상인 분리와 파편성의 문제를 해결할 수 있는 길은 정체성 위기를 가져온 이 문제를 해결해 줄 수 있는 교육철학이 우선적으로 확립되어야 하고, 그 교육철학은 무엇보다도 신앙과 학문을 통합시킬 수 있는 논리적 근거를 가져야 한다. 그리고 그 논리적 근거가 코메니우스의 범지혜의 통전성에서 찾아볼 수 있다면, 오늘날 신앙과 학문을 통합할 수 있는 코메니우스의 범지혜란 무엇인가?

1) '범(汎)'이란 무엇인가

코메니우스의 범지혜를 논하기 전, 우선 코메니우스의 범지혜를 이해하는 데 관건이 되는 '범(汎, παν)' 개념에 대해서 살펴보아야 할 것이다. '범(汎)'은 코메니우스가 그의 7권으로 된 책, 『인간 사물의 개선을 위한 일반적 제언』의 각 권의 주제에 '판(παν)'이라는 헬라어 개념을 끌어와 라틴어의 판(Pan)이란 접두어로 바꾸어 사용한 개념이다.[14] 코메니우스학(Komeniologie)의 대가로 알려진 독일의 쌀러(K. Schaller)교수는 그의 논문 "J. A. Comenius und die Anfänge des Pädagogischen Realismus Im 17 Jahrhundert"에서 네 가지 방향에서의 '판(Pan)'의 의미를 다음과 같이 명제화시키고 있다(이

---

13) 필연성(Notwendigkeit)과 가능성(Möglichkeit)과 용이성(Leichtigkeit)은 코메니우스가 그의 범지학을 설명하는 틀에 해당된다.
14) 라틴어로 된 7권의 책명은 다음과 같다. Panegersia(보편적 경종), Panaugia(보편적인 빛의 길), Pansophia(범지혜), Pampaedia(범교육학), Panglottia(범언어론), Panorthosia(범질서론), Pannunthesia(보편적 권고).

때 Pan은 코메니우스에게 있어서 형용사 universalis와 같은 의미이다. 예를 들어 Panschola sms Schola Universalis와 동의어이다.).

첫째 'Pan-은 Pan과 함께 연결되어 있는 명사의 의미를 강화시켜 주며 그 명사가 의미하는 바, 과정에서의 종결가능성(Abschließvarkeit)과 완성가능성(Vollendvarkeit)'을 가리키고 있다. 둘째로 Pan-은 모든 인간의 지식과 행위의 바탕에 놓여 있는 존재가 무질서한 덩어리가 아니라 전체라는 사실을 기억하게 한다. 셋째, Pan-은 모든 인간적인 지식과 행위가 모든 사물의 근원인 하나님 안에 그의 목적을 가진다는 것을 말해 준다. 넷째, Pan-은 결국 '범교육의 길이 자유롭게 발견되는 것이 아니라, 모든 것을 간파함으로 발견된다는 사실을 지시해 주는 방법론적인 개념'으로 이해한다.[15] 이러한 '범(汎)'의 개념은 '모든 것', '일반적인 것', '보편적인 것', 즉 '범세계적인 것'을 뜻하는 것으로 '전체'를 가리킨다.

'손상됨이 없는 온전한 전체'로서의 '범(παν)' 개념은 코메니우스에게 있어서 하나님을 의미한다. 왜냐하면 하나님은 '손상됨이 없는 온전한 전체'이시며 동시에 완전한 'παν'이시기 때문이다. 물론, 신-인(神-人)이신 그리스도 역시 그러하다. 여기서 우리는 코메니우스가 이해하는 완전한 지혜로서의 범지혜가 하나님의 지혜이며, 하나님에게서 나온 지혜이고, 다시 하나님에게로 되돌려져야 하는 (롬 11:36) 세계 전체와 관련된 지혜인 것을 알 수 있다.

2) 범지혜란 무엇인가

그렇다면 범지혜란 무엇이며, 오늘날 이것이 가지는 의미는 무엇

---

15) K. Schaller, *J. A. Comenius und die Anfänge des Pädagogischen Realismus Im 17 Jahrhundert*(Quelle & Meyer, 1962), p. 178.

인가? 코메니우스가 생존했던 16세기 중반부터 17세기는 새롭게 열려지는 현대과학운동에 의해 사물의 진리와 지식의 개념이 전통적인 사상과 지식으로부터 점진적으로 벗어나기 시작하던 시대였다. 이 때는 정신사적이며 문화사적인 발전의 맥락에서 볼 때 중세기는 끝났지만, 그럼에도 불구하고 그 당시 많은 사람들의 사고 방식이나 생활 방식은 여전히 중세기적이었던 과도기라고 할 수 있었다.[16] 코메니우스가 본 바에 의하면, 그 시대에 새롭게 펼쳐지는 다양한 분야의 학문의 발달과 거기서 비롯된 단편적인 지식들은 혼란과 불일치를 가져올 뿐이었다. 질서와 조화와 통합을 이루지 못하고 단편적인 지식을 나열하는 것은 한 개인과 국가에 아무런 유익함을 주지 못했고 인간의 집단, 사회, 국가에 분열과 갈등, 그리고 분쟁을 조장하는 근원이 되었음을 그가 목격하게 되었던 것이다. 코메니우스가 본 17세기 당시의 모습은 다음과 같았다.

> 형이상학자들은 그들 자신들만이 노래하며, 자연철학자들은 자신들의 칭찬에 급급하고, 천문학자들은 제각각 춤을 추며, 윤리학자들은 자신들을 위하여 규범을 만들고, 정치가들은 자신들의 기반을 구축하고, 수학자들은 자신들의 승리를 즐기고, 그리고 신학자들은 자신들의 이익만을 위하여 법을 제정한다.[17]

각 분야에서 상호 공통성과 통일성 없이 사분 오열된 이러한 현실에 대한 비판적 대안으로 그는 철저하고 일관성 있는 원리에 기반을 두어야 할 지식의 필요성을 인식하게 되었고, 이 일관성 있는 지식

---

16) Goßmann, Klaus/Henning Schröer(Hrgs.), 『코메니우스의 발자취』, 정일웅 역 (서울: 여수룬, 1997), p. 43.

체계를 제시하여 코메니우스는 그것을 '범지학' 혹은 '범지혜' 라고 불렀다.

기독교 신학과 신앙을 기반으로 형성된 코메니우스의 범지혜의 사상은 『인간 사물에 대한 일반적 제언』이라는 방대한 그의 저서에 잘 드러나 있다. 일곱 권으로 구성된 이 책은 각각 인류를 구원하는 것을 목표로 하고 있다.[18]

코메니우스에 의하면 범지혜란 사물의 전체를 하나님의 질서의 관계로 인도하는 손상되지 않은 완전한, 실제적인, 그리고 전체와 관련된 지식을 말한다. 세계 전체와 관련된 지식으로서의 범지혜라는 용어는 코메니우스의 생존 당시 새로운 개념이 아니었다. 코메니우스 당대의 범지혜의 의미는 그리이스, 로마시대를 거쳐 많은 사람들의 정신을 사로잡고 있었던 지식의 요약으로서, 그들은 범지혜가 마치 잘 정돈되어서 꼼꼼하게 포개놓은 목재와 같은 백과사전적인 의미로 받아들였다.[19] 이것은 그리이스적인 의미의 지식으로서 이러한 지식은 본래 그것을 추구하는 그 자체가 처음부터 예기된 절망을 목표로 하여 지식을 구하고자 노력하는 것과 마찬가지이다. 왜냐하면 그것은 인간이 도달할 수 없는 무한으로의 시도이기 때문이다. 그러나 코메니우스의 범지혜가 이들의 지식 이해와 달랐던 것은 코메니

---

17) Mattew Spinka, *John Amos Comenius*, 이숙종 역,『코메니우스의 교육사상』, p. 28에서 재인용.
18) Jan Amos Comenius, *Das einzig Notwendige(Unum necessarium)*(Hamburg, 1964), S. 60. Erdmann Sturm, "Pansophie und Pändagogik bei Jan Amos Komensky", in *Jan Amos Cominius 1592~1992: Theologische und Pädagogische Deutungen*. p. 109에서 재인용.
19) Schaller, op. cit., p. 20.

우스의 그것은 지식 위에 지식을 쌓아 나가는 식의 지식의 축적이 아닌, 지식의 질서를 밝히는 새로운 것으로서, 사물 전체를 항상 영원히 존재하는 하나님과의 질서의 관계성 속으로 인도하는 전체적 지혜라는 데 있었다.[20]

사실 그의 전체적이고 종합적인 지식 체계인 범지혜는 그의 독창적인 사상이라고 볼 수는 없다. 왜냐하면 이미 1611년 칼빈주의 아카데미 신학 교수인 알슈테드(Johann Heinrich Alsted)의 『지식의 통합』(Encyclopaedia cursus philosophici, 1608)과 『모든 학문의 통합』(Scientiarum omnium encyclopaedia, 1630)이라는 저서에서 그는 범지학 사상에 대한 깊은 통찰력을 얻었고, 16세기의 철학자이자 물리학자인 사봉드(Raymudus de Sabunde)의 『자연 신학』(Natural Theology or Book of Creatures)을 읽고 그는 자신의 범지 사상을 발전시켰기 때문이다. 코메니우스는 이 사봉드의 저서에서 자연의 사물들로부터 시작하여 점진적으로 고도의 종교적인 진리에 이르는 방법과 기독교와 자연의 진리들과의 관계를 알 수 있는 방법, 그리고 자연의 진리에서 종교적인 지식이 완성되고 완전하게 되는 방법을 배웠다.[21] 특별히 그의 범지사상은 베이컨의 『신기관』(Novum Organum)으로부터 영향을 받았는데, 이러한 모든 사상들을 통하여 그는 자연과학에서 역사와 철학에 이르기까지 모든 지식을 분류하고 종합하고자 하였다.[22] 그리고 모든 지식의 통합을 통하여 그는 다양한 주제들의 세분화로 말미암아 발생된 당시의 불일치하고 모순적으로 보였던 지식에 대하여 사고의 조화를 이루는 새로운 지식 체계를 제시했던 것이다.

---

20) Erdmann Sturm, "*Pansophie und Pädagogik*" *bei Jan Amos Komensky*, p. 104.
21) Schaller, op. cit., p. 109.
22) Mattew Spinka, op. cit., pp. 370~320.

여기서 범지혜와 관련하여 매우 중요한 것은 인간이 사물의 근원과 목적을 인식한다는 것이다. 이것은 범지혜 자체가 사물의 근원과 목적을 아는 지식이라는 사실과 밀접한 관계가 있다. 예컨대 그의 사상에서 볼 때, 범지혜를 가진 인간은 자신이 하나님의 피조물이라는 것과 무엇을 위해 창조되었으며, 자신의 현 존재를 결정지을 수 있는 수단이 무엇인지를 인식하고, 이러한 목표에서 이탈하지 않으려면 올바른 방법으로 모든 사물을 사용하는 것을 아는 존재가 되어야 한다. 이것을 분명히 인식했을 때에 비로소 인간은 자신이 원하는 것과, 할 수 있는 것과, 알고자 하는 모든 것이 행복을 위한 추구로 귀결될 수 있다.

따라서 코메니우스에게 있어서 범지혜는 타락한 인간이 다시 본래의 인간성을 회복하여 하나님께로 부여받은 과제를 수행하는 가운데 인간과 세계를 다시 하나님께로 되돌리기 위하여 필연적으로 취해야 할 지식이라고 할 수 있는 것이다. 이런 맥락에서 코메니우스는 범지혜의 시작을 인간의 자기 인식이라고 보았다.[23] 이 때 자기 인식이란 하나님께서 자신의 형상인 인간이 무엇인가를 알고, 원하며 할 수 있기를 바라고 계시는데, 많은 사람들은 자신이 모르는 것을 알고 있다고 생각하고 그리고 할 수 없는 일을 할 수 있다고 생각하는 바, 이러한 사실을 인식하는 것이 바로 범지혜의 시작이라는 것이다. 이것은 마치 칼빈이 하나님을 아는 지식과 인간의 자기 지식은 동전의 앞뒤와 같다는 사상과 일치하는 것이라고 볼 수 있다.[24]

코메니우스의 범지혜는 인식의 방법에 있어서도 그 시대의 그것

---

23) 『범교육학』, 7. 17.
24) J. Calvin, 김종흡, 신복윤, 이종성, 한철하 공역, 『기독교강요』(서울: 생명의말씀사, 1991), Ⅰ. 1. 1.

과 달랐다. 과거의 지식이 인식의 주체와 대상의 대립의 간격으로 이루어지는 것이라면, 코메니우스의 범지혜는 주체와 객체가 일치된 직접적인 관련 안에서 일어나는 것이었다. 이것은 지혜(Sapientia)의 어원인 '맛봄(Sap-)'이 시사해 주는 바와 같이 코메니우스의 범지혜는 간격을 통한 중재적인 지식이 아니라, 직접 맛을 보는 것이요, 냄새를 맡는 것이요, 직접적인 인식을 통하여 얻을 수 있다는 것을 의미한다.[25] 이때 이 지혜는 직접적으로 통찰할 수 있는 것으로써 하나의 지식의 빛이 된다.[26] 이 빛은 모든 것을 결합하고 모든 것을 일자에게로 향하게 하는 하나의 힘이다. 여기서 모든 것을 밝히 드러내는 하나의 빛은 하나님의 빛이고, 이 빛은 '그것을 통일시키는 능력'에 따라서 모든 것을 범(All), 하나의 전체에로 통일시킨다. 이는 만물이 하나님의 빛, 곧 하나님으로부터 나왔으므로 다수는 하나와 관련되어 있음을 의미한다. 다수가 하나에 참여하고 있는 한, 다수 자체도 하나요 전체이다. 따라서 모든 것 가운데 통일성이 분명하게 드러난다.

그래서 코메니우스에게 있어서 전체(Das Ganze)는 모든 것(alles)이기 때문에 하나가 되는 것이다. 그가 전체를 항상 복수로 사

---

[25] Schaller, op. cit., p. 17.
[26] K. Schaller, Securitatis, 1967, S. 482 오인탁, "Comenius의 범교육 이론", 신학사상, Vol. 29. p. 328에서 재인용. 플라톤의 빛의 비유에서처럼 여기서도 빛은 이중적인 기능을 갖고 있다. 빛은 존재자에게 성장과 형성에 있어서의 그의 존재를 부여하며 동시에 인식 가능성을 보장해 준다. 하나님의 빛은 존재 원리요 인식 원리인 것이다. 유출은 방출되어 갈라져 버리는 것이 아니므로 빛은 다시금 빛의 원천에서 되돌아 흐르지 않으면 안 된다. 거기서부터 존재를 부여받은 존재자들의 한 분에로의 역류가 비로소 그들에게 존재의 객관성과 고정성을 결정해 준다. 코메니우스에 의하면 이 역류의 기능을 인간이 수행하고 있다. 인간은 존재를 한 분에게 다시 돌이키며, 다수의 하나 안으로 역류에 있어서 하나의 하나님을 보장하고 우주의 우주임 Uni-versum(하나-전환=우주)을 보증한다.

용한 것은 바로 복수인 '옴니아(omnia)'를 하나(eines)로 보았기 때문이다. '옴니아(omnia)'는 모든 것이며 하나이다. 이것은 의미관계에 따라 범(All)은 전체(Ganze), 전체 피조물, 세계 전체로 다양하게 해석된다.[27] 이 또한 코메니우스의 지식에 대한 이해가 고대인들의 그것과 다르다는 것을 설명해 주는데, 그것은 다자(Das Viele)가 유일자(Das Eine)에 참여하는 동안 그것 자체는 하나가 되고 그것의 구성은 총합(Summe)이나 첨가(Addition)가 아니라 총체성(Totalität)과 온전성(Ganzheitlichkeit)이 된다는 점이다. 전체로서의 다자(多者)가 하나님께 참여하는 것은 상호간의 결정적인 상태에 의해 조직되며, 이것은 하나님 안에서 모든 것이 원형상 가운데 있는 것처럼 존재한다는 것이다. 이러한 관계는 자연이라는 모상을 통하여 원형상이 있음을 전제하게 되고, 예술이라는 대상(antityus=Gegenbild, 모상에서 다시 복사한 것)을 통하여 모상과 원형상을 전제하면서 만물의 존재를 관계 안에서 이해하게 되는 것이다.[28] 이러한 분석이 바로 오늘날 우리가 코메니우스의 범지사상에서 분명히 통찰해야 할 통전적 개념으로서의 범지혜에 대한 설명이라고 할 수 있다.

또한 쇨러 교수에 의하면 코메니우스의 이 새로운 지식의 개념이 의미를 가지는 것은 지금까지의 모든 지식이 무지(Nichtwissen)였다면, 범지혜는 무지함을 깨우치도록 기여하는 것이라는 데 있다. 나아가 쇨러는 코메니우스가 범지혜를 통해 주장하고자 했던 것은 여기서 끝나지 않고 인식 원리의 근원이 성경이라는 사실을 분명히 밝

---

27) Schaller, op. cit., p. 28.
28) 모든 유출 단계를 통하여 계속적으로 작용하는 유일자의 이러한 창조적인 능력에 대한 것은 이미 Plotin에 의해 주장된 바이다. Plotin IV, 8 *A.a.o.*, s. 140f, Schaller, 1962, s. 28에서 재인용.

히고자 했음을 지적한다. 이는 우주의 존재 원리가 지식 안에 근거한 다고 보았던 이전 사람들의 지식이 실제로 인식되지 않는 것이었음을 주장하면서, 이러한 오류는 그들이 인식의 원리인 성경을 가지지 않았기 때문이라고 말하고 있다.[29] 코메니우스에 의하면 성경은 진리가 속해 있는 사물 세계를 인식할 수 있는 원천이다. 따라서 성경이 사물 세계를 인식할 수 있는 원천으로 보는 인간에게 이전의 모든 철학이 무지(ignorntia)로 끝났다면, 참된 지식인 범지혜는 철학적 지식의 절망의 문제를 지식의 근거들의 문제를 수정함으로써 종결 지을 수 있다고 보았다.[30] 왜냐하면 우리는 성경에서 살아 계신 하나님과 이성과 자연이 모두 하나님을 보여 주는 모든 지식을 얻을 수 있기 때문이라는 것이다. 이것은 지식이 신적 말씀과 세계의 역사성을 따라가야지 논리의 확실성을 따라가서는 안 된다는 것을 의미하는 것이다.

여기서 우리는 그의 범지혜가 하나님을 근간으로 하여 사물 세계를 반영한 것이며, 세상의 구조는 범지혜라는 지식 구조의 원형상이라는 것을 알 수 있다. 하나님은 세 가지 하나님의 책, 즉 자연, 이성, 성경을 통하여 이 세상에 하나님 자신을 드러내셨다. 이 책들은 하나님의 영원한 속성을 모방한 것들로서 하나님 자신을 원형으로 하여 그의 위대하심과 능력과 지혜와 선하심을 보여 준다. 이러한 코메니우스의 범지사상에서 중요하게 논의되어야 할 것은 바로 하나님이 모든 근거들의 근거라는 사실이다. 모든 선한 것의 근원이시며 처음이자 나중이신 하나님은 모든 사물들을 한데 모으시고, 그것들을 영원과 함께 통합하신다. 따라서 현존하는 모든 존재의 근거는 오직 하

---

29) 『대교수학』, p. 240.
30) Schaller, op. cit., pp. 22~23.

나님 안에서, 그리고 하나님 위에 기초를 두어야 한다. 이것은 그의 범지사상이 하나님과 인간과 사물과의 관계성 안에서 성립된다는 것으로 해석할 수도 있을 것이다.

코메니우스는 여기에 모종의 등급이 생긴다고 보았다. 예를 들어, 예술은 그것의 관념을 자연에서 취하고, 자연은 그것을 하나님으로부터 취하며, 하나님은 그것을 자기 자신에게서 취하신다.[31] 그러므로 만물(만들어진 것)은 하나님으로부터, 그리고 하나님 안에서 자기의 존재를 취한다. 만일 반대로 그것이 존재로부터 오는 것이라면, 그것은 무의미하다. 이 무의미는 지식의 모체인 하나님을 잃을 때 나타나는 현상으로서, 이것으로 말미암아 국가와 종교와 가정 심지어는 종파들 가운데서 일어나는 갈등과 분쟁과 싸움이 생겨나게 되는 것이다. 또한 개개인 사이에서도 불화가 생기고, 결국 세상이 무질서와 혼돈으로 이끌려 간다는 것이다.

이러한 그의 사상으로부터 우리는 오늘날 기독교대학의 정체성을 확립하는 데 필연적으로 해결해야 할, 신앙과 학문의 통합에 대한 이론적 기초를 발견할 수 있다. 즉 세계의 모든 사물들에 대한 지식이란 바로 하나님께 근원을 둔 것이며, 하나님으로부터 존재하게 된 것을 아는 것으로 나아가는 지식이며, 다시 이러한 지식을 통해 하나님을 추구하고 하나님께로 돌아가는 것을 아는 지식임이 천명되어야 한다는 사실이다. 이런 맥락에서 범지혜가 우주를 반영했다는 것은 마땅히 우주 전체를 모사(abbild)했다는 것을 의미하지만, 이 모사를 쇨러가 파토카 교수의 말을 인용하여 이것은 모방이 아니라 사물의 의미 실현[32]이라고 해석했다는 것은 예리한 통찰력이라고 하지 않을

---

31) Ibid., p. 36.

수 없다.

사실 짧은 인생을 사는 동안 세상의 모든 것을 다 안다는 것은 불가능하다. 그러나 범지혜는 개별적인 모든 것을 추구하는 것이 아니라 범, 즉 전체를 추구한다. 단순한 다양성은 인식될 수 있는 것이 아니다. 오직 하나님에게서 온 전체의 다양함이 통일을 향해 나아갈 때, 온전한 지식에 다가갈 수 있다. 결국 다양함 속에서 일자를 소홀히 하는 지식은 전체의 존재 관계를 간과한 채 파편의 상태에 빠지게 되고, 그러한 지식은 지식이 되는 것을 포기하는 것이 되고 말 것이다.

이렇듯 범지혜에 대한 코메니우스의 사상은 시종일관 인간과 사물이 하나님과의 관계 속에 있음을 주장하고 있다. 이러한 그의 범지혜 사상을 통하여 먼저 우리는 그의 지식의 성격이 오늘날의 그것과 상반된다는 것을 알 수 있다. 먼저 범지혜는 바로 분리되거나 조각나지 않은 전체적이며 완전한 지식으로서, 이것은 모든 지식의 총합이 아니라 단수로 표현될 수 있는 전체 지식에 해당된다. 이러한 지식을 소유할 때 이성과 신앙, 종교와 철학이라는 이원화 현상에서 비롯되는 혼란을 방지할 수 있다.

이렇게 해서 우리는 오늘날 기독교대학이 기독교대학으로서의 정체성을 확립하는 데 필연적이라고 생각하는 신앙과 이성의 통합의 사상적 기초를 코메니우스의 범지혜 사상에서 발견할 수 있는 것이다. 또한 이러한 그의 지식 이해로부터 우리는 인간의 인간성을 개체의 자율적인 존재에 그 의미와 목적을 두는 현대의 개인주의적이며 폐쇄적인 교육 풍토에 반하여, 전체적인 동시에 세계적이며 개방적인 의미에서의 교육 개념을 제시해 줄 수 있는 것이다. 또한 오늘날

---

32) Ibid., p. 76.

대학의 교육이 단순히 지식을 축적하고 축적된 지식을 통하여 사물과 세계를 정복하는 데 이용하려는 데 있다면, 코메니우스의 지식은 무지로서의 지식이며 또한 그것은 하나님과의 관계 안에서 수동적으로 나타나는 지식이었다는 데 그 의미가 있다.

코메니우스가 당시의 철학을 비판한 점도 바로 이러한 관점에서이다. 즉 코메니우스가 당대의 석학이었던 베이컨(F. Bacon von Verulam)의 업적을 높게 평가했음에도 불구하고 동시에 신랄하게 비판했던 것은 코메니우스에게 있어서 자연을 관찰하는 것은 자연의 질서를 이해하기 위해서였지만, 베이컨은 자연 위에 인간이 군림하여 그것을 통치하고자 하는 의도로 자연의 법칙과 질서를 연구했다는 것이다.[33]

그에게 있어서 지식의 의미는 전체와의 관계 안에 있을 때 의미가 있을 뿐만 아니라, 그의 범지혜는 사물의 근원과 목적을 알아 인간과 사물을 다시 하나님의 뜻에 합당하게 사용하는 데 뜻이 있다. 따라서 코메니우스의 범지혜는 지식의 목적이 단지 개인이나 사회에서 제공하는 실용적인 목적을 따라 교육의 내용이 선정되는 현대 교육에 문제가 있다는 것을 지적해 주는 개념인 동시에, 대학 내에서 교수되는 모든 지식이 통합적으로 이해되어야 한다는 주장을 위한 이론적 배경을 제시해 줄 수 있는 통합적 개념이기도 하다.

3) '범지혜' 사상에서 본 '통전성'의 의미

코메니우스에 의하면 인간은 철학, 정치, 종교의 조화로운 활동 없이는 인간이 아무리 안락함을 누린다 할지라도 비이성적인 인간이 될

---

33) Ibid., p. 251.

수밖에 없고, 이것을 준비시키기 위한 교육이 되지 않을 때 그것은 완전한 교육이라고 할 수 없다. 그는 이를 위해서 인간에게 이성과 언어와 손의 훈련을 통한 통전적 교육이 이루어져야 한다고 보았다. 또한 지식의 체계가 분절됨 없이 질서와 조화 가운데 통전적으로 설명될 때, 인간은 전체와의 관계 안에서 사물의 근원과 목적을 인식하게 된다는 것이다. 이때 '통전적', '전체적' 이라는 뜻을 가지고 있는 코메니우스의 '범(汎, παν)'의 의미는 오늘날 현대 사상의 기조에서 말하는 '통전적' 이라는 내용과는 그 내용이 다른 것임을 알 수 있다.

예컨대 카프라(Fritjof Capra)에 의하면 오늘날 모든 분열과 분리의 개념을 가능케 한 이원론적이며 기계적인 세계관은 이미 붕괴되기 시작했다고 보았는데, 그것은 이원론의 분리적, 단편적인 사고가 오늘날 유기체적이고 통전적인 세계관으로 대체되고 있기 때문이라는 것이다.34)

새롭게 떠오르는 세계관에 의하면 우주는 하나의 유기체이고, 독립적으로 분리되어 있는 것이 아니라 서로 연결되어 전체를 구성한다고 한다.35) 미래 사회를 예견하고 있는 다니엘 벨(Daniel Bell) 역시 사회를 개념적 총체로, 유기체성을 띠고 조직된 것으로 보았다. 전체의 유기적 관계를 도외시하고 부분만 따로 떼어 볼 수 없다는 것이다. 그러나 여기서 짚고 넘어가야 할 것은 오늘날 현대인들이 말하는 유기체적인 세계관, 통합적인 세계관이 과연 창조신학36)의 관점

---

34) 카프라(Fritjof Capra)는 데카르트와 뉴턴의 기계론적 세계관을 비판하고 새로운 세계관을 찾고자 했는데, 그것은 바로 동양신비주의 사상과 연합한 신물리학을 통한 유기체적 세계관이었다.
35) 최근 Vester는 세계를 바이오사이버넷이라는 체제의 유기체로 보면서 센서티브 모델을 통해 사회 구조를 설명한다(Frederic Vester, *Die Kunst vervetzt zu denken: Ideen und Werkzeuge für einen neuen Umgang mit Komplezität*(Stuttgaaart: DVA, 2000) 참고.

에서 보는 기독교적인 세계관과 같은 것인가 하는 것이다. 왜냐하면 이들이 말하는 유기체적 세계관이란 부분과 전체의 상호 조화를 말하는 점에 있어서는 기독교적인 세계관과 다르지 않지만, 이들은 인간과 신과 자연이 동일선 상의 일치라는 전제를 가지고 있기 때문이다.

이러한 이해와 달리 코메니우스의 범지사상에 나타나 있는 통전성은 그의 인간과 사물의 관계에 대한 이해에서 도출해 낼 수 있다. 그에게 있어서 하나님과 인간과 자연이라는 세 요소는 그의 사상의 핵심이다. 그는 인간은 자연 없이 어떤 지식에도 이를 수 없다고 본다. 그것은 인간이 가질 수 있는 많은 지식이 자연을 통해서 왔고, 자연을 모방한 것이기 때문이다. 예컨대 자연이란 하나님께서 원형상(Urbild)이신 하나님 자신을 모사하신 하나님의 모사품(Abbild)이며, 인간의 정신 활동인 예술(Kunst)은 인간이 자연을 감상함으로 얻게 된, 감성을 토대로 하여 이루어진 대상(Gegenbild)적인 지식이라고 할 수 있다. 이런 맥락에서 자연과 인간의 정신과 하나님이란 분리된 어떠한 것이 아니라 서로 연관된 실재로서, 연속성과 상호연관성을 가진다.[37]

그러므로 코메니우스에 의하면 우주 안에 있는 모든 것은 우주의 조화에 일치하여 보편적이고 긴밀한 관계를 가지고 병행적이고 점층적으로 정렬되어 있다.[38] 더불어 진리는 하나이기 때문에 그것은 전체성과 통일성을 가지게 되고, 그렇게 될 때 진리의 불일치와 곡해는 있을 수 없다고 보는 것이다.[39]

---

36) 코메니우스의 범지사상은 창조 신학의 관점에서 접근된다(K. Goßmann/H. Schröer(Hrgs.) p. 195.
37) Schaller, op. cit., p. 36.
38) 「대교수학」, p. 151.

그런데 여기서 그가 이렇게 부분과 전체의 통합적 방법을 제시할 수 있는 이론적 근거가 통전성을 주장하는 상기 학자들의 주장과 다른 것은 하나님은 모든 사물의 존재의 근거가 되시며, 자체가 질서이시라는 데 있다. 그렇기 때문에 하나님께서는 그 자신과 모든 사물들과 모순일 수 없고, 불완전할 수 없고, 혼돈이 될 수 없다는 것이다. 따라서 "자연에 존재하고 있는 모든 사물들의 발견과 탐구는 상호 연관되어 있으며, 그러므로 한 방향에서 항상 전체를 유지하는 통전성을 수반해야 하는 원리를 가지고 있다고 볼 수 있는 것이다.[40]

따라서 범지혜가 통전적이며 완전한 지혜라는 것은 그것이 '모든 지식을 포함하는 전체적 체계'로서, 자연의 모든 사물들은 상호 연결되어 있고, 이 모든 것은 하나님의 의지에 의해 지배된다. 동시에 모든 완전성은 하나님 안에서 찾아야 하고, '하나님은 모든 사물들의 새로운 해석을 위한 여지를 제시하고 있는 가정'이[41] 되는 것이다. 그러므로 하나님은 모든 지식의 정점이자 완성일 뿐 아니라, 분리된 지식을 포함하고 연결하는 통합체이다. 하나님은 그 자신과 모든 사물과의 관계가 모순일 수 없으며 불완전하고 입증될 수 없고 화해될 수 없는 혼돈의 원인이 될 수 없다. 이런 의미에서 인간 지식의 모든 범주들과 그것에 수반되는 인간의 전 생활은 하나님께 귀속되어야 한다. 다시 말하면, 모든 영역의 자연 세계의 지식, 인간의 존재는 하나님의 우주적인 진리와 일치되어야 한다는 것이다.

이와 같은 코메니우스의 '범지혜' 사상은, 진리는 그 근원이 하나이기 때문에 진리가 정체성과 통일성을 유지할 때 진리의 불일치와

---

39) Mattew Spinka, op. cit., p. 328.
40) John E. Sadler, *Comenius*(London: The MacMillian, 1969.) p. 37.
41) 「빛의 길」, 이숙종 역(서울: 여수룬, 1999.) p. 23.

곡해는 있을 수 없으며, 역으로 모든 불일치와 곡해는 진리가 통일성을 유지할 때 극복될 수 있다는 이론적 전거를 가진다. 이런 맥락에서 인간과 세계에 대한 통전적 이해는 사물들 사이의 논리적 관계성과 원인과 결과 그리고 상관관계를 탐구할 수 있는 전거가 되는 '범' 개념을 통해서 이루어져야 하며, 이것은 한 사물 안에서 내면적으로 부분과 전체와의 관계성, 그리고 한 사물과 다른 사물들과의 관계성을 해부하여 설명할 수 있다는 관계론적인 의미에서의 통전성이어야 함을 말해 준다.

위에서 살펴본 바와 같이 코메니우스의 '범'의 개념은 오늘날 인간과 세계의 통전적 이해라는 기독교적인 개념을 확립하는 데 매우 큰 도움을 준다. 즉 오늘날 코메니우스의 이러한 '범'에 대한 이해는 모든 국가와 종교가 혼돈과 무질서 속에 처해 있고, 학문과 학문 간의 지나친 분리와 독립으로 가르치고 배우는 지식이 결과적으로 서로 아무런 관련 없는 조각난 지식으로 남아 있게 된 현실에서, 학문 상호간의 모든 갈등을 극복하기 위한 중요한 사상적 체계로 받아들여질 수 있는 것이다. 따라서 필연적으로 그 자체가 사물들의 다양한 목적들, 형태들, 기원들에 대하여 지각하고 그 전체성을 고려하는 코메니우스의 사상은 부분을 전체와 연결시키지 못한 상태에서 단편적인 지식만을 가르치고 있는 오늘날의 교육의 현장에서 학문과 학문, 학문과 종교가 분리되어 일관적이고 체계적인 교육이 이루어지지 않고 있는 우리 시대의 기독교대학의 학문 연구와 교수의 문제를 근원적으로 해결할 수 있는 통찰력을 제공한다고 보는 것이다.

3. 통전적 사고가 현대 기독교대학 교육에 주는 의미

오늘날 기독교대학에서 교수되는 모든 지식 분야는 매우 단편적이고 거의 상호 연관성이 없다. 대학 내에서는 학문과 종교가 무관하게 교수된다. 이성을 통하여 귀납적 방법으로 이루어지는 가치 중립적인 과학은 그 자체 신앙을 통하여 수행되는 목적 지향적인 종교와는 혼합되어서는 안 된다는 통념을 이미 가지고 있기 때문이다. 이러한 사고는 이제 각각의 학문의 영역에서 귀결된 결론들이 상호 연관성이 없을 뿐 아니라, 어떤 의미에서는 혼란과 무질서의 원인이 되기도 하고, 더욱이 신앙과는 관계가 없는 부분적이고 파편적인 지식을 남기고 있다.

코메니우스의 범지사상을 이해하고자 하는 이유가 바로 여기에 있다. 즉 이러한 무질서와 무관계성을 해결하는 길은 상호 조화와 통일성을 가지는 통전적인 지식을 찾는 것인데, 우리는 코메니우스의 범지혜 사상에서 이 문제를 해결하기 위한 통찰력을 얻을 수 있다는 것이다. 그렇다면 코메니우스의 통전적인 사고가 구체적으로 오늘날 기독교대학의 교육에 주는 의미가 무엇인가?

첫째, 학문과 신앙, 과학과 신학을 연결함으로 기독교대학의 학문 연구에 통전적 사상을 제공해 준다.

오늘날 기독교대학의 모든 과목들은 각각 연관성 없이 개별적으로 교수-학습되고 있다. 종교 관련 과목은 그 과목대로, 그리고 자연과학은 자연과학대로, 사회과학은 사회과학대로 연구된다. 기독교 정신의 구현을 설립 목적으로 하고 있는 기독교대학에서 기독교교육의 과제 수행을 위한 커리큘럼은 주당 1~2회의 예배와 기독교에 해당하는 과목을 선정하여 교수하는 것으로 기독교대학으로서의 교육적 책임을 다했다고 간주하는 것이 상례이다. 즉 만물의 근원이 하나님으로부터 말미암고 하나님에게서 비롯된다고 하는 기독교적인 세계관을 기초로 하여 일반 학문을 연구하고 교수하는 진정한 의미에서의 기독교 교육이 이루어지지 않고 있는 것이다.

결국 학교에서 교수-학습되고 있는 여타의 학문의 영역과 기독교를 연결시키려는 시도는 제도적으로도, 교육 담당자의 의식 안에서도 찾을 수 없다. 기독교 과목은 기독교 과목이고 여타의 과목은 또 다른 지식의 영역일 뿐이다. 따라서 기독교대학의 교수의 신앙은 교회 안에서만 고백되는 신앙이고, 신앙은 그들의 주된 활동 영역인 연구 영역과는 무관한 실정이 되어 버렸다. 동시에 기독교 과목 시간에 가르쳐진 지식 역시 인접 학문과 전혀 상호관련성을 가질 수 없을 뿐 아니라, 현실 생활과도 직접적인 관계가 없는 지식으로 남는 경우가 비일비재하다.[42]

이러한 현상은 오래된 신학적 논쟁의 한 형태가 되어 버린 신앙과 학문, 이성과 계시의 분리의 결과이기도 한데, 이는 우리의 현실 생활에서 신앙적 지식이 우리의 실제생활과 유리되어 있다는 것을 단적으로 증명하는 것이다. 이러한 현상은 결국 과학자들이 자연 현상을 탐구하지만 그 자연 현상의 근원과 목적에 대해서는 말하지 않기 때문에 오는 결과로서, 결국 인간과 자연을 통해서 얻은 과학의 결과들은 서로 조화를 이루지 못하게 되었다. 즉 이렇게 획득된 지식은

---

[42] 뿐만 아니라 이러한 통전적 사고 방식의 결여는 기독교교육의 내용 범위(scope)에도 영향을 미친 것으로 보인다. 즉 교육의 내용 범위가 분명히 하나님, 자연, 인간이라는 전체적인 관계 안에서 인간의 전 삶의 영역이 다루어져야 함에도 불구하고 (D. C. 와이코프, 김국환 역, 『기독교 교육과정의 이론과 설계』(*Theory and Design of Christian Education Curriculum*)(서울: 성광문화사, 1990), p. 153. 오늘날 교회교육의 현실은 성경 학습이 곧 기독교교육이라는 등식을 가지고 부분적이고 단편적인 내용 범위의 교육이 시행되고 있는 것이다.

인간의 삶의 목적과 의미와 관계가 없고, 전체와 조화를 이루지 못한다는 것이다. 이는 또한 세계를 조화와 질서 대신 파괴로 몰아넣기도 한다. 나아가 상호연관성 안에서 조화를 이루지 못하는 이러한 조각난 지식은 하나님으로부터 창조된 질서를 반영하지도 못하고, 모든 교육적인 노력을 혼란으로 몰고 감으로 결국 기독교 교육의 궁극적인 목적을 성취하는 데 실패하고 말았다. 이것은 만물의 근원이 하나이며, 그 근원으로부터 사물이 파생되어 나오고, 파생된 사물은 모두 하나님과의 관계 속에서 다시 질서 안에 있다는 사실을 인지하지 못한 결과이다. 그뿐 아니라 이러한 지식은 창조주가 아닌 창조물인 인간을 절대시하게 만든다. 왜냐하면 그것은 더 이상 자신의 존재의 의미와 목적을 가르쳐 줄 수 없는 지식이기 때문이다.

이러한 사실을 일찍이 인식하고 있었던 코메니우스의 통찰력을 통하여 우리는 우리 시대의 교육의 문제를 극복할 수 있는 지혜를 얻을 수 있다. 즉 혼란과 무질서의 원인이 되는 불완전하고 상호 관계성이 없는 지식의 불확실성은 혼란과 무질서의 원인이 될 수 있으므로, 모든 지식이 체계화되어 단일한 질서로 종합됨으로 혼란과 무질서가 제거될 수 있다는 것이다. 그리고 이러한 그의 통전적 사고를 통하여 부분적인 지식을 전달함으로 빚어지고 있는 오늘날 우리들의 수없이 많은 혼란과 갈등과 분쟁의 문제를 해결할 수 있는 단초를 발견하게 되는 것이다. 이러한 측면에서 코메니우스의 통전적인 사상은 이제 개인의 전인격적인 성장뿐만 아니라 철저하고 일관성 있는 원리에 기반을 둔 전체적인 지식의 체계를 모색함으로, 오늘날 학문과 정치와 종교의 분리되고 분열된 상황을 극복하여 명실공히 기독교적인 조망을 가지고 교육할 수 있는 통찰력을 제공하는 것이다. 특별히 그의 범지혜의 통전적 개념은 기독교성과 일반 교양의 학문성을 통합하여 이해할 수 있는 근거를 제공해 줌으로써 기독교대학으로서의 자기 정체성을 가지게 하고, 기독교적인 기초에서 교양교육의 효율을 극대화시킬 수 있다고 볼 수 있다.

둘째, 전인 교육을 위한 이론과 실제에 대한 기초를 제공해 준다.
코메니우스의 범지혜 사상은 인간성 부재의 현대 교육의 실제에서 인간성 교육을 위한 대안을 마련해 준다. 일찍이 우리 사회의 많은 교육의 문제는 주지주의적 교육관에서 파생되었다고 볼 수 있다. 즉 주지주의 교육으로 말미암아 교육은 목적 혼동의 오류를 가져왔고,[43] 지식을 숭상하는 이것은 실천보다 이론을 중시함으로 이론과 실천의 분리라는 문제를 낳게 하였다.[44] 그리고 이러한 주지주의 교육관은 교육과정에서 바로 주입식 교육 방법의 형태로 나타나 학습자로 하여금 수동적이며 비인격적인 학습을 받아들이는 결과를 가져왔다. 이러한 현대 교육의 문제는 여기서 끝나지 않는다. 주지주의 교육의 대안으로 지식의 실용성을 강조하는 교육은 그것의 긍정적인 효과에도 불구하고 교육을 생산적 수단으로 이용하는 우를 범하였다. 즉 생산적 수단으로서의 교육의 실제에서 인간은 인격적 존재가 아니라 생산과 성장을 위한 도구에 불과했던 것이다. 나아가 이러한 실용적인 교육은 실용성을 추구하는 과정에서 전인적이고 통전적인 교육이 아니라 부분적인 것에 치중함으로 온전한 교육을 이루는 데 실패했던 것이다.

---

43) T. F. Green, "Acquisition of Purpose", *The Modern American College: Responding to the New Realities of Diverse Students and a Changing Society*, Auther Chickering and Associates(ed.)(San Francisco: Jossey-Bass), pp. 543~555.
44) Aristotle, *The Ethics of Aristotle*, J. A. K, Thompson tr., J. A. Thomson(New York: Penguin Book, 1977), BK. 10장 이하.

이러한 주지주의적이며 실용적 교육은 기독교대학이라고 해서 예외는 아니다. 오히려 살아남기 위한 자구책으로 스스로 세속화를 채택한 기독교대학이 교육의 본질적인 기능인 전인교육이라는 차원에서 그 역할을 다하지 못하고 있다는 것은 잘 알려진 사실이다. 물론 현대 산업 사회 안에서 상실된 인간의 비인간화를 지적하고 다시금 인간성을 회복하고자 하는 시도들이 없는 것은 아니다. 그러나 이러한 시도들의 대부분은 인간의 주체성만을 강조하는 것들로써, 이러한 노력은 나름대로 인간을 인간화하고자 하는 노력임에는 분명하지만 기독교적 입장에서 볼 때 인간의 자기 도취를 극대화한 것에 불과할 따름이라고 볼 수 있다. 따라서 인간 자신이 주인이 되도록 하는 교육으로는 진정한 인간의 인간성을 형성할 수 없으며 오직 비인간적 실재만을 경험할 수밖에 없다고 할 수 있을 것이다. 따라서 이러한 교육론에서는 완전한 인간의 인간성 교육이 무엇인지에 대하여 분명한 정의를 제시할 수 없으며 동시에 완전한 인간성 실현의 방법이 무엇이어야 하는지를 명백히 할 수 없다는 것이다. 그러므로 현대교육이 인간성 상실의 원인을 분석하여 그 문제 해결을 위한 교육의 여러 형태와 방법을 시도해 본다 하더라도 그것이 창조주 하나님을 배제시킨 채 이루어지는 인간성 교육이라면 그 교육은 여전히 비윤리적이고 비도덕적이고 목적 혼동의 오류를 겪는 인간성의 모습으로 나타날 수밖에 없다. 이러한 사실은 바로 인간의 인간성 교육이 기독교 세계관에 근거하여 기독교적 접근으로 이루어져야 함을 말한다. 따라서 코메니우스의 사상은 현대 기독교대학의 교육으로 하여금 교육이 어디를 지향해야 할 것인가를 통찰하는 데 도움을 준다. 이는 마땅히 인간성 상실의 근본적인 원인이 무엇인지를 인정함으로 잃어버린 하나님의 형상을 되찾아서 민족과 세계를 섬기는 일을 교육의 목적으로 삼아야 할 것을 시사해 주는 것이며, 기독교대학 교육 전반이 창조주 하나님과 인간과 사물의 관계(對神, 對人, 對物)를 본래의 위치로 다시 돌이키는 것에 기초해야 할 것을 촉구하는 것이 기도 하다.

셋째, 기독교대학이 나아가야 할 방향과 목표를 제시해 준다.

코메니우스의 범지혜 사상은 오늘날 기독교대학에서 기독교 교육이 지향해야 할 목표가 무엇이고, 또한 기독교 교육을 통해서 배출되는 인재들과 일반대학에서 배출되는 인재와 구별하게 하는 교육의 내용이 무엇인지 인지하게 하는 원리를 제공한다. 물론 코메니우스의 사상에서 도출된 원리는 일종의 폐쇄적인 구조로 남아 있기보다는 역동적이며, 개방적이고 창조적 발전을 위한 과정으로서의 원리가 되어야 한다. 그럼에도 불구하고 오늘날 현대 기독교대학의 정체성을 확립하기 위하여 기독교대학의 방향과 목적을 제시해 줄 수 있는 코메니우스의 교육사상은 대학의 행정과 연구, 교육을 성찰하고, 판단할 수 있는 준거틀이 된다는 의미에서 매우 중요하다고 할 수 있다. 특별히 코메니우스의 범지혜 사상은 신학과 타학문과의 관련을 가능케 해 주는 동인으로서, 그리고 대학에서 시행되고 있는 지식 교육의 목적 오류의 현실에서 지식의 근원과 목적을 명시함으로 기독교대학 교육의 궁극적 목적을 제시해 줄 수 있는 통찰력을 제공한다고 볼 수 있다. 구체적으로 코메니우스의 범지혜 사상이 제시해 주는 기독교대학의 궁극적 목표는 다음과 같다.

① 하나님을 보여 주어야 한다.

본래 범지혜란 하나님께서 그의 전능하심과 지혜롭고 선하심을 모든 피조물들 속에 공급하신 것을 모든 사물들 속에서 발견하고, 발견한 모든 것을 통하여 하나님의 뜻을 이루는 것이다. 이러한 범지혜에서 도출해 낼 수 있는 교육의 목표는 먼저 하나님을 보여 주고 하나님을 섬기는 것이어야 한다. 그의 사상은 결국 현대교육에서 '나(Das Ich)'라고 하는 존재가 성찰 과정의 처음이자 마지막이라면,[45] 그에게 있어서 성찰 과정의 처음과 마지막은 하나님이신 것을 보여 주는 것이다. 그에게 있어서 인간은 하나님의 도구에 불과하다. 결국 모든 인간이 하나님을 나타내고, 하나님을 섬기며, 하나님과 전체를 위하여 만물을 바르게 사용하기 위하여 교육을 받아야 한다는 범지혜의 근본사상은, 인간 자체의 존엄성에 근거하여 인간 자신을 세상에 보여 주는 비기독교대학의 인본주의 교육과는 다르다는 것을 보여 준다.

② 사물의 목적과 근원을 알게 한다.

코메니우스의 범지혜의 목표는 지식의 축적이나 지식의 쌓아 둠이 아니라 '지식의 올바른 사용(chresis)'이다. 코메니우스에 의하면 우선 과거의 지식의 습득은 단지 이론적인 것(theoria)에만 한정되어 있어서 사물 자체의 참된 목적과 그것의 사명을 수행하는 일이 쉽게 이루어지지 못했다고 보았다.[46] 이 때문에 코메니우스에 의하면, 지식이란 이론과 실천의 단계를 넘어 만물의 목적을 알고, 그 목적대로 올바르게 사용되는 것이 중요하다고 본 것이다. 이러한 지식과 지혜야말로 하나님을 아는 지식이고, 또한 세계를 하나님께로 되돌리는 (하나님의 다스림) 것으로서 최고의 지식이라는 것이다.[47] 그는 이 지식을 '범지혜'라고 부르고 있으며, 이 지식을 가진 자를 '범지혜

---

45) ballauff Nr. 529, p. 88. Schaller, op. cit., p. 247에서 재인용.
46) Ibid., p. 59.
47) Ibid.

인'이라고 부른다. 따라서 기독교대학에서의 교육의 궁극적 목표는 사물의 출처가 어디이고 목적하는 바가 무엇인가를 알려주는 지식을 습득케 하는 것이라 할 수 있다.

③ 사물의 바른 사용(크레시스)을 지향한다.
코메니우스는 앎의 과정의 3단계인 '이론(theorie)'과 '실천(praxis)'과 '바른 사용(chresis)'을 그의 『범개혁론』에서 다루고 있다.[48] 이것은 그의 모든 지식 이론이 현실에 대한 개혁을 목적하여 제시된 것임을 말해 주는 것으로서, 코메니우스에게 있어서 앎의 마지막 단계인 '바른 사용'은 이론과 실천에서 얻어진 힘을 구체적으로 사용하는 것을 말하고 있다. 그가 의미하는 '사용'이란 본래 지식의 '실행' 자체가 아니라, 하나님의 자취인 세계의 존재 구조를 통찰함으로써 얻어지는 것이다. 따라서 코메니우스가 의미하는 '지식'이라고 하는 것은 결국 인간의 무의지 속에서 하나님의 뜻을 이루는 것이며, 세계의 질서를 세우는 것임을 알 수 있다.[49]
이러한 사실은 또한 크레시스가 주는 '사용'이라는 개념이 보편적인 의미에서의 실천의 개념과 구별된다는 것을 말하는 것으로써 이는 역시 지식의 수동성에서 나오는 크레시스의 독특함을 보여 주

---

48) 『범개혁론』은 그의 「일반적 제언」의 6번째 책이다. 이제까지 국내에서의 코메니우스 연구는 「일반적 제언」의 4번째 책인 『범교육학』(Pampaedia)를 중심으로 이루어졌으나 최근에 실천신학적인 면에서 코메니우스의 사상을 접근하면서 오히려 『범교육학』은 『범개혁론』을 달성하기 위한 방법론적인 전제임을 말하고 있다. 그리고 Schröer 교수는 『범교육학』은 『범지혜론』과 『범언어론』으로 둘러싸여서 『범개혁론』을 이루는 전제에 불과하다고 비판했다(Hennig, Schröer, "Panorthosia : Comenius Entwurf einer praktischen Theologie" K. Goßmann und C. T. Scheike(Hrgs.), in *Jan Amos Comenius* 1592~1992: *Theologische und Pädagogische Deutungen*(Guntersloh Verl. Hans Mohn, 1992), s. 90.
49) Schaller, op. cit., p. 60.

고 있는 것이다. 이러한 그의 사상은 베이컨의 도구적 이성에 영향을 받아 지식을 힘으로 여기는 사고방식에 대하여 지식의 수동성과 무력성을 천명한 것이라고 본다.[50] 그리고 만물의 사용의 목적이 궁극적으로 하나님의 뜻대로 사용되어야 하는 것을 말하고 있는 것이다.

이렇게 해서 코메니우스가 의미하는 범지혜인은 크레시스(chresis)를 소유한 인간으로서 세계를 하나님의 통치에로 옮기는 일에 도움을 주는 봉사자이며, 하나님을 섬기는 사람이 되는 것이다. 이러한 사람은 곧 세계에 하나님을 나타내 보이는 것으로서, 다시 하나님께서 부르신 그 부름의 목적을 알아 그것을 성취하는 사람이다. 그리고 여기서 인간은 창조의 목적 성취를 위하여 인간성을 회복함으로 그는 인간에게 주어진 사명을 완수할 수 있는 것이다.

넷째, 오늘의 기독교대학 교육의 부정적 현실 속에서도 희망을 준다.

기독교대학의 현실 외에도 오늘 우리가 살고 있는 사회에 대한 평가는 전반적으로 부정적이다. 우리가 사는 이 시대의 사회에 대하여 사람들은 언제 돌발할지 모르는 핵전쟁의 위협으로 말미암은 전 세계적인 불안과 위기가 고조된 사회, 독선과 아집과 편견이 지배하는 사회, 불신이 만연된 사회, 공법과 정의가 무시되는 사회, 각종 폭력이 난무하는 사회, 병리적인 현상이 팽배해 있는 사회라고 말한다. 그 중에서도 교육에 관한 평가는 압도적으로 부정적이다. 우리 사회의 교육 체제나 행정이 신뢰받지 못하는 것은 어제오늘의 일이 아니다. 자녀들의 외국유학이 과거에는 특권층에서 이루어지는 현상이었으나 이제는 중산층까지도 확산되어 가고 있는 실정이다. 이러한 상황 속

---

50) Joachim Fridrichsdorf, *Umkehr*(Schultz-Kirchner Verlag, 1995), p. 62.

에서 대학은 대학대로 21세기 대학의 생존을 위한 전략에 사활을 걸고 있고, 더욱이 기독교대학은 이미 기독교대학으로서의 정체성까지도 포기하면서 살아남기 위해서 몸부림치고 있는 현실이다. 이러한 처절한 노력에도 불구하고 우리 시대는 앞이 보이질 않는다.

그러나 진정 절망적인 사회는 어떠한 사회인가? 그것은 바로 꿈과 소망이 없는 사회이며, 내일에 대한 비전을 가질 수 없는 사회이다. 대상에 대한 비판과 진단은 있으나 새로운 사회를 위한 긍정적 대안과 지표가 없는 오늘날, 우리들의 교육 현실에 코메니우스는 새로운 시각에서 희망의 소리를 전달하고 있다. 그의 개인적인 삶과 사상 체계 속에서 우리는 부정적인 현실을 초극하는 힘을 발견하게 된다. 바로 그 힘을 우리는 그의 종말적 신학사상에 입각해서 상고해 볼 수 있는 것이다.

그는 이 세상에서 살면서 그 무엇보다도 하나님의 나라가 완성되기를 간절히 기다리며 살았던 사람이었고, 그의 삶은 미래와 현재와의 사이에서 빚어지는 긴장과 인내로 채워진 삶이었다. 그는 자신의 『범개혁론』에서 그리스도와 바울 그리고 초대교회를 통해서 발견했던 종말적인 시간적 긴장감을 자신의 동시대인들에게 전하고자 했다. 동시에 그는 현실 상황에 대해서는 개혁 의지를 가지고 현실에 충실했던 것이다. 이렇게 현재를 살면서도 미래에 대한 긴장을 늦추지 않았던 것은 바로 그의 소명의식에서 찾아볼 수 있다. 즉 그가 전 생애를 통하여 경건과 교육을 통한 인류의 평화와 세계의 개선에 지대한 관심을 가지고 열정적으로 살았던 것은 그 자신이 마지막 때에 부름받은 자로서, 마지막 시대의 혼돈에서 벗어나게 하는 것이 자신의 책임이며, 그것이야말로 꼭 필요한 자신의 사명임을 자각했기 때문이었던 것이다.[51]

이러한 코메니우스의 종말 의식은 오늘날 기독교대학이 그 정체성의 위기를 맞은 이 시대에 기독교대학의 구성원들로 하여금 정체성 회복을 위하여 노력하는 것이 그들의 최우선적인 과제라는 것을 깨닫게 하고, 정체성 회복을 위하여 무엇인가를 시행하는 것이 기독교대학의 구성원으로서 존재의 의미를 확인하는 것임을 자각하게 해 준다. 나아가 교육과 관련하여 그의 신학의 종말론적 입장을 살펴볼 때, 그의 종말 이해는 인간이 염원하고 있는 새로운 사회 건설의 동인으로 작용하는 신학적 전거가 될 뿐만 아니라 현대인으로 하여금 자신의 사명을 위하여 헌신케 하는 동기를 부여한다고 볼 수 있다.

뿐만 아니라 종말론에 입각한 그의 희망의 신학은 무엇보다도 회개를 강조하는 교육론으로서 이것은 회개가 인간과 사회와 세계를 개선하는 유일무이한 가능성이라는 사실과 아울러 위기 상황을 벗어나 새롭게 미래를 조망하고 형성할 수 있는 새로운 힘을 제공한다는 것을 가르쳐 준다. 그리하여 코메니우스에게 있어서 미래는 주어진 상황을 감수해야 하는 불운이나 운명으로 다가오는 것이 아니라 오히려 현실을 개선하고 긍정적으로 사태를 바꿀 수 있는 가능성으로 주어진다. 불투명한 우리 시대에 코메니우스의 사상은 기독교대학 교육에 새로운 희망을 주는 것은 바로 이러한 측면에서이다.

IV. 결론

경쟁력과 효율성이라는 문제가 그 어느 때보다 절실히 요구되는 오늘날, 기독교대학이 기독교대학으로서의 정체성을 찾아야 한다는 이 주장은 어떤 의미에서 본다면 그 자체가 이미 관심 밖의 주제이

---

51) Klaus Goßann/Henning Schröer, p. 76.

며, 경쟁력과는 도무지 무관한 주제가 될 수 있을 것이다. 그러나 생존을 위한 노력이 아무리 중요하고 시급하다 할 지라도 최소한 그리스도인들에게는 그것이 우리의 신앙과 삶을 분리해도 좋다는 면죄부를 주지는 않는다. 왜냐하면 우리가 날마다 고백하는 신앙이란 삶을 떠나 분리되어 존재하는 어떤 것이 아니기 때문이다. 더구나 기독교대학 내에서 대학 구성원들의 삶 자체인 학문 활동이 그들의 신앙과 아무런 연관 없이 진행되고 있다면 그것은 실로 부끄러운 일이 아닐 수 없다.

오늘날 기독교대학은 그 정체성을 다시금 확립해야 한다. 이를 위해서 우선 기독교대학의 구성원들은 오늘날 기독교대학에 위기가 왔다는 것을 인식하고, 이에 대하여 끊임없이 문제를 제기해야 한다. 특별히 기독교대학 내에서의 신앙과 삶의 분리 문제, 학문과 신앙의 분리 문제는 계속해서 지적되어야 할 것이다. 그리하여 기독교대학의 정체성 확립에 대한 관심과, 정체성 위기 극복을 위한 대안 모색이 기독교대학의 모든 구성원들의 과제라고 인식하는 만큼, 기독교대학의 정체성은 그 만큼 더 확립되어 있을 것이다.

V 해외 기독교교육

13. 독일 교회의 세례와 기독교교육
   - 김홍연 | 독일 Heidelberg(Dr.Theol.) | 장로회신학대학교 초빙교수

14. 미국 이민교회의 성인교육에 관한 연구
   - 고태형 | 미국 Union-PSCE(Ed.D.) | 리치몬드중앙장로교회 담임

15. Did Jesus Have An Educational Goal?
   - 송남순 | 미국 PSCE(Ed.D.) | 캐나다 Knox College 교수

13 독일 교회의 세례와 기독교교육

김홍연 박사
장로회신학대학교 초빙교수

> I. 들어가는 말
> II. 역사적 고찰
> III. 현재적 상황
>   1. 목회자들의 갈등
>   2. 세례의 동기들
> IV. 비판적, 기독교교육적인 관점에서
>   1. 학습자 개인의 주체성
>   2. 종교사회화의 공간으로서의 교회
>   3. 세례와 성찬식에 대한 고려
> V. 현장을 위한 실제적인 제안들
>   1. 로버트 로이엔베르거
>   2. 게블러, 슈미트, 그리고 지버의 세례 전 면담을 위한 실제적인 제안들
>   3. 독일루터교연맹의 교회 위원회: '세례에로의 초대-삶으로의 초대'
> VI. 나가는 말

I. 들어가는 말

오늘날 독일의 많은 교회에서 실행하고 있는 세례 의식에는 기독교교육적인 성찰의 흔적을 찾아보기 어렵다. 한번 정도의 세례 전 면담과 세례식이 거행되는 날의 예배 의식 정도가 거의 전부인 경우가 흔하다.

그러나 점진적으로 세례와 관련한 세심한 교육적, 예전적인 배려를 하는 교회들의 수가 늘어 가고 있는 것과, 초기 기독교 교회사에 대한 연구들은 우리에게 분명한 한 가지 즉, 세례는 신앙공동체인 교회 안에서 교육적으로 매우 중요한 사건이라는 사실을 보여 주고 있다.

II. 역사적 고찰

기독교 초기부터 사람들은 세례를 받았다. 세례에 대한 논란의 - 성찬과 마찬가지로 - 흔적과 세례 없는 교회에 대한 단시를 어니에도 발견할 수 없다. 세례가 보편적이며 당연한 것이었다는 것에 대한 역사적인 근거가 충분하다는 것은 주목할 만하다.

기독교교육적인 관점에서 흥미로운 것은, 초기 교회가 세례를 실시하기 전 요구하던 자격조건에 관한 것이다. 한 사람이 세례를 받기 위해서는 반드시 배워야만 하는 것이 무엇인가? 이러한 의문을 가지고 세례에 관한 초기의 증거들인 사도행전 8장 26절 이하와 10장의 내용을 읽는다면 다음의 세 가지의 사실이 분명해진다.

- 예수 그리스도의 복음을 믿음으로 받아들이는 것과 세례와의 관련성은 필수적인 것이다.
- 세례를 받기 위하여, 지적인 측면의 교육 기간은 그리 길 필요가 없다.
- 기본적으로 세례에는 보편적인 초대가 존재한다. 물론 초기 교회 세례 예식으로부터 파생되어지는 것과 - 즉 세례를 받는 데 걸림이 되는 것(행 8:36) - 같은 경계 설정은 반드시 고려되어야 한다.

일찍부터 세례를 지원, 준비하는 자들을 위한 교육 과정이 (taufkatechumenat, 영어로는 catechumenate) 존재하였다. 이는 기독교 초기의 문제들, 즉 새로이 등장하는 이단의 세력과 기독교의 급격한 확대로 인한 느슨해진 신앙고백에 직면하여 세례 지원자들의 확고한 결단을 이끌어 내는 철저한 교육의 필요성이 강하게 대두된 데에 기인한다.

로마의 교부 히폴리투스(Hippolytus)는 2세기에서 3세기로 넘어갈 무렵의 세례 지원자들을 위한 교육의 강도가 어떠했는지에 대하여 말해 준다. '사도적 전승(Traditio Apostolica)'에서 나타나는 그의 보고에 따르면 세례 지원자들을 위한 교육의 과정은 다음의 단계들을 포함한다(로마식 숫자 표기는 히폴리투스 저서의 각 장을 나타낸다).

XVII 세례 지원자들을 위한 준비 교육의 기간: 3년
    내용: - 기독교적인 삶
         - 초보적인 가르침
         - 제한적인 예배 참여

XIX 기도와 안수로 세례 준비자의 해산

XX 세례 자격의 검증을 받기 위한 시험
    - 세례 지원자의 심문
    - 매일의 안수와 마귀 축출(exorzismus, 영어로 exocism)[1]
    세 번째 시험: 감독을 통한 마귀 축출
    매주 목요일: 세례 지원자의 자기 정화

매주 금요일과 토요일: 세례 지원자의 금식
　　　세례 지원자의 모임
　　　- 무릎 꿇고 기도
　　　- 감독의 안수 - 마지막 선별
　　　- 이마, 귀, 코에 성호를 그음
　　　성경 낭독과 가르침으로 이루어지는 철야

　XXI 세례일 아침: 새벽 닭이 우는 시간
　　　물에 대한 기도(정결하며 흐르는 물)
　　　세례 지원자들이 옷을 벗음
　　　- 순서: 1) 어린이 2) 남자 3) 여자
　　　- 머리를 풀고, 모든 옷과 장신구를 두고 물 속으로 들어감
　　　성유에 대한 기도
　　　집사의 성유 제시
　　　마귀에 대한 거절 선언
　　　마귀 축출의 성유를 바르는 의식
　　　물 속에서의 세례 의식: 안수시 세 가지 질문
　　　　　　　　3번의 침수
　　　감사의 성유를 바르는 의식
　　　세례자들이 옷을 입음

　XXII 교회에서:
　　　- 감독의 안수와 기도

---

1) 마귀 축출을 행하는 것은 세례 지원자들로 하여금 기독교적 삶에서 떠나도록 하는 유혹과 미련을 쫓아 버리는 것을 보여 준다.

- 안수시 성유 축성
- 이마에 십자가의 성호를 그음
- 키스하면서 포옹
  회중과 함께 기도(주기도문)
  평화의 키스

XXIII 세례 성만찬(첫 성찬식):
- 빵과 포도주에 대한 감사
- 우유와 꿀에 대한,
- 물에 대한,
- 빵을 자르고 나누어 줌
- 집사의 제시: 물-우유-포도주
- 각각의 잔으로부터 세 모금을 마심
  세례 받은 사람의 약속"[2]

   세례 지원자 준비 교육(katechumenat) 과정에서 흥미로운 점은 기독교 신앙으로의 지적인 입문 외에도 실제적인 신앙 훈련 – 즉, 금식, 철야 등 – 을 포함하고 있는 것이다. 그리고 세례 의식 직전에 선행하는 준비 교육 기간에 세례를 주는 자와 받는 자 사이의 아주 친밀하고도 개인적인, 그리고 대화적인 접촉이 발견된다.[3]

---

2) R. Fleischer, *Verstaendnisbedingungen religioeser Symbole am Beispiel von Taufritualen*, Diss. theol. Mainz 1984, 51f.
3) 히폴리투스는 다음과 같이 보고한다. "그들이 세례받는 날이 다가오면 감독은 한 사람 한 사람에게서 마귀 축출하는 일을 행한다. 그것은 그들이 정결한지 아닌지 알아차리기 위함이다. 만약 정결하지 않은 자가 있다면, 그는 옆으로 세워질 것이다. 왜냐하면 그는 말씀을 믿음으로 경청하지 않았기 때문이다."(Traditio Apostolica XX).

세례 의식에 이어 곧 새로 세례를 받은 사람들은 바로 그 자리에서 즉, 같은 공동체의 모임에서 행해지는 성만찬에 참여하게 된다. 분명한 것은 12세기에서 13세기로의 전환기까지 서방교회의 세례 의식에는 - 유아와 어린이의 경우에도 마찬가지로 - 성찬식이 함께 있었다는 점이다.[4] 동방교회는 이러한 관련성을 오늘날까지 유지하고 있다. 여기서 분명해지는 것은 세례 의식 이후에도 세례 지원자 준비 교육(katechumenat)은 성만찬까지 계속되었다는 점이다. 유아로 세례를 받은 경우에는 예배에의 참여와 기독교 가정에서의 삶이 종교적 사회화를 위한 결정적인 요소였다. 따라서 고대 교회에서의 대부모의 의미는 분명하지 않다.[5]

게르만 선교의 시대에 세례 지원자 준비 교육(katechumenat)의 과정은 급격히 쇠퇴하였다. 지도적인 신학자들의 날카로운 비판에도 불구하고 많은 지역에서 강제적인 세례가 실시되었다.[6] 집단적인 회심은 개인적인 회심과 가르침을 후퇴시켰다. 여기서부터 세례의 교육적이며 구원론적인 의미는 소위 신앙의 성례전으로 간주되는 견신례(firmung)를 위하여 점점 퇴색되어져 갔다.

그 후 세례와 신앙의 깊은 관련성에 다시금 주목하게 된 것은 겨우 종교개혁 시기에 이르러서야 겨우 재세례파에 의해서 - 종교개혁자들에 의해서도 - 이루어졌다. 그들에 의하여 공식적으로 제기

---

4) A. B. Kleinheyer, Sakramentliche Feiern I. Gottesdienst der Kirche. Handbuch der Liturgiewissenschaft Bd. 7. 1(Regensburg 1989), pp. 238~241.
5) M. Gaertner, *Die Familienerziehung in der Alten Kirche*(Koeln u.a. 1985), pp. 64~83.
6) Chr. Lienemann-Perrin, Hg., *Taufe und Kirchenmitgliedschaft*, 1983, pp. 168~173.

되어진 유아세례에 대한 비판은 물론 일반적으로 관철될 수 없었다. 누구보다도 루터는 간과할 수 없는 세례의 큰 의미를 - 예를 들어 소교리문답(Der Kleine Katechismus)을 통해서 - 철저히 가르치고 세례의 기독교교육적인 의미를 부각시키는 데 온 힘을 기울였다.[7]

그는 소교리문답 서문에서 자신의 아이들의 세례를 지원하는 부모들은 세례를 받기 전에 반드시 준비되어져야 한다는 것을 - 어느 정도의 기초 교리에 대한 지식 등을 포함하여 - 강조하였다.

그 다음 시기에는 - 재세례파의 입장과는 상반되게 - 유아 세례의 의무가 점차로 강조되어졌다. 이것은 성경적 관점에 역행하는 세례의 발전, 즉 보편적인 세례의 의무라는 왜곡된 발전으로 이끌었다.[8]

그러나 다른 한편으로 성인 세례는 - 특히 유대인의 회심의 경우에 - 공적으로 실시되지 않았다. 그리고 본래 세례를 위해 마련되었던 고대 교회의 세례 지원자 준비 교육(katechumenat) 과정은 고스란히 입교를 준비하는 교육(konfirmandenunterricht)으로 옮겨 갔다.

시간적 추이에 따라 세례에 대한 관습과 이해에는 적잖은 변화가 있었다. 그럼에도 불구하고 성례전의 역사로부터 분명히 드러나는 것은 성례와 교회의 교육적 책임과의 관련성이다.

세례 지원자 준비 교육(katechumenat)과 세례와의 관련 속에서 이후에 생겨난 입교 교육(konfirmandenunterricht)은 세례에 내포된 교육적인 힘이 체계화된 형태로 나타난 것이라고 할 수 있다.

그러나 세례는 그 안에 지닌 고유하고도 강력한 교육적 의미를 점

---

7) G. Scharffennorth, *Den Glauben ins Leben ziehen ··· Studien zu Luthers Theologie*(Muenchen, 1972), pp. 99~101.
8) W. Maurer, *Historischer Kommentar zur Confessio Augustana Bd. 2*(Guetersloh, 1978), pp. 183~187.

진적으로 잃어버리고 단지 출생을 계기로 실행되는 통과의례적인 하나의 의식으로 변질되었다. 그 원인은 무엇보다도 중세로부터 - 현재까지도 - 사람들은 기독교인이 되는 것을 선택하거나 결단할 필요가 없어졌다는 것 즉, 기독교인이 되는 것의 당연함에서 찾을 수 있다.

물론 주목할 만한 변화가 - 다음 부분에서 다루어질 - 전혀 없는 것은 아니다. 세례의 교육적인 함의에 대한 숙고를 요청하는 독일 교회 내의 새로운 움직임이 발견된다.

III. 현재적 상황

세례를 실시함에 있어 가장 결정적인 영향을 미치는 것은 목회자의 세례에 대한 입장일 것이다. 따라서 필자는 먼저 독일 교회 목회자들의 입장에 대한 관찰을 제시할 것이다. 그 다음으로 유아세례자 부모의 - 경우에 따라서는 성인 세례자의 - 세례를 원하는 동기에 대하여 생각해 볼 것이다. 아울러 세례 실제(taufprxis)에 있어 최근 눈에 띄는 변화가 소개될 것이다.

1. 목회자들의 갈등

독일에서 기독교는 국교가 아니다. 그럼에도 불구하고 대부분의 국민들이 기독교를 자신들의 종교로 받아들인다. - 그 중에는 정기적인 예배 참여나 직접, 혹은 간접적인 종교 활동과 무관한 사람들도 적지 않다. - 기독교는 소위 국민의 종교인 것이다.

이러한 상황하에서 세례 의식을 행하는 것은 목회자와 교인들과의 첫 만남이 이루어지는 계기가 된다. 따라서 대부분의 목회자들은 성경적 관점에서의 세례 의식과 실제로 실행되고 있는 세례 의식 사이에서 어쩔 수 없는 갈등을 경험하게 된다.[9]

바르트(Karl Barth)에 의해 강하게 제기된 유아세례에 대한 비판은 목회자들이 경험하는 갈등과 직접적인 관련이 적다. 그의 비판은 세례 실제에 어떤 변화도 야기하지 못했다. 바르트의 도전이 실제적으로 별 의미를 주지 못한 근본적인 이유는 인간이 갖게 되는 의문을 단지 연역적이며 교의적으로(dpgmatisch) - 인간 행동에 대한 동기들을 분석하고 배려함 없이 - 풀려고 했기 때문이다.

곳곳에서 목회자들은 그들이 실행하는 세례 의식의 구체적인 변화를 통하여 - 위에 언급한 것과 같은 - 갈등 극복을 시도하고 있다. 동시에 교육적인 노력 즉, 사람들로 하여금 세례의 중요한 내용을 숙고하게 하며, 그것들을 이해할 수 있도록 만드는 데 주력하고 있다. 따라서 많은 목회자들은 새로운 모델이나 제안에 대하여 열린 마음을 지니고 있다

2. 세례의 동기들(taufmotive)

세례 실제의 변화를 위한 기독교교육적인 구상들이 생산적인 것이 되려면 그 구상들이 세례를 희망하는 사람들의 - 대부분 그들의 아이들을 위해 - 동기들을 수용해야 한다. 그럼 독일 사회에서의 세례의 동기들은 무엇일까? 물론 독일 내에서 여기에 대한 직접적이고 사회 경험적인 조사 연구는 없다. 그러나 다른 설문조사의 이차적인

---

9) J. Hanselmann, H. Hild, E. Lohse, Hg., *Was wird aus der Kirche?*(Guetersloh 1984), p. 67.

분석과 통계적으로 드러난 현상들은 흥미로운 통찰을 준다.

독일 개신교교회(Evangelische Kirche in Deutschland)는 전체 교회 구성원들을 대상으로 1984년 두 번째 설문조사를 실시하였다. 여기서 드러난 결과들은 독일 개신교 교인의 대부분이 세례의 의미에 대한 분명한 의식을 가지고 있음을 보여 준다. 즉 "개신교 교인이 되게 하는 것은 무엇인가?"라는 질문에 대하여 응답자의 85%가 '세례 받는 것'을 선택하였다.[10] 그리고 내용적으로도 대부분의 교회 구성원들의 이해와 교회의 가르침 사이에 큰 차이가 발견되지 않았다. 응답자의 75%는 다음의 항목에 동의하였다. "세례받은 유아는 신앙의 공동체 안으로 받아들여진다." 74%는 "유아가 세례를 받는 것은 기독교적으로 양육되어져야 하기 때문이다." 73%는 "유아가 세례를 받는 것은 교회에 소속되기 위함이다."[11]라고 응답하였다.

이 설문조사의 연구위원들은 이러한 결과들을 다음과 같이 해석한다. "세례는 교회공동체 소속의 근거가 된다. 그리고 그것은 단지 형식적이지 않으며 교회의 가르침에 상응하는 것으로 이해되어진다. 그러므로 세례는 신앙의 공동체에로의 받아들임이다."[12] 그러나 설문조사의 방법과 그와 관련된 진술들의 가치의 한계가 평가 부분에서 충분히 고려되고 있다고 보기는 어렵다.

위에 소개된 개신교 교회 전체 구성원에 대한 설문조사의 기본 가정은 조직사회학(organisationssoziologie)의 지식들이 교회에 적용될 수 있다는 것이다. 바로 여기서 개신교 교회가 실시한 설문조사의 대상은 단지 조직 혹은 체제로서의 교회가 된다. 다시 말해 이 조사는 체제에 관한 고유한 것이 질문된 것이다. 이 조사를 통해서 알 수

---

10) Ibid., p. 91.
11) Ibid., p. 100.
12) Ibid., p. 100f.

있는 것은, 대부분의 개신교 교인들은 '교회'라는 체제 내에서 세례가 갖는 중요한 의미를 알고 있다는 것이다. 그러나 세례가 그들의 삶에서 어떤 의미를 갖는지는 알려지지 않는다.

만일 다른 사회과학적 이론의 틀을 가진 조사 연구들, 예를 들어 독일 루터교연맹(Vereinigte Evangelisch -Lutherische Kirche Deutschlands)에서 실시한 설문조사 '이성적인 사회에서의 예배'[13]에 접근하게 되면 이러한 회의는 분명해진다. 독일 루터교연맹에 소속된 교회들의 구성원들을 대상으로 실시된 이 설문조사는 정서적이며 인지적인 측면을 긴밀하게 연결하는 이론(theorie) - 즉, 조직이나 체제에 대한 입장에만 관심을 갖지 않고, 가르침의 총체적인 이행에 관심을 갖는 - 위에 그 기초를 둔다. 이 조사는 대부분의 개신교 교인들의 일상적인 삶과 가치관에 교회와 교회에 의해 대표되는 가치들이 별 영향을 주지 못한다는 것을 보여 준다.[14] 여기서 분명해지는 것은, 교회에 소속되고자 하는 것 - 교의적인 의미에서 - 이 사람들이 세례를 지원하는 주된 이유라는 것이다.

위의 연구와 마찬가지로 사회과학적인 가정을 따르는 연구인 "독일인에게 무엇이 거룩한가?"로부터 나오는 결과 역시 교회와 교회에 의해 대표되는 가치들이 대부분의 개신교 교인의 일상과 가치관에 영향을 미치지 못한다는 것을 지지해 준다. 또 각각의 자료에 대한 요인 분석은 다음을 말해 준다. 독일인은 세례를 '종교적인 의식이나 상징'이라는 요인보다는 '사회적 동의에 정착'이라는 요인에 부속시키고 있다.[15]

이에 따르면 대부분의 독일인 의식(Bewusstsein)에서 세례는 무

---

13) G. Schmidtchen, *Gottesdienst in einer rationalen Welt*(Stuttgart, 1973).
14) Ibid. p., 132.

엇보다도 가족이나 친족의 삶에 정착하고 있다. 이러한 경험적인 연구들 외에도, 통계적으로 확인되는 세례 실제에 있어서의 변화들은 세례를 희망하는 사람들의 동기들에 대하여 다음의 귀납적 추론들을 가능하게 한다.

통계적인 수치를 제시할 수는 없지만[16] 동독에서 아주 널리 확산되었던 현상을 빙클러(E. Winkler)는 1970년에 보고했다. 그것은 '점점 증가하는 늦은 세례'와 '현저한 세례 거부' 현상에 관한 것이었다. 그는 당시 서독에서는 관찰되어지지 않았던 이러한 현상을 다음과 같이 해석하였다. "세례 거부는 대부분의 경우 세례에 대한 현저한 경시의 결과라기보다는 부모들과 - 자기 아이들의 세례를 희망하는 - 교회 사이의 거의 전무한 교류의 결과이다."[17]

1972년 이래로 위의 언급한 두 개의 경향이 - 늦은 세례와 세례 거부 - 서독의 교회에서도, 특히 독일의 북부 지역과 대도시들에서 나타나기 시작하였다.[18] 여기로부터 세례 지원자들의 동기와 관련하여 몇 가지가 분명해진다.

1) 출생 후 바로 유아세례를 희망하는, 수백 년 동안 지속되어 온 전통은 독일의 점점 더 많은 곳에서 단절되고 있다. 일반적으로 확인되는 전통의 붕괴 외에도 새로운 아동 교육관이 - 내 아이는 스스로 결정해야 한다 - 이러한 변화를 촉진하고 있다.

2) 독일의 많은 곳에서 특히, 남부 독일의 중소도시들에서 전통의

---

15) G. Schmidtchenm, *Was den Deutschen heilig ist*(Muenchen, 1979), p. 65.
16) 동독에서 통계적인 수치를 제시할 때는 국가로부터 승인을 받아야만 했기 때문이다.
17) E. Winkler, *Taufaufschub - Taufversagen - Taufnegierung*, in: ChL 23, p. 193.
18) Chr. Grethlein, Taufpraxis heute(Guetersloh 1988) p. 54.

계승은 예나 지금이나 변함없는, 세례를 희망하는 가장 지배적인 동기였다. 그러나 이 자리로 다른 하나의 동기가 들어서고 있다. 그것은 50년대 말에 이미 벨버(H. O. Woelber)가 '다음 세대들에 대한 준비(generationenvorsorge)' 와 동일시한 것이다. "나이 든 세대들은 보호와 어떤 경우든 제공되어져만 하는 삶의 기회라는 목적(동기)으로, 자라나는 세대에게 종교교육의 기회와 가능성을 보증하고자 한다. 이것은 아주 깊이 뿌리내린 인간적인 사랑의 동기이다."[19]

한 예로 아동 교육에 관한 주제를 다루는 잡지들의 높은 판매 부수가 그러한 사실을 분명하게 보여 준다. 정치, 경제, 사회적인 관점에서뿐만 아니라 개인적인 관점에서도 오늘날의 일반적인 불확실성은 이러한 관심사를 어느 때보다 증대시키고 있다.

이상의 사실로 미루어볼 때 세례를 희망하는 경우, 기독교 신앙이나 기독교 신앙공동체에 대한 어떤 확신 같은 것을 추측하기 어렵다. 젊은 층의 부모들은 위의 세대의 부모들과 비교해 볼 때 종교 혹은 교회와 더욱 소원한 관계 속에서 살아간다. 그래서 그들은 생각한다. '종교가 유익할지, 유익하지 않을지는 아무도 모른다. 어른들에게 유익하지 않더라도 아이들에게는 유익할지도 모른다.' 여기에 덧붙여 아이의 출생은 이미 습관이 되어 버린 질서와 기준들을 지극히 일상적인 것에서부터 의문스럽게 만들며, 변화를 요청한다. 바로 이러한 전환이 이루어지는 상황에서, 즉 불안정한 상황에서 사람들은 자신들이 받은 것을 그대로 물려 주는 것에 모종의 안정감을 느끼게 된다.

이러한 추측 가능한 동기는 – 특히 유아세례를 희망하는 경우에 – 어렵지 않게 다른 세례일정으로 옮겨질 수 있다. '다음 세대에 대

---

[19] H. O. Woelber, *Religion ohne Entscheidung*(Goettingen, 1959), p. 117.

한 준비'라는 관심사는 소위 늦은 세례에서도 - 적어도 초등학교 시기까지는 - 마찬가지로 큰 역할을 한다. 출생과 함께 야기되는 불확실하고 곤란한 정황이 - 예를 들어 과중한 일, 관계의 어려움 등 - 적절한 시기에 세례 받는 것을 번번이 방해하기도 한다.[20]

3) 특히 동독 지역의 교회들에서, 그리고 점진적으로 서독 지역의 교회들에서도 아동들이 스스로 세례 받기를 지원하는 경우가 늘고 있다. 동독 지역에서는 종종 기독교 신앙을 지닌 아동들이 그의 동무들을 교회에서 실시하는 성경공부로 데려왔었다. 그들은 늘 반복되는 학교의 일상으로부터 벗어나게 하는 공동체에 대한 긍정적인 경험을 하게 되면서 그곳에 온전히 소속되고 싶은 열망을 갖게 되었다. 그래서 입교 교육을 받은 청소년들 가운데 세례 받기를 희망하는 경우도 이러한 맥락에서 이해될 수 있다.

4) 바로 이 '세례 받는 시기의 변화'[21]에서 매우 큰 역할을 하는 것이 바로 - 적어도 독일 교회에서는 - 경건주의, 계몽주의, 낭만주의 등의 다양한 정신사를 통하여 수백 년 동안 강조되어 온 입교 예식(konfirmation)이다. "사람은 입교를 받아야 한다." 그리고 그 때문에 언제, 어떤 이유에서건 놓쳤던 세례를 받고자 한다. 입교 연령의 청소년기가 존재와 가치의 문제에 대하여 그 어느 때보다도 개방적이 되는 시기임을 고려할 때, 이 점은 기독교교육적으로 매우 큰

---

20) G. Gloger-Tippelt, "Der Uebergang zur Elternschaft", in: *Zeitschrift fuer Entwicklungspsychologie und Paedagogische Psychologie 17*, 1985, pp. 53~92.
21) Chr. Grethlein, *Konfirmation als neuer Tauftermin?* in: PTh 80, 1991, p. 204ff.

기회가 된다. 여기서 세례와 기독교교육의 깊은 관련성은 - 물론 입교 교육을 경유하는 우회로이기는 하지만 - 다시금 현재적이 된다.

IV. 비판적, 기독교교육적인 관점에서

이어서 필자는 오늘날 독일 교회의 일반적인 세례 실제(taːufpraxis)를 - 세례를 지원하게 되면 세례 전 면담과 세례 예배가 이어지는 - 기독교교육적인 측면에서 간과되어질 수 없는, 다음의 세 요소를 중심으로 면밀히 살펴보고자 한다.

1. 학습자 개인의 주체성

독일 교회의 통례적인 세례의 모습에서 세례 지원자들의 - 대부분 유아의 부모들 - 주체성이 진지하게 받아들여지고 있다고 보기는 어렵다. 무엇보다도 점점 더 빈번하게 제기되어질 질문이 - 유아 세례를 지원해야만 하는지 아닌지 - 수용될 여지가 부족하다. 유아 세례의 당연함이 후퇴하고 있는 시기에 - 신학적인 이유(세례와 신앙과의 관련) 외에도 - 개개인의 주체성을 고려하는 측면에서 세례 시기를 연장하는 것에 대해 말하는 것을 포기하기는 어렵다. 그렇지만 이것은 요구되는 최소한의 신앙적 지식에 이르렀는지 여부를 시험하는 신학적 전문가들에 의한 법적인 방법으로가 아니라, 자유롭게 그러면서도 적절한 결정에 이르도록 촉진하는, 즉 상담적 기법으로 접근해야 한다. 여기에 이제까지 일반적으로 실행되던 세례 전 면담은 그다지 적절한 형태가 아니다. 그것은 종종 목회자와 세례 지원자의 첫 만남이며, 행정적이며 관례적인 특성을 갖기 때문이다.

그리고 종종 - 교육적으로 말하여 - 세례 지원자들의 배움을 위한 선행 조건들은 조금도 고려되지 않는다. 다시 말해 많은 유아세례자 부모들의 세례를 희망하는 동기나 목적에는 그다지 주의를 기울이지 않는다. 대부분의 경우 구체적인 삶의 정황으로부터 야기된 존재와 가치의 문제들에 대한 개방성은 무시되고 있다. 신학적으로 말하면, 카이로스, 즉 하나님에 의해 주어진 기회를 놓치고 있다

더 나아가 기존의 세례 실제는 일반적인 전통의 단절로부터 생겨나는 문제들을 충분히 고려하지 않는다. 세례는 내용적으로 복잡한 그러나 동시에 핵심적인 사건이다. 세례는 기독교 신앙의 근본적인 내용들과 깊이 관련되어 있기 때문이다. 죄의 용서, 성령의 임재, 그리스도의 몸의 지체 등이 바로 그것들이다. 그러나 이러한 내용들은 이 시대의 많은 독일인들에게 더 이상 직접적으로 이해되지 않는다. 그럼에도 불구하고 세례 예식서는 정확하게 일치하는 지식을 전제하고 있다. 그렇기 때문에 세례 시에 빛이 비추이는 것 같은 일은 - 선교교회들에서 보고되어지는 것과 같은 - 매우 드물게 발생한다. 다시 말해 하나님의 활동에 의해 가능해지는, 전적으로 새로운 삶의 관점이 지각되어지는 일은 별로 없다.

2. 종교사회화의 공간으로서의 교회

지금까지 독일의 대부분의 세례 의식은 주일 예배 시에 수시로 행해졌다. 그러나 여기서는 -고대 교회에서 표본적으로 보여지는 것과 같은 - 세례의 교육적인 중요성이 잘 파악되지 않는다.[22]

입교 교육(konfirmandenunterricht) - 경우에 따라서는 학교에서 실시하는 종교 교육도 - 역시 이것을 위한 충분한 대안이 될 수 없다. 우선 입교 교육은 아직 많은 곳에서 강의식의 구조가 지배적이

다. 그러한 구조는 근본적으로 신앙공동체인 교회를 통해서만 가능한 - 인간의 모든 감수성과 표현 형태를 포괄하는 - 배움에 그다지 적절하다고 볼 수 없다.

다음으로 학교에서의 종교 교육이나 입교 교육은 특정한 연령에 제한되어 있다. 여기서 배운 것들은 나중에 부모가 된 어른들을 얼마간 도울 수 있을 뿐이다. 따라서 세례와 관련된 특별한 교육적 배려가 있어야 한다는 것은 명백하다. 그리고 그것은 기본적으로 특정 세대에 국한되지 않는, 여러 세대를 포괄하는 형태(die Generationen uebergreifenden Form)이어야 한다. 그 안에서 비로소 가족의 구체적인 상황은 교육적으로 풍성한 열매를 맺게 되기 때문이다. 기존의 세례 전 면담은 보통의 경우 여기에 어떤 기여도 하지 못한다.

3. 세례와 성찬식에 대한 고려

현재 독일 교회가 실행하는 세례를 보면, 교회의 총체적인 삶에서 세례가 얼마나 적은 비중을 차지하고 있는지 쉽게 알 수 있다. 세례 의식이 있는 주일의 설교 가운데 매우 적은 수의 설교가 세례와 명백한 관련을 갖는다. 예배 가운데 세례를 회상하는 예전적인 요소들, 즉 신앙고백과 주기도[23]는 단지 소수의 공동체 구성원들에 의해서 그 의미를 유지한다. 일반적으로 세례가 잊혀지고 있는 오늘의 현실은 루터의 권면 - 즉 '세례로의 날마다의 귀환'을 말했던 - 과 첨예하게 대립하고 있다.

고대 교회에서는 세례 의식에 필요한 일정이 제한적이었다. 즉 일

---

22) Chr. Grethlein, *Taufprxis heute*, p. 56.
23) 신앙고백은 본래 세례 고백이었다. 그리고 주기도는 고대 교회에서 새로 세례를 받은 사람에게 주어졌다.

년 중 정해진 때에 세례의식이 수행되었다. 그 정해진 일정은 교회력과 함께 교회의 삶을 구조화하였으며, 교회로 하여금 세례의 중대한 의미를 회상하게 했다. 세례의 실제적인 내용으로서 신앙공동체에로의 수용은 거기서 늘 새롭게 경험되어졌다. 그것에 비하면 오늘날의 독일 교회의 세례는 하나의 일회적인 사건으로 후퇴하고 있다. 그리고 개인과 교회에 대해서도 그다지 큰 의미를 지닌 사건이 되지 못하고 있다.

성만찬은 본래 세례 의식에 속했지만 역사적 과정에서 분리되었다. 그 과정에서 성만찬의 세례의 회상과 확증으로서의 특성은 사라져 갔다. 현재는 성만찬이 본래 세례 의식에 속했었다는 사실에 거의 주의하지 않는다. 그러나 성만찬과의 관련이 고려되지 않는 세례에서 신앙공동체의 기초가 견고하기는 어렵다.

V. 현장을 위한 실제적인 제안들

이어서 필자는 독일 교회[24] 내에서 발생한, 세례와 관련하여 교육적 필요가 강하게 요청되는 세 개의 실제적인 제안들을 소개하고자 한다. 먼저 로이엔베르거(R. Leuenberger)에 의해서 제시된, 기본 구상에 있어서 전적으로 새로운 제안을 짧게 보고하고자 한다. 다음으로 게블러(Chr. Gaebler), 슈미트(Chr. Schmid), 그리고 지버(P. Siber)에 의해 제시된 보다 더 실제적인 제안을 소개하고자 한다. 끝으로 독일루터교연맹(VELKD)의 교회위원회에서 작업되어진 한 새

---

[24] 여기에 경우에 따라 동일 언어권이면서 동시에 인접 지역인 스위스 일부 교회도 포함한다.

로운 모델에 대하여 언급하고자 한다.

1. 로버트 로이엔베르거(Robert Leuenberger)

로이엔베르거는 교육신학적인 성찰을 통하여 새로운 단서를 발견함으로써 기독교교육의 보다 넓은 지평을 열었다. "세례는 단지 교회가 달라지는 것 만큼 달라질 수 있으며, 교회 역시 세례의 변화만큼 변화하게 된다. 그러므로 세례의 개혁은 곧 교회의 개혁이다."[25]

여기서부터 출발하여 스위스 교육신학자는 다음을 확고하게 한다. "성만찬을 허용하는 축하의 자리가 아니라 새로 태어남에 대한 행위가 세례라고 명명되어져야 하며, 또 그렇게 시행되어져야 한다는 것은 단지 세례만이 아니라 교회의 자기 이해에 급진적인 변화를 의미한다."[26] 바로 이점으로부터 그는 세례를 유아세례와 입교 사이의 한 과정으로 이해한다. "가장 적절히는 다음과 같이 불려져야 한다: 세례를 여는 잔치와 세례를 닫는 잔치."[27]

그러나 결코 이러한 이해를 통하여 유아세례 행위의 의미가 빈약해진다고 말하기는 어렵다. 그보다 로이엔베르거는 세례 준비 교육(katechumenat)을 '세례 신학의 첫번째 주제이며 동시에 세례 개혁의 첫째 목적'[28]으로 주목한 것이다.

이러한 교육적인 단서를 지속적으로 좇아가던 로이엔베르거는 필연적으로 부모들을 위한 세례 준비 교육(elternkatechumenat)의 설치를 요구한다. 그것은 다음의 다섯 가지 점들로 설명되어질 수 있다.

---

25) R. Leuenberger, *Die Taufe in der Kirche*, Stuttgart 1973, p. 87. 로이엔베르거의 제안들은 이 책을 통하여 넓게 확산되어졌다.
26) Ibid., p. 88f.
27) Ibid., p. 89.
28) Ibid., p. 90.

"첫째, 부모들을 위한 세례 준비 교육(elternkatechumenat)은 자각(bewusstsein)의 과정과 배움의 과정이라는 특성을 갖는다. 그리고 그 과정은 긴 시간에 걸쳐 있다."[29] 그가 이렇게 긴 시간을 - 약 석 달 정도 - 필요로 하는 프로그램 시행의 어려움을 의식하지 못한 것은 아니다. 그러나 그에게 있어 이 시간은 반드시 필요한 최소한의 시간이었다. "유아세례에 있어 오늘날 중요한 것은 위기에 처해진 것을 더 어렵게 하는 것이 아니라, 이해 부족과 부적절한 사용으로 왜곡되어진 관습에 다시금 책임적인 기능을 부여하는 것이다."[30]

"둘째, 그러한 세례 준비 교육은 그룹 안에서 시행되어져야 한다."[31]
"부모들을 위한 세례 준비 교육 과정의 핵심적인 기능은 부모들 사이의 대화적인 교류가 이루어지는 것이다."[32]

"셋째, 세례 준비 교육의 주제로는 전수되어 온 기독교 신앙의 내용뿐만 아니라 부모들의 - 자녀들을 세례로 데리고 오는 - 상황도 함께 다루어져야 한다. 이 두 가지의 주제는 서로서로 관련되어 있다. 그러므로 하나는 다른 하나를 통하여 해석되어져야 한다."[33] 여기서 중요한 것은 신앙이 "삶의 차원으로서 비로소 발견되어지는 것이다."[34] 대체로 세례 전 면담(대화)은, - 로이엔베르거(Leuenberger)는 단지 이 방법에 대해서만 말한다 - 각 부모의 세

---

29) Ibid., p. 95.
30) Ibid.
31) Ibid.. p. 96.
32) Ibid.
33) Ibid., p. 97

례 동기에서 그 시작과 중심을 발견한다.

"넷째, 부모들의 - 그들의 첫째 아이들에게 세례를 받게 하고자 하는 - 세례 준비 교육과정에의 참여는 세례를 허락하는 조건이다."[35] 이렇게 강한 규정을 통하여 로이엔베르거는 소위 '국민의 교회 안에서 한 선별의 기준'[36]을 만들어 내고자 했다.

"다섯째, 세례 준비 교육 기간(katechumenatszeit)은 세례 예배 (taufgottesdienst)에서 마무리된다."[37] 이 세례 예배는 주일예배 시 수시로 이루어지는 보통의 경우와 달리, 교회력과 연중계획에 따라 정해진 날(주일)에 실시된다. 그리고 이러한 세례 예배는 기본적으로 부모들을 위한 세례 준비 교육(elternkatechumenat)으로부터 발생하며, 부모들에 의해 주도적으로 계획, 준비되고 진행된다.[38]

로이엔베르거는 세례에 앞서 제공되는 단지 하나의 교육 프로그램만을 생각한 것이 아니다. "세례 이후의 부모들을 위한 세례 교육(katechumenat)은 세례 전의 세례 교육(katechumenat)이 세례의 한 조건이었던 것과 마찬가지로 필수적인 것이다. 그러나 그것의 형태는 세례 전 교육과는 다른 것이어야 할 것이다. 사람들은 부모들을 교과과정으로 소환할 수는 없다. 그러나 유아세례자의 부모인 그들에게 요청해야 할 의무가 있다."[39]

여기서 두 가지의 주제는 중요한 역할을 한다. - "유아교육과 취

---

34) Ibid.
35) Ibid., p. 99.
36) Ibid.
37) Ibid.
38) Ibid.

학 전 아동을 위한 기독교교육의 주제들"

동시에 가능하다면 세례 준비 시기부터 형성되어진 부모들의 그룹이 계속 이어질 수 있도록 독려해야 한다. 바로 이 부모들의 지속적인 모임에서 가족들은 서로서로 대부모 역할에 암묵적으로 협약하게 된다. 다시 말해 이 부모들의 모임은 '공동체적인 대부모 그룹'[40]이 되는 것이다. 물론 로이엔베르거도 이것이 세례 개혁에서 두 번째 혹은 세 번째 걸음이어야 한다는 것을 의식했다.

그의 이 모델은 전통에 의해서 이끌려 왔던 조건들 속에서 세례의 의미를 다시금 분명하게 드러내고자 하였다. 그것을 위해 기존의 세례 실제를 넘어서는 - 즉 교회의 삶에 중요한 일정으로 자리매김하는 세례 예배와 부모들의 그룹 등과 같이 전체 교회가 관련되는 - 요구들이 제시되었다.

그러나 결론적으로 말하면, 로이엔베르거(Leuenberger)의 제안은 다분히 추상적이라고 할 수 있다. 그는 자신이 제시하는 세례 준비 과정의 내용에 대해서 아주 조금밖에 언급하지 않기 때문이다.

2. 게블러(Christa Gaebler), 슈미트(Christoph Schmid) 그리고 지버(Peter Siber)의 세례 전 면담을 위한 실제적인 제안들

게블러, 슈미트 그리고 지버의 제안들은 로이엔베르거의 기초적 구상이 구체화된 것이다. 이들 스위스의 교육신학자들은 그들 이론의 기초 설정에서 명백히 로이엔베르거에게 의존하고 있다.[41] 유일하게 분명한 차이는 실제적인 실행에 있어서 세례 준비에 필요한 기

---

39) Ibid. p. 104.
40) Ibid. p. 113.

간이 보다 짧다는 점이다. 로이엔베르거에 의해서 제안된 세례 준비의 기간은 그들에게 비현실적인 것으로 보였다. 그 외에도 그들에게는 로이엔베르거의 제안에 꼭 필요한, 교육학적으로 자격을 갖춘 목회자의 절대 부족도 문제였다.

다음의 조건들은 세례 전 면담들을 위해 그들이 중요하게 여긴 것들이다.

1) 세례 전 면담들은 부모들의 그룹에서 이루어진다. 그룹은 "세 쌍에서 아무리 많아도 일곱 쌍의 부부, 부모 중 한 명이 참여하는 경우에는 여섯에서 열네 명을 넘지 않아야 한다."[42] 이 그룹을 통해 – 교육학적으로 보면 – 세 가지가 이루어져야 한다. "부모들은 서로서로 배운다. 부모들은 서로에 대해서 배운다. 부모들은 그룹 안에서 배운다. 무엇보다도 다같이."[43] 더 나아가 스위스 교육신학자들은 그룹의 과정을 교회론적으로 해석한다.

"그러한 부모 그룹에서의 배움의 기회는 기독교 공동체의 경험과 깊은 관련이 있다. 그 그룹은 세례에 대한 이해를 획득하기 위한 외형적 형태만이 아니다. 그보다는 그룹 안에서의 우리 경험이며, 동시에 기독교 공동체의 경험이다. 그리고 그러한 세례 면담(taufgespraech)의 과정은 동시에 기독교 공동체의 삶의 과정이다. 부모들은 참을성 있게 서로에게 귀 기울임으로써 서로에게 깊이 관계되며, 다른 경험들을 배우며, 다양한 견해들에 주의하게 되고, 상

---

41) Chr. Gaebler, Chr. Schmid, P. Siber, *Kinder christlich erziehen*, Gelnhausen u,a. 1979, p. 27ff.
42) Ibid., p. 41.
43) Ibid., p. 33.

대편을 보완하고 풍부하게 하는 것을 발견하며, 서로서로 신뢰하며, 서로에게 용기를 주게 된다. 그렇게 유아세례자 부모들은 세례 자체에서 이미 얼마간은 기독교 공동체가 구체적으로 어떤 것인지 경험할 수 있게 된다. 그리고 세례 시, 바로 그 공동체 안으로 그들의 아이들이 받아들여진다."[44]

2) 그러한 그룹에서 목회자는 지배적이 되어서는 안 된다. 그러나 동시에 그는 다음의 과제들을 의식적으로 받아들이며, 수행해 가야 한다. "한편으로 그는 어린아이들의 부모들에게 성경적, 교의적, 심리학적인 그리고 교육학적인 정보들을 제공할 수 있으며, 또 제공해야만 하는 신학적 전문가이다. 그러나 그 외에도 그리고 무엇보다도 그는 대화의 안내자이며 그룹을 생기 있게 하는 자이다."[45]

3) 현실적인 이유에서 두 번이나 세 번의 저녁 시간으로 제한하는, 실제적인 방안이 권고되어진다. 부모들은 여기에 초대되어지며, 이 초대는 자유롭고 자발적인 참여를 이끌어 내는 것이어야 한다. 강제적인 소환은 성인교육학적인 이유에서 중지되어져야 한다.

저녁 시간 구성에 대하여는 다음 네 부분을 보면 분명해진다.

① 부모의 경험들 – 아이들의 관점들
② 성경적, 신학적인 관점에서
③ 부모와 아동에 대한 도움으로서의 신앙
④ 부모 그룹 안에서의 대화를 돕는 방법들[46]

---

44) Ibid. p., 34.
45) Ibid.

주제의 다양함은 더욱 넓게 확장될 수 있다. 그리고 위의 제안들은 현장에서 실제로 사역하는 사람들에게 자원(fundgrube)으로 활용되어질 수 있다.

3. 독일루터교연맹(Vereinigte Evangelisch-Lutherische Kirche Deutschlands)의 교회위원회: '세례에로의 초대 – 삶으로의 초대'

1988년부터 독일루터교연맹 교회위원회의 산하 과제연구그룹에 의해서 한 모델이 개발되었다. 이 모델은 세례가 중심이 되는 교회의 발전을 위한 기독교교육의 장을 창출하고자 한 것이다.[47] 또 이 모델은 교회들의 차이점을 고려하여, 기본적인 구조와 개교회 상황에 따라 임의적으로 선택할 수 있는 여러 가지 제안들로 구성되어 있다. 결론적으로 말하면, 이 모델은 어떤 새로운 활동들을 시도하지 않는다. 그보다는 이미 존재하는 것의 가능한 의미를 발견하게 하고, 열매를 맺게 하는 것에 주목한다. 동시에 각기 다른 삶의 단계에 있는 사람들을 동반하는(begleiten) 것이 시도된다.

기본 구조는 다음 네 개의 구성 요소로 이루어진다.

1) 프로젝트 소개를 위하여 한적한 곳에서 갖는 사역자들의 회합
세례에 대한 새로운 자각은 처음부터 재능 있는 사역자들의 편입을 요구한다.

---

46) Ibid.
47) R. Blank, Chr. Grethlein, Hg., *Einladung zur Taufe - Einladung zum Leben*, Stuttgart 1993.

2) 세례 예식을 위한 제안들

여기에 세례 회상을 위한 형식(순서)도 포함된다. 그리고 세례 예식과 부활절 축하연 사이의 큰 결합의 가능성이 언급되어진다.

3) 세례를 회상하게 하는 편지의 보기들[48]

종교개혁신학자들의 세례 이해에 상응하여 세례 회상에 중점을 둔다.

4) 세례 회상을 위한 예배 모델, 특히 유아를 위한, 세례를 회상할 수 있도록 돕는 앨범 수여와[49] 유아(경우에 따라서는 어린이)와 그들의 가족을 교회로 받아들이는 순서를 포함하는 예배 모델.

5) 이 프로젝트는 선택적으로 사용할 수 있는 다음의 자료들, 경우에 따라서는 모델들을 제공한다.

그림잡지 《세례에로의 초대》

개신교 가정교육센터(Evangelische Familie-Bildungsstaette)에

---

[48] 유아세례의 어려움은 유아에게 세례를 받고자 하는 의지가 있는지 여부를 물을 수 없는 점이다. 그래서 그들을 대신하여 부모와 대부모가 이 결정을 내리게 된다. 그리고 유아세례자의 자리에서 신앙을 고백하게 된다. 따라서 유아세례자에게 눈으로 볼 수 있는 증표들을 수여하는 것은 매우 중요하다. 그것들은 - 세례 초, 세례 증명서 등 - 세례를 분명히 기억하게 한다. 청소년기가 되었을 때, 그것들은 보여질 수 있을 뿐만 아니라 설명되어질 수 있다. 세례 받은 아이들에게 편지를 주는 것도 하나의 좋은 증표가 된다. 그 편지에는 그들 삶을 동반할 세례 성구가 포함되어 있으며, 아이들이 이해할 수 있는 말로 세례를 설명하는 것이 시도된다. 이 편지는 세례 예배 시에 세례 인사를 대신하여 읽혀질 수 있다. 동시에 이것은 부모들에게도 - 나중에 그들의 아이들에게 왜 세례를 받았는지 설명하고자 할 때 - 도움을 주는 것이 된다. 세례를 회상하게 하는 이러한 편지의 실제 예를 뒷부분에 부록으로 첨가한다.

[49] 뒷부분에 첨가되는 부록에서 이러한 앨범의 한 예(작은 책)가 소개될 것이다.

서의 출생 준비 과정
　　부모를 위한 세례 세미나
　　유치원에서의 세례 준비
　　기독교교육을 위한 부모 세미나
　　유치원에서의 세례 회상

　내용적으로는 세례의 다섯 기본 상징들이 중심을 이룬다: 초, 세례명(수여), 물, 안수, 빛. 이것들은 우선 다양한 경험들, 희망들 그리고 두려움들을 표현할 수 있고, 수용할 수 있는 가능성을 준다. 다음으로 이 기본 상징들은 세례 예식에서 갖는 그들의 위치를 통하여 분명하게 예수 그리스도를 지시하는 방향성을 갖는다.
　결론적으로 말하면, 기독교교육적인 관점들이 이 모델에서 적극 수용되었다. 본 논문 앞부분에서 이미 다루어진, 즉 기독교교육적인 관점에서 독일 교회의 세례 실제(taufpraxis)를 비판한 내용들이 이 모델에 어떻게 반영되고 있는지를 살펴보면 그것은 분명해진다.

　1) '…초대' 라는 제목에서 벌써 세례 지원자의 주체성을 진지하게 받아들이고자 하는 노력이 보여진다. 그리고 상징을 통한 교육의 추구는 언어가 주지 못하는 다양한 경험들을 편입시킨다. 세례 연기(taufaufschub)의 가능성에 대해 언급하는 것도 세례를 지원하는 사람들의 실제적인 동기들을 수용하는 것이다.

　2) 임의적으로 선택할 수 있도록 제안된 것들 중 무엇보다도 세례와 부활절 사이의 연결은 배움의 자리, 즉 종교사회화가 이루어지는 핵심적 자리로서의 교회의 가능성이 예식에서도 충분히 활용되는 기회를 창출한다. 다양한 연령의 사람들을 포괄하는 이 세례 예배의 모

델은 세대를 초월하는 배움(세대간 교육)에 기여한다고 볼 수 있다.

3) 전체 모델에서 성만찬을 강조하는 점 외에도 세례와 성만찬의 본래적인 관련에 대한 언급이 발견되어진다.

VI. 나가는 말

이제까지 독일 교회의 세례 실제(taufpraxis)를 다루었다. 먼저, 초기 기독교 교회사에 대한 고찰을 통하여 세례는 초기 교회 안에서 교육적으로 매우 중요한 사건이었다는 것을 알 수 있었다. 즉 세례와 교육의 명백한 관련성을 확인할 수 있었다. 이어지는 부분에서, 필자는 현재 독일교회의 세례 실제를 세 가지 부분으로 나누어 - 즉 목회자들의 갈등, 세례를 지원하는 동기들, 세례 실제에 있어서 새로운 변화들 - 살펴보았다. 그 다음 부분에서는 독일 교회의 세례 실제를 기독교교육적인 측면에서 비판적으로 성찰하는 일을 시도하였다. 마지막 부분에서는 세례와 교육의 깊은 관련성을 새로이 발견하고 실천하고자 하는 시도들이 소개되었다.

이상의 연구를 통하여 필자는 현재 독일교회의 세례 실제가 한국 교회와 크게 다르지 않다는 것을 발견할 수 있었다. 양 교회의 상황은 많이 다르지만 세례의 교육적 의미가 퇴색되어 있는 현실은 매우 흡사하다. 따라서 마지막 부분에서 소개되어진 제안들, 즉 세례의 교육적 의미들을 숙고하게 하며, 교육적 실천을 가능하게 하는 새로운 제안들 혹은 모델들에서 한국 교회도 많은 것을 배울 수 있다고 본다.

<부록1>

〈세례 – 세례 회상을 위한 앨범〉[50]

- 1쪽: 이 책은 언제(몇 월 며칠) 있었던 나의 세례를 기념하기 위해 목사님으로부터 받았습니다.

- 2쪽: 간단한 노래가 실려 있다. 가사는 다음과 같다.
  "크신 하나님, 한 작은 아이가 당신의 집으로 옵니다.
  주여, 이 아이를 당신 곁으로 부르소서."

    나의 세례증명서
    이름 _____
    세례일 _____
    교회명 _____
    세례명 _____
    세례 집례자명 _____
    대부모명 _____

            날짜, 교회와 목사의 직인과 사인

---

50) Verena Zemme, *Taufe - Erinnerungsalbum*, Augsburg 1990. 이 작은 책에는 밝고 환한 색상의 그림들이 많이 들어 있어 마치 예쁜 그림책을 연상하게 한다. 이 책 안에는 찬양 노래들, 아름다운 시들이 들어 있으며, 이후에 많은 회상거리를 제공해 줄 수 있는 세례와 관련된 사건들, 장소들, 그리고 사람들의 사진들을 붙일 수 있는 공간들이 있다. 필자의 견해로는 아이가 자라서 이 책을 보게 되면, 자신의 삶의 진정한 출발은 세례와 함께 이루어졌다는 것을 깨닫게 될 것으로 보인다.

- 3쪽: 시편 8장 4~10절까지의 내용이 그림과 함께 어린이에게 적절하고도 쉬운 표현으로 쓰여 있다.

- 4쪽: 나의 출생

  나는 언제(년 월 일) 몇 시에 어디에서 태어났다.
  중앙에 태어난 후, 첫번째 찍은 사진을 붙이는 곳이 있다.

- 5, 6쪽: 나의 가족

  가계 나무 그림이 그려져 있어 나로부터 출발하여 증조부모까지 이름을 써 넣을 수 있다.

- 7, 8쪽: 사진 속의 나의 가족들

  사진틀이 다양한 모양으로 그려져 있다. 그 안에 가족과 친척들의 사진, 그리고 경우에 따라 애완동물의 사진도 붙일 수 있다.

- 9쪽: 나의 세례

  나는 언제
  누구에게
  _____ 교회에서
  세례를 받았습니다.

  하단에는 마가복음 10장 14~15절의 내용이 어린이에게 적절한 표현으로 쓰여 있다. "어린이들이 내게 오는 것을 허락하고, 막지 말아라. 하나님의 나라는 이런 사람들의 것이다. 내가 진정으로 너희에게 말한다. 누구든지 어린이와 같이 하나님 나라를 받아들이지 않는 사람은 거기에 들어가지 못할 것이다."

- 10쪽: 나에게 세례를 주신 목사님
 이분은 나에게 세례를 주신 목사님이십니다.
 중앙에 목사님의 사진을 붙이는 자리가 있다.

 그분은 내가 세례 받을 때, 나의 평생을 동반할 하나님의 말씀을 주셨습니다.
 _____
 _____

- 11쪽: 이것은 내가 세례를 받은 교회입니다
 중앙에 교회의 사진을 붙인다.

 그리고 내가 이 교회에 대해 아는 것은,
 _____
 _____

- 12쪽: 나의 대부모
 중앙에 그들의 사진을 붙인다.

 이 분들은 나의 평생을 동반하고자 합니다.
 오늘 이분들은 나를 대신하여 신앙고백을 했으며,
 내가 신앙에 이르도록 힘쓰겠다는 약속을 했습니다.

- 13쪽: 신앙고백(사도신경)이 쓰여 있다.

- 14쪽: 단순한 형식의 노래가 실려 있다.
  가사는 다음과 같다.
  "모두 하나님을 찬양하라. 마음과 입술과 손으로.
  그분은 엄마의 배 안에서와 기어다닐 때부터
  그리고 지금까지도 셀 수 없이 많은 좋은 일들을
  행하셨다."

- 15쪽: 세례
  목사님께서는 물을 아이의 머리 위에 부으시면서
  말씀하십니다.
  "나는 성부와 성자와 성령의 이름으로 세례를 준다."

  세례 받는 아이(나)의 사진을 붙인다.

  "그들은 이같이 내 이름으로 이스라엘 자손에게
  축복할지니 내가 그들에게 복을 주리라"(민 6:27)

- 16쪽: 목사님께서는 나의 부모님을 축복하십니다.
  성부, 성자, 성령 하나님의 축복이 그대들 위에
  임하시기를, 지금부터 영원까지 함께하시기를…. 아멘.

  목사님, 부모님과 함께 있는 유아세례자(나)의
  사진을 붙인다.

- 17~20쪽: 세례축하연의 사진들

    세례축하연의 다양한 사진들을 붙일 수 있는 넓은 여백이 네 면에 걸쳐 있다.

    각 면의 하단에는 다음의 문구가 쓰여 있다.
    "세례에서 새로운 삶이 주어졌다(17쪽).
    이제 우리는 하나님의 자녀로 불려질 뿐 아니라
    하나님의 자녀이다(18쪽).
    세례 잔치는 그리스도의 지체 안에서의 삶을 위한
    출발이다(19, 20쪽)."

- 21쪽: 예수님의 세례 장면에 관한 것(막 1:9-11)이 쓰여 있다.

- 22쪽: 세례는 기독교 신앙의 삶에 있어서 시작(출발)입니다.

    세례는 두 가지 신앙의 진리를 상징합니다.
    – 세례 받는 자는 전 존재로 하나님을 고백한다.
    – 하나님께서는 세례 받는 자를 – 무슨 일이 있어도 떠나지 않을 사람으로 – 받아들이신다.

    세례에서는 계약이 체결됩니다.

- 23쪽: 예쁜 그림과 함께 시가 쓰여 있다.

    "나는 당신께 감사합니다.
    나를 있게 하시고,

이 아름다운 세상을 볼 수 있는 눈과
나무들을 지나가는 바람의 소리를
들을 수 있는 귀와
느끼고 생각하는 것을 말할 수 있는
입을 주신 것을.
나는 걸을 수 있고
내 손은 뭔가를 만들 수 있습니다.
나는 사람들을 사랑할 수 있습니다.
당신이 나를 만드셨습니다, 하나님.
그리고 당신은 내가 누구인지 아십니다."

- 24쪽: 또 다른 시가 쓰여 있다.

"한 씨앗이
땅에 있습니다.
그 안에는 언젠가 힘센 가지를 뻗게 될
한 그루 나무가 삽니다.

새의 둥지엔
알이 한 개 있습니다.
그 안에는 언젠가 하늘까지 이르게 될
한 마리 새가 삽니다.

한 아이가 태어납니다.
그 아이 안에는
한 내면의 소리가 있습니다.

그 소리는 그에게 그가 누구인지 알려 줍니다.
그의 길을 가르쳐 줍니다."

- 25쪽: 세례식 후 잔치를 베풀었다.[51]

우리는 식사하러 어디로 갔다.

손님들은

_____

_____

_____

_____

- 26쪽: 세례축하연의 순서[52]

_____

_____

_____

_____

---

51) 독일에서는 보통의 경우, 세례 예식이 온 가족(친척)의 중대사이기 때문에 인근 각지에서 축하하러 온다. 세례 예식을 마친 후에는 예약되어진 곳에서 친지, 가족들과 함께 식사하는 자리를 갖는다.
52) 세례식 후, 축하 파티를 하는 자리에서는 식사를 함께하는 일 외에도 여러 가지 순서를 진행하기도 한다. 예를 들어, 세례받은 어린이의 출생과 성장 과정에서 기억할 만한 장면들이 담긴 비디오 상영이 있기도 하며, 친척 중의 한 두명이 아이의 성장 과정을 지켜보면서 인상적이었던 일이나 사건들에 대한 것을 낭독하기도 한다. 또 그날 세례 받은 아이에게 해 주고 싶은 말들을 돌아가며 말하는 순서를 갖기도 한다. 물론 이것은 기록으로 남아 나중에 아이에게 전달되어진다.

- 27~30쪽: 세례에 대한 회상들

　　　　세례를 회상할 수 있는 다양한 장면의 사진들을 붙일
　　　　수 있도록 네 면에 걸쳐 여백이 있다.

　　　　하단에는 다음의 문구가 쓰여 있다.
　　　　"두세 사람이 당신의 이름으로 모인 그 곳에,
　　　　즉 우리 안에 당신은 거하십니다(27~28쪽).
　　　　보라 하나님의 사랑이 얼마나 큰지:
　　　　우리는 하나님의 자녀로 불려질 것입니다.
　　　　그리고 우리는 바로 그러한 자들입니다."

- 31쪽: 주께서 네게 복을 주시고 너를 지키시기를!

　　　　주께서 그의 얼굴을
　　　　네게 비추시고 은혜 베푸시기를!

　　　　주께서 그 얼굴을 네게로 향하여 드시고
　　　　평강 주시기를.

〈부록2〉

〈세례 회상을 위한 편지들〉[53]

　　사랑하는 J에게　　··

---

53) Erhart Domay, Hg., *Taufe*(Gottesdienstpraxis Serie B), Guetersloh 1993, p. 130ff.

너는 오늘(1991년 9월 14일) 세례를 받았다.

아이들이 세례를 받게 될 때, 그들의 생애를 위한 성구 하나씩을 갖게 하는 것은 좋은 관습인 것 같구나. 너의 세례 성구는 시편 139장 5절 말씀이다.

"주님께서 나의 앞뒤를 두루 감싸주시고,
내게 주님의 손을 얹어 주셨습니다."

사랑하는 J야, 하나님은 너의 곁에 계시고 싶어 하신단다. 그분은 너를 감싸시며, 너와 함께 계신단다. 그분의 지키시는 손은 네 위에 있어. 마치 너의 부모님과 대부모가 너를 돌보시는 것처럼 말이야. 너의 부모님과 조부모가 지금 아기인 너를 안으시듯이 그분도 너를 그렇게 하고 싶어하신다. 하나님은 언제든 네가 떨어질 때면, 너를 손으로 붙드시고 들어올리실 거야. 그의 손이 너를 인도하실 거야. - 마치 너의 부모님이 네가 첫 걸음을 뗄 때 너를 인도하실 것처럼….

하나님의 손은 너를 감싸신다. 그것은 견고하고 불투명한 성과 같지 않고, 네게 안전을 제공하는 보호 공간과 같을 거야.

한 어린이 찬양에는 이런 가사가 있지. "하나님의 사랑은 하나의 큰 텐트와 같다. 이 세상을 둘러싸고 있는, 그리고 매우 견고히 지키는…." 하나님의 보호하시는 손은 마치 너를 위한 큰 텐트 - 그곳에서 네가 안전을 발견할 수 있는 - 와 같을 거야. 한 텐트와 같이, 즉 네가 마음껏 돌아다닐 수 있는 충분한 자리를 제공하고, 네가 너만의 경험들을 만들어 갈 수 있으며 너 자신을 마음껏 실험해 볼 수 있는 공간을 허용하는 그런 텐트와 같은 존재가 되어 주실 거야.

너는 삶에서 너를 보호하는 그러나 제한하지 않는, 그러한 손을 필요로 할 거야. 그 때마다 너는 너의 부모님, 조부모, 그리고 대부모의 사랑을 그분들의 손길을 통해서 느낄 수 있게 될 거야. 그들의 부드러운 손길은 너에게 친밀함과 따뜻함을 깨닫게 하겠지. 우리는 그렇게 많은 것을 우리의 손을 통해 표현할 수 있단다. 너의 부모님이 네 손을 잡아 이끄시면 너는 '나는 혼자가 아니구나' 하는 것을 알게 되겠지. 너 역시 너의 손을 가지고 부드러움과 사랑을 나타낼 수 있단다.

나는 너를 위해 소망한다. 네가 너의 사는 날 동안 '사방에서 하나님이 나를 감싸시고 계시며, 그분의 손이 나의 위에 있다' 라는 것을 느낄 수 있기를….

하나님이 너의 앞에 계시기를,
너에게 바른 길을 보여 주시기 위하여.
하나님이 네 곁에 계시기를,
너를 팔로 감싸시고
너를 보호하시기 위하여.
하나님이 너의 뒤에 계시기를,
악인의 간계로부터
너를 막아 주시기 위하여.
하나님이 네 아래 계시기를,
네가 떨어질 때에 너를 끌어올리시기 위하여,
너를 궁지에서 벗어나게 하기 위하여.
하나님이 너의 안에 계시기를,
네가 슬플 때에 너를 위로하기 위하여.
하나님이 네 둘레에 계시기를,
다른 사람이 네 위로 덮칠 때에
너를 방어하기 위하여.

하나님이 네 위에 계시기를,
너를 축복하기 위하여.
좋으신 하나님은 그렇게 너를 축복하신단다.

네 세례를 통하여 하나님은 너에게 약속하신다. "나의 손은 네 위에 머물며, 너를 붙든다. 오늘 그리고 앞으로 오는 날에도…."

사랑하는 Y에게 ···

너는 오늘, 1991년 5월 26일, 평화교회에서 세례를 받았다. 모든 아이들이 세례를 받을 때에 세례 성구를 받는단다. 너의 세례 성구는 누가복음 18장 16절 말씀이야.

"그러나 예수께서 아이들을 자기에게로 부르시고, 말씀하셨다. 아이들이 내게로 오는 것을 허락하고, 막지 말아라. 하나님의 나라는 이런 사람들의 것이다."

예수님은 아이들을 사랑하신다고 누가복음은 이야기해 준다. 언젠가 엄마들이 그들 자신의 아이들을 예수님께로 데려오고 싶어 했다. 그러나 예수님의 동료들은 그것에 동의하지 않았어. 그들은 아이들이 시끄럽게 해서 예수님께 방해가 될 수 있다고 생각했기 때문에 그랬던 거야. 그리고 그들은 아이들은 너무 어려서 하나님에 대하여 전혀 이해할 수 없을 거라고 생각했을 거야.
그런데 예수님은 무슨 일이 자기 앞에서 일어났는지 알아차리셨어. 그리고 그분의 생각은 달랐지. "아이들이 내게로 오는 것을 허락하라"고 그분은 말씀하셨어. 그분은 아이들 때문에 방해를 받지 않으셨어. 오히려 아이들이 자기에게로 오는 것을 그분은 기뻐하셨단다. 그분은 아이들을 팔로 안으시고, 그들에게 입맞춰 주셨지.

이것을 통하여 예수님은 하나님이 아이들을 사랑하신다는 것을 보여 주고자 하셨던 거야. 우리가 오늘 너에게 세례를 주는 것을 통하여 분명해지는 것은 하나님이 너를 그분의 아이로 받아들이신다는 것이다. 하나님은 너를 돌보시기를 원하셔. 마치 엄마, 아빠처럼 말이야. 너의 이름을, 하나님은 아시며, 너에게 약속하신단다. 너와 함께하실 것을…. 네가 웃든 울든, 혹은 시끄럽든 조용하든, 예수님은 어떤 조건들도 제시하지 않는다. 마치 예수님이 아이들을 자기에게로 부르실 때, 그 아이들이 얌전하게 행동하는지 혹은 모범적으로 보이는지를 묻지 않으셨던 것처럼 말이야. 그런 것들은 조금도 중요하지 않단다. 중요한 것은, 그 아이들의 엄마들이 자기 아이들을 예수님께로 데려오고 싶어 하는 것이다. 마치 너 Y를, 너의 부모님이 세례 받게 하기 위하여 교회로 데려온 것처럼.

오늘, 바로 너의 세례에서, 하나님은 너에게 "Yes."라고 말씀하신다. 그리고 이것은 너의 생애 끝날까지 유효한 것이란다. 네가 지금 아이이든 혹은 이미 어른이든 상관없이.

나는 너의 사는 날 동안 네가 항상 이러한 경험을 하게 되기를 소망한다.

"하나님은 나를 아시며, 나를 사랑하신다."

오늘 그분은 너에게 그것을 약속하신다.

14 미국 이민교회의 성인교육에 관한 연구 [1]

고태형 박사
미국 리치몬드중앙장로교회 담임목사

> Ⅰ. 연구의 목적
> Ⅱ. 연구의 동기
> Ⅲ. 연구의 중요성
>   1. 몇 가지 가정
> Ⅳ. 문헌 연구
>   1. 용어의 정의
>   2. 자발적 학습(self-directed learning)
>   3. Self-Directed Learning Readiness Scale(SDLRS)
> Ⅴ. 연구 방법
>   1. 이론적인 틀(coneptual framework)
>   2. SDLRS
>   3. 자료 수집 과정
> Ⅵ. 몇 가지의 발견
> Ⅶ. 중요 발견이 주는 의미
> Ⅷ. 교사의 역할의 변화

Ⅰ. 연구의 목적

이 연구의 목적은 미국에 거주하는 한인 일세들을 교육하는 목회자들과 기독교 교육자들이 교인들을 위한 성인교육 프로그램을 잘

---

1) 이 논문은 연구자의 영어 논문 "Readiness for Self-directed Learning among First Generation Korean-Americans in Church Education Settings"을 수정하여 번역

계획할 수 있도록 돕기 위한 것이다. 특히 교회교육에 참여하는 미주 한인 일세들의 자발적 학습 준비(self-directed learning readiness)에 관한 것을 조사함이 이 연구논문의 주된 목적이다. 이 연구는 학습자인 성인들의 장점을 사용해서 어떻게 교회의 성인교육을 향상시킬 수 있는지를 제안하고자 한다.

II. 연구의 동기

미국에 소재한 한인교회들이 교육현장에 대한 관찰과 참여를 통해 필자는 대부분의 성인 교인들이 교수/학습 현장에서 목사들과 기독교 교육자들에 의해 의존적인 학습자(dependent learner)로 간주되고 있음을 보아 왔다. 대부분 교인들은 목사들과 기독교 교육자들이 가르치는 것을 가만히 앉아서 듣거나 받아 적고 있는 수동적인 역할을 주로 한다. 교인들 중에 많은 수가 자신의 직장과 비즈니스에서는 상당히 많은 업적을 거두고 있다. 자신의 직업과 관련해서는 여러 가지 기회를 열심히 찾는다. 따라서 이러한 의문이 생겨난다. 왜 미주 한인 일세들은 그들의 교회에서 현재 진행되고 있는 학습 방법을 단순히 받아들이기만 하는가? 왜 교회에서는 학습자들이 교사 중심, 혹은 설교와도 같은 일방적인 교수/학습 과정을 당연하다고 생각하는가? 왜 그들은 교육현장에서 수동적인 정보의 수혜자로만 남아야 하는가?[2]

한 것이다. 이 영어 논문은 그 원본이 1998년 가을 미국 올란도(Orlando, Florida)에서 열린 미국기독교교육학회의 하나인 APRRE(Association of Professors and Researchers in Religious Education) 연차 모임에서 발표되었던 것이다.

이러한 질문에 몇 가지 답을 생각해 볼 수 있다. 미주 한인교회에서 성인교육을 제공하는 사람들이 대부분 목회자이기에 기독교 교육자의 역할을 하는 목회자에 관해 먼저 생각해 본다. 맥켄지(McKenzie)는 교회 성인교육의 주된 문제의 근원지는 열정이 없는 성인들이 아니라, 마치 성인들을 아이들과 같이 취급하는 교육자들에게 있다고 주장한다.[3] 미주 한인교회의 학습자(교인)의 경우 교사 중심의 학습만 경험해 왔기에 그들은 교수/학습의 현장에서 의존적인 학습자들이 되어 버렸다. 교사 중심의 교수를 선호하는 것은 교사들이 가지고 있는 과거 경험과 관련이 깊다. 오스머(Osmer)는 "사람들은 자신이 배운 방법대로 가르친다."라고 주장한다.[4] 오스머 교수는 사람들은 학교교육에서 경험했던 강의식 교육에 익숙해져 있어서, 학습자로서 강의식 교육이 자신들이 선호하는 것이 아니더라도 자신이 가르칠 때에는 강의식 방법을 자주 사용한다고 설명한다. 이러한 현장 속에서는 학습자들은 교수/학습의 관계에서 다른 방법이 있다는 가능성을 알 지 못할 수도 있다.

또 다른 이유가 있을 수도 있다. 전통적으로 한국인들은 교사(목사)가 가르치는 것은 잘 듣고 따라 하는 것이 존경하는 것이라 가르쳐 왔다. 신학적으로 어떤 한국 교회들은 자율적인 개인 성장의 가능성을 받아들이지 않는 대신에, 성인 학습자들에게 일정한 방향으로

---

2) 물론 모든 미주 한인교회에 해당된다는 말은 아니다. 예를 들면 미국장로교회 안에 있는 한인교회들만 해도 토론식의 소그룹 성경연구 방법을 점차 많이 사용하고 있다.
3) Leon McKenzie, *The Religious Education of Adults*(Birmingham, Ala.: Religious Education Press, 1982), p. 10.
4) Richard Robert Osmer, *Teaching for Faith: A Guide for Teachers of Adult Classes*(Louisville, Ky.: Westminster/John Knox Press, 1992), p. 17.

따라오기를 요구 한다. 대부분의 한인 기독교인들은 기독교교육은 교역자들로부터 배우는 것이라는 기대를 가지고 있다. 또한 성인들의 학습 현장을 보면 그룹의 크기가 비교적 크다. 그 이유는 소그룹을 감당할 교역자들의 수가 충분치 않기 때문이다. 또 어떤 경우에는, 가르치는 자가 큰 규모의 그룹을 강의식으로 인도하는 것 외에 다른 방법을 고려치 않기 때문이기도 하다. 학습자들도 기존에 해 오던 교수 방법에 더 이상의 이의를 제기하지 않고 수동적이거나 의존적인 학습자가 자신의 역할인 것으로 가정하고 만다.

III. 연구의 중요성

그러나, 대부분의 미주 한인 성인 기독교인이 의존적인 학습자라는 가정은 정확히 검증된 적이 없다. 그들의 학습 스타일(learning style)에 있어 어느 정도 학습자 중심 혹은 자발적인 학습을 할 준비가 되어 있는지도 연구되어 있지 않다. 맥켄지(McKenzie)는 어떤 성인교육 프로그램이나 프로그램 주제에 관한 지식만큼, 참여할 학습자에 대한 지식도 중요하다는 것을 지적한다.[5] 그러나, 미주 한인들의 학습 과정에 대한 연구는 전무한 형편이다.

그렇다면 교사가 학습자의 의존적인 특성이나 자발적인 학습 특성을 아는 것이 정말 유용한가? 그로우(Grow)는 자신의 '단계적인 자발적 학습모델(staged self-directed learning model)'에서 교수 방법과 학습자의 자발적 학습 준비도 사이의 조화(match)가, 예외가

---

5) McKenzie, op. cit., p. 22.

있기는 하나, 좋은 가르침(good teaching)의 중요한 일면이라고 주장한다.[6] 물론 좋은 가르침, 또는 학습이란 것이 단 한 가지의 방법만 있는 것은 아니다. '좋은 가르침(good teaching)'은 상황적이다. 다시 말하면 그로우(Grow)는 '좋은 교사는 학습자가 지닌 현재의 단계를 이해하고 사용해서, 학습자로 하여금 더 높은 학습 준비도, 유연성, 학습자 중심으로 특징지워지는 자발적인 학습으로 나아가도록 돕는 자'라고 주장한다.[7] 또한 그는 학습자 지배(control) 혹은 교사 지배의 사이의 부조화가(mismatch) 교육적인 문제를 일으킬 수 있다고 지적한다. 그는 특히 다음과 같은 두 가지의 극단적인 경우를 지적하고 있다: 지시적인 교사와 자발적인 학습자, 위임하는 교사와 의존적인 학습자.

헌트(Hunt)도 교수/학습 관계에 있어서 조화/부조화(match/mismatch)에 관해 그로우와 비슷한 주장을 펼치고 있다. 그는 자신의 Conceptual Level Matching Model에서 "어떤 교육적인 접근이 일반적으로 다른 것보다 더 낫다라고 하기보다는, 이 사람에게 어떤 방법이 주어진 목표를 달성하는 데 더욱 효과적인지를 물어야 한다."라고 주장한다.[8]

따라서, 본 연구자는 미주 한인 중 성인 그리스도인들의 자발적 학습 준비도를 측정하고 그 결과가 교육 목회에 시사하는 바를 찾고

---

6) Gerald O. Grow, "Teaching Learners To Be Self-Directed", *Adult Education Quarterly* 41, no. 3(Spring, 1991): p. 140.
7) Gerald O Grow, "In Defense of the Staged Self-Directed Learning Model", *Adult Education Quarterly* 44, no. 2(Winter, 1994): p. 113.
8) David E. Hunt, *Matching Models in Education: The Coordination of Teaching Methods with Student Characteristics*(Toronto: Ontario Institute for Studies in Education, 1971), p. 34.

자 하였다.

1. 몇 가지 가정

이 연구의 결과를 이해하고 해석하기 위해 몇 가지 기본적인 가정을 하였다. 첫째, 자발적 학습 준비(readiness for self-directed learning)는 개인에게 있어 어느 정도 변화할 수 있는 역량이라고 가정한다.[9] 둘째, 자발적인 학습이 성인 학습과 연결되는 모든 문제의 만병통치약이 아니라는 가정이다. 성공적인 학습자가 되기 위해 반드시 극도의 자발적인 학습자가 되어야 할 필요는 없다.[10] 셋째, 잘 가르치는 방법은 여러 가지가 있다는 가정이다. 넷째, 이 연구의 측정 도구인 '자발적 학습 준비 측정(Self-Directed Learning Readiness Scale: SDLRS)'은 학습자가 바람직하다고 생각하고 있는 자료가 아니고 현재의 학습자의 상태를 반영하는 자료를 제공한다는 가정이다.

Ⅳ. 문헌 연구

1. 용어의 정의

본 연구에서는 중요 단어를 아래와 같이 정의하며 사용한다.

---

9) Lucy Guglielmino, "Reactions to Field's Investigation into the SDLRS," Adult Education Quarterly 39, no. 4(Summer, 1989): p. 236.

1) 의존적 학습자(dependent learner): 의존적인 학습자는 무엇을, 어떻게, 언제 할 것인가에 대해 명확한 지시를 주는 권위 있는 사람을 필요로 하는 자이다.[11]

2) 교사 지시적인 학습(teacher-directed learning) 혹은 교사 중심적인 학습: 교사 지시적인 학습은 지식, 정보, 기술의 습득이나 유지를 돕기 위해 모든 경험이 학습자보다는 교사에 의해서 계획되고, 조직되고, 인도되는 학습이다.[12]

3) 자발적 학습(self-directed learning): 자발적 학습은 학습자가 학습 목표, 활동, 자료, 우선순위와 활동력의 정도를 결정하거나 영향력을 행사하는 학습으로 정의한다.[13]

4) 자발적 학습 준비 측정도구(Self-Directed Learning Readiness Scale: SDLRS)의 '준비': 이 측정 도구의 'readiness(준비)'라는 단어는 특별한 의미로 사용되었다. 굴리엘미노(Guglielmino) 교수는 자발적 학습을 위한 준비는 마치 연속선상에 존재하는 것과 같고 모든 이에게 어느 정도는 존재하는 것으로 말한다.

5) 미주 한인 일세(the first generation Korean-American): 적어도 한국에서 중학교를 마치고 미국에 온 자를 말한다. 한국말로 대화하고 한국 문화를 이해하는 데 불편이 없어서 미주 한인교회에 다

---

10) Ralph G. Brockett and Roger Hiemstra, *Self-Direction in Adult Learning: Perspectives on Theory, Research, and Practice*(New York: Routledge, 1991), p. 27.
11) Grow, op. cit., p. 129.
12) Elizabeth A. Graeve, "Patterns of Self-Directed Professional Learning of Registered Nurses"(Ph. D. diss., University of Minnesota, 1988), p. 6.
13) Lucy Guglielmino, "Development of the Self-Directed Learning Readiness Scale"(Ed. D. diss., University of Georgia, 1977), p. 34.

니는 데 문제가 없는 자를 말한다.

2. 자발적 학습(self-directed learning)

1) 과정으로서의 개념

카파렐라(Caffarella) 교수는 자발적 학습이라는 개념을 이해하는 데 세 가지 중요 모델이 있다고 지적한다. 그녀는 자발적 학습은 "자신의 학습을 계획하고 관리하는 개인의 능력, 개인적인 자율성을 지닌 학습자로서의 특성, 그리고 더욱 학습자가 자신의 학습을 주관할 수 있도록 가르치는 일을 조직하는 방법(a way of organizing instruction)을 강조하는, 학습자 자신이 앞장서는 학습의 과정이다."라고 서술한다.[14] 그녀는 자발적 학습에 관한 연구가 성인 학습의 중요한 면을 지적하고, 연구자들로 하여금 성인 학습자의 중요 특징을 정의하도록 도전하고, 공식석상(formal settings)에서의 학습에 관해서도 생각해 보도록 하는 데 공헌을 했다고 주장한다.[15]

1971년에는 성인들의 학습 노력을 이해하는 데 계량적인(quantitative) 접근이 알렌 터프(Allen Tough)에 의해 책으로 출간되었다.[16] 그는 '학습 과제(learning project)'라는 개념을 고안하여, 그것을 성인들의 학습 노력을 평가하는 근거로 사용하였다. 그는 캐

---

14) Rosemary S. Caffarella, "Self-Directed Learning," in *New Directions For Adult and Continuing Education*, ed. Sharan B. Merriam(San Francisco: Jossey-Bass, 1993), pp. 25~26.
15) Ibid., p. 27.
16) Allen Tough, *The Adult's Learning Projects: A Fresh Approach to Theory and Practice in Adult Learning*(Toronto: The Ontario Institute for Studies in Education, 1971). 1979년에는 1971년에 출간되었던 그의 책의 재판이 나왔다. 따라서 이후부터 본 연구에서 그의 책을 참고할 때에는 재판을 사용하였다.

나다의 온타리오 주에서 66명의 대상을 통하여 연구하였는데, 이 연구를 통해서 그는 개인이 일년에 평균적으로 8가지의 다른 학습 과제에 연간 약 700시간을 사용한다는 것을 발견하였다. 또한 그는 많은 성인 학습자가 학습 과제를 수행할 때 자신이 관할하지 못하고 자율성이 없다면 학습은 비효과적일 것이라 믿는다고 주장한다. 또한 학습자는 다른 사람이 학습 과제를 계획하거나, 계획한 사람의 도움이 자신의 필요를 채워 주지 못한다거나, 자신이 선호하는 학습 스타일과 맞지 않는 경우 시간이 낭비된 것으로 느낀다고 설명한다. 이 책은 성인들의 자발적인 학습 노력을 설명하는 중요 자료가 되어 왔다.

터프의 학습 과제(learning project) 연구와는 달리 노울즈(Knowles)는 자발적 학습에 관해 학습자와 교사를 돕는 데 좀더 실제적인 책을 출판하였다.[17] 그의 자발적 학습에 관한 정의는 그의 책이 출간된 1975년 이후 자발적 학습 연구에 가장 많이 인용되는 정의가 되어 왔다.[18] 노울즈의 정의는 다음과 같다. "자발적 학습은 개인이 자신의 학습 필요를 진단하고, 학습 목표를 정하고, 학습을 위한 자료들을 발굴하고, 적절한 학습 방법을 정하고 실시하며, 그 결과를 평가하는 데 주도권을 갖는 과정이다. 그런데 그 과정은 다른 사람의 도움을 받을 수도 있고 받지 않을 수도 있다."[19]

사람들은 자발적 학습이 고립되어 배우는 것을 의미한다고 생각한다. 그러나, 노울즈는 "자발적 학습은 늘 교사, 개인 교사, 멘토, 자료, 동료들과 같은 여러 가지 도움과 연결해서 일어나는 것이다."라고 주장한다. 그는 자발적인 학습자들로 되어진 모임에서는 서로

---

17) Malcolm Knowles, *Self-Directed Learning: A Guide for Learners and Teachers*(Chicago: Association Press, 1975).
18) Brockett and Hiemstra, op. cit., p. 21.
19) Malcolm Knowles, op. cit., p. 18.

돕는 일이 많다는 것을 강조한다. 자발적 학습자들은 자신의 자발적 학습 노력의 일환으로 강의, 워크숍, 학교교육 등에 참여하는 것을 선택하기도 한다.[20] 이러한 정의는 자발적 학습이 학습자 자신이 학습 과정을 계획하고, 실천하고, 평가하는 데 주된 책임을 지는 과정(process)임을 보여 준다.

2) 성격적인 특질(personality characteristic)로서의 자발적 학습

과정으로서의 개념만을 가지고 자발적 학습의 모든 면을 설명할 수는 없다. 과정으로서의 개념에서는 개인이 단지 자발적 학습을 할 수 있는 환경을 만들 기술만 보이면 자발적 학습자라 분류한다. 그러나 오디(Oddi)는 지식과 기술을 가졌다고 해서 개인이 학습에서 자발적 학습을 지속한다고 가정할 수는 없다고 주장한다.[21] 오히려 오디는 "지속적으로 하는 것은 심리학적인 요소이고 반드시 기술에 의존하는 것은 아니다."라고 주장한다. 따라서 학습에 대해 책임을 지는 것을 선호하거나, 바라는 욕구에 관심을 갖는 성품이라는 중요한 면이 고려되어져야 한다. 자발적 학습과 학습자의 성품을 연결하는 연구에는 장점이 있다. 그것은 학습자와 자발적 학습과의 관계를 상당히 견실하게 알려 줄 수 있다는 것이다. 또 자발적 학습의 다양한 면이 연구되고 상호 연결되는 종합적인 틀을 제공할 수 있다.[22]

---

20) Caffarella, op. cit., p. 28.
21) Lorys F. Oddi, "Perspectives on Self-Directed Learning," *Adult Education Quarterly* 38, no. 1 (Fall, 1987): p. 26.
22) Ibid., p. 28.

2. Self-Directed Learning Readiness Scale (SDLRS)

1977년에 루시 굴리엘미노(Lucy Guglielmino) 교수는 자발적 학습을 위한 개인의 잠재력을 측정하기 위해 자발적 학습 준비 측정 도구(Self-Directed Learning Readiness Scale: SDLRS)를 개발하였다. 이 도구는 5단계로 된 리커트 타입(Likert type)으로 답안을 하게 되어 있는 58개의 질문으로 되어 있다. 도구가 개발된 이래로 4만 명 이상이 이 측정에 참가하였다. 또한 SDLRS는 스페인어, 불어, 독일어, 일본어, 중국어로 번역되었다.

V. 연구 방법

1. 이론적인 틀(conceptual framework)

본 연구자는 미주 한인 일세 기독교인 중 성인들의 학습 선호 (learning preference)를 알아보기 위해, 학습자로서의 특징을 측정하였다. 프라이스(Price) 는 학습선호를 진단하는 데 다음과 같은 세 가지 방법이 있다고 말한다: '관찰에 의해서, 인터뷰에 의해서(좋아하는 학습 방법과 학습 환경에 관해 학생에게 묻는 것), 측정 도구를 사용하는 것.'[23] 등이다. 그러나, 관찰하는 방법과 인터뷰하는 방법은 한 교회만을 조사하는데도 상당한 시간이 요구된다. 따라서 한정

---

23) Gary E. Price, "Diagnosing Learning Styles", *in Helping Adults Learn How to Learn*, ed. Robert M. Smith(San Francisco: Jossey-Bass, 1983), p. 49.

된 시간 안에 넓은 대상으로부터 신빙성 있는 자료를 얻기 위해, 이 연구에는 측정 도구를 사용하는 방법을 선택하였다.

교인들의 학습 선호를 이해하는 방법은, 각 개인마다 의존적인 학습자라는 한 극에서부터 아주 높은 정도의 자발적 학습자라는 또 다른 한 극 사이에 존재할 그들의 자발적 학습 준비도를(readiness for self-directed learning) 측정하는 것으로 하였다. 이 연구의 목적을 위해 본 연구자는 Lucy Guglielmino 교수가 개발한 Self-Directed Learning Readiness Scale(SDLRS)을 측정 도구로 사용하였다. 그는 SDLRS는 자발적 학습에 참여할 개인의 현재 준비 수준을 측정하는 것으로 이 수준은 변할 수 있다는 것을 함축한다고 주장한다.

2. SDLRS

1) SDLRS 점수의 의미

SDLRS의 점수는 "기회가 주어진 경우 자발적 학습에 참여할 개인이 현재 가지고 있는 자발적 의사(willingness)와 능력을 나타낸다."[24] 굴리엘미노 부부는 SDLRS 측정에 참여한 4만 명 이상의 점수를 근거로 개인의 점수를 표 1에서 보는 것과 같이 다섯 개의 범주로

〈표1〉 준비 상태(Level of Readiness)

당신의 점수가 이 사이에 있다면	당신의 현재 준비 수준은
252 ~ 290	HIGH
227 ~ 251	ABOVE AVERAGE
202 ~ 226	AVERAGE
177 ~ 201	BELOW AVERAGE
58 ~ 176	LOW

분류했다: HIGH, ABOVE AVERAGE, AVERAGE, BELOW AVERAGE, 그리고 LOW. 또한 이 4만 명이 얻은 점수의 평균은 214점이다.

이 다섯 개의 점수 분류는 이런 뜻을 지니고 있다.

"HIGH 부류에 속하는 사람들은 자신의 학습 필요를 늘 진단하고 자신의 학습을 계획하고 시행하는 데 책임을 지고자 한다. ... AVERAGE 부류에 속하는 사람들은 독립적인 학습 환경에 별 문제가 없다. 그러나 자신들의 학습 필요를 진단하고 학습을 계획, 실행, 평가하는 모든 과정에 책임지는 것이 편안하지 않다. BELOW AVERAGE에 속하는 사람들은 무엇을, 언제, 어떻게 배우는 것을 다른 사람이 결정하는 전통적인 교실에서 행해지는 강의와 같은 매우 조직화된 학습 형태를 늘 더 좋아한다."[25]

이 점수가 의미하는 자발적 학습 준비의 현재의 수준은 학습자의 개인적인 특성을 반영한다. 예를 들면, Graeve는 ABOVE AVERAGE에 속하는 사람들은 의존적인 학습자들보다 자발적 학습을 하는 데에 다섯 배의 많은 시간을 사용한다는 것을 발견했다.[26]

2) 기독교적인 영역에서 학습 선호를 해석함에 있어 SDLRS 점수의 의미

본 연구자는 SDLRS라는 측정 도구에 있는 질문이 기독교적인 교

---

24) Lucy Guglielmino and Paul Guglielmino, *The Learning Preference Assessment*(King of Prussia, PA: Organization Design and Development, 1991), pp. 7~8.
25) Ibid.
26) Elizabeth Graeve, "Patterns of Self-directed Professional Learning of Registered Nurses"(Ph. D. diss., University of Minnesota, 1988).

수/학습 행위의 상황을 고려하도록 묻고 있는 것은 아니기에 이 도구의 점수를 통해 기독교 영역에 있어서의 학습 선호를 해석하는 것이 타당하냐의 질문을 해 보고 싶었다. 물론 심리학적인 영역에서는 개인의 심리적인 특성은 계속되는 경향을 가지기에 측정 도구의 점수는 기독교 영역에 있어서도 상당히 안정적인 지표가 된다고 본다.[27]

일반적인 영역과 기독교적인 학습 영역에 있어서의 점수의 차이가 있을 가능성을 점검하기 위해 파일럿 연구(Pilot study)를 진행하였다. 미국 버지니아주의 리치몬드 시(Richmond, Virginia)에 소재해 있는 미주 한인교회에서 십육 명의 한인 일세와 함께 이 연구를 시행하였다. 통계학적인 검증을 거쳐, 파일럿 연구에서 SDLRS의 점수가 일반적인 영역과 기독교적인 학습 영역에 있어서의 어떤 통계학적인 중요한 차이를 보이지 않았기에 본 연구를 위해 SDLRS라는 측정 도구의 본래의 형태를 사용하는 것에 문제가 없다고 결론지었다.[28]

모집단과 표본 추출(Population and Sample)

표본이 추출된 모집단은 미주 한인교회에 출석하는 미주 한인 성인 그리스도인으로 구성하였다. 일차적으로 6개의 교회에서 152명이 선별되었다. 그 6개의 교회는 미국장로교회, 연합감리교회, 미주한인장로교회의 세 교단에서 2개씩으로 하였다. 각 교단에서 한 개의 교회는 적어도 교회교육 현장에서 성인교육을 위한 교사(목회자) 2명 이상이 가르침에 접한 교회로 하였다. 또 각 교단에서 다른 한 개의 교회는, 목회자가 성인교육을 위한 유일한 교사가 되는 교회로

---

27) Oddi, op. cit., p. 28.
28) 자세한 파일럿 연구의 내용은 지면 관계상 생략하였다.

선정하였다. 각 교회에서 표본 추출의 수효는 달랐다. 대부분은 각 교회에서 성인교육에 참여하는 사람들이었다. 다만, 프레드릭스버그 한인장로교회에서 조사에 참여한 사람들은 예배에 참여한 사람들이었다. 이유는 조사가 행해질 당시 장년 교육반이나 성경공부반이 없었기 때문이었다. 이 연구는 교수/학습이라는 측면에서 전체로서의 학습자의 윤곽(profile)을 제공하는 것이기 때문에 무작위 표본 추출은 필요치 않았다.

3. 자료수집 과정

한국말로 번역된 Self-Directed Learning Readiness Scale(SDLRS)이 1995년 5월부터 1996년 11월 사이에 표본 교회에서 실시되었다. 그러나 두 교회의 SDLRS 설문지의 회수 숫자가 평

〈표 2〉 표본 추출 교회

교회 이름	Number of Samples	주일 예배 평균 성인 출석	주일학교 혹은 성경공부 평균 출석
Emmaus U.M.C.	20	80	30
Richmond K.P.C	49	215	65
Fredericksburg K.P.C.	23	35	조사 당시에는 모이지 않음
Seoul Presbyterian Church	20	110	35
K.P.C. of Newport News	14	45	15

총 표본 숫자: 126
U.M.C. = United Methodist Church(연합감리교회)
K.P.C. = Korean Presbyterian Church (한인장로교회)

균 주일예배 성인 출석 숫자에 비해 상당히 적었다. 따라서 그 두 교회에서 회수된 설문지는 본 연구에 포함시키지 않았다. 대신에 다른 한 개의 교회를 포함시켜서 교회는 5개가 되었다.

표2는 최종 표본 추출 교회의 이름, 주일예배 평균 출석, 교회 학교나 성경공부 평균 출석 인원을 보여 준다.

측정 도구 사용(Instrumentation)

SDLRS라는 측정 도구는 "누가 자발적 학습 과제를 성공적으로 할 수 있을까 혹은 누가 능력 있는 자발적인 고용인일까를 예측하기 위해 개발된 것은 아니나, 학습자들의 윤곽이나 모습을 그려 보는 데 도움을 줄 수 있다."는 것을 기억해야 한다.[29] 성별이나 연령과 같은 개인 신상에 관한 질문들이 본래의 SDLRS 설문지에 추가되었다. 또한 학력, 미국에 거주한 연한, 신앙 생활한 기간, 성인교육에 참여 빈도수도 추가되었다. 따라서 자발적 학습 준비와 개인 신상의 관계에 관해서도 조사가 행해졌다.

이 측정 도구는 다른 도구들이 가지는 내재적인 한계를 가지고 있다. 즉 응답자는 자신이 생각하기에 바람직한 것을 답으로 줄 수 있다는 것이다. 다른 말로 하면, 측정 도구는 실제 행동이 아니라, 자발적 학습에 관해 자신이 좋아한다고 생각하는 바를 측정할 수도 있다는 것이다. 그러나 이 설문지를 시행할 때에 이 설문지의 정확한 목적을 응답자에게 알려 주지 않음으로써 잘못된 대답을 줄일 수 있다.

---

29) Nicole Tremblay, "Self-Directed Learning: Emerging Theory and Practice," in *Guideposts to Self-Directed Learning: Expert Commentary on Essential Concepts*, ed. Gary J. Confessore and Sharon J. Confessore(King of Prussia, PA: Organization Design and Development, 1992), p. 155.

Ⅵ. 몇 가지의 발견

이 연구의 전체적인 목적에 타당한 자료는 미국의 중대서양 지역[30]에 위치한 5개의 한인교회에 다니는 126명의 한인 표본에서 수집되었다. 여성이 표본의 54.4%(68명), 남성이 45.6%(57명), 한 명은 성의 구분을 표시하지 않았다. 앞서 설명한 대로 SDLRS라는 측정 도구의 점수는 각 개인의 자발적 학습에 대한 현재의 수준을 나타낸다. 126명 중 58개의 설문지 질문 중 어느 한 개라도 답을 하지 않은 사람은 점수를 부여하지 않았다. 따라서 10명의 점수가 누락되었고 116명[31]의 전체 표본의 평균 점수는 207.99이다.

표3은 굴리엘미노 부부가 제시한 준비 수준의 분류(표1 참조)에 근거하여 126명의 분포도를 보여 준다.

여러 교회와 신상변수그룹의 SDLRS 평균점수를 비교하기 위해

〈표 3〉 SDLRS 점수의 빈도수 분포

SDLRS 점수 분류	빈도수	퍼센트	누적 빈도수	누적 퍼센트
LOW	14	12.1	14	12.1
BELOW AVERAGE	30	25.9	44	38.0
AVERAGE	39	33.6	83	71.6
ABOVE AVERAGE	32	27.6	115	99.2
HIGH	1	0.8	116	100.0

* Frequency Missing = 10

---

30) 미국의 수도 워싱턴 남쪽에 위치한 North Carolina 주와 Virginia 주 등을 일컫는다.
31) 10명은 질문지에 답을 하지 않은 항목으로 인해 전체 표본의 숫자에 간주되지 않았다.

단방향 아노바(One-way analysis of variance: ANOVA, 분산분석법) 분석을 사용하였다. 단방향 아노바 분석을 위해 통계치를 연령에 따라 세 그룹으로 나누었다: 40세 이하, 41~50세, 51세 이상. 단방향 아노바 분석을 통한 F 값은 2.76, p 밸류는 0.0673이 산출되었다. 이 수치들은 세 개의 다른 연령에 따른 그룹의 평균 점수 사이에 통계적인 차이가 없음을 보이고 있다. 그러나, 두 개의 그룹간에는 통계적으로 약간의 차이를 보인다고 말할 수 있다.

〈표 4〉 연령에 따른 그룹의 SDLRS 점수 평균

연령에 따른 그룹	통계치 숫자	SDLRS 점수 평균
40세 이하	36	216.11
51세 이상	40	207.37
41~50 사이	39	202.23

최종 학력 수준에 따른 SDLRS 점수의 평균을 비교하는 네 개의 그룹을 만들었다(표 5참조): 고등학교 졸업 이하, 전문대학 졸업, 대학 졸업, 대학원 졸업. 아노바 분석을 통해 F값 1.14, p 밸류 0.3381을 얻었다. 이것은 이 세 그룹 간에 통계적인 차이가 존재하지 않음을 의미한다.

〈표 5〉 최종 학력에 따른 SDLRS 점수의 평균

최종 학력	통계치 숫자	SDLRS 점수 평균
대학원 졸업	17	215.05
대학교 졸업	44	210.81
전문대학교 졸업	18	205.72
고등학교 졸업 및 이하	33	202.12

각 교회의 자발적 학습 준비에 관한 SDLRS 점수 분포를 보기위해 굴리엘미노 교수 부부의 다섯 개의 준비 수준 분류를 사용하였다.

〈표 6〉 교회별 SDLRS 점수 빈도수 분포

Level of Readiness	Emmaus UMC	Richmond KPC	Fredericksburg KPC	Seoul Presbyterian Church	KPC of Newport News
LOW	1	8	1	4	0
BELOW AVERAGE	6	13	6	3	2
AVERAGE	8	14	7	5	5
ABOVE AVERAGE	5	13	6	6	2
HIGH	0	0	1	0	0

UMC = United Methodist Church;   KPC = Korean Presbyterian Church

연령 그룹에 따른 SDLRS 점수 빈도수 분포를 보기 위해 역시 세 개의 연령 그룹으로 표본을 나누었다. 40세 이하, 41~50세, 51세 이상. 또한 최종 학력에 따른 점수 분포는 4개의 그룹으로 나누어서 보았다: 고등학교 졸업 및 이하, 전문대학교 졸업, 대학교 졸업, 그리고 대학원 졸업.

〈표 7〉 연령 그룹에 따른 SDLRS 점수 빈도수 분포

Level of Readiness	40세 이하	41~50세	51세 이상
LOW	1	6	6
BELOW AVERAGE	9	12	9
AVERAGE	10	16	13
ABOVE AVERAGE	16	4	12
HIGH	0	1	0

〈표 8〉 최종학력에 따른 SDLRS 점수 빈도수 분포

Level of Readiness	고등학교 졸업 및 이하	전문대학교 졸업	대학교 졸업	대학원 졸업
LOW	5	3	5	1
BELOW AVERAGE	13	5	9	2
AVERAGE	9	6	15	6
ABOVE AVERAGE	6	4	14	8
HIGH	0	0	1	0

Ⅶ. 중요 발견이 주는 의미

SDRS 점수 분류 중 AVERAGE와 ABOVE AVERAGE 부류에 속하는 점수를 얻은 개인들의 숫자를 합하면 61.2%(각각은 33.6%와 27.6%)가 된다. 이 수치는 미주 한인교회라는 모집단의 많은 사람이 부분적으로는 자발적 학습이라는 환경에서 좋은 성과를 거둘 수 있고, 또한 교회에서 자신들의 학습 과정을 계획하는 일에 부분적으로 책임을 감당할 준비가 되어 있다는 것을 의미한다. 이 결과는 자신들의 교회에서 성인교육을 주로 책임지고 있는 미주 한인교회의 목회자들이 미주 한인 기독교인들은 교회교육 현장에서 수동적인 학습자들이어야 한다는 잘못된 가정을 해 왔을 수 있음을 보인다.

목회자들과 기독교 교육자들이 고려해야만 하는 것은 ABOVE AVERAGE라는 점수를 얻은 사람들도 자신들이 여러 면에서 자신들의 학습을 더 많이 책임질 수 있을 때에도 교회교육 현장에서 의존적인 학습자로 보인다는 사실이다. 그러나 이들 미주 한인들이 교수/학습 과정에서 새로운 방법을 시도하도록 교사에게 도전하지 않는 것은 이들이 신앙공동체에서 늘 수동적으로 배워 왔기 때문

일 수도 있다. 혹은 생활 전선에서 힘이 소진되어서 교회교육이라는 환경에서 능동적인 학습자가 되기보다는 수동적이 되기를 선택했는지도 모른다. 이것을 자발적 학습에 대한 저항(resistance)이라 부른다.

세계의 연령 그룹을 위한 단방향 아노바(One-way analysis of variance: ANOVA) 분석은 세 개의 다른 연령에 따른 그룹의 평균 점수 간에 통계적인 차이가 없음을 보이고 있다. 그러나 앞서 지적한 바와 같이 두 개의 그룹 간에는 통계적으로 약간의 차이를 보인다고 말할 수 있다. 표4에서 보는 바와 같이 40세 이하 그룹의 평균 점수(216.11)는 세 개의 연령 그룹 중 제일 높다. 그 연령 그룹의 거의 45%가 ABOVE AVERAGE라는 부류에 들어간다(표7 참조). 따라서 미주 한인 목회자들은 40세 이하의 사람들이 다른 연령대의 사람들보다 자발적 학습에 더 준비가 되어 있다는 것을 고려해야 한다.

교육 정도와 SDLRS 점수간의 관계에 대해서는 최종 학력으로 나눈 그룹별 평균 점수가 비례적인 관계(positive relationship)를 보이고 있는 것으로 나타난다(표5 참조). 그러나 앞서 기술한 대로 단방향 아노바 분석은 최종 학력에 따른 그룹의 SDLRS 평균점수 간에 통계학적으로 큰 차이가 없음을 보이고 있다. 오히려 최종 학력에 따른 SDLRS 점수 빈도수 분포를 보면 대학교 졸업과 대학원 졸업 그룹에 ABOVE AVERAGE 카테고리에 속하는 사람들이 다른 그룹보다 많다는 것을 보이고 있다는 데에 주목해야 한다(표8참조). 이 빈도수 분포에서 주목해야 할 특성은 고등학교 졸업 이하 그룹에 BELOW AVERAGE에 속하는 점수를 받은 사람들이 상당히 많다는 사실이다.

그러나 이와 같은 발견과 더불어 기억해야 할 것은 이 연구가 가지는 한계에 관한 것들이다. 표본 추출은 동질 집단, 교회 목회자들의 동의, 연구의 비용, 사용 시간의 양과 같은 여러 가지를 고려한 것이다. 따라서 이 연구의 발견은 이 연구에 참여한 모집단에 한정되고, 미주 한인교회 전체에 일반적으로 적용될 수는 없다. 통계학적인 많은 조사를 통해 통계학적인 차이가 있는 것을 증명하지는 못했다. 그러나 더 많은 표본 추출을 했다면 차이를 보였을 수도 있을 것이다. 이 연구를 위한 표본의 크기가 한정되어 있기에 교회교육 목회에 관한 확실한 언급을 하기는 어렵다. 그러나 이 연구에서 발견된 것이 교수/학습 현장에 관한 미주 한인교회의 성인 기독교인들을 이해하는 데 중요한 단서를 제공하고 있다.

자발적 학습 준비를 위한 학습자들의 현재의 상태를 아는 것은 그들이 좋은 가르침을 갖도록 돕는 데 매우 유용하다. 학습자의 학습 선호를 진단하기 위한 방법으로 관찰과 인터뷰 등이 있다. 그러나 제한된 연구 시간 안에 의존적 학습자로부터 아주 자발적인 학습자라는 마치 일직선상의 양극 사이에 존재하는 교인들의 현재의 상태를 이해하기 위해 SDLRS라는 측정 도구를 사용하는 것은 도움이 된다. 굴리엘미노가 그녀의 논문에서 지적한 대로 SDLRS라는 측정 도구를 사용하는 것은 "예견하고 진단하는 도구로서 아주 유용할 수 있다."[32]

자발적 학습에 관해서는 교사나 학습자로부터 저항(resistance)이 있을 수 있다. 그러나 기독교 교육자가 학습자의 자발적 학습 준비도에 맞추어서 교수/학습 내용을 계획하는 것이 바람직하다. 실제로는 어느 정도 자발적 학습자임에도 불구하고 교실에서 의존적인 학습자와 같이 행동하는 사람들을 자발적 학습자로 변화되도록 돕기 위

---

32) Lucy Guglielmino, "Development of the Self-Directed Learning Readiness Scale," p. 34

해서는 다양한 방법을 고려해야만 한다. 그러면 "어떻게 목회자와 기독교 교육자들이 이러한 학습자들이 변화되도록 도울 수 있을까?"의 질문을 생각해야 한다. 다른 말로 목회자와 기독교 교육자들이 자발적 학습에 대한 학습자의 저항을 어떻게 다룰 수 있는가 하는 것이다.

카파렐라(Caffarella) 교수는 자발적 학습에 대한 저항에 가장 많은 영향을 주는 네 가지 변수(variable)를 지적하고 있다: level of technical skills(기술적인 수준), familiarity with the subject matter(주제에 대한 친숙도), sense of personal competence as learners (학습자의 개인적 능력의 감지), and the context of the learning event(학습 환경).[33] Slusarski는 저항하는 이유를 이 네 가지 변수로 보고 검토하면 저항을 줄이고 자발적 학습을 증진시킬 수 있는 방법을 사용할 수 있다고 주장한다.[34] 그러나 변화라는 것은 하룻밤 사이에 일어나는 것이 아님을 명심해야 한다.

VIII. 교사의 역할의 변화

한국에서와 마찬가지로, 미주 한인교회의 목사와 기독교 교육자들은 교회교육 현장에서 성경, 교회생활 등에 관해 전문가인 것으로 기대된다. 이들은 다른 사람들의 학습에 관해 모든 책임을 지닌 사람

---

33) Caffarella, op. cit., p. 30.
34) Susan B. Slusarski, "Enhancing Self-Direction in the Adult Learner: Instructional Techniques for Teachers and Trainers," in *Overcoming Resistance to Self-Direction in Adult Learning*, ed. Roger Hiemstra and Ralph G. Brockett(San Francisco: Jossey-Bass Publishers, 1994), p. 74.

으로 간주되어 왔다. 이들은 좀더 전통적인 교육 철학을 소지해서 자발적인 학습이란 것이 그들의 권위에 심각한 도전이 되는 것으로 볼 수도 있다.[35] 그러나 이 연구에서 발견된 것은 목회자와 기독교 교육자들이 내용 전달자뿐 아니라 facilitator(촉진자), learning manager, 혹은 자료가 있는 곳을 알려주는 사람 등의 다양한 역할을 수행해야만 한다는 것을 암시한다.[36] 물론 이러한 교사의 새로운 역할을 하려면 목회자들과 기독교 교육자들은 다양한 교수 방법을 익혀야 한다. 심지어는 교실에서 학습자와 동등한 학습자가 되는 새로운 역할을 받아들여야만 할 수도 있다.

만일 미주 한인교회의 교역자들이 그들의 교인들이 자신들의 학습에 있어 더 많은 책임을 수행할 준비가 되어 있다는 것을 받아들인다면, facilitator로서의 교사의 역할을 이해해야만 한다. 히엠스트라(Hiemstra)는 "지난 25년간의 자발적 학습에 관한 연구로부터 얻어진 중요한 발견은 대부분의 학습자들은 기회가 주어지면 자신의 학습에 관해 많은 책임을 지는 것을 선호한다는 것이었다."[37] 촉진자로서의 교사들은, 다양한 교수 방법을 통해 학습자가 의사를 결정하고 주관할 수 있는 기회를 제공함으로써 학습자를 도울 필요가 있다. 목회자나 기독교 교육자들이 학습자들을 도와 자신의 학습을 책임지게 한다는 것은 쉬운 일이 아니다. 그러나 이러한 노력은 가치 있는

---

35) Hiemstra and Brockett, *Overcoming Resistance to Self-Direction in Adult Learning*, p. 91.
36) R. Hiemstra and B. Sisco, *Individualizing Instruction: Making Learning Personal, Empowering, and Successful*(San Francisco: Jossey-Bass, 1990), p. 5.
37) Roger Hiemstra, "Helping Learners Take Responsibility for Self-Directed Activities," in *Overcoming Resistance to Self-Direction in Adult Learning*, p. 81.

일이고 학습자로 하여금 단순히 지식을 습득하는 것보다 훨씬 가치 있는 방법들을 개발하도록 돕는 일이다.[38]

---

38) Ibid., p. 83.

15 Did Jesus Have An Educational Goal?

Dr. Nam Soon Song
Knox College, Toronto

I. Opening Thought
II. Did Jesus have an Educational Goal?
 1. Jesus was the Teacher who was not a teacher
 2. Jesus as the Sage Teacher
 3. The Kingdom of God as the Vision rather than the Goal
 4. Those who have ears to hears, let them hear
III. Closing Thought

I. Opening Thought

While pedagogical models for Christian education at the dawn of a new millennium often espouse a learner-centered approach, the majority of these models continue to be teacher-focused, with a clear and concrete goal in her/his mind. However, there is little empirical evidence that students learn what the teacher thinks s/he is aiming at. After I moved Western world to teach, I struggled with the goal-oriented educational system both inside the class and outside the class and in the goal-oriented society. Its educational settings are so formal, structured, well prepared and very much teacher dominated in order to reach their goals. Questions arise inside from my heart: what is Christian education all about? Is education possible without goals in mind? Let me begin with a fundamental question: Is true Christian education possible without goals in mind? It seems that Christian education without goals is impossible. Mary Elizabeth Moore indicates that "for several years a central emphasis in education has been on goals and objectives, with occasional mention of something more grandiose called ideals(Moore, p. 150)."

Along with a central emphasis on educational goals, as we approach the contemporary world, the words used to structure educational goals became stronger and stronger, and harder and harder, words such as forming, fashioning, changing, and transforming. Here are a few examples: Sherrill began to use transformation of the self as the educational goal, while Wyckoff claimed that the goal is the reclaimed life, the life transformed by the God who created man in his own image(Wyckoff, p. 25). A little later Moran refers to education as form giving, fashioning, refashioning of form, fashioning people of, viewing education as the "reshaping of life's forms with end and without end(Moran, p. 13)." For Moore, the primary goals of Christian religious education are knowledge with understanding and the transformation of persons' actions, beliefs, and values(Moore, p. 132). Boys says religious education is a means of access to transformation(Boys, p. 24). In our goal-centered educational structure we sense that the goals are more intentional from the side of the teacher. Our

Christian education, depending heavily on empirical science, became much more goal oriented and teacher centered.

If we look back on the history of Christian education, we see very clearly that since the Religious Education Movement of 1903, we have been impressed by the new pedagogy of progressive education and we have borrowed public schooling and instruction models for church education. Depending heavily on the new pedagogy and psychology with scientific and empirical methods, an educational goal has been very important. Betts in the 1920s urged that "the teacher of religion must have an aim; he must know what ends he seeks to accomplish." He even used the analogy of the gunner to reach his objective, consciously aiming at it(Betts, p. 43). Each theorist and educator in each trend of Christian education tried to form the purpose or goal of Christian education, searching for the educational goal of Jesus and interpreting it differently. Each trend brought unique goals of Christian education to aim at. Early on, George Albert Coe stated the goal of Christian education as follows: Growth of the young toward and into mature and efficient devotion to the democracy of God, and happy self-realization therein(Coe, p. 55).

Then, in the 1940s, James Smart in his book, Teaching Ministry of the Church, urged us to redefine the goal of

Christian education from what he considered to be a wrong goal(forming Christian character and supporters of religious institution) to a right goal: Christian discipleship modeled on Jesus and his disciples. Even though, he thought, the situation today is different from that of Jesus and of the first century, the purpose of our educational activity must be the same as theirs(Smart, p. 84). For him, Jesus' goal of education was to embark with him on a mission for the redemption of the world(Smart, p. 100). But my question is: Did have Jesus an educational goal?

II. Did Jesus have an Educational Goal?

1. Jesus was the Teacher who was not a teacher

There is no doubt that Jesus was a teacher whether he had an educational goal or not. He was addressed as 'teacher' during his lifetime by followers, opponents, and interested inquirers. Not only was he addressed as teacher, he really taught. However, as Melchert pointed out in several studies, even today we picture Jesus as teacher.

In the early twentieth century, many religious educators and some biblical scholars studied Jesus as the master teacher, searching the Scriptures for clues about how Jesus taught. The 'answers' they found sometimes made Jesus look more like a Protestant American disciple of John Dewey than a Jewish Galilean in first-century Palestine(Melchert, p. 207).

As an example, Davies argues that under the umbrella of a single ruling paradigm, Jesus the Teacher is problematic to prove.

It would appear that earnest efforts to find out what Jesus taught do not, in the end, produce a comprehensive and credible picture ... Perhaps we have not yet found the single correct modality for understanding his teachings(we have found a dozen, mutually inconsistent modalities); perhaps there never was a single correct modality, and his teachings were simply incoherent; perhaps he was not primarily a teacher at all. Because we are a millennia removed from his time it may be that while the teachings of Jesus were relatively clear to his near contemporaries they are obscure to us because we do not understand clearly enough the social setting within which Jesus spoke(Davies, pp. 10~11).

Even though he recognizes the time difference, 'millennia removed from his time,' it seems difficult for Davies to regard Jesus as a teacher. Davies prefers the metaphor of Jesus as the Healer. He thinks that if we start with the question 'how did he heal' rather than the question 'what did he teach' many things become clear(Davies, pp. 14~15). The fact that Jesus does not seem to be a typical twentieth-century teacher actually leads us to look for the characteristics of a teacher in his time. Looking for Jesus' educational goal might be the same as considering Jesus as a disciple of John Dewey in the twentieth century.

We cannot find any evidence that Jesus had ever graduated from one of the rabbinical schools, though he was called Rabbi. But he had profound knowledge of the Old Testament Scriptures, which he had clearly pondered deeply. He was even familiar with Hebrew literature outside the Old Testament canon, and he used Rabbinical Hebrew which was the language of the scholars(Sherrill, p. 77). One thing we are sure of is that he had learned the Scriptures in the local synagogue school(Anderson, p. 11). Sherrill suggests that Jesus received his formal teaching as a youth, not as a boy. But still we cannot find that he was educated to be a teacher or Rabbi.

This means that he was a teacher neither in the social system nor in a school setting, but he was a teacher who had the authority in public to attract people. Jesus was not a teacher who wanted to provide a specific program of education. Rather, Jesus was a public teacher who offered a range of services, wandering as a prophetic teacher in the Mediterranean world and influencing a large number of people. (Robbins, p. 110) Cadbury proposes that, "Jesus probably had no definite, unified, conscious purpose, that an absence of such a program is a priori and that it suits well the historical evidence. Further I think that this explains some of the phenomena connected with his teaching"(Cadbury, p. 141). What Cadbury says shows what kind of teacher Jesus was to his contemporaries. Anderson adds to Cadbury, saying, "Most of his teaching seems to have been ex tempore, arising from personal encounters, challenges or questions, and from the varied occurrences and situations of everyday life. As a consequence it was not set out-normally, at least- in a systematic form(Anderson, p. 11)."

It is clear that Jesus was different from teachers in our contemporary world, even teachers in his contemporary world. He was a casual teacher. He reacted to situations as they arose but probably he hardly had a program or plan(Cadbury, p. 141). He was not a program provider, but he was the teacher. Jesus, the teacher who was not a teacher, did not have definite and conscious goals in mind. Neither did he need to set educational goals internally or externally, nor did he seem to have goals in mind like other teachers in his time. He taught others by responding to their needs and situations. Of course he was not educated to be a formal teacher in a school system, but he was a born teacher and was made a teacher by people whom he met. Jesus was the teacher who taught people in the midst of their life. So Jesus was a very different teacher from those who functioned as teachers. Instead of having goals in mind externally and internally, and making efforts to change others intentionally, he taught the way of the Heaven by being himself. Jesus was the teaching as well as the teacher. We see in Jesus himself, not only the teacher, but the teaching. Muirhead puts it this way:

> On the one hand Jesus is in himself supremely and uniquely significant in his life, passion, and resurrection; but at the same time he must also teach and, so teaching, reveal himself and his own significance. He is the revelation and the instruction, the torah of the New Covenant. He is himself the halakhah, the way in which men must walk, just as he is also the Truth, and if he teaches, he also embodies and makes incarnate what he teaches(Muirhead, p. 74).

There is no doubt that Jesus himself embodied what he taught, and he himself was the teaching. Therefore, he did not need to formulate behavioural goals in a lesson plan. Sometimes today we find this type of teacher who teaches by responding to the learners and situations and who embodies what one teaches in the teacher-sage model. Palmer correctly points out that if the teacher makes education an exclusively outward enterprise and ignores the students' inward process, we cannot expect the students to think creatively or to transform themselves(Palmer, p. 31). He says clearly that "good teaching cannot be reduced to technique; good teaching comes from the identity and integrity of the teacher(Palmer, p. 10)." Teaching is more than just a matter of skills or a scientific frame. As he says, a good teacher weaves self and subject and students in the fabric of life(Palmer, p. 11). According to Palmer, Jesus modeled for us what it is a good teacher and what is a good teaching.

2. Jesus as the Sage Teacher

Jesus was a sage, a teacher of wisdom and a traveling teacher. Many people portray Jesus as a sage-teacher in his time, the teacher who responded to questions and persons, speaking the right word at the right time(Melchert, p. 205). Growing up in the East-Asian culture, it is easy for me to associate Jesus with the image of the sage, because this is a society that has sage- teachers. They are teachers, not because of their education, but because of their wisdom from their life experiences and their awakening experiences. Sage teachers are usually traveling teachers meeting people, sharing truths, telling the heavenly way, and helping troubled people in many ways, as Jesus himself did.

Cadbury pictures a typical day in Jesus' life in a manner of sage. "It was not lived by schedule probably; his social contacts like those of Socrates were of the most accidental sort. He was neither a systematic teacher of his disciples, nor careful in his evangelistic planning. He wandered hither and thither in Galilee." It was a patternless life(Cadbury, p. 141). This picture is the image of a sage-teacher.

Borg goes further with the image of Jesus as a sage-teacher:

Jesus was not primarily a teacher of either correct beliefs or right morals. Rather, he was a teacher of a way or path, specifically a way of transformation. ··· As teacher of a way and critic of conventional wisdom, he was similar to other great sages who proclaimed a way or path sharply in tension with the culture of their time. Their number outside of Israel included Lao Tzu in sixth-century B. C. China and the Buddha in fifth-century B.C. India(Borg. p. 97).

As a sage-teacher, Jesus taught to his contemporaries directly, in their particular social world. There is "a timeless quality to much of what he said, simply because the alternative way which he taught not only stood in tension with his social world but also in opposition to the conventional wisdom of any time(Borg, p. 99)." Jesus as a sage challenged dominant points of view in his society, and introduced a system of thought and action that calls for an integrity that transcends obedience to the established customs of society(Robbins, p. 147). He used the forms of wisdom to subvert conventional ways of seeing. As Borg says, Jesus' proverbs and parables often reversed ordinary perception, and their present way of seeing reality(Borg, p. 115). Can it be assumed that Jesus as a sage-teacher had an educational goal in mind? I do not see his teaching in that way. Rather, I think that through this way of teaching he taught what he wanted to teach instead of pursuing a certain goal in the society.

Witherington says, "At least 70% of the Jesus tradition is in the form of some sort of Wisdom utterance such as an aphorism, riddle, or parable(Witherington, p. 156)."

Also, in the vast majority of the Gospel sayings tradition "Jesus presented himself as a Jewish prophetic sage, one who drew on all the riches of earlier Jewish sacred traditions, especially the prophetic, apocalyptic, and sapiential material though occasionally even the legal traditions(Witherington, p. 158)." Therefore we can conclude that both in form and content of Jesus' teaching is similar with the teachings of previous sages(Witherington, p. 176)."

Witherington informs us that the sage teacher taught systematically, and pre-formulated his teaching consciously and carefully.

There is nothing preventing the conclusion that Jesus systematically taught like previous sages, and his disciples both learned and even memorized various of his aphorisms and narrative meshalim. Anyone who has closely examined Wisdom teaching knows that much of it involves something that appears to be carefully and consciously pre-formulated, crafted so that it will be memorable, not usually something thought up on the spur of the moment in response to the immediate circumstances(Witherington, p. 177).

It seems for us that calling Jesus a sage is the most all-encompassing and satisfying term. What he taught and the way he taught presents Jesus as a sage-teacher. We can support our contention that Jesus was a sage-teacher by looking at his systematic teaching found in the in the Sermon on the Mountain like other sages in his time. But we are still not sure that Jesus had an educational goal in mind. Now let us look at what he taught.

3. The Kingdom of God as the Vision rather than the Goal

From the beginning of his teaching and preaching he proclaimed the Kingdom of God. Then, was the Kingdom of God his educational goal? At the beginning of the twentieth century, substituting a new idea of democracy for Jesus' desire for the Kingdom of God, Coe presented the democracy of God as the aim of Christian education. It seems that he understood Jesus worked and God still works to fulfill the Kingdom of God in this world(Coe, pp. 53~55). Later, in this century educators along with liberation theologians stated that the purpose of Christian education is the transformation of society in the political and economic sense toward the Kingdom of God. In this context Thomas Groome affirms that "our meta-purpose as Christian religious educators is to lead people out to the Kingdom of God in Jesus Christ(Groome, p. 35)." Groome added that Jesus lived his life and preached his gospel for the Kingdom of God(Groome, p. 35). It appears that for Groome the educational goal of Jesus was the Kingdom of God. Did Jesus really live his life for the Kingdom of God?

As Cadbury pointed out, some of the interpreters and educators in association with liberal thought and liberation theology, interpret Jesus as prophet teacher, as social reformer, and as propagandist with a program.

The social school of interpreters of Jesus also tend to cast their interpretation into the form of a purpose ... They regard him as a social reformer, a propagandist with a program. His program was the Kingdom of God to - to change the figure a little startlingly- the brotherhood of man and the fatherhood of God. His gospel was not merely some academic abstract of a Utopia but a constitution for a better society for which Jesus both lived and died. Like the eschatologists these interpreters wish to relate Jesus' action to a definite policy or program. They find the key to that program in his social teaching to others. They assume that his own life was shaped by the same purpose -a Purpose with a capital P- unwavering, conscious, absorbing, glorifying(Cadbury, p. 128~129).

We even see some theologians and educators who tend to say that Jesus, as transformer of the self as well as transformer of the world, was bringing the Kingdom of God to the world. This would be a good place to explore the meaning of the Kingdom of God; however, in this paper we cannot go that far. Therefore we look only at what the Kingdom of God was to Jesus.

Manson summarizes what the Kingdom of God was to Jesus:

The Kingdom in this wide sense is not a topic for theological discussion; it is rather the sphere in which he lives and moves and has his being. His preaching of the Kingdom is not just the pointing of his hearers to some happy state in the future, when the will of God will be perfectly realized; it is primarily the living of a life of complete loyalty to God and unquestioning obedience to his will here and now. The core of all that Jesus teaches about the Kingdom is the immediate apprehension and acceptance of God as King in his own life. From this central experience all the rest of the teaching on the

Kingdom naturally follows(Manson, p. 161).

What was the Kingdom of God to Jesus? To Jesus the Kingdom of God seemed not to be the moral reformation of society, or spiritual reformation, or transformation of the earth. It seemed that the Kingdom of God was not a separate entity that he would need to bring about through his teaching or preaching. It was loyalty to the will of the heavenly King, God. Jesus did not live for the Kingdom of God, He lived the Kingdom of God. It was his total being. It was affirming and trusting God's activity in him, in his life and on earth. I agree with what Anderson says: "The essence of his preaching of the Kingdom is in the words 'Thy will be done' : all the rest is commentary(Anderson, p. 161)."

As Anderson says, for Jesus the symbol of the Kingdom of God was God's will being done. His unquestioning obedience to God's will flows to a climax in the prayer at the end of his life; "Not what I will, but what thou wilt(Luke 22:42)."(Manson, p. 164)

As Cadbury observes, "Whatever he said and did was not brought by him into accord with some external criterion; it sprang from an inner coordination of life," Jesus did not live his life according to his intension. He lived the Kingdom of God, searching and following the will of God. Let us assume that Cadbury was right in saying, "Religion in Jesus' time and circle considered, much more than one's own plans, God's will(Cadbury, p. 153)." Jesus as a well-known Jewish sage-teacher lived his life obeying God's will and reacting to God's activities rather than working on external criteria and making efforts to accomplish a purpose. Then, for Jesus, was obeying or giving loyalty to the will of God, the Kingdom of God, the goal or purpose of life? Did this, then, become the educational goal for his disciples?

I would say that seeking and following the will of God for Jesus was more than a goal or a purpose. Mary Elizabeth Moore defines goals as 'general hopes that are really complex patterns of objectives valued by a person or a group(Moore, p. 151).' The goal is the broader aims of the educational process. The goal should be clear and flexible to change. Generally we can define an educational goal as a deliberate broad aim to achieve something in learners through educational activities. In order to achieve the goal the teacher sets, he/she becomes very intentional and very conscious of the educational activities not only in planning but also in processing. In the process also the teacher sets out concrete objectives in order to measure educational results, and to see the achievement of goals. To achieve educational goals the teacher needs to be very intentional towards others. With regard to the definition of a goal in educational activities, it is impossible to say that seeking and following the will of God was a goal for Jesus.

Mary Elizabeth Moore continues to define visions:

Visions are no more static, or fixed, than the objectives and goals. While they inform the choices and reformulation of goals and objectives, the vision themselves are being transformed as persons and groups proceed in aiming at their objectives and goals and reflecting on the outcomes. The vision of the unity of the Christian community may be underlying the objective and goal discussed above(Moore, p. 151).

It seems that visions, according to the above definition, are not much different from goals. But I value the notion of 'no more static, or fixed' and 'the vision themselves are being transformed as persons and groups.' Interact. Moore continues: "These are not visions that the community can optimistically hope to realize, even through its best efforts. These are visions, rather, that highlight the community's dependence on God and put communal efforts into the much larger perspective of God's work(Moore, p. 155)." Yes, she was right, giving insights on vision, communal efforts and God's work. Vision is not that I can accomplish by myself, it needs communal support. Vision is relational between God and Human being. Vision is not set by us alone, but is revealed to us as a gift from God. Which can be compared to a vast net.

Not only did Jesus live the Kingdom of God, but he also revealed that the Kingdom of God existed in accord to the will of God in his own life as well as in his teaching and preaching. For example, Jesus revealed the Kingdom through the reading of the scroll of the prophet(Luke 4:18~19). He revealed the Kingdom of God to two disciples on the road to Emmaus(Luke 24:13~35). It was the vision that Jesus shared with the two disciples that caused their hearts to burn with them. The vision helped them return to Jerusalem and share the vision that had stirred them with other disciples. We can conclude that Jesus revealed the Kingdom of God as a vision to his disciples and others, rather than aiming at the Kingdom of God as an educational goal in mind.

4. Those who have ears to hears, let them hear

In the parable of a sower, we, the preacher and the teacher, assume ourselves to be as sowers, sowing the seed of truth. Don't we as teachers need to make good soil before we sow the seed? And don't we make a plan to help and control growth in order to produce as great a crop as possible? Jesus said no word about helping or controlling the response of those whom we teach or to whom we preach. Instead he said, "He who has ears to hear, let him hear(Mark 4:9)." What does this mean for our educational process?

In a very simple way we can say that the teacher does not have ears for the students; they have their own ears to hear, so let them hear. The one who needs to make good soil for learning is the learner, not the teacher. The learner needs to cultivate his/her own soil. What they hear, and how they respond are within their own abilities or are their own responsibilities. The learner is responsible for his/her end or her/his being. The teacher does not control the end of the learner. John Westerhoff says, "To be with a child in Christian ways means self-control more than child-control(Westerhoff, p. 20)." The teacher constantly needs to learn self-control rather than seeking to control the learner. Transformation of the self in Jesus' teaching was the response of the self to the truth, the Kingdom of God tuned to the will of God. Jesus trusted in the learner's ability to hear and to act on what is best for themselves. Thus he sowed the seed largely at random and left results to God. The result of the sowing depends, not on the seed, but on the kind of ground in which it lodges, on the character of the hearers(Manson, p. 77). The learner, not the teacher, needs to be intentional about who he/she is becoming.

III. Closing Thought

It is difficult to say that Jesus had an educational goal in mind. Instead he embodied what he taught and taught, responding to questions brought by people, thus meeting the needs of people in his contemporary world. He revealed the vision and lived the vision, instead of trying to accomplish his goal through his teaching. He, as a traveling sage, prophetic teacher, was teaching all along. Even though he may not have had clear, systematic and attainable goals or objectives, he was an accomplished educator. Education through vision rather than through purpose provided clear pictures to the learners as well as teachers.

When teachers set and provide specific and clear goals and objectives, this may actually prevent learners from real learning. It may prevent them from seeing hidden essentials and ultimate reality. It may remain only superficial teaching and learning. It can be called prescribed teaching and learning. If there is forced or purposeful action, there can be pretended learning with pretended action. This educational adventure is possible when the teacher trusts in the heavenly way and trusts the learner's inherited, natural ability.

참고문헌

신앙교육의 유형들과 바른 신앙교육

고용수. 「만남의 기독교교육사상」. 서울: 장로회신학대학교출판부, 1994.
김명용. 「이 시대의 바른 기독교 사상」. 서울: 장로회신학대학교출판부, 2001.
Barr, James. *Fundamentalism*. London: SCM Press, 1977.
Boys, Mary C. *Educating in Faith : Maps and Visions*. NewYork: Harper & Row, 1989.
Bruner, Frederick Dale. *A Theology of the Holy Spirit*, 김명용 역. 「성령신학」. 서울: 도서출판 나눔사, 1989.
Burgess, Harold. *An Invitation to Religious Education*. 오태용 역. 「기독교교육론」. 서울: 정경사, 1984.
―――. *Models of Religious Education*. Wheaton, ILL: A BridgePointBook, 1996.
Coe, George A. *Education in Religious and Morals*. NewYork: Fleming H. Revell Co., 1907.
Fowler, James. *Stage of Faith*. San Francisco: Haper & Row Publisher, 1981.
―――. "Future Christians and Church Education", *Hope for the Church*. ed. Theodore Runyan. Nashville: Abingdon Press, 1979.
Groome, Thomas. *Christian Religious Education: Sharing our Story and*

Vision. NY: HarperCollins Publishers, 1980.
Harris, Maria. *Fashion Me A People: Curriculum in the Church.* Lousville: Westminster/ John Knox Press, 1989.
──── . and Moran, Gabriel. "Educating Persons", ed. Jack L. Seymour, *Mapping Christian Education.* Nashville: Abingdon Press, 1997.
Leith, John. *Creeds of the Churches.* Garden City, New York: Doubleday & Company, Inc., 1963.
Little, Sara. *To Set One's Heart.* Atlanta: John Knox Press, 1983.
Miller, Donald. *Story and Context: An Introduction to Christian Education.* Nashville: Abingdon Press, 1987.
Moltmann, Jürgen. *Gott in der Schöpfung, ökologische Schöpfungslehre.* 김균진 역.『창조 안에 계신 하나님』. 서울: 한국신학연구소, 1986.
Osmer, Richard. *Teaching for Faith.* 사미자 옮김.『신앙교육을 위한 교수방법』. 서울: 한국장로교출판사, 1995.
Seymour, Jack L, ed. *Mapping Christian Education.* Nashville: Abingdon Press, 1997.
Wilson, John. *Education in Religion and the Emotions.* London: Heinemann Educational Books Ltd., 1971.

기독교교육의 교육사회학적 접근에 관한 고찰

1. 기독교교육 방법론

Bushnell, H. *Christian Nurture.* New Haven: Yale Univ. Press, 1960.
Coe, G. A. *A Social Theory of Religious Education.* New York: Charles Scriber's, 1917.
──── . *What is Christian Education.* New York: Charles Scriber's, 1929.
Elliott, H. S. *Can Religious Education Be Christian.* New York: the McMillan, 1940.
Freire, P. *Pedagogy of the Oppressed.* New York, 1971.
Groome, T. *Christian Religious Education.* San Francisco: Harper & Row, 1980.

Howe, Ruel L. *The Miracle of Dialogue*. New York: Seabury Press, 1963.

Hunter, David. *Christian Education as Engagement*. New York: Seabury Press, 1971.

Miller, Randolph. *The Clue to Christian Education*. New York: Charles Scribner's, 1950.

Moore, M. E. *Education for Continuity and Change*. Nashville: Abingdon, 1983.

Nelson, C. E. *Where Faith Begin*. Atlanta: John Knox, 1967.

Richards, L. O. *A Theology of Christian Education*, Michigan: Zondervan, 1975.

Sherrill, L.. *The Gift of Power*. New York: MacMillan, 1959.

Westerhoff, J. H. *Will Our Children Have Faith*. Minneapolis: Seabury Press, 1976.

2. 기독교교육 일반

고용수. "신앙공동체 중심의 교육론", 〈교회와 신학〉 제15집. 서울: 장신대, 1983.

은준관. 『교육신학』. 서울: 대한기독교서회, 1976.

Burgess, H. W. *An Invitation to Religious Education*. 오태용 역. 『기독교교육론』. 서울: 정경사, 1984.

Dykstra, C. "The Formative Power of the Congregation", *Religious Education*. Vol. 82.

Foster, C. R. *Teaching in the Community Faith*. Nashville: Abingdon, 1982.

Moore, A. *Religious Education as Social Transformation*. Birmingham: Religious Education Press, 1989.

Moore, D. E. *Story and Context*. 고용수·장종철 역. 『기독교교육 개론』. 서울: 교문사, 1988.

Osmer, R. *Teachable Spirit*. Louisville: Westminster/ John Knox Press, 1990.

Seymour, J. L. and Miller, D. E. ed, *Contemporary Approaches Christian Education*. Nashville: Abingdon Press, 1982.

Sherrill, L. J. *The Rise of Christian Education*. SanFrancisco: Harper &

Row, 1944.

3. 신학

Tracy, D. *Blessed Rage for Oder*. Minnesota: Winston Seabury Press, 1975.

Poling, J. N. and Miller, D. E. *Foundations for a Practical Theology of Ministry*. Nashville: Abingdon Press, 1985.

4. 일반학

양춘 외 공저. 「사회학 개론」. 서울: 진성사, 1989.

오갑환. 「사회의 구조와 변동」. 서울: 박영사, 1976.

유형진 · 김대연 공저. 「교육원리신강」. 서울: 형설출판사, 1976.

이규환. 「교육사회학」. 서울: 배영사, 1989.

장진호. 「교육과 사회」. 서울: 실학사, 1996.

T. Brameld. *Education for the Emerging Age*. SanFrancisco: Harper & Row, 1960.

Brion, O. G. *Socialization after Childhood*. New York: John Wiley and Sons, 1966.

Durkeim, E. *Education and Sociology*. Illinois: The Free, 1956.

Giddens, A. *Sociology A Brief but Critical Introduction*. Mcmillan Press, 1982.

Karabel, J. and Halsey. A. H. *Power and Ideology in Education*. Oxford: Nuffied, 1972.

Levin, R. A. "Culture, Personality, and Socialization", *Handbook of Socialization, Theory and Research*. Chicago: Rand McNally, 1969.

Mannheim, K.. *An Introduction to the Sociology of Education*.(London: Routledge & Kegan Paul, 1969.

T. F. O'Dea, 권규식 역. 「종교사회학 입문」. 서울: 대한기독교서회, 1985.

Toffler, A. *The Third Wave*. New York: William Morrow & Company, 1980.

Ziegler, E. et., al., "Socialization", *The Handbook of Social Psychology*. Mass: Addison Wesley, 1969.

해석학적 상상력과 신학교육과정

고용수. 『만남의 기독교교육사상』. 서울: 장로회신학대학교출판부, 1994.
권진관. "신학교육에 있어서 신앙적 실천의 역할에 관한 연구", 전국신학대학협의회 엮음. 『한국신학과 신학교육』. 서울: 대한기독교서회, 1994.
은준관. "지구촌 시대의 신학교육", 〈기독교사상〉. 1994. 3.
이원일. "기독교 교육과정론에 대한 현상학적 접근 연구", 연세대학교대학원, 2000.
이장식. "한국 신학교육의 과거와 현재", 〈현대와 신학〉. 1966. 2.
전호진. "신학교육의 문제점과 그 방향", 〈신학지남〉. 1980. 여름호.
Bleicher, Josef. *Contemporary Hermeneutics: Hermeneutics as method philosophy and critique*. London, Boston and Henley: Routledge & Kegan Paul, 1980.
──────. *The Hermeneutic Imagination: Outline of a Positive Critique of Scientism and Sociology*. London: Routeledge & Kegan Paul, 1982.
Eisner, Elliot W. *The Educational Imagination: On the Design and Evaluation of School Programs*. New York: MaCmilan Publishing Co., Inc., 1979.
Green, Garrett. *Imagining God: Theology And Religious Imagination*. San Francisco: Harper & Row, 1989.
Groome, Thomas. *Christian Religious Education*. San Francisco: Harper & Row, 1980.
Harris, Maria, *Fasion Me A People: Curriculum in the Church*. Louisville: Westminster/John Knox Press, 1989.
Huebner, Dwayne. "Educational Foundations for Dialogue", *Religious Education*. Fall 1996.
Kearney, Richard. *Poetics of Imagining: Form Husserl to Lyotard*. New York: HapperCollins Academic, 1991.
Lindbeck, George A. *The Nature of Doctrine: Religion and Theology in a Postliberal Age*. Philadelphia: The Westminster Press, 1984.
Palmer, Richard. *Hermeneutics: Interpretation Theory in Schleiermacher, Dilthey, Heidegger, and Gadamer*. Evanston: Northwestern University

Press, 1969.
Pinar, William. ed. *Curriculum Theorizing: The Reconceptualists*. Berkeley: McCutchan Publishing Co., 1974.
Ricoeur, Paul. *The Symbolism of Evil*. Boston: Beacon Press, 1976.
──────. *Time and Narrative*. Chicago: University of Chicago Press, 1984.
──────. *Form Text To Action: Essays in Hermeneutics*, II. Illionis: Northwestern University Press, 1991.
Schubert, William H. *Curriculum: Perspective, Paradigm, and Possibility*. New York: MaCmillan Publishing Co., 1986.
Streib, Heinz. "The Religious Educator as Story-Teller: Suggestions from Paul Ricoeur's Work", *Religious Education*. Summer 1998.
Tracy, David. *Blessed Rage for Order: The New Pluralism in Theology*. New York: The Seabury Press, 1975.
──────. *The Analogical Imagination: Christian Theology and The Culture of Pluralism*. London: SCM Press, 1980.
Venema, Henry Issac. *Identifying Selfhood: Imagination, Narrative, and Hermeneutics in the Thought of Paul Ricoeur*. New York: State University of New York Press, 2000.
Westerhoff III, John H. ed. *A Colloquy On Christian Education*. New York, Philadelphia: The Pilgrim Press, 1972.
White, Alan R. *The Language of Imagination*. Cambridge: Basil Blackwell, 1990.
Wilder, Amos N. *Theopoetic*. Philadelphia: Fortress Press, 1976.

교회교육 평가를 위한 기초적 탐색

노치준. "90년대 한국교회 교인증감 추세연구." 〈목회와 신학〉. 11월호, 1997.
대한예수교장로회총회교육부. 『평생교육 커리큘럼의 이론과 실제』. 서울: 한국장로교출판사, 2000.
배호순. 『교육과정 평가 논리의 탐구』. 서울: 교육과학사, 2000.
──────. 『평가의 원리: 교육 프로그램을 중심으로』. 서울: 교육과학사, 1990.

―――. 『프로그램 평가론』. 서울: 원미사, 1994.
변종호. 『한국 기독교사(개요)』. 서울: 심우원, 1959.
오인탁. 정웅섭. 『교회 교사교육의 현실과 방향』. 서울: 대한기독교출판사, 1987.
은준관. 『교회교육 연구실험교육 종합보고서』. 감리교신학대학 기독교교육 연구소, 1975.
이용윤. 『한국 어린이 교회학교의 발전을 위한 교사교육 과정의 한 연구』. 미간행 Liberty Theological Seminary 박사학위 논문. 1998.
이종윤. 전호진. 나일선. 『교회 성장론』. 서울: 정음출판사, 1983.
장로회신학대학교 기독교교육연구원. 『영락교회 교회교육 진단과 개선 방안에 관한 연구: 연구보고서』. 서울: 장로회신학대학교 기독교교육연구원, 1995.
―――. 『이문동 교회교육 : 설문조사 통계 분석 보고서』. 미간행, 1999.
―――. 『총회교육부 교사대학 교재평가를 위헌 실문조사 연구』. 미간행, 1994.
정범모. 『교육의 교육학』. 서울: 배영사, 1968.
정웅섭. 오인탁. 정우현. 『한국교회학교 교육실태조사』. 한국기독교교육연구원, 1980.
허숙. 『인간교육을 위한 교육평가의 방향 탐색』. 인천교육대학교 논문집. 제29집 제1호, 1995.
B. R. Worthen, J. R. Sanders. & J. L. Fitzpatrick. *Program Evaluation: Alternative Approaches and Practical Guidelines*(2nd. ed.). NY: Longman, 1997.
Bossart, Donald E. *Creative Conflict in Religious Education and Church Administration*. Birmingham, Ala.: Religious Education Press, 1980.
Combs, A. W. 이성호 역. 『교육신화』. 서울: 정음사, 1985.
DeMott, N. L. & Blank, J. W. *Evaluation in adult religious education*. Religious Education. Vol 93, No. 4.
Hamilton, D. *Curriculum Evaluation*. London: Open Book, 1976.
Lee, James M. *The flow of religious instruction*. Birmingham, Alabama : Religious Education Press, 1973.
―――. *The Shape of Religious Instruction*. Birmingham, Alabama : Religious Education Press, 1971.
Patton, M. Q. *Qualitative Evaluation Methods*. Beverly Hills, CA: sage, 1980.

Schwarz, C. A. & S. Christopher. 이준영. 오태균 역. 『자연적 교회성장 실행지침서』. 서울: 도서출판 NCD, 2000.

Schwarz, C. A. 윤수인 외 3인 역. 『자연적 교회성장』. 서울: 도서출판 NCD, 1999.

Stufflebeam, D. L. "An introduction to the PDK book: Educational evaluation and decision-making." in B. R. Worthen & J. R. Sanders eds., *Educational evaluation: Theory and practice*. Belmont, CA: WadsWorth Publishing Company, Inc.

Tyler, Ralph W. *Basic Principle of Curriculum and Instruction*. Chicago: The University of Chicago Press, 1949.

Weiss, C. H. "Evaluating social programs: What have we learned?." *Society*, 25.

Westing, Harold J. "Evaluation and Long-Range Planning," in *Christian Education*. R. E. Clark, L. Johnson & A. K. Sloat ed. Chicago: Moody Press, 1991. pp.455~468.

청소년기 회심과 자아정체성 형성에 관한 연구

이규민. 「청소년을 위한 기독교 상담」. 기독상담연구회. 〈복음과 상담〉 Vol. 2. 17-22, 1997년 3월.

―――. 「통전적 회심이해와 기독교교육」. 장로회신학대학교 기독교교육연구원. 〈교육교회〉, 1996년 7~8월.

Barth, Karl. *Church Dogmatics*. Edinburgh: T. & T. Clark, 1958.

Berkhof, Lewis. *Systematic Theology*. Grand Rapids: WM. B. Eerdmans Pub. Co., 1941.

Erikson, Erik. *The Life Cycle Completed*. New York : W. W. Norton & Co., 1982.

―――. *Identity and the Life Cycle*. New York: W. W. Norton & Co., 1980.

―――. *Identity, Youth, and Crisis*. New York: W. W. Norton & Co., 1968.

―――. *Childhood and Society*. New York: W. W. Norton & Co., 1963.

―――. *Young Man Luther*. New York: W. W. Norton & Co., 1962.

Fowler, James. *The Stages of Faith*. San Francisco: Harper & Row Pub., 1981.

Gilligan, Carol. *In a Different Voice: Psychological Theory and Women's Development*. Cambridge: Harvard Univ. Press, 1982.

Harrison, Everett ed. *Baker's Dictionary of Theology*. Grand Rapids: Baker Book House, 1988.

Kegan, Robert. *The Evolving Self: Problem and Process in Human Development*. Cambridge: Harvard Univ. Press, 1982.

Kohlberg, Lawrence. "The Child as a Moral Philosopher", *Readings in Developmental Psychology Today*. Del Mar, CA: CRM Books, 1970.

Loder, James. *The Knight's Move*. Colorado Springs: Helmers & Howard, 1992.

―――. *The Transforming Moment*. Colorado Springs: Helmers & Howard, 1989.

―――. "Developmental Foundations for Christian Education", Marvin Taylor ed. *Foundations for Christian Education in an Era of Change*. Nashville: Abingdon Press, 1976.

Marcia, J. "Development and Radiation of Ego Identity Status", Journal of *Personality and Social Psychology*. Vol. 3. No. 5.

Rizzuto, Ana-Maria. *The Birth of the Living God: A Psychoanalytic Study*. Chicago: The Univ. of Chicago Press, 1979.

Rogers, William. "Interdisciplinary Approaches to Moral and Religious Development" in *Toward Moral and Religious Maturity*. Morris Town, NJ: Silver Burdett Co., 1980.

교회교육으로서의 인지행동적 부부 의사소통 프로그램

고용수. 〈교회와 신학〉. 1998.

권정혜 · 채규만. "한국판 결혼 만족도 검사의 표준화 및 타당화 연구", 〈한국심리학회지〉. 1998년 연차대회 학술논문집.

박경애. 『인지, 정서, 행동치료』. 서울: 학지사, 1997.

유은희. "상담 가족에서의 부부 갈등의 원인 지각과 상호작용 형태", 〈한국가족치료학회지〉. 1994.

Balswick, J. O. & Ward, D. "The church, the family, and issues of modernity.", *"Consultation on a theology of the family"*, Seminar at Fuller Theological Seminary, 1984.

Bandura, A. *Social learning theory.* Englewood Cliffs, NJ: Prentice-Hall, 1977.

Baucom, D. H. Epstein, N. Sayers, S. & Sher, T. G. "The role of cognitions in marital relationships: Definitional, methodological, and conceptual issues", *Journal of Consulting and Clinical Psychology.* 1989.

Baucom D. H. & Epstein, N. *Cognitive-behavioral marital therapy.* New York: Brunner/Mazel, 1990.

Baucom, D. H. & Lester, G. W. "The usefulness of cognitive restructuring as an adjunct to behavioral marital therapy", *Behavior Therapy.* 1986.

Beck, A. T., Rush, A. J., Shaw, B. F. & Emery, G. *Cognitive therapy of depression.* New York : Guilford Press, 1979

Bornstein, P. H. & Bornstein, M. T. *Marital therapy: A behavioral-communication approach.* New York: Pergamon, 1986.

Bradbury, T. N. & Fincham, F. D. "Affect and cognition in close relationships: Towards and integrative model. *Cognition and Emotion*, 1. 1987.

Bradbury, T. N. & Fincham, F. D. Assessing the effects of behavioral marital therapy: Assumptions and measurement strategies", *Clinical Psychology Review*, 1987.

Eidelson, R. J. & Epstein, N. "Cognition and relationship maladjustment: Development of a measure of dysfunctional relationship beliefs", *Journal of Consulting and Clinical Psychology.* 1982.

Eisenberg, N. & Miller, P. A. "The relation of empathy to prosocial and related behaviors" *Psychological Bulletin.* 1987.

Epstein, N., Pretzer, J. L. & Fleming, B. "The role of cognitive eappraisal in self-reports of marital communication", *Behavior Therapy.* 1987.

Fitzpatrick, M. A. *Between husbands and wives: Communication in*

marriage. Newbury Park, CA : Sage, 1988.
Gottman, J. M. "The roles of conflict engagement, escalation, and avoidance in marital interaction: A longitudinal view of five types of couples", *Journal of Consulting and Clinical Psychology*. 1993.
Guerney, B. Jr. & Maxxon, P. "Marital and family enrichment research: A decade review and look ahead", *Journal of Marriage and the Family*. 1990.
Jacobson, N. S., Follette, W. C., Revenstrof, D., Baucom, D. H., Hahlweg, K., & Margolin, G. "Variability in outcome and clinical significance of behavioral marital therapy: A reanalysis of outcome data", *Journal of Consulting and Clinical Psychology*. 1984.
Jordan T. J. & McCormick, N. B. "The role of sex beliefs in intimate relationships." Paper presented at the annual meeting of the American Association of Sex Educations, Counselors and Therapiests, New York, 1987.
Lee, James Michael. *The Shape of Religious Instruction*. Birmingham: Religious Education Press, 1971.
Lee, James Michael. *The Religious Education We Need*. Religious Education Press, Mishawaka Ind, 1977.
Miller, S., Nunnally, E. W. & Wackman, D. B. *Alive and aware: Improving communication in relationships*. Minneapolis, MN: Interpersonal Communications Program, 1975.
Nichols, W. C. *Marital therapy*. New York: Guilford Press, 1988.
Scanzoni, L. D. & Scanzoni, J. *Men, women, and change: A sociology of marriage*. New York: McGraw-Hill, 1988.
Sell, Charles. *Family Ministry*, 1981.
Smart, James. *The Teaching Ministry of the Church*. Philadelphia: Westminster Press, 1954.
Smith, Leon & Staples Edward. *Family Ministry: Through the Church*. 1967.
Stuart, R. B. *Helping couples change: A social learning approach to marital therapy*. New York: Guilford Press, 1980.
Westerhoff III, John. *Will Our Children Have Faith?* New York: The Seabury Press, 1984.
Yelsma, P. "Funtional conflict management in effective marital

adjustment", *Communication Quarterly*, 1984.

포스트모던 시대의 학교 발전을 위한 새 학습 모델

권택조. 『교사론』. 서울: 생명의말씀사, 2000.
──. 『영성발달: 신학적 교육심리학적 통합 모델』. 서울: 예찬사, 1999.
목창균. "포스트모더니즘과 포스트모던 신학", 『서울신학대학 교수논총』 제9집. 서울: 서울신학대학 출판부, 1998.
박윤근. "인성교육의 이해와 실제", 『교육연구』. 20(5), 서울: 교육연구사, 2000.
안범희 외. 『교육심리학』. 서울: 교육과학사, 1998.
윤평중. 『포스트모더니즘의 철학과 포스트마르크스주의』. 서울: 서광사, 1992.

Anderson, D. J. B. "Robin Gill: Moral Leadership in a Postmodern Age", *Scottish Bulletin of Evangelical Theology*. Spring 1999, Vol. 17, No. 1, Spring 1999.

Anderson, V. "Liberation Theologies, Postmodernity, and the Americas", *The Journal of Religion*. October 1999, Vol. 79, No. 4.

Ausubel, D. P., Novak, J. D., & Hanesian, H. *Educational Psychology: A Cognitive View*. 2nd Edition. New York: Holt, Rinehart, & Winston, 1978.

Biehler, R. & Snowman, J. *Psychology Applied to Teaching*. Boston: Houghton Mifflin Company, 1997.

Calver, C. "Postmodernism: An Evangelical Blind Spot?", *Evangelical Missions Quaterly*. October 1999, Vol. 35, No. 4.

Campbell, J. "Postmodernism: Ripe for a Global Harvest-but is the church ready?", *Evangelical Missions Quaterly*. October 1999, Vol. 35, No. 4.

Davis, P. M. *Cognition and Learning: A Review of the Literature with Reference to Ethnolinguistic Minorities*. Dalas: The Summer Institute of Linguistics, 1991.

Dejong, N. *Education in the Truth*. Nutley: Presbyterian & Reformed, 1969.

Frankl, Victor. *Man's Search for Meaning*. New York: Washington Square

Press, 1984.

Goleman, D. *Emotional Intelligence: Why It Can Matter More Than IQ.* New York: Bantam Books, 1995.

Habermas, R. & Issler, K. *Teaching for Reconciliation.* Grand Rapids, MI: Baker Book House, 1992.

Hoshmand, L. T. *Creativity and Moral Vision in Psychology: Naratives on Identity and Commitment in a Postmodern Age.* Thousand Oaks: Sage Publications, 1998.

Kalat, J. W. *Introduction to Psychology.* 4th Edition, Pacific Grove: Brooks/Cole Publishing Company, 1996.

Kaplan, E. "A Process Approach to Neuropsychological Assessment", in *Clinical Neuropsychology and Brain Function.* Washington D. C.: APA Press, 1988.

Lickona, T. *Education for Character: How Our Schools Can Teach Respect and Responsibility.* New York: Bantam Books, 1991.

Lyotard, J. F. *The Postmodern Conditon: A Report on Knowledge.* Minneapolis: University of Minnesota Press, 1984.

Michael, St. C. *Human Relationships and the Experience of God: Object Relations and Religion.* New York: Paulist Press, 1994.

Pazmino, R. W. *Foundational Issues in Christian Education: An Introduction in Evangelical Perspective.* Grand Rapids, MI: Baker Book House, 1988.

Pierard, R. V. "Evangelicalism" in W. A. Elwell, ed. *Evangelical Dictionary of Theology.* Grand Rapids, MI: Baker Book House, 1984.

Selznick, P. *The Moral Common Wealth.* Berkeley: University of California Press, 1992.

Semmes, J. "Hemispheric Specialization: A Possible Clue of Mechanism," *Neuropsychologia* 6 (1968): 11–26.

Tebbe, E. A. "Postmodernism, the Western Church, and Missions", *Evangelical Missions Quaterly.* October 1999, Vol. 35, No. 4.

Webster, D. D. *A Passion for Christ: An Evangelical Christology.* Grand Rapids, MI: Zondervan Publishing House, 1987.

Werner, G. *Introduction to Biblical Education*. Chicago, IL: Moody Press, 1981.

Wright, N. T. "Making Scholarship a Tool for the Church", *Christianity Today*. Feb. 8, 1999.

Zeidel, E. "Hemispheric Monitoring", in D. Ohoson, ed., *Duality and Unity of the Brain*. New York: Plenum Press, 1987.

Zuck, R. B. *Spiritual Power in Your Teaching*. Chicago, IL: Moody Press, 1972.

한국 기독교대학의 정체성 확립을 위한 교육 사상적 기초

김광률. "기독교정신으로 참 인재를 양성하는 한남대학교" 〈교육목회〉. 12(2002, 여름호.

김영한. "21세기와 기독교 대학의 이념", http://www.c3tv.co.kr/seminar/sob7.htm.

―――. "21세기 아시아와 기독교대학", 『국제학술 심포지움 자료집』. 1998. 10. 8-9. 숭실대학교.

양승훈. "위튼 대학의 신학과 세계관", 『통합연구』. 16 호. 1992,12.

은준관. "학원선교", 『현대선교신학』. 이계준 엮음. 서울: 전망사, 1992.

―――. "한국의 근-현대화와 기독교 학교의 역할: 기독교학교의 존재 이유와 역할을 중심으로" 『기독교사상』. 447 호. 96.3.

―――. "기독자 교수와 학원선교", 『학원선교세미나 자료집』. 1985. 2. 8-9.

이계준. "기독교 대학의 정체성 위기와 확립", 『기독교사상』. 447. 96. 3.

이원설. "기독교대학과 학원선교", http://www.8387.org/imr/minister/09sungo/miss/14.htm.

이종익. "기독교대학과 세계선교", http://www.daeyangchurch.or.kr/15.htm.

Han Nam University Chaplain's office. *Annual Report to the United Board for Christian Higher Education in Asia*. 1992.

McNeil, J. T. "존 칼빈 : 교회의 교사", 『칼빈신학의 이해』. ed., D. K. McKim. 이종태 역, 서울: 생명의 말씀사, 1991.

Reid, W. S. "Calvin and founding of the Academy at Geneva", *The*

Westminster Journal of Theology. 18.

Towns, E. L. *A History of Religious Educators*. 임영금 역. 『인물 중심의 종교교육사』. 서울: 한국장로교출판사, 1984.

Ulich, R. *A History of Religious Education*. New York: Network University Press, 1968.

Westerhoff, J. H. Ⅲ. *Will Our Children Have Faith*. 정웅섭 역, 『교회의 신앙교육』. 서울: 대한기독교교육협회, 1983.

미국 이민교회의 성인교육에 관한 연구

Brockett, Ralph G., and Roger Hiemstra. *Self-Direction in Adult Learning: Perspectives on Theory, Research, and Practice*. New York: Routledge, 1991.

Caffarella, Rosemary S. "Self-Directed Learning", *New Directions For Adult and Continuing Education*. ed. Sharan B. Merriam, San Francisco: Jossey-Bass, 1993.

Crain, Matthew K. "Transfer of Training and Self-Directed Learning", *Adult Sunday School Classes in Six Churches of Christ*. Ed. D. diss., Southwestern Baptist Theological Seminary, 1987.

Graeve, Elizabeth A. "Patterns of Self-directed Professional Learning of Registered Nurses." Ph. D. diss., University of Minnesota, 1988.

Grow, Gerald O. "Teaching Learners To Be Self-Directed", *Adult Education Quarterly 41*(3), 1991.

─────. "In Defense of the Staged Self-Directed Learning Model", *Adult Education Quarterly 44*(2), 1994.

Guglielmino, Lucy M. "Development of the Self-Directed Learning Readiness Scale." Ed. D. diss., University of Georgia, 1997.

Guglielmino, L. M., and P. J. Guglielmino. *An Examination of the Relationship Between Self-Directed Learning Readiness and Job Performance in a Major Utility*. Unpublished research report, Boca Raton, Florida, 1982.

──── . *The Learning Preference Assessment*. King of Prussia, Pa.: Organization Design and Development, 1991.

Hiemstra, Roger, and Ralph G. Brockett, eds. *Overcoming Resistance to Self-Direction in Adult Learning*. San Francisco: Jossey-Bass, 1994.

Hiemstra, R., and B. Sisco. *Individualizing Instruction: Making Learning Personal, Empowering, and Successful*. San Francisco: Jossey-Bass, 1990.

Houle, Cyril O. *The Inquiring Mind*. Madison, Wis.: The University of Wisconsin Press, 1961.

Hunt, David E. *Matching Models in Education: The Coordination of Teaching Methods with Student Characteristics*. Toronto: Ontario Institute for Studies in Education, 1971.

Knowles, Malcolm. *Self-Directed Learning: A Guide for Learners and Teachers*. Chicago: Association Press, 1975.

McKenzie, Leon. *The Religious Education of Adults*. Birmingham, Ala.: Religious Education Press, 1982.

Oddi, Lorys F. "Perspectives on Self-Directed Learning", *Adult Education Quarterly 38*(1), 1987.

Osmer, Richard Robert. *Teaching for Faith: A Guide for Teachers of Adult Classes*. Louisville, Ky.: Westminster/John Knox Press, 1992.

Price, Gary E. "Diagnosing Learning Styles", *Helping Adults Learn How to Learn*. ed. Robert M. Smith. San Francisco: Jossey-Bass, 1983.

Russel, Jan W. *Learning Preference for Structure, Self-Directed Learning Readiness, and Instructional Methods*. Ph.D. diss., University of Missouri-Kansas City, 1988.

Slusarski, Susan B. "Enhancing Self-Direction in the Adult Learner: Instructional Techniques for Teachers and Trainers", *Overcoming Resistance to Self-Direction in Adult Learning*, ed. Roger Hiemstra and Ralph G. Brockett, San Francisco: Jossey-Bass Publishers, 1994.

Tough, Allen. *The Adult's Learning Projects: A Fresh Approach to Theory and Practice in Adult Learning*. 2d ed. Toronto: The Ontario Institute for Studies in Education, 1979.

Tremblay, Nicole. *Self-Directed Learning: Emerging Theory and Practice.*
 Guideposts to Self-Directed Learning: Expert Commentary on Essential
 Concepts. ed. Gary J. Confessore and Sharon J. Confessore.
 King of Prussia, Pa.: Organization Design and Development, 1992.

Did Jesus Have An Educational Goal?

Abernathy, David. *Understanding the Teaching of Jesus.* New York: The
 Seabury Press, 1983.
Anderson, Norman. *The Teaching of Jesus.* London: Hodder and
 Stoughton, 1983.
Batts, George Herbert. *How to teach Religion.* New York: The Abingdon
 Press, 1919.
Borg, Marcus J. *Jesus A New Vision.* San Francisco: Harper & Row,
 Publishers, 1987.
Boys, Mary C. *Educating in Faith.* San Francisco: Harper & Row,
 Publishers, 1989.
Cadbury, Henry J. *The Peril of Modernizing Jesus.* New York: The
 Macmillan Company, 1937.
Coe, George Albert. *A Social Theory of Religious Education.* New York:
 Charles Scribner's Son's, 1927.
Davies Stevan L. *Jesus The Healer.* New York: Continuum, 1995.
Harris, Maria and Moran, Gabriel. *Reshaping Religious Education.*
 Louisville: Westminster John Knox Press, 1998.
Groome, Thomas H. *Christian Religious Education.* San Francisco: Harper
 & Row Publisher, 1980.
Manson, T. W. *The Teaching of Jesus.* Cambridge: At the University Press,
 1963.
Melchert, Charles F. *Wise Teaching.* Harrisburg: Trinity Press International,
 1998.
Miller, Randolph Crump. *Education for Christian Living.* Englewood Cliffs:

Prentice-Hall, Inc, 1956.

Moore, Mary Elizabeth. *Education for Continuity & Change*. Nashville: Abingdon Press, 1983.

Moran, Gabriel. *No Ladder to the Sky*. San Francisco: Harper & Row, 1987.

Muirhead, Ian A. *Education in the New Testament*. New York: Association Press, 1965.

O'Hare, Padraic. *Transformation and Tradition in Religious Education*. Birmingham: Religious Education Press, 1979.

Palmer, Parker J. *The Courage to Teach*. San Francisco: Jossy-Bass Publishers, 1998.

Robbins, Vernon K. *Jesus the Teacher*. Philadelphia: Fortress Press, 1984.

Sherrill, Lewis Joseph. *The Rise of Christian Education*. New York: The Macmillan Company, 1944.

Smart, James D. *The Teaching Ministry of the Church*. Philadelphia: The Westerminster Press, 1954.

Westerhoff III, John H. *Will Our Children Have Faith?*. New York: The Seabury Press, 1976.

Witherington, III, Ben. *Jesus the Sage*. Minneapolis: Fortress Press, 1994.

Wyckoff, D. Campbell. *Theory and Design of Christian Education Curriculum*. Philadelphia: The Westminster Press, 1961.

고용수 총장 연보(年譜)

본 적
경남 밀양시 가곡동 576

현주소
서울시 광진구 자양2동 695 한양아파트 5동 1201호

생년월일
1942년 9월 25일생

학 력
1965년 계명대학교 사범대학 교육학과	문학사
1967년 장로회신학대학 신학과	교역학석사
1970년 연세대학교 연합신학대학원	신학석사
1978년 Presbyterian School of Christian Education & Union Theological Seminary in Va	문학석사
1982년 Columbia University	교육학박사

경 력

1968-1971년	한일여자신학교(현, 한일장신대학교) 전임교수
1970. 10. 7	목사안수(경남 노회)
1971-1974년	해군 군목(해군함대사령부, 해군본부 군종감실)
1974-현재	장로회신학대학교 전임강사, 조교수, 부교수, 교수
1982-1984년	장로회신학대학교 교무처장
1982-1990년	장로회신학대학교 부설 기독교교육연구원 원장
1982-1990년	월간잡지 〈교육교회〉발행인
1984-1988년	장로회신학대학교 목사계속교육원 원장
1988-1990년	한국기독교교육학회 회장
1989-1991년	한국기독교공동학회 총무
1990-1994년	사단법인 예수전도단(국제 YWAM 한국 지부) 이사장
1996-1988년	기독교텔레비전 방송국 프로그램 심의위원
1998년9-12월	전국대학종합평가-신학계 대학 제1지역 평가위원장(한국대학교육협의회 위촉)
1994-1998년	장로회신학대학원 원장
1999-2000년	장로회신학대학교 대학원 원장
1999-2000년	전국대학원장협의회 총무이사
2000-현재	장로회신학대학교 총장
2002-현재	전국신학대학협의회(KAATS) 회장

저서 및 역서

1. 저서

『기독교 교육론』(공저: 대한기독교교육협회, 1984)

『기독교교육』(공저: 한국기독교교육학회, 1992)

『기독교교육 개론(상)』(공저: 한국장로교출판사, 1994)

『기독교교육 개론(하)』(공저: 한국장로교출판사, 1999)

『만남의 기독교교육 사상』(장로회신학대학교 출판부, 1994)

『하나님 나라: 부르심과 응답』교육과정 지침서(I)(II) (예장총회교육부,

한국장로교출판사, 2001)
『현대 기독교교육사상』(근간)

2. 역서

Donald E. Miller, *Story and Context: An Introduction to Christian Education* 『기독교교육 개론』(예장총회출판국, 1998)

Clyde Reid, *Groups Alive-Church Alive*
『성숙한 교회를 위한 소그룹운동』(한국장로교출판사, 1993)

Charles R. Foster, *Teaching in the Community of Faith*
『신앙공동체를 위한 교육』(한국장로교출판사, 1993)

Iris V. Cully, *Planning and Selecting Curriculum for Christian Education* 『커리큘럼의 계획과 선택』(한국장로교출판사, 1993)

Maria Harris, *Fashion Me A People: Curriculum in the Church Education* 『교육목회 커리큘럼』(한국장로교출판사, 1997)

Randolph C. Miller(ed.), *Theologies of Religious Education*
『기독교 종교교육과 신학』(한국장로교출판사, 1998)

Jack L. Seymour, *Mapping Christian Education: Approaches to Congregational Learning* 『기독교교육의 지도 그리기』(한국장로교출판사, 2001)

학위 논문

석사 학위 논문:

『I and Thou 와 I and You의 관계 철학의 구조 비교 연구와 기독교교육의 가능성』 (A Study on the Structure of Relational Theories between I—Thou and I—You, and Their Implication for Christian Education)

박사 학위 논문:

『The Church's Educational Ministry for Adults, Focusing on Social Implications of the Christian Gospel: A Framework for Curriculum』

논문

1.「教會와 神學」(장신대 교수 논문 학술지: 장신대 출판부 발행)
- G. W. Allport의 인격 형성과 발달이론 연구, 6집(1975) 216-239
- 한국의 신학대학생 가치관 연구, 8집(1977) 157-207
- 한국의 신학생들의 신학 교육에 대한 태도 연구, 9집(1977) 156-216
- 신앙공동체중심의 교육론: 교육목회의 이론적기초, 15집(1983) 91-120
- 마틴 부버의 교육사상, 16집(1984) 114-142
- 예장 교역자 수급 계획을 위한 조사 연구, 17집(1985) 403-460
- 만남의 기독교교육을 위한 커리큘럼의 기본 구조, 18집(1986) 260-295
- 해석과정으로 본 기독교교육 이해, 19집(1987) 334-384
- 기독교교육의 신학적 접근 이론: Neo-Orthodoxis에 기초한 교육사상을 중심으로, 20집(1988) 301-335
- 협동교육과정(CCP) 프로젝트의 내용 범위 해설, 22집(1990) 336-370
- 교회교육을 위한 커리큘럼의 기초, 23집(1991) 269-299
- 성인교육을 위한 학습 이론, 24집(1992) 374-403
- 예배와 기독교교육, 25집(1993) 118-140
- 사회 봉사를 위한 교회교육, 26집(1994)
- 회중 중심의 신앙교육론, 27집(1995) 577-617
- 21세기 신학교육의 교육과정 개선 방향, 28집(1996) 313-335
- 현대기독교교육의 이론적접근에 대한 비평적성찰, 29집(1997) 195-220
- 교육목회와 지도력 개발, 31호(1997) 30-43
- 경제위기와 가정 사역, 34호(1998 가을) 22-35
- 20세기 기독교교육학의 회고와 전망, 36호(2000 봄) 60-77
- 교회를 위한 기독교교육, 41호(2000 여름) 91-111
- 장신대 지난1세기의 '기독교교육학' 형성과정, 44호(2001 봄) 95-111
- 개신교 기혼여성의 가정중심 종교활동과 부부 만족도, 45호(2001 여름) 122-144
- 세계화와 교회를 위한 총회 정책, 47호(2001 겨울) 31-37

· 21세기 신학교육의 과제, 5(2002 겨울)

2. 「長神論壇」(장신대 교수 연구 논문집: 장신대 출판부 발행)
 · Emi. Brunner의 Ecounter 개념, 제1집(1995) 348-385
 · 「그리스도인의 신앙과 생활」커리큘럼의 형성 과정 연구, 제2집(1986), 289-310
 · 청소년 이해와 교육적 과제, 제3집(1987), 221-254
 · 「말씀과 삶」교육과정의 형성 과정 및 이론 분석, 제4집(1988) 220-252
 · 칼빈의 교육사상, 제5집(1989) 218-251
 · 2000년대를 향한 교회교육의 방향, 제6집(1990), 400-426
 · 교회의 사회적 관심을 위한 교육, 제7집(1991) 357-387
 · 신앙공동체 중심의 교육론, 제8집(1992) 287-308
 · 기독교교육의 목적해설-C.C.P.의 목적 진술문을 중심으로, 제9집(1993) 473-525
 · 기독교 학교의 전망과 한국 교회의 과제, 제10집(1994) 584-609
 · 한국 기독교교육의 위기와 과제, 제13집(1997) 345-375
 · 복음주의 기독교교육 방법론 고찰, 제14집(1998), 446-486
 · 교육 과정 이론에서 본 교회교육의 과제, 제15집(1999), 526-559
 · 하나님 나라와 교육 목회, 제16집(2000), 637-682

3. 「神學思想」(신학 논문 잡지: 한국신학연구소 발행)
 · "교육 과정 이론의 최근 동향" 제46집(1984년 9월호), 592-616

4. 「基督敎思想」(월간기독교잡지: 대한기독교서회 발행)
 · 교회교육의 신학적 기초 통권325호(1985년 7월호), 23-37
 · 교회교육과 영성 통권337호(1987년 1월호), 160-
 · 도덕교육 이론의 최근 동향 통권383호(1990년 11월호), 38-51

5. 「목회와 신학」(월간목회자 신학잡지: 두란노 발행)
 · 한국 교회 성인 교육 어떻게 할 것인가? 통권48호(1993년 6월호), 287-

- 21세기 제자화를 위한 성경공부, 통권73호(1995, 7월호), 123-129
- 목회자 양성의 교과 과정을 분석한다(1) 통권104호(1998, 2월호), 80-93
- 목회자 양성의 교과 과정을 분석한다(2) 통권105호(1998, 3월호), 90-103

6. 「기독교교육 논총」(기독교교육학회 학술연구지: 한국기독교교육학회 발행)
- 예배와 기독교교육, 1집(1996) 9-33
- 21세기와 교회의 교육과정, 2집(1997) 77-104
- 대한예수교 장로회(통합)의 기독교교육사, 5집(1999), 95-118
- 기독교교육의 새 패러다임: 새로운 교육 과정 모색, 6집(2000), 11-49
- 한국 기독교교육의 현황과 방향, 8집(2002) 11-41

7. 「기독교교육」(월간 기독교교육 잡지: 대한기독교교육협회 발행)
- 개신교 100년을 바라보는 기독교교육의 과제와 전망(I)(1983,1), 10-14
- 개신교 100년을 바라보는 기독교교육의 과제와 전망(II)(1983,3), 25-32
- 개신교 100년을 바라보는 기독교교육의 과제와 전망(III)(1983,4), 32-34
- 여름성경학교 평가 방법(1985, 7-8), 61-66
- 기독교교육을 뿌리내린 사람들 시리즈(1-13)
    (1) 주일학교의 선구자, Robert Raikes(1992, 1월호) 37-41
    (2) 현대 기독교교육 사상의 아버지, Horace Bushnell(1992. 2) 56-63
    (3) 진보적 종교교육의 선구자, G. A. Coe(1992. 4) 62-68
    (4) 종교교육 운동과 기독교교육 운동 사이의 가교 역할을 담당한 기독교교육학자, Paul Vieth(1992. 6) 63-71
    (5) 만남의 기독교교육 이론의 신학적 기초를 제시한 교육신학자, R. C. Miller (1998, 7-8) 69-75

(6) 교회의 교육적 사명을 강조한 교육신학자, J. D. Smart(1992. 9) 61-68

(7) 기독교교육의 대화적 기초를 제공한 교육신학자, R. Howe(1992, 10) 68-76

(8) 인격적 만남의 학습이론의 기초를 제공한 기독교교육학자, L. J. Sherrill (1992. 11) 70-76

(9) 기독교교육의 새 지평을 열어 준 교육신학자, L. M. Russell(1992, 12) 84-91

(10) 종교적 가르침의 새 방향을 제시한 가톨릭의 종교교육학자, J. M. Lee (1993, 2) 69-78

(11) 새로운 해석학적 모형 "Shared Praxis"를 세시한 가톨릭 종교교육학자, Thomas Groome(1993. 3) 47-56

(12) 교회교육의 언어적 반성을 통해 인식의 전환을 촉구하는 커리큘럼 이론가, Dwayne Huebner(I) (1993. 6) 71-78

(13) 교회교육의 언어적 반성을 통해 인식의 전환을 촉구하는 커리큘럼 이론가, Dwayne Huebner(II) (1993. 7-8) 74-80

· 성경에 기초한 신앙교육(2000, 1)
· 바른 삶을 추구하는 교회교육(2000, 2) 8-16
· 교회학교 교사론(2000, 3) 8-13
· 신앙 유형과 신앙교육(2000, 4) 8-14
· 가정과 기독교교육(2000, 5) 8-15
· 예배와 기독교교육(2000, 6) 8-14
· 교회를 위한 기독교교육(I)(2000, 7-8)
· 교회를 위한 기독교교육(II)(2000, 9)
· 제자화를 위한 기독교교육(2000, 10)
· 청소년을 위한 신학교육(2000, 10) 8-13
· 세례·입교를 위한 교회교육(2000, 11) 8-13
· 사회적 관심을 위한 교회교육(2000, 12) 8-16
· 하나님 나라 구현을 위한 교육과 목회(2001, 1) 8-11
· 하나님 나라 구현을 위한 성경공부의 방향(2001, 2) 8-13

- 성인을 위한 기독교교육(2001, 3)
- 청소년을 위한 기독교교육(2001, 4) 8-18
- 노인을 위한 기독교교육(2001, 5) 8-18
- 교육목회와 지도력 개발(2001, 6) 8-18
- 21세기 교육목회의 과제와 전망(2001, 7-8) 8-15
- 21세기 기독교 학교의 종교교육(2001, 9)
- 21세기 한국 교회의 사회적 관심을 위한 교육(2001, 10) 12-21
- 군의 선교교육론(2001, 11) 8-20
- 한국 기독교교육의 위기와 과제(2001, 12)

8.「교육교회」(월간 기독교교육 잡지: 장신대 기독교교육연구원 발행)
- 교육목회의 이론적 기초(1982, 11월호)
- 청소년을 위한 신학교육(1983, 3)
- 이성교제와 결혼(1983, 5)
- 교육과 목회(1983, 6)
- 제자화 교육의 내용과 방법(1983, 8)
- 축제로서의 예배와 교육(1983, 10)
- 교회 지도력 개발의 이론적 기초(1984, 1)
- 신앙공동체 교육의 이론적 기초(1984, 5)
- 한국 교회 기독교교육의 반성과 과제(1984, 9)
- 진보적 종교교육운동과 역사적 배경(1984, 10)
- 그리스도 중심의 기독교교육 운동(1984, 11)
- 선교론적 기독교교육론(1985, 2)
- 신앙 발달과 신앙교육(1985, 3)
- 기독교교육 사상의 최근 동향(1985, 4)
- 교회학교 교사론(1985, 6)
- 신앙 발달과 종교교육(1985, 8)
- 신앙공동체 중심 교육론(1985, 10)
- 이번 성탄에 무엇을 가르칠까?(1985, 11)
- 교회교육에 대한 이론적 성찰(1986,)

- 교육과정 작성에 고려해야 할 기본 요소(1986, 4)
- 인식과 신앙: R. L. Shinn의 이해를 중심으로(1986, 5)
- 기독교교육을 위한 해석 이론(1986, 11) 933-943
- 올바른 교회교육 이해(1987, 1) 31-38
- 연속성과 변화성을 추구하는 교육(1987, 5)
- 청년과 교회의 교육적 관심(1987, 6)
- 회심과 양육(1987, 7) 600-606
- 성인을 위한 교육과정 작성방향(1987, 10)
- 해석 과정으로 본 기독교교육의 이해(1987, 12)
- 교회교육의 사회적 관심(1988, 3)
- 현행 교육과정의 진단과 새 교육과정 계획안(1988, 4-5)
- 교회의 교육과정의 최근 동향(1988, 11) 897-917
- 교육목회를 위한 교육 구조(1989, 9)
- 청소년을 위한 세례 · 입교 문답 교육(1990, 9) 10-16
- 바른 삶을 추구하는 교회교육(1990, 10) 10-16
- 교육목사와 교육사 제도(1993, 4)
- 제자훈련 사역의 기독교교육적 성찰(1993, 6)
- 한국교회의 갱신을 위한 교회의 교육적 과제(1994, 10) 15-24
- 교회 지도력의 본질과 형성 과제(1997, 1) 2-8
- 새 교육과정의 방향과 기본틀(1997, 10) 2-11
- 가정과 함께 하는 교회교육(1998, 5) 2-8
- 교육목회를 위한 교육사 제도(1998, 9) 2-7

9.「교육목회」(교회교육 지도자를 위한 계간지: 예장총회 교육부 발행)
- 교육목회를 위한 교육과정(1999, 가을호) 26-36
- 인간화 이론을 중심으로 한 기독교 군인교육(2000, 봄호) 149-162
- 평신도 교육이 더 강화되어야 한다(2001, 가을호) 183-194
- 오늘의 교육목회, 무엇이 문제인가?(2002, 봄호)
- 교육목회와 지도력 개발(2002, 봄호) 62-74

10. 「교사의 벗」(교회학교 교사를 위한 월간잡지)
   · 교회교육과 교재(1983년 4월호)
   · 교회학교가 되어야 마땅하다(1988년 5월호) 33-36
   · 21세기 신학교육(1) 통권 383호(2000년 1월호) 50-53
   · 21세기 신학교육(2) 통권 384호(2000년 2월호) 48-61
   · 21세기 신학교육(3) 통권 385호(2000년 3월호) 48-53
   · 21세기 신학교육(4) 통권 386호(2000년 4월호) 74-79
   · 21세기 신학교육(5) 통권 387호(2000년 5월호) 81-87
   · 21세기 신학교육(6) 통권 388호(2000년 6월호) 71-75

11. 「기독교 학교교육」(기독교학교협의회 발행 논문집)
   · 이것이 기독교학교이다, 제1집(1988) 49-70
   · 기독교학교의 인간교육, 제2집(1990) 35-53
   · 2000년대를 향한 기독교학교 교육 제3집(1992) 25-39

12. 「月刊牧會」(목회자를 위한 월간잡지: 월간목회사 발행)
   · 제자화 교육의 내용과 방법의 원리   통권87호(1983, 11) 98-106
   · 크리스천 가정 교육의 기본 방향   통권116호(1983, 11) 96-101
   · 교회교육 새로워질 수 없는가?   통권130호(1987, 6) 24-42
   · 한국 기독교교육의 갱신   통권141호(1988, 5) 88-97
   · 오늘의 학교교육 무엇이 문제인가?   통권153호(1989, 5) 72-76
   · 가치관의 변화와 현대 가정의 위기   통권164호(1990, 4) 99-104
   · 한국 교회 윤리교육은 잘 되고 있는가?   통권 176호(1991, 4) 117-122
   · 평신도 한계를 극복하자   통권 239호(1996, 7) 36-40

13. 「복된 말씀」(목회자를 위한 월간잡지: 복된말씀사 발행)
   · 현실과 신앙   16권 9호(1969년 11호, 30쪽)
   · 성서 교수의 새 방안   17권 10호(1970년 12월호, 18쪽)
   · 교회교육의 새 설계   20권 1호(1973년 1월호, 29쪽)

- 선교의 방향　　　　　　　20권 5호(1973년 6월호, 32쪽)
- 현대의 신도교육론　　　　21권 2호(1974년 2,3월호, 22쪽)
- 말씀의 이해와 전달　　　　21권 9호(1974년 11월호, 10쪽)
- 목사의 자녀교육　　　　　22권 4호(1995년 5월호, 20쪽)
- 교회와 신학의 상관성　　　23권 2호(1976년 2,3월호, 29쪽)
- 예배와 교육　　　　　　　23권 5호(1976년 6월호, 17쪽)
- 이성교제와 결혼　　　　　23권 9호(1976년 11월호, 40쪽)

14. 기념 논문 기고

- "현대 기독교교육이론의 사적 개관",「이상근 목사 기념논문집」(대구제일교회, 1986)
- "기독교적 관점에서 본 마틴 부버의 관계 이론",「박창환, 주선애 회갑 기념 논문집」(장신대, 1984)
- "칼빈의 교육사상", 정웅섭 교수 회갑 논문집「기독교교육사」(교육목회사, 1992)
- "교회교육의 신학적 기초", 소석 임옥 목사 성역 반세기 기념문집「성경, 교회, 목회」(두란노, 1993)
- "한국 교회의 사회적 관심의 저해 요인", 김형태 목사 고희기념문집「말씀 따라 50년」(한국장로교출판사, 1999)
- "가정교육에 대한 목회적 접근", 이상운 목사 회갑논문집「미래 목회를 위한 가정과 기독교 문화」(한들출판사, 2001)
- "하나님 나라를 위한 교육목회", 서정운 교수 정년은퇴논문집「하나님 나라와 선교」(기독교서회, 2001)
- "제자훈련에 기초한 성인 교육의 방향", 최성규 총장 회갑기념논문집「효와 성령」(한들출판사, 2002)

15. 학술세미나 발표 논문

- "예장 교역자 수급 계획을 위한 조사 연구"(예장총회연구보고서, 1984, 교단신학교 교수세미나 자료집, 1985)
- "기독교학교 교육이 한국 사회에 끼친 영향",(경신학교 개교100주년

교육세미나 자료집, 1985) 4-12
- "2000년대를 향한 장신대 신학교육의 방향",「신학과 교육」(장신대 교수세미나 자료집: 장신대출판부 발행, 1992) 204-236
- "목회자와 가정 목회",「'96 목회자 수련회 자료집」(예장 바른목회 실천협의회, 1996) 101-110
- "21세기 한국 기독교교육의 위기와 과제",「'97 기독교교육 공동학술대회 자료집」(예장총회교육부, 한일장신대 공동주관, 1997) 71-88
- "21세기를 위한 교회교육의 방향",「21세기와 기독교교육」('98 기독교교육대회 자료집: 예장총회교육부, 1998) 62-72
- "총회신학교육, 이대로가 좋은가?", (예장총회 신학교육 전문연구위원회 연구보고서, 1998) 제83회 총회보고서 341-358
- "장신대 신학대학원 교육과정의 기초",「교육과정 연구 보고서I」(장신대 개강교수회자료집, 1999)
- "21세기 신학교육의 방향 설정을 위한 과제",「21세기 신학교육-어떻게 할 것인가?」(교회갱신협의회 신학연구위원회 주관 심포지움 자료집, 1999)
- "21세기와 기독교교육: 하나님 나라와 교육 목회", (기독교교육 전문가 교육대회 자료집: 예장총회교육부 주관, 2001) 27-48
- "교육과 목회",「새시대 목회」(제3회 목회자 부부 영성 세미나 자료집, 2001) 14-29
- "가정 회복을 위한 교육목회적 접근", (교회교육 전략 세미나 자료집: 장신대 기독교교육연구원, 2001) 37-50
- "청소년과 중년기 성인을 연계한 간세대 교회교육", (교회교육 전략세미나 자료집: 장신대 기독교교육연구원, 2002)

16. 기타 논문이 실린 문헌 및 잡지
- "교회의 교육적 사명",「말씀과 삶」청년부 교재 I-3(예장총회교육부, 1985) 183-194
- "세계의 종교교육 이론과 동향",「새교육」(월간교육전문지, 1992년 12월호) 47-54

- "군선교교육론: 인간화 이론을 중심으로",「군선교신학」(예장총회출판부,1990)222-244
- "교육목회와 교회 갱신",「급변하는 사회와 교회갱신」(요단출판사, 1996) 95-123
- "기독교교육학 입문",「신학함의 첫걸음」(신학공부안내서: 예영커뮤니케이션)247-276
- "한국교회 성인교육 진단과 방향"「신앙세계」통권 320호(1995년 3월호, 108쪽)
- "평신도 교육 프로그램을 어떻게 작성할 것인가?"「신앙세계」통권 321호(1995년 4월호, 102쪽)
- "영성훈련의 장으로서 여름수련회"「신앙세계」통권 204호(1985년 7월호), 40-43
- "성경에 기초한 신앙교육"「어린이교육」통권113호(1998년 5월호), 44-51
- "선교 2세기를 향한 신학교육"「현대종교」통권 156호(1987년 3월호), 40-46
- "목사의 자녀 교육"「현대종교」통권 138호(1985년 5월호), 39-44
- "가정과 교육"「새가정」(1983, 12) 68-73
- "교회의 사회 교육 새 전망"「풀빛목회」통권49호(1985년 3월호), 41-146

17. 영어 논문

Korea Presbyterian Journal of Theology (장신대 영어학술논문집: 장신대 출판부발행)

"Some Factor Which Hamper Social Implications of the Christian Gospel in Korean Church Education", VOL.1, No 1(May, 2001) 313-337

"The Adult as a Learner: An Educational Basis for Christian Adult Education", VOL.2, No 1(May 2002) 195-223

가족 사항

· 사 모 : 이 옥 연(李玉連)
· 아 들 : 고 성 은(Sung Michael Koh)
　　　　　미국 Columbia University 졸업(MBA)
　　　　　현 미국연방준비제도 이사회(F.R.B) 뉴욕 근무
　　　　　(재정 전문가 팀 리더)
· 며느리 : 박정은(Grace J. Park)
　　　　　현 뉴욕 주지사 사무실 아시아 담당 보좌관
· 딸 : 고은주(Grace Eunju Koh)
　　　　영국 Oxford University 졸업(Dr. Phil.)
　　　　현 London University 조교수(고전문학)